本著为教育部
2011年人文社会科
学规划基金一般项
目《百年清史纂修
史及近现代中国民
族特色史学理论研
究》（11YJA770031）
研究成果。

刘海峰 ◆ 著

百年清史纂修史

全国百佳图书出版单位
时代出版传媒股份有限公司
安徽人民出版社

图书在版编目(CIP)数据

百年清史纂修史 / 刘海峰著. —合肥:安徽人民出版社,2014.4
ISBN 978 - 7 - 212 - 07273 - 5

Ⅰ.①百… Ⅱ.①刘… Ⅲ.①中国历史—史籍—编辑工作—研究
Ⅳ.①K249.04

中国版本图书馆 CIP 数据核字(2014)第 058685 号

百年清史纂修史 (BAINIAN QINGSHI ZUANXIUSHI)

刘海峰 著

出 版 人:胡正义   策 划:李 旭
责任编辑:任 济 洪 红 熊圣琼
装帧设计:陈 爽

出版发行:时代出版传媒股份有限公司 http://www.press-mart.com
     安徽人民出版社 http://www.ahpeople.com
     合肥市政务文化新区翡翠路 1118 号出版传媒广场八楼
     邮编:230071
     营销部电话:0551-63533258 0551-63533292(传真)
制   版:合肥市中旭制版有限责任公司
印   制:合肥创新印务有限公司

开本:710×1010 1/16 印张:27.75 字数:360 千
版次:2014 年 4 月第 1 版 2014 年 4 月第 1 次印刷

标准书号:ISBN 978 - 7 - 212 - 07273 - 5 定价:56.00 元

目　　录

自　序

　　20 世纪初以来,清史渐成显学。梁启超、孟森开国内清史研究之先河,伯希和、马伯乐发西方清史研究之先声。百余年间,师生相承,薪火相传,代有名家,硕果累累,实存在《清史学案》,如国内之北京清史学案、天津清史学案、台湾清史学案、东北清史学案、济南清史学案、苏南清史学案、上海清史学案、杭州清史学案、厦门清史学案、广州清史学案、武汉清史学案、西南清史学案和西北清史学案,国外之法国清史学案、英国清史学案、日本清史学案、美国清史学案、德国清史学案、俄罗斯清史学案。清朝距今不远,掌故最多,史料最富,影响最大,故治清史者众。清代史料,档案文献,浩如烟海,私家杂乘,汗牛充栋,黄茅白苇,一望无涯,漫说一般民众,即使清史专家亦有皓首穷经、无所适从之感。正史为读史、研史登堂入室之门径。自《史记》至《明史》,历朝历代皆有正史,唯独正史《清史》至今付之阙如,实乃中国当代史学最大憾事!

　　正史为中华民族特色史学,而绝非封建史学。中国传统文化之所以一脉相承、绵延不绝,正史实为贯穿中国古今历史文化一重要主线,其功至善至伟。古代中国有正史,当代中国有正史,未来中国仍将有正史,非个人意志所改变,中国传统文化使然,中国历史学发展规律使然。北京民国政府修《清史》、南京民国政府修《清史》、台湾地方政府修《清史》、中华人民共和国仍致力于修《清史》,其意正在于此。百余年来,历史学家前赴后继、孜孜以求甚至是固执地去纂修《清史》,并非历史学家抱残守缺、顽固不化,实乃历史学家欲保持中国传统文化连续性之历史责任尔。诚如国学大师季羡林先生所言:"如果我们今天不完成纂修清史这项工作,我们对不起祖宗,对不起后世子孙!"

修史容易,修正史难。古代修史容易,清代至今修史难。但凡治史者皆明白一道理:治先秦乃至秦汉史为脑力劳动,治明史、清史则为体力劳动。先秦、秦汉史料,翻来覆去也就《尚书》《春秋》《左传》《史记》《汉书》等数十部,而明清史料则繁富繁杂、不可胜计。唐朝一口气能修八部正史,《辽史》《金史》《元史》数月告竣,而清朝修《明史》耗时九十余年,以此知,时代愈后,修史愈难。时至今日,中华民国、中华人民共和国两代史家尚未修出一部正史,面对马、班先贤,羞愧、汗颜则不知如何钻地耳!

修史,贵在全面占有史料。与历代相比,清朝遗存史料最为宏富,官方档案,文人笔记,数不胜数。若一人欲通读清代档案,非百万年不足以为之;若一人欲通读清代文献,又非百万年不足以为之。故《史记》等"前四史"私家可修,而《明史》《清史》非集众人之手而力有不逮。

自古及今,私家修史容易,众人修史难。众人修史,各人水平有高低,语言风格有差异,所下功力又不尽相同,故其所成稿件自有良窳之分,欲打磨锤炼为一气呵成之史书,则难上加难。

《清史》之修,起于私家。1912 年,宣统退位,清室灭亡,私著《清史》群起而拥,两年之间,汪荣宝与许国英《本朝史讲义》、吴曾祺《清史纲要》、刘法曾《清史纂要》、日本稻叶君山《清朝全史》相继面世。

1914 年,北京民国政府循易代修史之成例设馆纂修《清史》,以原东三省总督赵尔巽为馆长,缪荃孙、柯劭忞、夏孙桐、姚永朴、马其昶等众多桐城名家相继入馆,虽历经十四个寒暑春秋,结果仅成一《清史稿》,实堪痛惜!

南京民国政府成立后,重修《清史》之声不绝于耳,先后由邵元冲、汪辟疆领衔二次修订《清史稿》,结果因时局动荡,皆无果而终。

　　1949 年,国民党败退台湾。清代档案、文献分藏大陆、台湾两地,清史专家亦力量分散、隔海相望,重修《清史》则遥遥无期矣。1960 年,张其昀、彭国栋等台湾史家不顾萧一山、李宗侗、傅斯年之反对,贸然重修《清史》。结果,因史料、史才缺乏,匆促间出一台湾版《清史》。台湾版《清史》本希望通过史观矫正、史实纠谬、查缺补漏、拾遗补缺,修成《清史》正史正果,怎奈心有余而力不足,缝缝补补之台湾版《清史》刚一面世,即遭台岛学者奚落、大陆学者冷遇,以致出现刘振东立法院质询案。

　　20 世纪下半叶,私著《清史》约略三十余家,章节体有之,编年体有之,纪事本末体有之,纪传体有之,综合体有之,章回体有之,规模少则数十万字,多则数百万字,但学术水平达国史水准者,欲求一家而不可得。

　　2002 年,史家盼望已久之国家《清史》纂修工程正式启动。此次重修《清史》,大陆学者、港澳台学者乃至国外学者携手参与、共襄史举,堪称旷古盛事!十二年磨一剑,我们期待新的正史诞生。国家《清史》之意义,不在乎其是否能成为中国 21 世纪初标志性文化建设成果,亦不在乎其是否成为质量上乘之传世之作,而在于它保持中国传统史学之连续性,保持中国传统文化之连续性。中国史学欲屹立世界史林并傲视全球史学,正史不可或缺。正史为中国史之纲,纲不举而目不张;正史为中国史之大旗,大旗耸立,当代中国民族特色史学庶几可成。

刘海峰自识于河南黄淮学院图书楼

2013 年 12 月 30 日

第一章　《清史稿》纂修经过

　　1914年，北京民国政府正式设馆纂修《清史》；2014年，国家《清史》样稿全部完成。从《清史稿》到台湾版《清史》再到国家《清史》，《清史》纂修经过整整一百年，耗时之久，为历代正史之最。而欲晓百年《清史》纂修史，必先知《清史稿》之纂修。《清史稿》为封建旧史终结之史，尽管该著在政治观点、学术水平上存在诸多问题，但开启《清史》纂修之功及其自身史料价值则应予以肯定。故首述《清史稿》纂修之经过。

第一节　《清史稿》纂修之缘起

　　民国伊始，北京政府国务院循历代为前朝修史成例，于民国三年(1914)向袁世凯呈请设馆纂修清史。同年春，民国政府决定在故宫东华门内设立清史馆，并以大总统名义聘请赵尔巽为总裁，主持纂修《清史》。是年6月，赵尔巽受命成立"清史馆临时筹备处"。9月1日，清史馆正式成立，从此揭开《清史》纂修之序幕。

一、北洋民国政府与《清史》纂修

20 世纪初，中国迎来封建垂亡、共和肇始的天翻地覆大时代。辛亥革命风起云涌，满清王朝风雨飘摇。1912 年，宣统退位，清室灭亡，私著《清史》群起而动，短短两年之间，汪荣宝、许国英《本朝史讲义》①、胡寄尘《清季野史》②、吴曾祺《清史纲要》③、孟世杰《清史》④、蔡郕《清代史论》⑤、刘法曾《清史纂要》⑥、诸葛汝《清史辑要》⑦、古霜后人姜斋《清外史》⑧相继面世，许国英编年体《清鉴易知录》、黄鸿寿纪事本末体《清史纪事本末》等，亦在撰写之中。此外，日本军国主义分子出于侵华战争之需要，亦加紧搜集中国政局资料并编纂清史，其最著名者当为稻叶君山《清朝全史》。该著成于 1912 年（即宣统逊位之年），当年即由中国学者但焘翻译成中文。《清朝全史》的出现，极大地刺激了中国人著《清史》的民族情感。

民国三年（1914）2 月 3 日，北洋政府国务院国务总理兼外交总长孙宝琦向袁世凯呈请设清史馆纂修清史，呈文云：

> 大清开国以来，文物粲然，治具咸饬，远则金川请吏，青海敛兵，拓土开疆，历史之光荣犹在；近则重译通商，诏书变政，鼎新革故；泊乎末叶，孝定景皇后，尤能洞观世势，俯察舆情，宣布共和，与民更始。用能成德美文明之治，洵足追唐虞揖让之风。我中华民国，追维让德，于大清皇室特颁优待条文，崇德报功，无微不至。惟

---

① 注：汪荣宝为京师译学馆教习，《本朝史讲义》成书于宣统元年，上海商务印书馆 1913 年刻印。
② 胡寄尘：《清季野史》，上海：广益出版社，1913 年。
③ 吴曾祺：《清史纲要》，上海：商务印书馆，1913 年。
④ 注：孟世杰编著《清史》成书于 1914 年，后有成都国立四川大学文学院印本。
⑤ 蔡郕：《清代史论》，上海，会文书局，1915 年石印本。
⑥ 刘法曾：《清史纂要》，上海：中华书局，1914 年。
⑦ 按：诸葛汝《清史辑要》，据哈佛大学燕京图书馆藏本，出版时间为 1914 年。
⑧ 古霜后人姜斋：《清外史》，上海：五洲书局，1914 年。

是先朝记载,尚付阙如,后世追思,无从观感。及兹典籍具在,文献未湮,尤宜广招耆儒,宏开史馆,萃一代文人之美,为千秋信史之征。兹经国务会议决议,应请特设清史馆,由大总统延聘专员,分任编纂,总期元丰史院,肇启宏规,贞观遗风,备登实录,以与往代二十四史,同昭鉴于无穷。①

国务院的呈文正合当时醉心于准备洪宪称帝的袁世凯的口吻,借修史以网罗前清遗老,也是袁氏心愿。郑逸梅说的明白:"民国初年,袁氏称帝,他为羁縻一班前清遗老,特辟清史馆修纂清史。"②国务院一面呈请袁世凯设馆修史,一面筹划清史馆建馆事宜,并草订《清史馆官制草案》九条:

第一条:清史馆掌纂辑清史并储藏关于清史之一切材料。

第二条:清史馆置官员如左:总裁(特任)、秘书(荐任)、纂修(同上)、协修(同上)、主事(委任)。

第三条:总裁一人掌全馆事务,直隶于大总统。

第四条:秘书一人,承总裁之命,掌理文书事务。

第五条:纂修四人,协修八人分任编辑事宜。

第六条:主事二人,承总裁之命掌会计及庶务。

第七条:清史馆荐任官由总裁呈请大总统任命,委任官总裁专行之。

第八条:清史馆为缮写文件及其他庶务得酌用雇员。

第九条:本制自公布日施行。③

《草案》很快得到袁世凯的批准。同年3月9日,袁世凯特颁《设置清史馆令》,内云:

① 中华民国史事纪要编辑委员会:《中华民国史事纪要》(民国三年),台北:中华民国史料研究中心,1982年,第279页。

② 郑逸梅:《清娱漫笔》,上海:上海书店出版社,1984年,第12页。

③ 《清史馆官制》,载《申报》,1914-02-09。

查往代述作,咸著史篇,盖将以识兴革之所由,资法鉴于来叶,意致善也……即准如所请,设置清史馆,延聘通儒,分任编纂,踵二十四史沿袭之旧例,成二百余年传信之专书,用以昭示来兹,导扬盛美,本大总统有厚望焉。[1]

经与国务总理孙宝琦、教育总长蔡儒楷、农商总长张謇等人商议,袁世凯决定让赵尔巽出任清史馆馆长。袁世凯之所以选择赵尔巽绝非偶然,当时文坛巨擘莫若康(有为)、梁(启超)二公及章太炎先生。然康、梁二公皆为旧维新派,断不可让他们主书。章氏为革命党人,当时正被袁软禁北京装疯卖傻。袁氏最初有意延聘国学硕儒劳乃宣、于式枚出山,但二人均推辞。袁氏又属意樊增祥、周馥二人,由于种种原因亦未能实现。据当时天津《大公报》载:"袁氏又准备以徐世昌、陆润祥为总裁,又闻政府对于清代全史亦拟派员修纂,拟派徐世昌、陆润祥,惟进行手续尚未核定。"[2]《大公报》所载恐为传闻,因徐世昌等为袁氏密友幕僚,民国更始,百事待兴,徐世昌肯定会被委以重任。史馆总裁既要满清贵宦,又要与己要好。宣统逊位后,多数满清官员退居青岛、上海及东北各地,尤以青岛为渊薮,赵尔巽为青岛寓公之魁。徐世昌与赵尔巽先后为东三省总督,关系非同一般,清末徐氏、赵氏与李经义、张謇曾为"嵩山四友";袁世凯与赵尔巽为同僚旧友,民国成立后,袁氏特颁大总统令,授赵氏勋爵,还特派专人至青岛,敦请赵氏出山,"召前奉督赵次珊来京协议要政"[3]。

赵尔巽(1844—1927),字次珊,号无补,汉军正蓝旗,山东泰安人。其父文颖历任山东多处知县,守阳谷时,为太平军击毙。其弟赵尔丰,清末四川总督,辛亥革命后一年,被四川都督尹昌衡所杀。同治十三年(1874),赵尔巽举甲戌进士,任御史。一生历仕同治、光绪、宣统三朝,颇受慈禧太后赏

① 中国第二历史档案馆编辑:《政府公报》(第24册),第六百六十号,上海:上海书店1914年影印本,第269页。

② 《清廷编订清史》,载(天津)《大公报》,1914-02-01。

③ 《赵尔巽来京消息》,载《盛京时报》,1913-12-09。

识。1900年义和团农民运动爆发,赵因母丧在家守制,常"微行市廛中,侦北来者,探其消息,忧愤不已"①。光绪二十八年(1902),赵尔巽升任湖南巡抚,被召入京,赐紫禁城骑马,以示优渥。慈禧更亲书福、寿、虎字以赐,并赐御绘折扇、条幅及珍玩等。日俄战争结束后,被任命为盛京将军。临行,慈禧赐治装银5000两,召对面谕曰:"尔尽其当为者为之,勿拘常例,不中制也。"②假以便宜行事之大权。宣统二年(1911),武昌革命爆发,赵尔巽在《忠告于武昌此次肇祸诸君》函稿中声称"勿为祸魁……倘久执迷,则所谓子能覆楚,我必能复楚者"③,以复楚国之申包胥自居。国变后,隐居青岛。

袁世凯选定赵尔巽为清史馆馆长后,唯恐赵尔巽不肯就任,乃亲自修书一封《致赵尔巽延聘充任清史馆馆长》,由总统府秘书王延年赴青岛劝驾:

> 有清一朝,典章具备,且值政治更张之会,尤关历史考镜之资。
>
> 兹据国务院呈请,设置清史馆,业已照准,凤念执事学识渊博,谙习掌故,用特竭诚延聘,充任馆长,务希慨允担任。④

赵氏本愿出任清史馆总裁,但因"代弟颂冤"一事,以身体不适微词推脱。赵氏希望民国政府循优待清廷例为其弟赵尔丰建祠抚恤,遭到在京川籍官绅的极力反对。袁氏了解实情后,即特颁大总统令为赵尔丰平反:"援照沈故前督例给予一次恤金七百圆,遗族年抚金四百五十圆,由财政部发给,照章给予三年。"⑤赵尔巽方有松动。民国三年(1914)5月初,袁世凯再派贴身秘书吴缪携亲笔信前往青岛与赵氏相商,并提出让于式枚、刘廷琛副之。赵尔巽欣然从命,遂往访好友于式枚、刘廷琛。

于式枚(1853—1916),字晦若,广西贺县(今贺州)人。光绪六年

---

① 奭良:《清史馆馆长前东三省总督盛京将军赵公行状》,载《赵尔巽全宗》,第8辑,第5页,中国第一历史档案馆藏。

② 同上书,第5页。

③ 同上书,第6页。

④ 沈云龙:《袁大总统书牍汇编》卷七,上海:广益书局,1914年,第27页。

⑤ 中国第二历史档案馆编辑:《政府公报》(第26册),第六百九十号,上海:上海书店1914年影印本,第298页。

（1880）成进士，授兵部主事。充李鸿章幕僚十余年，奏牍多出其手。光绪二十二年（1896），参加康有为之保国会。三十三年（1907），充出使考察宪政大臣，上奏反对立宪和召开国会，维护专制皇权。因得清廷信任，擢升邮传部侍郎、礼部侍郎、学部侍郎、修订法律大臣、国史馆副总裁。国变后，隐居青岛。袁世凯聘为参议，谢绝；聘为清史馆副总裁，亦谢绝。1916 年，移居上海，未几，病卒。

刘廷琛（1867—1932），字幼云，号潜楼，江西九江人。光绪二十年（1894）成进士，历任翰林院编修、陕西提学使、京师大学堂监督、学部副大臣。宣统元年，为溥仪进讲官。国变后，侨居青岛。1914 年（民国三年），袁世凯聘为清史馆副总裁，力辞不受；国务院聘为礼制馆顾问，亦坚辞不受。1917 年，运动徐州张勋率兵进京，是为张勋复辟。"复辟"后，任内阁议政大臣，时人称之为"一文（刘廷琛）一武（张勋）"。

赵尔巽拜访于式枚，式枚曰："公意如何？"赵曰："当视君与幼云（廷琛）意见为从违，如二君允北上，亦当勉为一行。"式枚乃曰："既如是，公可先询幼云肯就否，某将以幼云意见为意见。"赵乃访刘廷琛，并曰："我辈均受先朝厚恩，今逢鼎革，所以图报先朝者，惟此一事。修史与官服不同，聘书亦非命令可比，似可偕往致力于此。"廷琛咈然曰："年伯已视袁世凯为太祖高皇帝耶！历朝之史，均国亡后由新朝修之，今大清皇帝尚居深宫，何忍即为修史！晦若当亦不能从也。"尔巽更欲有言，廷琛曰："愿勿再谈此事，否则当恕小侄不接待矣！"[①]赵尔巽再回劝于式枚，于氏亦推辞。

其实，于、刘二氏也有意前往，于氏推诿刘氏，刘氏出于一时感愤。后来，于式枚为修清史，特撰《仅拟开馆办法九条》，成为纂修清史的大纲。赵尔巽死后，刘廷琛曾为之作挽联云：

> 恩重先朝，秉笔亦报先朝，人间何事曾忘情，列圣典谟千载鉴。

---

① 徐一士：《清史稿与赵尔巽》，《逸经》第 2 期，第 77 页。

父殉国难,介弟又遇国难,地下相逢应痛苦,九州豺虎一

龙潜。①

民国三年(1914)5月底,赵尔巽独自北上,住北京秦老胡同。袁世凯安慰之曰:"得公来,此事可成矣,固知公不忘先朝也。晦若、幼云不免拘执太甚,听之可耳。"赵当即向袁氏提出:"往代修史,即以养士,欲援旧例,以絷遗贤,可乎?"②袁满口答应。

6月,赵尔巽在秦老胡同正式设立"清史馆临时筹办处"。因清史馆为政府特设机构,直属大总统,待遇优厚,故应者多多,"每日踵门干谒者,户限几为之塞"③。赵氏出任清史馆总裁,亦遭到守旧同僚反对,如前清遗老"岭南近代四家"之一梁鼎芬即致书赵尔巽:"国号虽更,少帝尚在,当此时代,公然编纂清史,对于现今幼主而直书前皇之遗事,宁非不敬之尤者耶? 鄙意斯举请即中止,却为稳当。"④赵氏以"我是清朝官,我编清朝史,我吃清朝饭,我做清朝事"⑤以回应。

7月,赵尔巽又萌生退意,个中原因则是清史馆经费问题。清史馆临时开办费为两万元、每月正常开支经费为两万二千元,而与清史馆同时开办的国史馆,每月办公经费仅为八千余元,国史馆馆长王闿运因与馆员意见不合离京出走。财政部受此影响,要求清史馆降低每月办公经费,以示撙节。赵尔巽"拟即日请假一个月赴胶州调养,将来是否返京就职,察观情形如何再定"⑥。袁世凯查知实情,即急谕财政部准将清史馆经费悉数拨付,赵氏始安心清史馆。

8月,赵尔巽向袁世凯报告清史馆开馆具体日期:

---

① 徐一士:《清史稿与赵尔巽》,载《逸经》第2期,第78页。
② 徐一士:《清史稿与赵尔巽》,载《逸经》第2期,第77页。
③ 《清史馆物色人才之慎重》,载(天津)《大公报》,1914-07-03。
④ 《梁鼎芬之直言》,载《顺天时报》,1914-07-16。
⑤ 溥仪:《我的前半生》,北京:中华书局,1977年,第90页。
⑥ 《赵次珊亦有去志》,载《顺天时报》,1914-07-31。

一面先请到馆人员斟酌古今,草定修史略例,以待群贤毕集,即行开会讨论,决定进行。一面将应需考证书籍,应广延访搜罗,以供应用。兹定于九月一日为开馆之期。①

二、清史馆之设立

清史馆位于故宫东华门内,为原清廷国史馆所在地,乾隆二十五年(1760)设立,东倚紫禁城,草木茂盛,有数间百年老屋,"传有巨蟒穴于内……不常出,出必有异兆"②。

清史馆成立后,袁世凯于 9 月 28 日首先以大总统名义向全国颁布《征书令》,要求各省巡按使指定专员征集图书,转交清史馆;同时,赵尔巽于 10 月间亦以清史馆馆长的名义咨照各省搜集书籍并发布《清史馆征书章程》:

> 本馆现修艺文志,公议决定沿元明前史之例,断代为书。……相应咨请贵巡按使转饬各道县知事,查明境内通儒硕彦,从前著作,无论已刊未刊,开具书目清册,并将著书人姓名籍贯履历,各具小传,务于三个月内汇送到馆,以凭采摭登录,实纫公谊,即希查照施行。③

另一方面,赵尔巽抓紧时间礼聘馆员,"近取翰苑名流,远征文章名宿"④,先后延聘众多硕学通儒入馆。民国三年(1914)9 月 1 日,清史馆正式开馆。其馆员名录如下:

---

① 中国第二历史档案馆编辑:《政府公报》(第 39 册),第八百三十七号,上海:上海书店 1914 年影印本,第 249 页。

② 金梁:《清史馆》,《瓜圃述异》,民国排印本第 23 页,中山大学图书馆藏。

③ 中国第二历史档案馆编辑:《政府公报》(第 42 册),第八百八十六号,上海:上海书店 1914 年影印本,第 348—350 页。

④ 徐一士:《清史稿与赵尔巽》,载《逸经》第 2 期,第 75 页。

馆长：

赵尔巽

提调：

陈汉第、李经畲、金还、周肇祥、邵章。

总纂：

郭曾炘、沈曾植、宝熙、樊增祥、柯劭忞、吴廷燮、缪荃孙。

总修兼总纂：

劳乃宣、李家驹、于式枚、金兆蕃、吴士鉴、李瑞清、耆龄、陶葆廉、于式棱、王乃征、谢远涵、朱钟琪、温肃、杨钟羲、袁励准、万本端、邓邦述、秦树声、王大钧、章钰、王式通、顾瑗。

协修：

宋书升、唐晏、宗舜年、李葆恂、安维峻、张仲炘、俞陛云、姚永朴、罗惇曧、吴广霈、袁金铠、吴怀清、张书云、张尔田、张启后、韩朴存、陈敬第、陈毅、袁嘉谷、蓝钰、李岳瑞。

校勘兼协修：

王庆平、齐忠甲、吴缪、叶尔恺、田广瑛、李景濂、傅增湑、何葆麟、成昌、徐鸿宾、赵世骏、杨晋、金兆丰、胡嗣芬、朱希祖、李哲明、朱方饴。

后来添聘者：

马其昶、唐恩溥、刘师培、黄翼曾、夏曾佑、王树枏、夏孙桐、吴昌绶、奭良、瑞洵、姚永概、戴锡章、朱师辙、邵瑞彭、檀玑、刘树屏、何震彝、陈曾则、陈田。

收掌：

谢绪璠、黄葆奇、尹良、王文著、尚希程、容潘、曹文燮、文炳、孟昭墉、袁克文、简朝亮、朱孔彰、秦望瀛、王崇烈、陈能怡、方履中、史恩浩、唐邦治、陈曾矩、吕钰、余嘉锡、王以慜。

收掌兼校对：

董峻清、周仰公、秦化田、金善、刘景福、赵伯屏、史锡华、曾恕传、褚以仁、惠澂、胡庆松、刘济、吴元芝、锡荫、张玉藻、金梁。

所有人员共130人。其中,郭曾炘、沈曾植、宝熙、樊增祥、劳乃宣、李家驹、于式枚、李瑞清、耆龄、陶葆廉、于式棱、王乃征、谢远涵、朱钟琪、温肃、杨钟羲、宋书升、唐晏、宗舜年、李葆恂、安维峻、张仲炘、陈毅、王庆平、齐忠甲、吴缪、赵世骏、杨晋、袁克文、简朝亮等30人未到馆,而刘树屏、何震彝、檀玑、陈田、朱方饴、王以慜6人到馆未久即病故,故清史馆开馆之时实际人数为94人。

金梁《清史稿校刻记》云:"先后延聘百数十人,别有名誉职约三百人;馆中执事,有提调、收掌、科长及校勘等职,亦逾二百人,可谓盛矣!"①金梁所谓"三百人""二百人"为胡说八道、随意妄言。金氏当初虽被聘为"校对",但并未到馆参与纂修,于《清史稿》刊刻之际方进入史馆,对清史馆开馆情况懵然无知。

第二节 《清史稿》体裁体例之商定

确立体裁体例为纂修国史之首务,刘知几《史通》有云:"夫史之有例,犹国之有法。国无法,则上下靡定;史无例,则是非莫准。昔夫子修经,始发凡例;左氏立传,显其区域。科条一辨,彪炳可观。"②有清一代,政治制度、经济制度、文化制度、军事制度皆与前朝有重大区别,在志、表、传上势必有所创新,此为纵向体例之难;清史馆开馆之时,北京尚有溥仪紫禁城小朝廷在,南方尚有国民党革命团体在,清史馆依托袁世凯北洋政府,如何对待清朝、如何对待南方革命党?此为横向体例之难。故清史馆开,馆内馆外,围绕《清

---

① 金梁:《清史稿校刻记》,历史风云网 www.lsfyw.net/article/html/933... 2012-07-10。
② 刘知几撰,浦起龙注释:《史通通释》,上海:上海古籍出版社,1978年,第57页。

史》之体裁体例即展开激烈争论。

一、《清史稿》体裁之争论

通过赵尔巽等人紧锣密鼓的准备,先后征聘总纂、纂修、协修、征访、收掌、校勘等近130人,其中成进士者50余人,一时文人萃集,宏宏大盛。开馆之初,首商义例,馆内外同仁,如于式枚,梁启超、吴士鉴、吴廷燮、姚永朴、缪荃孙、夏孙桐、金兆蕃、朱希祖、袁励准、袁嘉谷、陈敬第、陶葆廉、王桐龄、张宗祥、柳翼谋等皆发表纂修清史商例,如下表:

序号	姓名	修史体例之名称	备注
1	于式枚	《谨拟开馆办法九条》	
2	梁启超	《清史商例》	
3	于式枚	《修史商例按语》	
4	吴廷燮	《清史商例》	
5	金兆蕃	《拟修清史略例》	
6	金兆蕃	《上清史馆馆长第一书》	(一)《谨拟开馆办法九条》为于式枚、缪荃孙、秦树声、吴士鑑、杨钟羲、陶葆廉6人合拟。
7	金兆蕃	《上清史馆馆长第二书》	
8	吴士鑑	《纂修体例》	
9	袁嘉谷、陈敬第	《清史凡例商榷》	(二)《修史商例按语》为于式枚看到梁启超《清史商例》后的商榷之文。
10	朱钟琦	《拟修清史目例》	
11	袁励准、王桐龄	《纂修清史管见书》	
12	张宗祥	《纂修清史办法》	
13	朱希祖	《清史宜先修志表后纪传议》	
14	刘树屏	《陈述邦交志意见书》	
15	缪荃孙	《清史目例》	

后来,台湾学者彭国栋《清史纂修纪实》云:清史商例"如梁启超清史商例初稿,于式通答门人问史稿凡例……易培基清史例目证误、柳诒徵清史刍议、张尔田与大公报文学副刊编者书、吴宗慈清史拟例等,皆富有见地之作"①。

按:彭氏之说,不够严谨。易培基之《清史例目证误》、柳诒徵之《清史刍议》、张尔田之《与大公报文学副刊编者书》、吴宗慈之《清史拟例》皆为《清史稿》刊刻后之商榷文,而非清史馆开馆之初体裁体例之商榷文。

反观梁启超、于式枚等众多商议书,有主张先修志、表,后修列传、本纪,如朱希祖等;有主张先修本纪、列传,后修志、表,如吴士鉴等;有主张分工协作齐头并进,如袁嘉谷等。然而,就《清史》体裁而言,均主张采用传统的"纪传体",分歧主要存在于"体例",大体可分两派:

(一)以于式枚、缪荃孙为首之多数派:于式枚、缪荃孙、秦树声、吴士鉴、杨钟羲、陶葆廉6人首先合拟《谨拟开馆办法九条》:搜档册;采书籍;仿《明史》;勤采访;办长编;所采事实,须注出处;三品以上臣工,仍用阮文达公儒林、文苑传例;事实各书所载不同,须折中附考异于下,将来另成专书;书全用《明史》例,稍加增删。在体例上,他们认为:"我大清定鼎二百余年,厚泽深仁,休养生息,上无失德之君,下无抗命之臣,固属前代所未有;而功武赫奕,拓土开疆,文教昌明,轶唐绍汉。"这就给《清史》"歌功颂德"定下基调。在体裁上,他们认为《清史》为结束旧史之时,不妨仍用旧史,稍广类目,如于式枚、缪荃孙认为:"《明史》汇集数十年之名流,考证三百载之事实,上搜开国之群雄,下录三王之事迹。数人同事则类述,一人数事则别见,不漏不蔓,体例最善。"因而他们主张:"今日修史,惟专仿《明史》,不必高谈皇古也。"②

(二)以梁启超、张宗祥为首之少数派:如梁启超认为:"有清二百余年,

---

① 彭国栋:《清史纂修纪实》,许师慎《有关清史稿编印经过及各方意见汇编》(上册),台北:中华民国史料研究中心,1979年,第272页。

② 于式枚,缪荃孙等:《谨拟开馆办法九条》,朱师辙《清史述闻》,三联书店,1957年,第116页。

大权旁落之时少,国之休戚,民之荣悴,校其功罪,则元首与居八九焉。"故修史当:"主德污隆,务存直笔。"①所陈《都市志》《乡政志》《物产志》《古物志》《外交志》及《大事通表》《逊国月表》颇有新意。袁嘉谷、陈敬第认为:"《史记》独多言民事,千古称之,今宜扩而广之,凡民间礼俗之大,居处饮食之细,及一切日用之于风教有关者,良窳得失,璨然无遗……庶几免一姓家谱之诮乎。"②柳翼谋亦指出:"当今所辨,唯在义例,义不先立,便无由起。"他认为:历代旧史,"其病在偏重庙堂,略于民事,一国宝书,几成家牒。""民国肇造,政体鼎新,天下非一家之私,史例自因时而变,拾遗补亡,式资来者。"③张宗祥所提议之邮传志、宗教志、教育志、通商表、党人传、郑成功载记、太平天国载记亦有新意。于式枚、梁启超所拟《清史》目录比较表如下:

本 纪	
于式枚	帝纪十二:太祖、太宗、世祖、圣祖、世宗、高宗、仁宗、宣宗、文宗、穆宗、德宗、今上。
梁启超	帝纪十二:太祖、太宗、世祖、圣祖、世宗、高宗、仁宗、宣宗、文宗、穆宗、德宗、今上。
诸 志	
于式枚	志十六:天文、五行、历志、地舆、国语、礼、乐、舆服、选举、职官、食货、河渠、兵、刑法、艺文、外交。
梁启超	志二十五:历象、地理、水利、都市、物产、贡赋、户役、征榷、盐法、钱法、国用、礼、乐、兵、法典、选举、学校、舆服、邮传、乡政、艺文、古物、宗教、邦交、国书。

① 梁启超:《清史商例第一书》,载《清史述闻》,第124页。
② 袁嘉谷,陈敬第:《陈清史凡例商榷》,载《清史述闻》,第207页。
③ 柳翼谋:《清史刍议》,载《史地学报》(第1卷),第4号。

诸 表		
于式枚	表十:诸王世表、公主表、封爵世表、藩属世表、宰辅年表、军机大臣年表、总理各国大臣年表、部院大臣表、疆臣表、交聘表。	
梁启超	表二十五:开国年表、顺康之际靖乱年表、西北拓境年表、西南拓境年表、嘉道之际靖乱年表、咸同之际靖乱年表、外交和战年表、藩服年表、庚申之役月表、甲午之役月表、庚子之役月表、逊国月表、与国年表、大事通表、后妃表、宗室世系表、诸臣世爵表、藩部世爵表、满蒙氏族表、执政表、将帅表、大学士表、尚侍都宪表、督抚表、使臣表。	
列 传		
于式枚	传十七:后妃、诸王、臣工、藩臣、循吏、儒学、文学、畴人、忠义、孝友、隐逸、方技、外教、外戚、列女、宦官、土司。	
梁启超	传五十二:孝钦显皇后、两摄政王合传、明四藩载记、明遗臣一、明遗臣二、开国亲臣、开国相臣、开国将帅、开国诸臣、顺康相臣、顺康将帅、顺康疆臣、顺康言臣、顺康诸臣、雍乾相臣、雍乾将帅、雍乾疆臣、雍乾言臣、雍乾诸臣、嘉道相臣、嘉道将帅、嘉道言臣、嘉道诸臣、咸同亲臣、咸同相臣、咸同将帅、咸同疆臣、咸同言臣、咸同诸臣、光宣亲臣、光宣相臣、光宣疆臣、光宣言臣、光宣诸臣、河臣、使臣、死节、循吏、儒林、文苑、卓行、孝友、艺术、方伎、列女、宦者、客卿、叛臣、群盗、属国、叙传。	

两者比较,不难看到:于氏所出《清史》体例主要仿照《明史》而略有变通,相对比较保守,而梁氏所出《清史》体例则极具创新性,在表、志、传方面皆优于于氏方案,内容更为宏富,而且体现出更多时代特点,如梁氏所提之都市志、物产志、贡赋志、户役志、钱法志、国用志(实际上为财政志)、学校志(实际上教育志)、邮传志(包括新兴的邮政、电报、铁路、轮船)、乡政志、古物志、宗教志、邦交志、国书志等,皆极富新意。

然而,于式枚为诸儒前辈,缪荃孙为馆中渠魁,他们的意见很快为大多数人所接受。事实上,仿效《明史》以纪传体纂修《清史》是适宜的。除《明史》体例完善外，它的实际撰述人多为明代遗民，这一点与清史馆众人在修史情感上有相似、相通之处。况且，清原国史多为纪传体史书，史馆诸公又多为古文大家，于古史体裁较为熟悉。仿效班、范，取法纪传，对清史馆撰述人来讲，可谓轻车熟路。所以，在《清史》体裁上，赵尔巽及清史馆馆员最终选择了于氏方案。

二、《清史稿》体例、凡例之确定

体裁体例商定以后，讨论的重点集中于纪、志、表、传科目的取舍上。如《今上本纪》当修与否？多尔衮、载沣两摄政王当入本纪或列传？慈禧、隆裕两太后当入本纪或列传？《宗教志》《氏族志》《民俗志》《邦交志》当不当立？宦官、叛逆、佞幸、实业等传当不当取？何取何舍，莫衷一是。最后，柯劭忞、缪荃孙参取各家所长以补之，"大体近法《明史》，而稍有变通"[①]，排列目录如下：

本纪十二：太祖、太宗、世祖、圣祖、世宗、高宗、仁宗、宣宗、文宗、穆宗、德宗、宣统皇帝。

志十六：天文、灾异、时宪、地理、礼、乐、舆服、选举、职官、食货、河渠、兵、刑法、艺文、交通、邦交。

表十：皇子、公主、外戚、诸臣封爵、大学士、军机大臣、部院大臣、疆臣、藩部、交聘。

列传十五：后妃、诸王、臣工、循吏、儒林、文苑、忠义、孝义、遗逸、艺术、畴人、列女、土司、藩部、属国。

同时，又制定了《本纪书例》《列传书法画一条例》等书写的具体规定。《本纪书例》十六条为：

---

① 朱师辙：《讨论体例第一》，载《清史述闻》，第4页。

一、每帝首书徽号名讳(《太祖本纪》首书太祖奉天广运圣德神功肇纪立极仁孝睿武端毅钦安弘文定业高皇帝,姓爱新觉罗氏,讳努尔哈齐。始祖书姓,余帝不书)。

二、郊天必书。

三、年月重要政治必书。

四、征伐必书(名城陷复)。

五、巡幸必书。

六、大赦必书。

七、大灾水旱天变地震。

八、捐免钱粮赈灾恩政。

九、外国朝贺(必在每年之末,达赖、班禅来朝亦多书)。

十、订约改约(领土变迁)。

十一、改定制度。

十二、大学士、军机、各部尚书、都察院升迁,外省督抚罢免,必书。

十三、封爵之重要者。

十四、卒葬某陵。

十五、上尊号及立后。

十六、郡邑增改。

《列传书法画一条例》八条为:

一、名字姓氏籍贯例。改名书后名,原名某某。近人字号用其通称较著者。旗籍者曰满、蒙、汉军某旗人,驻防曰某地驻防,有抬旗者,曰升隶某旗。

二、世系出身例。祖父显贵有传者曰某官某之孙之子。甲科曰某朝某年进士。举人拔贡以下曰举人拔贡。捐纳曰捐赀为某官。

三、升擢差遣例。升转曰迁,晋阶曰擢,越级曰超擢,由京而外曰出为,由外而京者晋阶曰内擢,同级以下曰召授,行取者曰行取授某官。文武互改曰改授，兼官曰兼，补官曰补，先罢后补曰旋实授。量移曰调，未补官者升阶曰晋秩。五等爵曰封，世职曰予。

四、降革谴罪例。降职曰镌几级，革职曰褫职。降职曰降，革爵曰夺，革衔翎曰夺，拿问曰逮。罪至死者曰伏法，免死者曰论大辟或减或释，未革职而罚往某处或边疆者曰命往某所效力。

五、赠谥恤典祠祀例。赠官必书，谥必书，恤典非异数不书，配享太庙、从祀文庙、入祀贤良祠、特建专祠、附祀专祠、入祀名宦乡贤孝悌昭忠等祠书。

六、年月日例。入仕之始必书年，迁擢之年宜详，军事尤宜详。一年数战纪月，一月数战纪日，卒年可考者书之。

七、地名官名例。悉用今制，勿用古名，勿用简称。边地译名有异同，宜划一，与《地理志》相符。入关以前满官名从当时之称，改名以后用今名。

八、录载奏疏例。言官之疏非忠谠最著者不载，部臣之疏非确知是人主议者不载，疆臣之疏非大有关系者不载。奏疏原文不能无修节，其中当时通用名词，不宜改易。

台湾学者彭国栋(台湾版《清史》总纂)《清史纂修纪实》言及《列传书法画一条例》尚有"升衔勇号花翎赏赉及荣典""著述佚事"二条①，共十条。

按：朱师辙《清史述闻》等均认为只有八条。② 此《列传书法画一条例》为夏孙桐秉笔拟定，查夏氏《观所尚斋文存》所载，亦仅八条。彭国栋先生所多出两条，不知所据。

---

① 彭国栋：《清史纂修纪实》，载许师慎：《有关清史稿编印经过及各方意见汇编》(上册)，第272页。
② 朱师辙：《讨论体例第一》，载《清史述闻》，第5页。

第三节 《清史稿》纂修之经过

《清史稿》从民国三年(1914)开始设馆纂修,到民国十七年(1928)已具雏形,民国十八年(1929)金梁刊印,历时 14 年,大体可分三个阶段。

一、第一阶段(民国三年春至民国六年)

清史馆开馆之时,由于得袁氏支持,经费充裕,每月十万银元,按时领支,馆员高者可致月俸 600 银元。

一切准备停当,赵尔巽于馆长室高悬"总纂诸员分撰表"和功课簿,大抵据每人专长分配撰述。因史馆面狭,不容众人集齐,故每人可以携资料自觅处撰写。如缪荃孙,因年老故,"不能久居京师,赵尚书许携书自随"①。史馆要求众人两月来馆交稿,同时领取薪水。而赵尔巽每天到馆,"校视已成文字,尝一日阅至二万字,精力滂魄如此"。同时,"宏纳士流,士有一技之长,一言之契,无不录之庑下。其有悉心考索,矜慎下笔,刻期成文者,尤深敬异",即使对那些"久之乃至,或竟不一至,或数年得一文,或竟不著一字"者,赵尔巽"皆礼貌有加,乞廪勿绝"。②故"一时领执笔之名义者、坐领厚薪者、包事儿嬉者不乏"③,据张尔田事后回忆:"开馆之初,凡经聘请为纂修、协修的人员必须每日入馆编书,余按时入馆修书,而绝大多数纂修、协修是很少每日按时入馆的。"④

---

① 夏孙桐:《缪艺风先生行状》,载《观所尚斋文存》卷 4,第 9 页,民国排印本,中山大学图书馆藏。
② 徐一士:《清史稿与赵尔巽》,载《逸经》第 2 期,第 75 页。
③ 徐一士:《关于清史稿》,载《逸经》第 6 期,第 10 页。
④ 王钟翰:《清心集》,北京:新世界出版社,2002 年,第 56 页。

清史馆虽曰百人,但还有一些到馆而最后未写一字者,如王式通、顾瑗、袁金铠、陈敬第、傅增湘、徐鸿宾、邵瑞彭、谢绪璠、黄葆奇、尹良、王文著、尚希程、容濬、曹文燮、文炳、吕钰、周仰公、曾恕传、诸以仁、惠澂、刘济、吴元芝、锡荫、张玉藻等24人。如此,《清史稿》第一期撰稿人实际有70人。

因组织涣散,问题随之而出。总纂与协修各自任意秉笔,互不相让。虽有总纂、协修之名,但不过以前清官价、资历略分等级支薪而已。有些撰述人,视史馆为消遣之所,“每天聚着谈谈,随便撰写一些,全无条例,犹如一盘散沙”[①]。有些撰述人“多懒于翻书考证,仅据国史之传而删节之,翻实录及东华录尚嫌其烦”[②]。更有甚者,“有请人代撰者,其代撰之人,更不知学术”[③]。结果,尽管所出稿件甚多,但“形同费材”[④]。恍惚之间,四年已过。“积稿盈百十箱,充满数屋,而成书尚无期矣。”[⑤]

二、第二阶段(民国六年至民国十五年)

第一期撰稿虽多,然漫无头绪,虽议有体例,而无总阅之人,总纂与协修互不联络,故人人各自为政。赵尔巽自知非修史才,为尊重撰述原貌,阅多而改少。夏孙桐、朱孔彰先后向赵馆长上书请设总阅,以便统筹兼顾。赵尔巽因一时无合适人选,又未采纳。民国五年(1916)底,李景濂撰《吴汝纶传》(即吴挚甫,李景濂师)拖拉冗长,史馆遂以其为典型印发其稿,示以众人,李愤而告退。

经过前一时期的杂乱无章,赵尔巽亦从中汲取一定教训,乃议从两个方面着手整顿,一则停薪解退撰述不佳及不专心撰述者,一则整顿组织,划一

① 郑逸梅:《清娱漫笔》,上海:上海书店,1982年,第12页。
② 朱师辙:《撰述流弊第五》,载《清史述闻》,第45页。
③ 张尔田:《清史稿撰述之经过》,载《清史述闻》,第295页。
④ 朱师辙:《撰述流弊第五》,载《清史述闻》,第44页。
⑤ 金梁:《清史例案叙》,载《瓜圃丛刊叙录续编》,第26页,民国排印本,中山大学图书馆藏。

凡例,明确分工。然而,此时史馆经费发生了问题,民国六年(1917)六月,张勋复辟,史馆因处故宫院内,兵丁出入,申喝禁严,不得已,史馆只好关门。直到九月,史馆才得以恢复。但薪水来源减之又减,"先是项城殁后,馆中经费骤减十万,其后递减,月至三四千。此三四千者,犹不时至,或参以国库卷、公票之类"①。结果,馆中之人,不乏自散。次年,缪荃孙返京,主张先拟传目归卷,以时代为段落,择人分任:柯劭忞、金兆番、奭良任国初;缪荃孙、吴士鉴任顺康;金兆蕃独任雍乾;夏孙桐任嘉道,王大钧、朱师辙佐之;王树枏任咸同;马其昶任光宣,邓邦述、金兆丰佐之。实施之中,顺康列传部分,吴士鉴(总统府秘书)忙于政府公务,缪荃孙不久又作古,恰值张尔田回京,权以代替。民国十一年(1922)春,由提调邵章出面专为统一列传条例开了一次碰头会。会议结果汇成六条意见:

一、臣工传脱稿期限截止到本年十二月底。

二、臣工传不分子卷,每卷页数多以40页为限。

三、附传不提行为原则。

四、传论每卷拟一论,别纸附卷末,备总阅时参考。

五、奭良助《诸王传》,邵章助康熙朝列传,朱师辙助咸同朝列传。

六、清稿办法:第一次传稿,由各人自觅书手缮写,按千字小洋文一角,第二次传稿,等阅定后由馆缮写。

会议之后,各组分组讨论并解决各组问题。然而,分组又带来了新的问题。如某人当入甲传或乙传? 某事重在甲传或乙传? 某人当立不当立? 某人为主传、某人为附传? 某草稿可用或不可用? ……因各人看法不一,争论日趋激烈。如金兆蕃对奭良的《吴三桂传》不满,奭良对金兆蕃的《岳钟琪传》不满。奭良认为:魏源《圣武记》谓吴三桂"功最高,遇最侈"是错误的,"平"李自成、张献忠,"功"在英、豫、肃三亲王,平云南功在洪承畴。金氏则

---

① 金梁:《清史稿回忆录》,载《逸经》第7期,第6页。

多强调吴氏于清开国之功。对于《岳钟琪传》，奭良认为："康熙中，援定西藏，功在年、岳，岳忠勤由署参将超授提督，必如此而后可言超授……钱孙作赞以为终懈，盖未考也。"①

再如柯劭忞，因金兆蕃、奭良任国初已够，柯转而同王树枏撰咸、同列传，而树枏所主咸、同列传，立传太滥，与柯意见多相左，朱师辙不得不从中左右调停。其实，朱也认为王氏咸、同列传立传太滥，提议多立附传，柯、王二人皆不见纳，朱师辙只好转而专心经营《艺文志》。最后，史馆把修正咸、同列传任务交给夏孙桐和柯劭忞，柯又推诿金兆蕃。夏、金二人不及动手，因时局动乱，最终以王氏手稿定印。

当时，时局大乱，直皖、直奉相继开战，战争一连数月，东华门时闭时启。"馆员不能调书考证，停顿亦多。加以薪水减之又减，已不足养人，复盖以欠薪，其极少时仅得十分之二三。故在馆人员，等于半尽义务。"②终于馆员大半散去，全局停顿。

三、第三阶段（民国十五年至民国十六年）

关于史馆经费，赵尔巽有段表述："开馆之初，经费尚充。自民国六年，政府以财政艰维，锐减额算。近年盖复枯竭，支绌情状，不堪缕述，将伯呼助，垫借俱穷。日暮途远，几无成书之日。"③馆中寥寥余人14名（赵尔巽、柯劭忞、夏孙桐、金兆蕃、王树枏、俞陛云、金兆丰、吴廷燮、奭良、朱师辙、李哲明、吴怀清、戴锡章、章钰），为求生计，无奈散居馆外兼职，如朱师辙去了辅仁大学代课。

此时的清史馆，实际上已无法维持下去。万般无奈，赵尔巽只好乞援于张作霖、吴佩孚、张宗昌、张勋等人。"诸军帅慕义乐善，而重公之名德……

---

① 金梁：《清史稿回忆录》，载《逸经》第7期，第6页。
② 朱师辙：《时势迫促第八》，载《清史述闻》，第75页。
③ 赵尔巽：《清史稿发刊缀词》，载《逸经》第5期，第282页。

皆慨输巨款。"①如张作霖曾先后资助史馆五万元。民国十五年(1926)底,史馆进一步淘汰素餐,留馆 14 人重新分配任务:

> 本纪柯凤孙(劭忞)、奭召南(良)、李悟樵(哲明);志王晋卿(树枏)、吴莲卿(怀清)、俞阶青(陛云)、金雪生(兆丰)、戴海珊(锡章)、朱少滨(师辙);表吴向之(廷燮);列传夏闰枝(孙桐)、金钱孙(兆蕃)分任之,钱孙任乾隆以前,闰枝任嘉庆以后,汇传则闰枝任循吏、艺术,章试之(钰)任忠义,柯凤孙任儒林、文苑、畴人,余皆归金钱孙,预定三年告成。②

以此可知,清史馆民国十五年(1926)会议,原期三年毕事,然而,才逾半载,北伐军胜利北挺,北京势危。而此时之赵尔巽已 84 岁,久病卧床以致"胃不纳谷,脾泄气弱",自知将不久于人世。时袁金铠恰从辽阳来,愿承担印书一事。赵遂任袁氏总理发刊事宜。乃于民国十六年(1927)8 月 2 日召集馆人会议,仓促决定付刊,并在会议上宣布所拟定之《〈清史稿〉发刊缀言》:

> 尔巽承修清史十四年矣。任事以来,栗栗危惧。盖既非史学之专长,复值时局之多故,任大责重,辞谢不获,蚊负贻讥,勉为担荷。开馆之初,经费尚充,自民国六年,政府以财政艰难,锐减额算。近年益复枯竭,支绌情状,不堪缕述。将伯呼助,垫借俱穷,日暮途远,几无成书之一日。窃以清史关系一代典章文献,失今不修,后来益难著手,则尔巽之罪戾滋重。瞻前顾后,寝馈不安。事本万难,不敢诿卸。乃竭力呼筹,幸诸帅维持,并敦促修书同人黾勉从事,获共谅苦衷,各尽义务,竭蹶之馀,大致就绪。本应详审修正,以冀减少疵颣。奈以时事之艰虞,学说之厖杂,尔巽年齿之迟

---

① 徐一士:《清史稿与赵尔巽》,载《逸经》第 2 期,第 75 页。
② 夏孙桐:《夏孙桐致张尔田书》,载许师慎《有关清史稿编印经过及各方意见汇编》(上册),第 193 页。

幕,再多慎重,恐不及待。於是于万不获已之时,乃有发刊清史稿之举,委讬袁君金铠经办,数月后当克竣事。诚以史事繁钜,前史每有新编,互证得失。明史之修,值国家承平,时历数十年而始成,亦不无可议之处,诚戛戛乎其难矣。今兹史稿之刊,未臻完整,夫何待言。然此急就之章,较诸元史之成,已多时日。所有疏略纰缪处,敬乞海内诸君子切实纠正,以匡不逮,用为后来修正之根据。盖此稿乃大辂椎轮之先导,并非视为成书也。除查出疏漏另刊修正表外,其他均公诸海内,与天下人以共见,绳愆纠谬,世多通人,尔巽心力已竭,老病危笃,行与诸君子别矣,言尽于此。以上所述,即作为史稿披露后向海内诸君竭诚就正之语,幸共鉴之。①

对于赵尔巽仓促决定发刊《清史稿》,馆中之人,既有赞同者,亦有反对者,尤以夏孙桐和金兆蕃异议最烈。是年八月四日,夏孙桐有《上清史馆长论清史稿现尚不宜付刊书》:

执事欲以史稿付印,同人赞之,独不佞期期以为不可,力阻其议,尊意未肯回也。面语未能详尽,请为披沥陈之。……初稿去取未允,详略未当,尤应慎加论定,非可草草。桐与钱孙,原约脱稿后互相校阅,以资攻错。数卷之后,既未实行,将来仍拟互勘一次,方为审慎,此所经手者言之。其他本纪表志,内容如何,未知其详。偶有寓目,本纪初稿太繁,现办修正,书法体例,未能划一;诸志以刑法、乐二志较为简当,地理志秦宥横(秦树声)初稿,用十年心力,详甚矣。见见稿经三易,先详后简,详者约成十之七,简者约成十之三,今宥横已逝,修正者非原手,闻将从其多数之详者,然其所据之书,若不彻底重考,则改简为详,又何从着手? 此愚之所不解者也。外交志,规模大,资料多,初稿迄无定旨,亦未完具,仓促从事,

① 赵尔巽:《清史稿发刊缀词》,载《逸经》第 5 期,第 282 页。按:朱师辙《清史述闻》及张尔田《清史稿纂修之经过》等皆为“缀言”,唯有《逸经》杂志记为“缀词”。当以“缀言”为是。

其难更倍,势必不得要领。食货志各门,多袭国史旧志,道光以后之事,初稿多未详载,应补者甚多,不知如何处置。此就桐所见,言其一隅之大略而已。去年初议修正,桐曾力请增延总阅一人,否则编成,绝无一人得见全稿,其中重复抵牾挂漏,何由得知?虽称曰史稿,原自谓未成之书,然良工不示人以璞,何必以此供人姗笑乎!执事之急于付印者,以时局变迁可虑,高年希冀观成书耳。窃谓天下事之成否,自有定数,非可强也,况十余年来,时局之扰乱,经费之支绌,作辍不常,其过不尽在执事。修史是大事,且是难事,不可如寻常官书,但求速成塞责。此稿之未臻美善,不必讳言,其过当由编纂同人分负之。若一经付印,则其过全归执事监修者一人,难逃天下后世之责备,此桐以为断断不可冒昧行之者也。……千秋之名,所系甚重,愿三思,勿轻率举事,幸甚!幸甚![1]

同时,夏孙桐又致函袁金铠,希望袁氏劝说赵尔巽收回成命:

前日馆长病中焦急,未敢过事争论,退而与枚岑兄略谈大概,俟馆长病间,面请收回成命。目前仍赶办列传,以免中断。至诸公有相商者,必罄知以对,用备采择,祈将下情,便中婉达馆长,幸甚![2]

尽管夏孙桐、金兆蕃等人反对刊发《清史稿》,然赵尔巽则坚持:"吾不能刊《清史》,独不能刊《清史稿》乎?"[3]不久,赵尔巽卧病不起,印书之意愈切。赵遂任袁金铠总理发刊事宜。袁系政客,交往繁多,不常往史馆,于是又假手金梁负责,预定一年毕事。是年8月,赵尔巽病危,自知不起。七日(公元1927年9月2日),找人把袁金铠请来,于病榻上把史馆余资交付袁,并言:

---

① 夏孙桐:《上清史馆长论清史稿不宜付刊书》,载《观所尚斋文存》(卷6),第2页,民国排印本。
② 夏孙桐:《致袁金铠书》,许师慎《有关清史稿编印经过及各方意见汇编》(上册),第191页。
③ 奭良:《清史馆馆长前东三省总督盛京将军赵公行状》,载许师慎:《有关清史稿编印经过及各方意见汇编》(下册),台北:中华民国史料研究中心,1979年,第1373页。

"有不足者,君任之。"①是夜,溘然病逝。

1927年9月14日,张作霖以大元帅名义颁布政府第四号令,任命柯劭忞为代理馆长。"清史馆馆长赵尔巽现已逝世,已续聘总纂柯劭忞兼代馆长职务,其督率刊印管理经费等事,着派袁金铠悉心办理,以竟全功。"②

第四节 《清史稿》主要纂修人及其史稿贡献

史书之质量取决于史才之水平,史才之史识决定史书之史观。清史馆开,赵尔巽先后征调国学名宿100余名,其中沈曾植、宝熙等57人未到馆。到馆之人,均为晚晴官宦,撰述中"内清室而外民国"实属必然;馆长赵尔巽后又收拾一些"落难"满宦入馆,致使纂修人参差不齐、良莠其间,此为《清史稿》"学术失误"之主因。

一、《清史稿》主要纂修人简介

《清史稿》主要纂修人多为桐城古文家,兹将主要撰述人生平简介如下:

柯劭忞(1850—1933),字凤荪,号蓼园,山东胶州人。光绪丙戌(1886)成进士,历官翰林院侍讲、日讲起居注官等。一生对蒙古史、元史用力颇深,集30年之功力撰成《新元史》257卷。日本东京帝国大学赠予名誉博士,时晚清民初诸儒,获外国博士者唯柯氏与徐世昌(法国博士)二人。逊位诏下,君痛哭,清史馆开,赵尔巽聘为总纂。"君自顾儒臣,国亡无所自荩,修故国

---

① 奭良:《清史馆馆长前东三省总督盛京将军赵公行状》,载许师慎:《有关清史稿编印经过及各方意见汇编》(下册),台北:中华民国史料研究中心,1979年,第1373页。
② 中国第二历史档案馆编辑:《政府公报》,第4094号,中华民国十六年(1927)九月十五日。

之史,即以恩故国。"①在馆日,撰史稿之《天文志》《时宪志》《灾异志》部分列传,总阅本纪,整理儒林、文苑、畴人等传。赵尔巽死后,代理馆长,史稿卒赖以成。

缪荃孙(1844—1919),字炎之,号筱珊,江苏江阴人。早年从丁俭卿、汤秋史等先生研究经学、小学和文史。光绪丙子(1875),恩科成进士。授史馆一等编修,主修儒林、文苑、循吏、孝友、隐逸五传。因"以论学忤总裁徐桐,偃塞不得志,遂出都"②。初入淮安丽正书院,后至武汉钟山书院掌教。张之洞在湖南推行新政,缪氏奉命赴日本考察学务,归国后主办江南图书馆(时江浙藏书有常熟翟氏、归安陆氏、钱塘丁氏,三家鼎足。陆氏书为日本人购去,丁氏亦家道中落,缪氏恐蹈陆氏覆辙,故倡立江南图书馆)。清史馆开,赵尔巽聘为总纂,"先生身为旧史,生平网罗文献,有遗山石园之志,欣然应诏"③。在馆日,主持儒林、文苑、孝义、隐逸、土司五汇传。一生著作极富,除撰有《续碑传集》《南北朝名臣年表》外,还有地方志、文集、丛书各种,共计200余卷。于目录、校勘,贡献颇大。

夏孙桐(1856—1941),字闰枝,号闰庵,浙江会稽人,一说江苏江阴人。④家世以文学显,光绪壬辰(1892)成进士,"学问淹洽、文词雅赡,朝章国故,尤所研习"⑤。曾任浙江湖州府知府。辛亥革命后,辞官归里。清史馆开,赵尔巽聘为协修,升总纂。专任嘉、道、咸、同四朝列传,循吏、艺术两汇传。"先生在馆,以老宿重望,隐然如万季野之主修《明史》"⑥,"经手最多,而亦最出力"⑦。一人成稿近百卷,于《清史稿》功为最高。一生著述甚丰,有《清诗汇》、《清儒学案》(总修)、《续四库提要》等。

---

① 张尔田:《清故学部左丞柯君墓志铭》,载《遯堪文集》(卷2),民国排印本,中山大学图书馆藏。
② 柳诒徵:《缪荃孙传》,载卞孝萱《民国人物碑传集》,团结出版社,1995年,第537页。
③ 夏孙桐:《缪艺凤先生行状》,载《观所尚斋文存》(卷4),第8页,民国排印本,中山大学图书馆藏。
④ 王昌宜:《夏孙桐对清史稿撰述经过的研究》,载《江南大学学报》,2009年第1期,第113页。
⑤ 夏孙桐:《自状》,载《观所尚斋文存》(卷20),第747页。
⑥ 傅增湘:《江阴夏闰庵先生墓志铭》,载《民国人物碑传集》,第748页。
⑦ 朱师辙:《清史述闻》序,北京:三联书店,1957年。

吴廷燮(1865—1947),字向子,号景牧,江苏江宁人。光绪二十一年(1895)科举人。辛丑(1901)署太原府同知。次年,赵尔巽任山西巡抚,邀署太原府知府。甲辰(1904)被赵尔巽荐入京师政务处。宣统二年(1911)补内阁法制院参议。民国成立后,为袁世凯大总统府秘书。清史馆开,赵尔巽延为总纂。在馆日,撰高宗、仁宗、宣宗、文宗、穆宗5朝本纪,大学士、军机大臣、疆臣、藩部、部院大臣5年表。

王树枏(1851—1936),字晋卿,号陶庐老人,河北新城人。光绪十二年(1886)恩科进士,"为文华赡藻丽,诗出入于韩昌黎、李昌吉二家,而博识强记,凡经史滞义,古籍错讹,训诂考订,精赅允当,突过前人"。①光绪三十二年(1906),任新疆布政使,有政绩。宣统二年(1910),任学部宪政编查馆一等谘议官。清史馆开,赵尔巽聘为总纂。在馆日,整理咸、同列传,修正属国传。一生虽入仕途,但终日案牍,著书不辍,有《畿辅通志》《广雅补疏》《希腊春秋》《陶庐文集》等近700卷。

金兆蕃(1869—1951),字钱孙,浙江嘉兴人。光绪十九年(1893)科举人。"君知非变法不足以图存,及南下,改官江苏,一意于经世致用之学,戒子弟勿重科举,戒女勿裹足,转移风气,为时导师。"②历任江苏度支公所管榷科科长等职。因多见秘本,熟悉建州女真史事及后妃宫秘,著有《建州事实》《后妃传》等。民国后,又任北京政府财政部会计司司长等职。清史馆开,赵尔巽聘为纂修,晋总纂。在馆日,成太祖、太宗、世祖、圣祖、世宗5朝本纪,康、乾朝列传,整理孝义、后妃、列女汇传。一生著作甚富,除参与《清史稿》的编撰外,尚有《清儒学案》(主编)、《安乐乡人诗》、《药梦词》等数百卷。

马其昶(185—1930),字通伯,晚号抱润翁,安徽桐城人。早年从吴挚甫受业。光绪间任学部主事、京师大学堂教习。"其文之朴茂,尤近南丰,盖吴先生后一人而已。"③国变后,澹于荣利,闭门著述,以终其身,而家国存亡之

---

① 尚秉和:《故新疆布政使王公行状》,载《民国人物碑传集》,第707页。
② 屈强:《嘉兴金钱孙先生行状》,载《民国人物碑传集》,第476页。
③ 王树枏:《桐城马通伯先生墓志铭》,载《陶庐文集》,卷5,民国排印本,中山大学图书馆藏。

故,未尝一日释怀。清史馆开,赵尔巽聘为总纂。在馆日,成同、光、宣朝列传,修正文苑传。为文不尚浮辞,散文清淡简朴。民国十九年(1920),病故,章太炎为之挽联云:

一朝史事付萧至忠,虽子玄难为直笔;

晚岁文章托李遐叔,想颖士别有胜怀。

上联讥赵尔巽主事修史不周,下联提门人李国松整理遗著。章先生乃并世文人,笔锋尖刻,少有许者。民国十年(1921)曾与其昶书云:"平日观先生文字,亦谓世人所能为,比观文士手笔,求惬心者千百不得一,返观尊作,真如孤桐绝弦,其声在尘境之表矣。"①其对马氏看重若斯。

张尔田(1873—1945),原名采田,字孟劬,晚号遁堪,浙江钱塘人。家以文学显世,代有撰述,称为清门。居上海时,与海宁王国维、吴孙德谦齐名交好,时人目为"海上三子"。三子之中,国维颇有创见,然好趋时;德谦只辞碎义,篇幅自窘;国维于史重地下之物,孟劬于史重文史互证,虽合异析同,皆能推古人之意,欲光大浙东学派。所著《史证》八卷,日本列为大学研文史者必读之教科书。光绪间为刑部主事,改官江苏试用知府。旋遭国变,遂退归上海,高隐不仕,潜心著述。辨正两《唐书》,厘定清代《列朝后妃传》,校勘《玉溪生年谱会笺》。清史馆开,赵尔巽聘为协修。居馆近十年,"同辈交口以雅才推之"②,撰《乐志》《刑法志》《地理志·江苏篇》,商定《后妃传》、康熙朝大臣图海、李之芳传等,皆为《清史稿》最终采用。后又任教于北京大学、燕京大学等,"晚年笃信孔、孟,有犯之者,大声疾呼以斥,虽亲旧,无稍假借"③。

金兆丰(1870—1933),字雪荪,浙江金华人。光绪壬申(1893)恩科进士,授编修。乙巳(1905)年,留学日本,归国后任京师大学堂教务提调兼任

① 奭良:《野棠轩文集》,第 10 页,民国排印本,中山大学图书馆藏。
② 张笑川:《张尔田与〈清史稿〉纂修》,载《清史研究》,2007 年第 1 期。
③ 邓之诚:《张君孟劬别传》,载《民国人物碑传集》,第 450 页。

国史馆实录纂修。在京师大学堂"遴选教员,锐意改革,校务既振,学风大醇",为后来北京大学成为中国学术渊府"擘画之力为多"。① 国变后,居家不出,唯以著述自娱。清史馆开,赵尔巽聘为协修。在馆日,纂《职官志》,修订《礼志》及同、光朝列传。晚年蛰居旧都,与一时耆宿柯劭忞、夏孙桐唱诗和赋。一生著作,《清史大纲》《遁庐文集》最为重名。

秦树声(1861—1926),字宥横,号乘庵,河南固始人。光绪十二年(1886)成进士,历任工部主事、会典馆绘图处《地理钧稽图志》总纂、外务部传补御史。光绪二十九年(1903)再中经济科进士,后任云南曲靖知府、云南按察使、云南提学使、广东提学使。辛亥后,避居上海。1912年(民国元年),袁世凯聘为河南提学使,不应。赵尔巽聘为《地理志》总纂,纂《清史稿》地理志。一生致力历史地理学,著有《南北史》《唐书》《刑法会要》《清地理志》《西洋史》等行于世。

姚永朴(1861—1939),字仲实,安徽桐城人,姚莹之孙。光绪二十年(1894)中顺天乡试举人。后不乐仕进,专意求学。宣统元年(1909),清学部大臣奏荐为学部咨议官,后为京师政法学堂教授。民国三年(1914),聘为北京大学文科教授。是年,与胞弟姚永概一起被赵尔巽聘为清史馆协修。在馆日,成列传及《食货志·盐法》四十余卷。

李岳瑞(1862—1927),字孟符,陕西咸阳人。光绪九年(1883)成进士,历任翰林院编修、工部主事、总理各国事务衙门章京等职。"戊戌变法"期间,参与保国会,提倡维新,为光绪帝与康有为、梁启超等维新派之间重要联络人。变法失败后,于光绪二十四年(1898)被革职。光绪三十一年(1905)赴上海商务印书馆任编辑。辛亥后,赵尔巽聘为清史馆协修,在馆日,成列传数十卷。

朱师辙(1878—1969),字少滨,祖籍苏州,生于安徽黟县。民国初年,随

---

① 王树枏:《清封二品衔记名提学使翰林院编修金雪苏君行状》,载《陔冈集》附录,民国排印本,中山大学图书馆藏。

父朱孔彰入清史馆,先为协修,后为编修,为《清史稿》最终14人之一,手笔列传170余篇,修订艺文志。散馆后,任北平辅仁大学讲师、故宫博物院专门委员会委员、河南大学教授。抗战军兴,任成都华西大学教授。抗战胜利后,任北平辅仁大学教授、安徽学院教授、广州中山大学教授。新中国成立后,一直执教于中山大学。1951年退休,定居杭州。1969年病逝。一生致力于汉学研究,造诣精深,著有《商君书解诂》《黄山樵唱》《清史述闻》《和清真词》,曾受毛泽东书信赞赏。其《清史述闻》为"清史纂修史"发轫之作。

俞陛云(1868—1950),字阶青,号乐静,浙江德清人,经学大师俞樾之孙。光绪二十四年(1898)中进士,探花及第,授编修。光绪二十八年(1902)钦命出任四川副主考。民国元年(1912),任浙江省图书馆监督(馆长)。1914年被赵尔巽聘为清史馆协修。在馆日,主纂《兵志》,协纂列传,为清史馆最终14人之一。一生致力于文学、书法,尤其精于诗词。著有《乐青词》《蜀辅诗记》《唐五代两宋词选释》《清代闺秀诗话》等行于世。

吴怀清(1864—1928),字廉期,号莲溪,陕西山阳县人。光绪十六年(1890)成进士,选庶吉士,授编修;二十九年(1903)奉旨典试山东,出任山东乡试副考官。宣统二年(1910),任翰林院秘书郎、资政院议员。入民国,赵尔巽聘为清史馆协修。在馆日,撰《地理志·陕西》《食货志·征榷卷》等,为《清史稿》最终14人之一。

章钰(1864—1934),字式之,号茗簃,苏州人。光绪二十九年(1903)成进士,官至外务部主事。辛亥后,寓居天津,以收藏、校书、著述为业。民国三年(1914),赵尔巽聘为清史馆纂修。在馆日,主撰乾隆朝列传、忠义传,补艺文志,为《清史稿》最终14人之一。一生酷爱藏书,著有《四当斋集》《胡刻通鉴正文校字记》等,为近代著名藏书家、校勘学家。

此外,为《清史稿》作出较大贡献者,尚有吴士鉴(任宗室、世系表、部分地理志)、袁励準(任列传)、万本端(任礼志、舆服志)、邓邦述(任本纪、光宣列传)、罗惇曧(任交通志)、吴广霈(任邦交志)、刘师培(任出使大臣表)、李哲明(任本纪、列传)、戴锡章(任邦交志、列传)等人。限于篇幅,不一一赘述。

清史馆除以上汉人学者,主要撰述人还有旗籍奭良、瑞洵、成昌三人。略述其生平如下:

奭良,字召南,贵州按察使承龄之孙。早年颇负诗文,有"八旗才子"之称,然不工制义。光绪间,以旗人故,起家为奉天县令,超擢东边道。为官在任,恃才招忌,故屡跌屡起,历任山西河东道、湖北荆宜道、江苏徐州道。武昌新军起事,段祺瑞至彰德谒袁,奭良代段护提督印务,会清江浦兵变,逃而免。国变后,去官归京,唯豪侈之性不稍变。前历官任,皆膏腴之地,聚财甚多,然选色征歌、酒楼恣欲,不数年,所有余资挥霍殆尽。归京时,"变卖家宅,犹得万余金,不过三年,又为告罄"①,竟至生计无着落。适清史馆开,赵尔巽招备顾问。于满洲文献、十朝掌故,矢口指陈,不得翻捡,滔滔而不绝。唯论事刻深,喜与人标新立异,文笔差弱,不长于史书编纂,故赵公安排,先从金兆蕃见习本纪,后从柯劭忞助述列传。在馆十余年,助金氏修正前五朝本纪,主成《诸王传》,分任康、乾朝列传。一生著述,见于《野棠轩文集》。晚年以教童子,讲庄子,月获银三十圆聊以糊口,年八十卒,赖友人翻印《野棠轩文集》之资以营丧葬。

瑞洵,字景苏,大学士琦善孙,少能文,慷慨尚气,娶侍郎崇厚女。崇厚出使俄国议交还伊犁划界失当,为朝廷清议所不容。洵归家,亦痛诋不已,其妻愤而讥之曰:"我父诚有过,然世人均可诋之,独君不试问本朝洋务之败始于何人耶?"②时人传以闲谈。光绪间成进士,朝考旗人,入词林,欲有一番作为。旋升擢内阁学士,后出为科布多参赞大臣,因事被劾罢官,废置不复用。国变后,一心向佛,兼以诗词自咏,陈三立称其"精超绝俗"③。后归京,家贫甚苦,几断炊烟。清史馆开,赵尔巽悯其穷困,招助编纂。在馆日,独成德宗本纪和今上本纪(宣统)。唯性情忧抑,常寂处一室,不与他人语,纵有

---

① 徐一士:《清史稿与赵尔巽》,载《逸经》第 2 期,第 75 页。

② 夏孙桐:《观所尚斋文存》(卷 4),第 26 页,民国排印本,中山大学图书馆藏。

③ 杨钟义:《科布多参赞大臣瑞洵传》,载《散木居奏稿》卷首,民国排印本,中山大学图书馆藏。

会议,亦默座无一言。因其祖父有过,弟又有过(瑞澄武昌起义逃跑事),愤世嫉俗如此。一生著述,归于《犬羊集》。《清史稿》成,生计失资,日穷一日,吟咏诗词以终。

成昌(又名骆成昌,满人增汉姓),字子蕃,山东布政使崇保子。光绪间举人,少凭门阀,交游甚广,裘马荣衣,性耽风雅,酒楼茶肆,出入骚客之林。国变后,北归京师,于京西涞水购买田宅,续娶娇女,避世乐隐。过数年,家资耗尽,寄身正阳门外一旅馆,藉馆中剩食度日,布衣蔬食,形同寒素。清史馆开,赵尔巽招为协修。在馆日,成《邦交志》,别撰《氏族志》,有满洲、蒙古、汉军三卷。《清史稿》最后删去,未用。史稿未成,病卒。

清史馆开,除赵尔巽延聘诸人外,馆外清遗尚有志入馆修史者,如林纾,国变后,隐居北京,"曾十谒崇陵,匍伏流涕,逢岁祭,虽风雪勿为阻,誓死必表于墓曰清处士"。闻清史馆开,愿"以一老举人自失胜朝孤忠,颇思入清史馆,参与修史之役"①,终因年迈体衰,未遂其愿。

二、清史馆之桐城派与旗人派

《清史稿》文人圈为赵尔巽一手缔成。它主要有桐城派和旗人派两部分构成。桐城派以柯劭忞为首,旗人派以赵尔巽为旗。在实际撰述过程中,旗人派多主义,桐城派多主文;旗人主满传,汉人主汉传;旗人重本纪,汉人重列传。如十二本纪,太祖以次五本纪为金兆蕃主修,奭良整理;高宗以次五本纪为吴廷燮主修,李哲明修订;德、宣二本纪为瑞洵手笔。两派观点亦有出入,如瑞洵在《德宗本纪》中极力贬黜维新派,而金兆丰、马其昶在光绪朝列传中又竭力颂扬维新派。但是,各派之成员因来自满清官宦居多,就歌颂清朝、宣扬忠君而言,则是一致的,故昔日之门户之见,即两派之学术旨趣在清史馆中渐趋一致。综合而言,两派之成员关系相对较为密切,诸如父子相

---

① 徐一士:《关于清史稿补》,载《逸经》第7期,第52页。

随,兄弟相从,乡邻同呼,师生相望,同学相应,宾主同台,可谓人才济济、巍巍大观。

桐城派:马其昶、姚永朴、姚永概皆为桐城人。三人同乡同里又同为吴挚甫高足。永朴"始治古文辞,后乃专志读经"①。永概"诗文才气俊逸,足使辞皆腾踔纸上,虽百钧万斛而运之甚轻也"②。二姚为胞兄弟,桐城大家姚鼐之裔。"叔节(永概)者,先生(马其昶)之妻弟也"③。王树枏者,"幼从黄子寿学骈体,后与吴冀州(吴汝纶,字挚甫,官冀州知府,与张裕钊、黎庶昌、薛福成号"曾门四大弟子")游,顿改古文,洞明义法,其神悟盖由于天授也"④。时吴挚甫弟子满天下,清史馆中,马其昶、二姚、邵章、高步瀛皆出其门,"新城王树枏晋卿,通州范当世肯堂,候官严复、畿道、林纾、琴南四人者,皆执贽请业愿居门下,而公谢不前当,公所谓不列弟子籍同时服膺者也,附记于此"⑤。

柯劭忞虽为山东胶州人,但青年入河南,皈依桐城派,"配吴淑人,桐城古文大家吴挚甫先生之女"⑥。江阴夏孙桐,自少受教于母姚太夫人,而姚夫人为姚鼐之裔,"桐城名家之女,娴文史,工绘事"⑦。夏孙桐"甲申冬,余送三妹嫁至京师会同邑缪艺风(缪荃孙)前辈"⑧。

朱孔彰为朱师辙之父,朱家世习桐城古文,朱方饴为师辙远房堂兄,夏孙桐"女子子六……三女纬磷,适朱方饴"⑨,故朱师辙称夏为"夏闰丈",有时称"缪夏二丈"。

---

① 姚墉:《姚仲实行状》,载《国史馆馆刊》(第1卷),第3号。
② 姚永朴:《叔弟行状》引吴挚甫语,载《蜕私轩续集》(卷3),民国排印本,中山大学图书馆藏。
③ 王树枏:《桐城马通伯先生墓志铭》,载《陶庐文集》,又见《民国人物碑传集》,第597页。
④ 尚秉和:《故新疆布政使王公行状》,载卞孝萱、唐文权主编:《辛亥人物碑传集》,北京:团结出版社,1995年,第712页。
⑤ 郭立志:《桐城吴先生年谱·弟子表》(卷4),台北:艺文印书馆,1964年,第37页。
⑥ 张尔田:《遁堪文集》(卷2),民国排印本,中山大学图书馆藏。
⑦ 傅增湘:《江阴夏闰庵先生墓志铭》,载《民国人物碑传集》,第746页。
⑧ 夏孙桐:《两妹事略》,载《观所尚斋文存》(卷7),第21页。
⑨ 傅增湘:《江阴夏闰庵先生墓志铭》,载《民国人物碑传集》,第749页。

河南秦树声为固始桐城派传人。朱师辙为其门下弟子,且为贵婿。秦与陈散原、柯劭忞又为光绪十二年(1886)同榜进士。秦、柯二人入仕后,诗词唱和,直至秦终。

金兆蕃为嘉兴人,张尔田、夏曾佑、邵章皆为钱塘人。张尔田曾师秦树声、章钰,《史证》成,"示江阴缪荃孙,叹为才大心细"。① 邵章幼时既与张尔田相善,共同切磋文章与书法。另外,史馆所聘沈曾植,与金兆蕃为同乡挚友,一生治乾嘉诸儒之学,尤重古文。曾文正公之墓志铭为小湖先生所撰,小湖先生沈维乔,沈曾植之父也。沈曾植早年曾面讥康有为:"子再读十年书,与吾谈可耳。"② 与闽县郑太夷、义宁陈散原号"同光体三魁桀"。

八旗派:爽良为赵尔巽表侄。瑞洵与成昌为表兄弟,且二人为官时与赵尔巽相善。吴廷燮为赵尔巽幕府中人,唐邦治为赵尔巽家庭教师。吴、唐二人虽汉人,然清末达官集幕僚著书立说,相沿成习,故可列之于赵氏门下。

总之,清史馆成员主要由桐城派组成,绝非偶然。清代自戴名世、方苞(康熙时期)等人提倡古文形成桐城古文派以后,此派在清代一直影响很大,当时有人惊呼:"天下文章,其出于桐城乎!"③ 又曾如戴逸先生所言:"在中国文学史上,桐城派是传承最久、作者最多、影响最广的一个文学派别。它的传承达七世之久,如果戴名世、方苞算第一世,那么刘大櫆(刘海峰)就是第二世,他们相距约30年。刘大櫆到姚鼐又是30年,姚鼐是第三世。姚鼐的几个弟子梅曾亮、管同、刘开、方东树,包括他的侄孙姚莹,与他也相距40年,是第四世。再接下去是曾国藩、吴敏树、戴均衡,是第五世。曾国藩以后是张裕钊、吴汝纶、黎庶昌、薛福成,这些人都是他的幕僚,是第六世。吴汝纶下边有曾涛、二姚(姚永概、姚永朴)、马其昶、范当世,这样算来共七世。

---

① 邓之诚:《张君孟劬别传》,载《民国人物碑传集》,第450页。
② 王遽常:《嘉兴沈乙庵先生学案小识》,载《民国人物碑传集》,第760页。
③ 姚鼐:《刘海峰先生八十寿序》,载桑成之:《晚清政治与文化》,北京:中国社会科学出版社,1996年,第16页。

试看中国文学史上哪有流传七世的文派？没有。"①

第五节 《清史稿》之付印

民国十七年（1928），在政客袁金铠、金梁操纵下，《清史稿》仓促在北京付梓。尽管史稿旋遭民国政府查封，但仍有"关外一次本""关内本""关外二次本""上海联合书店影印本""日本铅印本"流布于世。

一、《清史稿》之刊发

民国十六年（1929）八月，赵尔巽决定付刊《清史稿》，并向馆员公布《清史稿发刊缀言》。然而，印书不是件易事，需要经费，亦需要时间。身心力竭之赵尔巽，自知病入膏肓，有可能看不到出书的那一天，于是年八月初上书张作霖，一面请求财政支助，一面推荐柯劭忞代理馆长。其《致张作霖书》略云：

> 雨公大元帅阁下：袁朽余年，久承眷顾，极思稍竭绵薄，藉图寸报，无如病入膏肓，近益加剧……尔巽生寄死归，何所牵挂，特不能脱然置之者，《清史》一事耳！《清史》之成，迁延至今，皆由于库款奇绌，不克以时供其经费。数年以来，垫借具穷，艰苦情形，言之心痛！屡蒙宏助，达五万元，救济之处，获益匪浅。现定筹印史稿，正在积极进行，不日可望出书，仍乞俯怜遗业垂完，于每月部拨馆中额支，万难再减。及史稿印费，尚缺一万一千元外，再行赐予酬助

---

① 戴逸：《谈桐城派》，载戴逸：《涓水集》，北京：北京出版社，2009年，第385页。

一二万元,俾七级高塔,得告合尖之功,出自仁施,九叩以请! 致清史馆馆长遗席,查有本馆总阅柯君劭忞,耆龄硕学,海内名儒,在职十余年,洞悉本末,恳公勿另聘人,即以柯君劭忞接充,以资熟手,必能餍服人心。①

赵尔巽上书张作霖后,又于病榻前发聘书于袁金铠与朱师辙,吩咐二人担任总司排印和总司排纂,全权负责《清史稿》排印事宜。朱师辙不愿接受,故排印一事即有袁金铠一人总理。8 月 7 日,赵尔巽病故。9 月 14 日,张作霖发布大元帅第四号训令:

> 清史馆馆长赵尔巽现在逝世,已续聘总纂柯劭忞兼代馆长职务,其督率刊印管理经费等事,着派袁金铠悉心办理,以竟全功。②

袁金铠(1870—1947),字洁珊,晚号甲庐,辽阳州(今辽阳市)人。沈阳萃升书院肄业,先后任职辽阳警务提调,奉天咨议局议员、副议长,奉天省财政司司长,奉天督军署秘书长,黑龙江省督军署秘书长,中东铁路董事、代理理事长,临时参政院参政,镇威上将军公署高等顾问。袁氏早年为赵尔巽属下,当年,武昌革命事起,袁氏曾策动东三省总督赵尔巽带兵入卫。赵尔巽对袁金铠,“其多信任者也,闻亦说之”③,遂有赵尔巽《忠告于武昌此次肇祸诸君》函电出笼。赵尔巽去职后,袁氏转为张作霖部下,并称为张作霖麾下得力干才。正是有此层关系,清史馆困难艰危之时,赵尔巽通过袁氏中间周旋,得张作霖资助。1927 年,兼清史馆编修,总理《清史稿》发刊事宜。1932年任伪满洲国奉天省省长,1935 年任伪满尚书大臣,1947 年病死于辽阳。著有《中庸集解》《连湾杂著》等行于世。

袁系政客,不常驻史馆,无暇顾及《清史稿》刊印之事,于是委托好友金

---

① 中国第二历史档案馆编辑:《政府公报》(第 236 册),第 4088 号,上海:上海书店 1917 年影印本,第 101 页。

② 中国第二历史档案馆编辑:《政府公报》(第 236 册),第 4094 号,上海:上海书店 1917 年影印本,第 191 页。

③ 转引自刘秀荣:《金梁与清史稿》,载《兰台世界》,2009 年 7 月,第 39 页。

梁全权代理。金梁(1878—1962),号息侯,晚号"瓜圃老人""不息老人",满洲正白旗瓜尔佳氏,所属旗宗为清初八大家族之一,杭县(今杭州)人。光绪三十年(1904)进士,历任京师大学堂提调、内城警厅知事、民政部参议、奉天旗务处总办、奉天新民府知府、奉天政务厅厅长、镶红旗蒙古副都统、内务府大臣等职,曾在徐世昌、锡良、赵尔巽三任东三省总督任事,民国成立后,寄居北平。1927年,始入史馆,欲得"协修"一职,赵尔巽不肯,聘其为清史馆"校对"。金梁为人,"少年志锐,甚议论,古今天下事,滔滔不绝于口",自评"梁性拙直,自病偏急,莫能容少年意气盛事天下"①,一心梦想恢复满清朝廷。后经张作霖保荐,任北洋政府农商部次长。1917年,张勋复辟,为伪清廷内务府大臣。1962年病卒于北京,为著名画家。

赵尔巽病故后,柯劭忞代理馆长。柯氏此时亦耆年暮岁,两手常颤不已,所书文字,"别人不识,自己亦不能辨"。对于《今上本纪》,开始他主张立之,并吩咐瑞洵撰述,通过奭良润色,赵尔巽加工后,他最后又决定删掉。此举令奭良恼怒不已。王树枏则力主保存,并亲至金梁处,"持杖击案,大声责问为何不力争? 金梁告之'必不使删此纪',王氏方余怒少息并诫之曰:'此事全在君矣。'"②柯氏向来为人,"对客多奖进,见人文字,辄曰好好"③。此时,自知代馆长乃权宜之计,又加上与袁金铠、金梁意见不合,因此,与馆务不愿多问,有交稿者,不阅即付金梁。而此时的金梁:"排日付印,如编新闻者,主笔督催,手民立侍,无复有片刻之暇……随印随发,前后不遑兼顾。"④

《清史稿》之定名,还由于柯劭忞坚持的缘故。据萧一山回忆:"柯先生对此书付印,不甚赞成,坚持不能用《清史》之名,乃改为《清史稿》。柯先生尝与我言,他所写的天文志和礼乐志,原稿甚详备,馆中都未采用,大约是丢

---

① 转引自刘秀荣:《金梁与清史稿》,载《兰台世界》,2009年7月,第39页。
② 金梁:《柯凤老》,载《瓜圃述异》,第20页,民国排印本,中山大学图书馆藏。
③ 金梁:《柯凤老》,载《瓜圃述异》,第20页,民国排印本,中山大学图书馆藏。
④ 金梁:《清史稿回忆录》,载《逸经》(第7期),第6页。

失了,乃胡乱编写以充数。"①

民国十七年(1928)北伐方亟,金梁更赶印史稿,"史稿五百卷乃十之七八校刊未竣……不得已,携归私寓,日夕赶办,撰校兼行,一月之内,补至百卷"②。及北伐告成,书方印完。东北三省原预订印400部,金梁未报馆长核准发行,即于印成之时,私运关外。民国十八年(1929),清史馆连同《清史稿》,一同被故宫博物院接收委员会接收。

二、《清史稿》关内本与关外本之区别

《清史稿》版本较多,主要有关外本、关内本、金梁重印本、上海联合书店影印本、日本铅印本等,尤以"关外本"与"关内本"最早流传,影响最大。

1928年,《清史稿》刻印过程中,袁金铠因忙于他事,转托金梁协助校刻此书。金梁遂趁时局纷扰之际,利用职权,擅改原稿,私纂《张勋传》(附张彪传)、《康有为传》,私增自己为"总阅",私撰《清史稿校刻记》,定名《清史稿》,共计536卷,于1928年在北京开版印刷,并印成书1100部。因东北预订400部,金梁未经史馆同意,私将400部运往东北发行,此为《清史稿》"关外本"(亦称"关外一次本")。

是年秋,《清史稿》纂修者朱师辙等人发现金梁"私纂"严重,遂一面声讨,一面将留于北京之原印本更正重印,删去《张勋传》(附张彪传)、《康有为传》及金梁所写的"校刻记",改订"清史馆职名",删去"易类"书目64种,抽换《艺文志·序》,修改个别传记,此为《清史稿》之"关内本"。

嗣后,金梁又以"关外本"为基础,再作删改、增补,删去《张彪附传》《公主表·序》和"八线对数表",增加陈黉举、朱筠、翁方纲三传,压缩个别传记

---

① 萧一山:《国史馆史料审查委员会之讨论与决议》,载许师慎《有关〈清史稿〉编印经过及各方意见汇编》(上册),第253页。
② 金梁:《清史稿回忆录》,载《逸经》(第7期),第6页。

字数,重印《清史稿》529 卷本,此为《清史稿》"重印本"(又称"关外二次本")。

　　《清史稿》遭民国政府禁止发行,反而身价倍增,由原来的一部 100 元升 500 元、800 元,甚至千元难求。因利益驱动,后来市面上又陆续出现"联合书店影印本"和"日本铅印本"。

第二章 《清史稿》评论

前人论《清史稿》，以"史观反动"为第一罪，"学术舛错"为第二罪，但对其丰富之"史料价值"则大都予以肯定。《清史稿》实为一矛盾之书，既有"史观反动"，亦有"进步史观"；既有"学术舛错"，亦有"学术进步"，其史学价值亦决非简单的"具有一定的史料价值"以蔽之。述《清史稿》评论。

第一节 前人关于《清史稿》之评论

作为一部"未成之书"，《清史稿》从面世至今，备受学者诟病，近代如此，当代亦如此。批评者有之，肯定者有之，为其翻案者亦有之，俨然成为一门"清史稿学"。

一、近代学者关于《清史稿》之评论

《清史稿》出，来自各方面的批评接踵而至。而最早对该书提出强烈批评的，正来自于《清史稿》撰述者本人。民国十七年（1928），北伐告成，清史

馆被故宫接收委员会接管。六月，《清史稿》刊印负责人金梁私雇大车多辆，入东华门搬书，为故宫接收委员马衡等人发现，遂打电话通知警察局制止。故宫接收委员马衡、沈兼士、范源濂、俞同奎、陈垣、葛文浚等人，恐馆中书籍档案遗失，遂公函请《清史稿》撰述人朱师辙代为照料保管。同年七月，朱师辙在翻阅《清史稿》时，无意中发现金梁偷改问题严重，一时议论大哗。为此，柯劭忞、王树枏、夏孙桐、金兆丰、张书云、奭良等主要撰述人在北京宣武门内大街头发胡同口"鸿运楼饭庄"召开会议，声讨金梁的无耻行为。同时，对留于史馆之700部《清史稿》着手抽换金梁篡改部分。

《清史稿》撰述人对金梁的声讨，引起故宫接收委员会的注意，委员马衡、吴瀛、沈兼士、俞同奎、萧瑜五人遂就此书向故宫博物院院长易培基提交《请严禁清史稿发行文》，列举其反革命、藐视先烈、不奉民国正朔、例书伪谥、称扬诸遗老鼓励复辟、反对汉族、为清朝讳、体例不合、体例不一致、人名先后不一致、一人两传、目录与书不合、纪表传志互相不合、有日无月、人名错误、事迹之年月不详载、泥古不化、浅陋、忽略等19条罪状，并要求政府"其书决不宜再流行海内，贻笑后人，为吾民国政府之玷……为今之计，宜将背逆之《清史稿》一书，永远封存"①。

据朱师辙《清史述闻》载：当时有人亦认为："查禁之原动力，或谓出于李石曾，或谓出于谭组庵，一则目其父传（李鸿藻）为不佳，一则因其父（谭钟麟）未与立传。"②李石曾，即李煜瀛，时任国立北平大学校长、国立北平研究院院长、中央古物保管委员会委员长、清室善后委员会委员长、故宫博物院理事长。有人以为李煜瀛见《清史稿》所撰《李鸿藻传》不佳（李鸿藻，曾任都察院左都御史、总理各国事务衙门、军机大臣等职，同治、光绪两代帝师，太子少保，为"同、光清流派"重要首领），故指使查封《清史稿》；谭组庵，即谭延闿，时任南京民国政府行政院院长。有人以为谭延闿见《清史稿》未给

① 马衡等：《请严禁清史稿发行文》，载《华北日报》，1929-12-24。
② 尹石公：《清史述闻尹跋》，载朱师辙：《清史述闻》，三联书店，1957年，第1页。

其父谭钟麟(曾任杭州知府、河南按察使)立传,才下令查封《清史稿》。

此事恐为妄谈臆测,因李煜瀛曾有保护《清史稿》之举(1929 年 11 月 2 日,李石曾电告蒋介石,请准清史馆书籍暂存博物院整理编辑,未得蒋介石允准),而谭延闿当时在南京压根就没有看到过《清史稿》。

其实,力主查封《清史稿》者为马衡(故宫接收委员会委员)与易培基二人。"1917 年,马衡受聘至北京清史馆任纂修"①,《清史稿》功课簿,不管最终有稿无稿,只要是在聘请之列,均留名,而《清史稿》功课薄上无"马衡"。而直接向南京国民政府行政院提出查封《清史稿》者是易培基(故宫博物院院长),易培基于 1929 年 12 月 16 日向南京民国政府行政院呈文内称:

> 窃查《清史稿》一书,自民元设馆以来,迟迟久未成书,而承袁世凯及北洋军阀之余荫,修史者系用亡清遗老主持其事,以开修史之特例,且以遗老中最为不学无术之赵尔巽为之馆长,彼辈自诩忠于前朝,乃以诽谤民国为能事,并不顾其既食周粟之嫌,遂至乖谬百出,开千百年未有之奇……故其体例文字之错谬百出,尤属指不胜屈。此书若任其发行,实为民国之奇耻大辱。……(列举十九罪状)……所有查禁《清史稿》各理由,理合呈请鉴核,不胜待命之至。谨呈行政院院长谭。②

易培基向行政院的呈文来自于故宫接收委员会的马衡、吴瀛、沈兼士、俞同奎、萧瑜五人,而呈文的执笔人实为故宫接收委员会秘书长李宗侗(即后来台湾著名史学家),李宗侗在后来的回忆录中载:

> 这是我在四十余年前所作的请查禁《清史稿》一文,原稿久已不存,最近由台大历史系研究生何烈为批评《清史稿》及《清史》,得见民国十八年旧报,特抄录一份,旧稿重见,我之喜可知也。有

---

① 汪仁泽:《马衡》,宗志文、严如平主编《民国人物传》,北京:团结出版社,1995 年,第 324 页。

② 易培基:《故宫博物院院长易培基呈行政院文》,载许师慎《有关〈清史稿〉编印经过及各方意见汇编》(上册),台北:中华民国史料研究中心,1979 年,第 228—231 页。

需特别声明者,当时外边传说,以为查禁《清史稿》出自谭院长,而其私心以为不为其父谭总督立传的缘故。普通总督非有大过失,鲜不为立传者,而对谭父如此,亦一奇事也。但谭院长亦未向人言之,而故宫同人亦未闻之,与此提案绝无关连可知矣。……后来,故宫博物院同人名义上担任审查《清史稿》,而实际上无人负责。到了民国十八年,国民政府又数次电责催办,院中无法,只好由我这秘书长担任,费了半月之力翻阅《清史稿》全书,找出十九条证据作成呈文如上,其实若多费些时间,必能找出更多证据也。①

《清史稿》遭查封,个中原因较为复杂,史稿本身问题尤多为第一,南北交恶、口诛笔伐为第二,文人相轻、权泄私愤为第三。当时,马衡、钱玄同、王国维者,以善研金石著称于世,而甲骨卜辞尚不为历史学界治经史者所认可,此属事实。

民国十八年(1929),马衡助手傅振伦连续发表《清史稿评论》上、下两篇文章,对《清史稿》逐章逐条进行批判,虽然对史稿的一些地方也作了肯定,但实际上是故宫接收委员会呈文的扩充。

民国十八年(1929),民国政府下令禁止《清史稿》刊印流行。申禁令下,《清史稿》反而身价剧增,由原预约 100 元,涨至 500 元,"有书贾来,愿以八百金购者数人,有学校更增至千金者"②。为此,孟森于民国二十二年,特著《清史稿应否禁锢之商榷》一文,指出赵尔巽等人:"用修史以报故君,故疑其内清而外民国,此诚有之,但意主表扬清室,与敢于触犯民国,并非一事,其可疑与否,当据书中内容而言,不当以揣测之故,湮没甚富之史料。"③继孟森之后,容庚撰文指出:"二千年来,以卫道自任之朝廷,未闻因是而将迁书有

① 李宗侗:《查禁〈清史稿〉与修清代通鉴长编》,载许师慎:《有关清史稿编印经过及各方意见汇编》(下册),第 815—816 页。

② 容庚:《清史稿解禁议》,民国十八年一月《大公报·史地周报》。

③ 孟森:《清史稿应否禁锢之商榷》,北京大学《国学季刊》(第 3 卷),第 4 号。

所废斥也。"①金毓黻先生也著文指出："平心论之，是书积十余年之岁月，经数十位学者之用心，又有国史原本可据，而历朝所修实录、圣训及宣宗政纪，并蒋、王、潘、朱四氏之《东华录》，采掇甚丰，史实赅备，囊括一代大典，信足以继前代正史之后。"②同年，中国史学会委托撰修《庐山志》的吴宗慈检校《清史稿》，临行，隐居庐山牯岭的陈三立"嘱勿存成见，毋作曲笔"③。而后，吴氏给教育部的呈文说明："考修史稿执笔者……皆一时知名之士……其史稿为得失互见、瑕瑜不掩之书。"④至此，前期关于《清史稿》的争论遂告一段落。

民国二十五年（1936），著名学者徐一士在《逸经》上连续发表《关于清史稿》等三篇文章。内容从前期的《清史稿》评论转向对撰述人的研究，并对赵尔巽等人为《清史稿》成书所付出的艰辛寄予同情。有感于此，金梁也在该刊物上发表《清史稿回忆录》。《回忆录》云："史稿之成，区区一人，实负全责，明知仓卒成书，谬误百出，徒为人笑，然非不顾一切，克期告竣，则清史永无观成之一日矣。知我罪我，听之而已。"⑤金梁本意，欲借此表露自己之难言之隐。但文末又暴露出他一贯主观揣测的毛病："史稿出后，论者甚多，大抵皆未阅全书耳，全阅者，恐只孟森一人。"⑥无独有偶，有位称"前人"的史稿撰述者在《逸经》上与金梁回忆录同页刊登了《清史稿回忆补录》，他针对前期批评，分二十项作了简短回答："论《清史稿》者，对于清初记事，尤指为讳饰，而不知史有史例，不能如野史新闻之随笔妄记也。清史体例，实仿明史，记事则以实录为本，务求征信，可疑者宁缺之，必不得已，或出以附见。或参以互证，意在存真。"⑦

---

① 容庚：《清史稿解禁议》，民国十八年一月《大公报·史地周报》。
② 金毓黻：《清史稿札记》，载《国史馆馆刊》（第1卷），第3号。
③ 吴宗慈：《陈三立传略》，载《国史馆馆刊》创刊号。
④ 金毓黻：《清史稿札记》，载《国史馆馆刊》（第1卷），第3号。
⑤ 金梁：《清史稿回忆录》，载《逸经》（第10期），第6页。
⑥ 金梁：《清史稿回忆录》，载《逸经》（第10期），第7页。
⑦ 前人：《清史稿回忆补录》，载《逸经》（第10期），第7页。

《回忆录》及《补录》很快就受到哀灵的批驳："本人……且曾将《清史稿》，从头至尾阅读二过有余"①，"道路悠悠之口，谓当时颇有具特别原因，为他人父兄作佳传者，此当然为毁谤之词。"②其意暗讥金梁私为张勋、张彪立传（金梁的一个丫头为张彪的妹妹）。金梁怒而再作《答哀灵君论清史稿》："又有为他人父兄作佳传云云，夫父兄之贵，孰有过于谭文勤者，乃以未作传而开罪焉，幸有此反证，不待余之自辩矣。"③

民国二十七年（1938），为了澄清金梁给《清史稿》造成的不良影响，史稿撰述人之一张尔田著《清史稿纂修之经过》一文，简单回忆了《清史稿》的撰述过程，重点比较原本与金梁篡改后的"关外一次本"之不同。并指出："金梁《清史稿后记》，则多语焉不详，甚或违反事实。彼于民国十六、十七年间，史稿结束时始任校刻，于开馆情形，全未深知。"④后来，由于国内战争、抗日战争频仍，文人们疲于奔命，《清史稿》评论之第二期，亦告结束。

二、现代学者关于《清史稿》之评论

新中国成立后，清史馆诸人相继谢世。朱师辙集三十年之努力于1955年编著《清史述闻》，对《清史稿》的编纂过程作了较为详尽的叙述。新时期之史学大家对《清史稿》亦多有评论，翦伯赞认为："《清史稿》应入历代正史之列，成为二十六史之一部。"⑤冯尔康认为："《清史稿》毕竟是第一部比较详细的大部头的清代通史，能够提供大量的清史资料。"⑥王思治也认为："《清史稿》作为一部旧史体裁的大型史书，尽管存在这样或那样的缺点和不足，但它以纪、志、表、传的体例，记述有清一代的历史，保持了我国正史的传

① 哀灵：《读〈清史稿回忆补录〉书后》，载《逸经》（第13期），第9页。
② 哀灵：《读〈清史稿回忆补录〉书后》，载《逸经》（第13期），第10页。
③ 金梁：《答哀灵君论清史稿》，载《逸经》（第15期），第10页。
④ 张尔田：《清史稿纂修之经过》，载朱师辙《清史述闻》，第295页。
⑤ 翦伯赞：《中国史论集》（第1辑），天津：天津古籍出版社，1994年，第187页。
⑥ 冯尔康：《清史史料学初稿》，天津：南开大学出版社，1986年，第49页。

统与体例的连续性,就此而论,是其他新史体裁的清史难以取代的。清朝是我国历史上最后一个封建王朝,继二十四史之后,沿用旧史体例的《清史稿》,它在正史中的地位也是应该确认的。"①

直到现在,评论《清史稿》的文章仍不时涌现,如国家图书馆邹爱莲研究员认为:"《清史稿》是在特定的历史环境下,由政府出面设馆纂修,延聘通儒多人,循传统纪传体例,参阅档案,蒐集史籍,前后十几年修纂而成。虽然在内容与体例上多有谬误与缺遗,但毕竟'成三百余年传信之书'于世,保存了大量史料。"②但是,大部分学者多蹈袭前人,即谨慎地从史料学角度肯定其仍有一定的参考价值,而对其编纂过程及撰述者旨趣并非作更深入的讨论。有些学者总喜欢把《清史稿》与赵尔巽联系在一起,似乎赵尔巽做了清朝东三省总督,《清史稿》就一定不好。有些学者把《清史稿》看作袁世凯复辟的产物,抑或为封建旧史学没落的一个缩影。③ 而有些学者试图为《清史稿》翻案,认为《清史稿》:"其编者并没有站在清王朝的立场上,不存在所谓尊清室而抑民国的问题,在学术上不存在严重的失误。"④相对来说,戴逸先生对《清史稿》的评价比较客观,他认为:

> 《清史稿》既是"不满人意"、应该"纠正重作"的有重大缺陷的著作,又是"采摭甚富,史实赅备""为治清代掌故者所甚重"的史书。……虽有重大缺陷,但这是由于历史原因和主客观条件所造成的。参加修史的人已尽了极大的努力,而《清史稿》本身亦有相当之学术价值,未可一笔抹煞。⑤

清朝去今不远,大量的清代史料如实录、起居注、圣训、会典、方略、方志、传记、档案、清人笔记等相继发掘面世,《清史稿》不为广大清史研究者所

---

① 王思治:《清史稿与赵尔巽》,载《清史论稿》,成都:巴蜀书社,1987年,第414页。
② 邹爱莲,韩永福,卢经:《清史稿纂修始末研究》,载《清史研究》,2007年第1期,第94页。
③ 尹达:《中国史学发展史》,济南:山东教育出版社,1990年,第458页。
④ 喻大华:《论清史稿》,载《辽宁师范大学学报》(社会科学版),1992年,第3期。
⑤ 戴逸:《清史稿的纂修及其缺陷》,载《清史研究》,2002年第1期,第6页。

重视,也是情理中事。然而,《清史稿》毕竟汇集有清一代大宗史料,又经数十位知名学者十几年努力,其功过是非,决非空泛的"仍有一定的史料价值"或"不存在严重的学术问题"以蔽之。《清史稿》功在赵尔巽,而实成于众人之手,因各人水平有高低、观点有差异,所下功力又不尽相同,故他们所写成之史稿自然有良窳之分,理应有所区别,具体对待。这一现象在《清史稿》的史学思想及编纂方法上均有反映。

第二节 《清史稿》之学术价值

《清史稿》是继《明史》之后官方组织纂修的又一部大型国史。尽管它本身存在这样或那样的问题,但它毕竟凝聚着数十位熟谙清史之知名学者十四年的劳动成果,其史学价值应予首先肯定。

一、内容翔实和编纂得体之处

《清史稿》全书(中华书局本)529 卷,约 500 余万言,它比二十四史中最大的《宋史》尚多 33 卷。它以纪传体形式,记载上起努尔哈赤于公元 1583 年以祖、父遗甲十三副起兵[①],下讫 1912 年宣统逊位,对后金及有清一代近 300 年重大史事作了较为系统的总结。据撰述人提供的情况来看,史稿采用的史料主要有以下几个方面:

(一)史馆大库所藏:①各朝实录。清制,每帝故后,均设实录馆负责纂修前朝实录。自清太祖至德宗,共编成实录 4357 卷,加上《宣统政纪》43 卷,

---

① 《清史稿》起止年代,前人只言下讫宣统三年。实际上,起始年代,本纪从太祖以祖、父遗甲十三副起兵,志如《兵志》从八旗,表如《皇子世系》从肇祖系,传从阿哈出,皆涉及后金事,故史稿函盖年限决非有清一代 269 年。

共 4400 卷。②起居注。它是记录清代皇帝言行和典章制度的史料长编。满、汉两种文本,由翰林院更番撰记,每半月一卷。③圣训。即各朝之诏令,自太祖至德宗,共修成 1624 卷。④国史本传。清代设国史馆,所修国史,体例一如历代正史,纪、志、表、传俱全。清季,已将太祖至德宗十一朝本纪修竣,共 137 卷。所修列传,《满汉名臣传》截至乾隆末,80 卷;《国史列传》止于嘉庆末,80 卷;《清史列传》止于宣统间,80 卷。此外,还有忠义、儒林、文苑、循吏、贰臣、叛逆六种汇传。⑤内外大臣奏疏,天文、地理诸志,各国方志,各种书簿,官制表等。

(二)军机处档案。民国后,该档案存于国务院秘书厅第一科。史馆曾行文索取,国务院政事堂以办公须用未允,但吴廷燮、夏孙桐身系民国要人,吴氏撰《清史稿》诸表,夏氏撰鸦片战争及白莲教诸事都曾利用过。

(三)方略馆。清制,每次重大军事行动告竣,皆将处理该事件之奏折、上谕、事迹按时间顺序,纂辑成方略,卷帙浩繁,计有:

名称	卷数	名称	卷数
《平定三逆方略》	60 卷	《平定朔漠方略》	48 卷
《平定金川方略》	32 卷	《平定准噶尔方略》	172 卷
《剿捕临清逆匪纪略》	16 卷	《平定两金川方略》	152 卷
《兰州纪略》	20 卷	《石峰堡纪略》	20 卷
《平定台湾纪略》	70 卷	《安南纪略》	32 卷
《廓尔喀纪略》	54 卷	《巴布勒纪略》	36 卷
《平苗纪略》	52 卷	《剿平三省邪匪方略》	409 卷
《平定教匪纪略》	420 卷	《平捻方略》	320 卷
《平定陕甘新疆方略》	320 卷	《平定云南回匪方略》	50 卷
《平定贵州苗匪方略》	40 卷		

（四）东华录。计有蒋、王、潘、朱氏四家《东华录》，如下表：

人名	书名	卷数
蒋良骐	东华录	32 卷
王先谦	九朝东华录	195 卷
王先谦	同治朝东华录	100 卷
潘颐福	咸丰朝东华录	100 卷
朱寿明	东华续录	220 卷

（五）外省采访书籍。清史馆曾行文各省，征求有关清史书籍。江浙曾设采访局，抄录私家著述，成数十函，每函十册，其中多为未刊之稿。江浙外，云南、甘肃、山东曲阜等地送书亦多。

（六）图书馆书目。清史撰述，多参考京师大学堂书目和江浙图书院书目。

（七）私家杂录。清史撰述第一期鼓励撰述人旁征博引。以张尔田所著《后妃传》草稿为例，其中参考书目有内阁档案、玉牒、御制集、起居注、圣训、实录、东华录、碑传、则例、文集、笔记等不下 90 种。而这样的稿件亦未采用。金兆蕃早以著《后妃传》驰名于世，他著《清史稿·后妃传》，其征引之博亦可设想。

（八）撰述人个人图书。清史馆前后召集 100 余人入馆，大多为进士出身、满清官宦，饱学之士，藏书颇丰，其中不少为近代著名藏书家，如缪荃孙、吴廷燮、金兆蕃、秦树声、姚永朴、朱孔彰、俞陛云、吴怀清、章钰等。

一些《清史稿》评论家，望文生义，人云亦云，谓史稿"采摭不广"，何异"夏虫之不可语冰也"[1]。

史稿之纪。史稿之本纪以编年体例，从努尔哈赤到溥仪，其间满洲兴

---

[1] 金毓黻：《读清史稿札记》，载《国史馆馆刊》(第 1 卷)，第 3 号，第 52 页。

起,后金立国,中原定鼎,平定三藩,拓土开疆,文功武治。大至征伐、政训、治河、赈灾、征赋、朝贡、订约、官吏任免、郡邑增改、制度变革,小则郊天、巡幸、后宫立废、谒陵、祈天,无不一应俱全。如《太祖本纪》,从明建州卫开始,范察(肇祖)至锡宝斋篇古(兴祖)至觉昌安(景祖)至塔克世(显祖),再传至努尔哈赤击败海西叶赫九部联军及扈伦四部(叶赫、辉发、哈达、乌拉)等统一女真的过程,而且对建州女真与明的关系也作了较为真实的记录。如:"己丑春正月……明以太祖为建州卫都督佥事。"①"丁酉九月……使弟舒尔哈齐贡于明。"②"辛丑十二月,太祖覆入贡于明。"③"甲辰春正月……明授我龙虎将军。"④建州女真与明的关系,清代史家向来对此忌讳甚深,如《清实录》,在谈到努尔哈赤时,只说因父、祖被明兵误杀,明国给与左都督敕书,"续封龙虎将军大敕一道,每年输银八百两"⑤。从"输银"一词来看,明君似乎低于努尔哈赤。显然,《清史稿》并没有囿于《清实录》的权威,相对较为客观地反映了建州女真与明朝的关系。⑥

史稿之志。历代修史,至难莫过于志。清史馆几乎投入了全部人力用来修志。如天文志,备述天象、地体、里差、仪器、日月五星、恒星、黄赤道十二次值宿、康熙及乾隆六篇恒星黄道经纬度表、五星合聚、五星凌犯、虹晕、日食、月变、客星、流陨、云气等等天文现象,巍巍大观,诚如一部清代天文史。如灾异志,不但载有水灾、河灾、震灾、霜灾、雹灾、蝗灾、疫灾、火灾等主要灾情,还记载了猪祸、羊祸、鸡祸、鼠祸、虫祸、犬祸、牛祸以及人异、畜异、植异等奇闻,洋洋万言,堪称有清一代灾荒史。史稿志之体例,虽仿《明史》,但也未完全拘泥于以往正史,而是结合时代特点,新增"邦交"、"交通"二

---

① 《清史稿》(卷1),《太祖本纪》,北京:中华书局,1977年,第5页。
② 《清史稿》(卷1),《太祖本纪》,北京:中华书局,1977年,第6页。
③ 《清史稿》(卷1),《太祖本纪》,北京:中华书局,1977年,第6页。
④ 《清史稿》(卷1),《太祖本纪》,北京:中华书局,1977年,第7页。
⑤ 《满洲实录》(卷二),太祖辛卯年。华文书局,1969年,第547页。
⑥ 《明神宗实录》记载:努尔哈赤于万历十八年四月、万历二十年八月、万历二十一年闰十一月、万历二十五年五月、万历二十六年十月、万历二十九年十二月、万历三十四年八月、万历三十六年十二月共八次进京朝贡。周远廉《努尔哈赤与明朝政府的关系》,载《清史论丛》第4辑,第237页。

志。比较而言,《邦交志》比旧史中《外国传》为佳。以往与外国交往较少,对外国了解不多,故可立《外国传》。清代与世界各国交往比较频繁,若仍立《外国传》,无疑会修成一部世界史。《交通志》则着重叙述铁路、轮船、电报和邮政四项,若仿旧史仍归于《食货志》,显然不能反映清代尤其是晚清的时代特色。其他诸志如时宪、地理、河渠、兵、刑、艺文、职官、食货等,部部专门史,记载都相当繁富。

有人讥史稿不叙"厘金"起源,漏述"摊丁入地"[①],实则有失细察。史稿正目虽不列二项,但其起源、变化、实施情况以及对社会的影响,在《食货志·征榷》中均有一定程度的反映,其详细情况又多散见于《臣工传》中。如:论述"摊丁入地","时征收钱粮,官吏往往私行科派,其名不一。……于是设滚单以杜其弊"[②]。它有时间上的差异:"康熙季年,四川、广东诸省已有行之者。"[③]"雍正初,直隶、福建、河南、广西、江西等省行之。"[④]"自雍正六年始,江苏、安徽各州县,应征丁银,均入地亩内征收。"[⑤]它有地区上的差异:"地赋一两,福建摊丁银五分二厘七毫至三钱一分二厘不等,山东摊一钱一分五厘。"[⑥]它也有政策实施的差异:"奉天、贵州以户籍未定,仍丁地分征。"[⑦]如此等等,尽管史稿没有专门探讨"摊丁入地"一项,但基本上也反映了"摊丁入地"的概貌。至于"厘金"一项,史稿在《食货志·征榷》中专立"洋关之设"一条,详细叙述"厘金"的起源及实施情况,"厘金抽捐,创始扬州一隅,后遂推行全国"[⑧]。

史稿之表。《清史稿》之表,曾利用军机处档案史料。其中藩部、疆臣、诸臣封爵诸表,对于何人何年任何职、封何爵、何时升迁、何时罢黜、何时开

① 高国抗,杨燕起主编:《中国近代史学史概要》,广州:广东教育出版社,1994年,第129页。
② 《清史稿》(卷121),《食货二》,第3531页。
③ 《清史稿》(卷121),《食货二》,第3546页。
④ 《清史稿》(卷121),《食货二》,第3551页。
⑤ 《清史稿》(卷232),《范时绎传》,第9357页。
⑥ 《清史稿》(卷121),《食货二》,第3546页。
⑦ 《清史稿》(卷121),《食货二》,第3547页。
⑧ 《清史稿》(卷125),《食货六》,第3694页。

复、有何军功、有无叛逆等等,俱行开列;《交聘表》于何人何年出使何国、交涉何事、何时归国述职、何时改任等,亦清清楚楚。大学士及军机大臣年表,于某年何人任大学士、军机大臣、协办大学士等,皆一目可解。如军机大臣年表,从雍正七年(1729)怡亲王允祥始,至宣统三年(1911)徐世昌终,其间共记录了清代180余年141位军机大臣的出入情况。以乾隆年间军机大臣阿桂为例,他于乾隆二十八年(1763)"以工部尚书在军机处行走"①,二十九年(1764)"出为四川省总督"②,乾隆四十一年(1776),"复以太子太保、吏部尚书在军机处行走"③,从此一直与和珅同处军机处,直到嘉庆三年(1798)去世。表中把阿桂与和珅并列,从一个侧面反映了这两位政敌在乾隆朝尖锐的斗争历程。

总体而言,史稿各表的编纂,较之往代旧史,甚为缜密。

史稿之传。《清史稿》列传是在旧国史列传的基础上加工而成。其中很多传记如李定国、范文程、洪承畴、岳钟琪、曾国藩等,不论从史料的取舍上,抑或在文字润色上,都堪称上乘之作。

如《洪承畴传》:"崇德七年二月壬戌,上命送承畴盛京,上欲以承畴为用,命范文程谕降。方科跣谩骂,文程徐与语,泛及古今事。梁间尘偶著承畴衣,承畴拂之去,文程遽归告上曰:'承畴必不死,惜其衣,况其身乎!'上自临视,解所御貂裘衣之曰:'先生得无寒乎?'承畴瞠视之,叹曰:'真命世之主也!'乃叩头请降。"④此文记人记事,绘声绘景,读之若呼之欲出。再如《索尼传》:"诸王大臣列坐东西庑,索尼及巴图鲁鄂拜首言立皇子。睿亲王令暂退,英郡王阿济格、豫亲王多铎,劝睿亲王即帝位,睿亲王犹豫未决。豫亲王曰,若不允,当立我,我名在太祖遗诏。睿亲王曰,肃亲王亦有名,不独王也。豫亲王曰,不立我,论长当立礼亲王。礼亲王曰,睿亲王若允,我国之福,否

---

① 《清史稿》(卷176),《军机大臣年表一》,第6248页。
② 《清史稿》(卷176),《军机大臣年表一》,第6248页。
③ 《清史稿》(卷176),《军机大臣年表一》,第6255页。
④ 《清史稿》(卷237),《洪承畴传》,第9467页。

则当立皇子,我老矣,能胜此耶,乃定议奉世祖即位。"①此事有关清室大事,其内容多为他书所不载。

《清史稿》虽据旧国史列传删削而成,但有些关键之处,增添亦不少,如《隆科多传》,传文在指出隆为佟国维之子后,加"孝懿仁皇后弟也""圣祖大渐,召受顾命"。② 所加之文虽少,但对了解隆的历史,尤其在雍正前两年飞黄腾达之历史,关系尤重。《岳钟琪传》和《策棱传》在国史列传基础上又增补二人相貌及部下奇士:"世传钟琪长身贞面,隆准而骈胁,临阵挟二铜锤,重百余斤,指麾严肃不可犯,敌酋见之谓之神人。""策棱白析微髭,善用兵,有脱克浑者,日行千里,登高张两臂,若雕鼓翼,诇敌,敌不之察。"③钟琪为岳飞之后,增此内容,岳家之遗风再现矣,古人所谓画龙点睛者,实有斯意。再如《唐景崧传》,对于甲午海战后台湾抗日事,后世官书多侧重义民抗日,而《唐传》则从另一侧面反映"七日总统"及"台湾民国"的存亡过程。"七日总统"也好,"十二日总统"也罢,中国历史上民国政府之首次闪现,不可湮灭沉寂孤岛也。

自古以来,史家修史都注重直笔实录。刘勰评史传:"辞宗邱明,直归南董。"④柳纠进一步解释:"南史抗节,表崔杼之罪,董狐书法,明赵盾之愆。是知直笔于朝,其来久矣。"⑤直笔实录、书法无隐是我国史家修史的优良传统。《清史稿》撰述人亦深谙此理。早期诸家商例,其共同之处在于:第一贵求详,第二贵求实。

满洲脱胎于东北落后民族,对一些满人陈习陋规,史稿多有暴露。如"国初故事,后妃,王、贝勒福晋,贝子、公夫人,皆令命妇更番入侍"⑥"太

---

① 《清史稿》(卷249),《索尼传》,第9672页。
② 《清史稿》(卷295),《隆科多传》,第10353页。
③ 《清史稿》(卷296),《岳钟琪传》后论,第10385页。
④ 刘勰:《文心雕龙·史传》,桂林:漓江出版社,1982年,第140页。
⑤ 令狐德棻:《周书》(卷38),《柳纠传》,北京:中华书局,1971年,第681页。
⑥ 《清史稿》(卷214),《后妃传》,第8902页。

祖…上崩。辛亥,大妃殉焉……同殉者二庶妃。"①对于乾隆皇帝,史家在称颂其丰功伟绩之余,也指出:"惟耆期倦勤,蔽于权幸。"②对于康乾盛世的黑暗面,史家亦不隐讳:"(乾隆五十年春)诸城大饥,父子相食。五十一年春,山东各府州县大饥,人相食。"③

史稿诸本纪,表面看起来在为清帝歌功颂德,实际上除太祖、圣祖外,其他均有批判之词。如被乾隆处斩的柴大纪,史稿详细记录了他在台湾林爽文起义时忍饥固守嘉义孤城,忠肝义胆,只因"倥偬不具橐鞬礼",忤于权贵福康安而累祸致死。史家不无感慨而言:"军旅之际,捐肝脑,冒锋刃,求尺寸之效,困于妒嫉,功不成而死于敌,若功成矣,而又死于法,呜呼!可哀也已!"④又如为嘉庆帝处斩的广兴,只因其"伉爽无城府,疾恶严,喜讦人阴私"⑤,而与众人构恶,终为太监鄂罗里陷害致死,在那吏治日趋败坏年代,史家只有悲叹:"甚矣!直臣不易为也。"⑥

道光朝是清朝走向衰败的大暴露时期,而鸦片战争乃衰败之关键。纵观宣宗列传,可以概括道光帝以下几点责任:一是崇信奸佞。"穆彰阿当国,主和议,为海内所诟,上既厌兵,从其策,终道光朝,恩眷不衰。""琦善久膺疆寄,为宣宗所倚任。"⑦一是无主见。鸦片战争之际,忽而主战,忽而主和。大臣主战者败,主和者亦败,始终无一贯之方针。"筹边大计,朝廷无成算,则膺封圻之寄者为益难。"⑧一是执法不公。鸦片战争中丧师失地者:"奕山、奕经,天潢贵胄,不谙军旅,先后弃师……宣宗于偾事诸人,皆从宽典,伸军律者,仅(余)步云一人耳。"⑨

---

① 《清史稿》(卷214),《后妃传》,第8901页。
② 《清史稿》(卷15),《高宗本纪》,第3514页。
③ 《清史稿》(卷43),《灾异志》,第1585页。
④ 《清史稿》(卷115),《柴大纪传》,第10915页。
⑤ 《清史稿》(卷355),《广兴传》,第11302页。
⑥ 《清史稿》(卷355),《广兴传》,第11306页。
⑦ 《清史稿》(卷370),《琦善传》,第11500页。
⑧ 《清史稿》(卷371),《颜伯焘传》,第11522页。
⑨ 《清史稿》(卷373),《奕山传》,第11545页。

同光两朝,执柄者为慈禧太后。史稿于同、光朝列传中,对太后几无一语赞词,相反则提出以下讥难:一、以孝庄皇太后辅育顺治、康熙故事提出垂帘非祖制。"上疾大渐,召肃顺及御前大臣……入见,受顾命。"①肃顺为慈禧所杀,史稿评论道:"肃顺以宗潢疏属,特见倚用……其赞画军事,所见实出在廷诸臣上,削平寇乱,于此肇基,功不可没也。"②对肃顺的肯定,就是对"北京政变"合法性的质疑。二、在"外侮迭乘,灾侵屡见"之时"营离宫、修庆典"。③ 三、与德宗不协。"上事太后谨,朝廷大政,必请命乃行,顾以国事日非,思变法救亡,太后意不谓然,极相左",于是,"一激而启戊戌之争,再激而成庚子之乱"④。

有些《清史稿》评论人谓史稿不能直笔实录。殊不知修史从私家著述发展到官方设馆修史,直笔实录的形式业已变化,即"按实而录,褒贬自见"代替了"直言不讳"。如对于雍正帝的"刻薄寡恩",若在本纪中直言不讳、口诛笔伐,岂不有"犯上作乱"之嫌。反过来,透过本纪虚浮的文辞,从列传中表现其真实的面目,乃是史馆史家一贯采取的曲折作法,这一点在《清史稿》中表现得尤为突出。雍正继承大统,内受宜于隆科多,外得力于年羹尧。上台之后,知有"十四"与"于四"之忌⑤,杀人灭口也属情理中事。观雍正述隆大罪41款,主要是:"圣祖升遐,隆……妄言身藏匕首,以防不测","上(雍正)祭祀坛庙,妄谓防刺客,令于案下搜查"。⑥ 倘若此罪如实,正反过来可证明隆在雍正上台前后是何等地忠心耿耿。再观雍正述年羹尧大罪92款,主要是:"二月庚午,日月合璧,五星联珠,羹尧疏贺,用夕惕朝乾语。"羹尧之意,"夕"则"熙"义,而雍正则认为"夕"则"羹尧"之义(年羹尧当时为大将军驻兰州、西方)。此所谓"欲加之罪,何患无辞"。武人弄墨,未免笨拙。隆

---

① 《清史稿》(卷387),《宗室肃顺传》,第11701页。
② 《清史稿》(卷387),《宗室肃顺传》,第11705页。
③ 《清史稿》(卷214),《后妃传》,第8933页。
④ 《清史稿》(卷214),《后妃传》,第8933页。
⑤ 《大义觉迷录》(卷3),载《清史论丛》(第4辑),北京:中华书局,1982年,第121页。
⑥ 《清史稿》(卷295),《隆科多传》,第10355页。

科多幽禁而死,年羹尧狱中自裁,兔死狗烹,二人虽说文武有别,殊途同归,亦属自然。雍正帝刻薄寡恩的一面也表现在对待众阿哥和岳钟琪身上。雍正上台,先后禁锢了允禔、允礽、允祉、允祺、允禩、允禟、允䄉、允禵、允禑众家兄弟,尤以允禩死得最不清不白。岳钟琪代替十四阿哥允禵为宁远大将军,一生西征南讨,战功硕勋,但结果也给雍正帝关进大牢,险遭不测。对这些,《清史稿》都一一照实而录。因此,评论《清史稿》是否直笔实录,不能囿于本纪表面之文,而应到列传中去窥视史家的真实意图。

还有些《清史稿》评论者谓史稿不直书清代文字狱。读读年羹尧、岳钟琪、戴名世、齐召南、钱名世等人传记,实不知此议从何而发?

再者,《清史稿》的编纂体例也颇为得体。

我国唐宋以后所修的"正史",可谓"《辽史》简略,《宋史》繁芜,《元史》草率,惟《金史》行文雅洁,叙事可观,然未有如《明史》之完善者"[1]。清史馆开,发凡举例是撰述人争论的焦点,最后"仿《明史》略作变通"也是在集诸家商例的基础上形成的。史馆内外同仁无一例外都主张采用纪传体。可以说,用新式体裁即章节体纂修大型清史的时机尚不成熟。相反,清代修有历朝本纪可供借鉴,有历朝实录、方志、方略可供佐证。而清代传记又是历代中最为发达的,除原国史旧传外,《国朝耆献类征》《碑传集》《畴人传》《八旗通志》,各种文集、野史、笔记、家谱、行状、轶事、墓志铭、神道碑等,"其传记人物少说也在40000多"[2]。因此,用传统的纪传体方式来纂修清史,可以就地取材。

众所周知,纪传体实际上是传记体。封建时代,把人分成不同等级,并冠以不同名号,便出现了最高传记——本纪,最低传记——表。秦始皇本纪可视为"秦始皇大传"。一类之事汇为一体,便是志,是事的汇传。在司马迁那里便有"货殖列传"。表是传的最小单位,公主表可以扩大为公主传,公主

---

① 赵翼:《廿二史札记》(卷31),北京:中华书局,1963年,第659页。
② 冯尔康:《清史史料学初稿》,天津:南开大学出版社,1986年,第213页。

传亦可浓缩为公主表,皆因事迹富寡而定。因此,以人为主并贯以事的纪传体表述起来历史最为生动。事实上,清代社会,爱新觉罗皇帝在,典型的封建政体在,用纪传体记述最后一个封建王朝之历史,可以说是得体的。

《清史稿》志十六目。与《明史》相比,《明史》所有志目,《清史稿》均有,唯改五行为灾异、历为时宪,合仪卫于舆服,并增加《邦交志》《交通志》。改五行为灾异,本身含有一定的进步意义;历改为时宪,以避讳乾隆之字,也是古人惯用的手法。仪卫本来就为舆服之一部分,只因司马迁一分为二,后世沿袭而已,而且,合仪卫于舆服,亦有避讳溥仪之意。新增《邦交志》反映了清朝中、后期的对外关系,《交通志》则反映清后期的科技发展状况,二志之内容,皆为清代所特有。

《清史稿》表十目,《明史》五目,新增公主、军机大臣、疆臣、藩部、交聘五表,改诸王为皇子、功臣为诸臣封爵、宰辅为大学士、七卿为部院大臣。清室家法森严,不论固伦公主、和硕公主、郡主、县主或其他格格,绝少显世,故改传为表,较为合宜。军机大臣为清特有,且握权柄,不可或缺。各省总督、巡抚,各届漕督、河督,各边将军、都统等封疆大吏,以表列之,使人一目了然。清代周边藩部自科尔沁蒙古至西藏,藩宁则清宁,藩乱则清危,故不可不列表以记之。中国遣驻各国大使、各国遣驻中国大使及中国与各国所缔结条约为清末外交之一大变化。清代皇子有立王者,有不立王者,有立王又废王者,故改诸王为皇子较为合理。功臣与诸臣封爵,只是名称略异。清代大学士有名无实,称不得真宰辅。清代七卿外,尚有理藩院之尚书,故以部院大臣概括更为全面。

《清史稿》传十五目,《明史》二十目。史稿删去宦官、阉党、佞倖、奸臣、流贼五目。清室宫中立铁碑,严禁宦官干政,故宦官于朝纲不能恣肆,虽有安德海、李莲英、小德张等人受宠于太后,但从未假以大权,于清亡亦无绝大干系,不列《宦官传》也是有道理的。既无宦官,自无阉党。佞倖之辈,唯冯铨、明珠、和珅可列,入之于臣工则可。"流贼"一目,清代较显著者为"捻",而"捻"尾随太平天国,附于《洪秀全传》亦属妥当。奸臣一目,清疆域辽阔,通敌卖国者,前期几乎没有,后期琦善、李鸿章之流,亦听皇室穿鼻,于民为奸,于皇则为奴,故不可相提并论。

《清史列传》秉承乾隆之旨意,列孔有德、尚可喜、洪承畴、鲍承先等人于《贰臣传》,列吴三桂、尚之信等人于《逆臣传》,看起来似区别对待,实则不甚合理。据贰臣、逆臣之条件,汉高祖为秦之亭长,唐高祖为隋之藩镇,清太祖亦为明之将军,皆可入之。《清史稿》舍《贰臣传》,亦属明智。

此外,《清史稿》在列传人物秩序排列上,多有独到之处。如列传 52,汤斌、陆陇其、张伯行三人以理学名臣同传;列传 58,徐乾学、王鸿绪、高士奇三人以文学侍从同传。汤、陆、张三人同传,由于从祀孔庙;徐、王、高三人同传,由于同遭台臣弹劾。虽六人同受康熙隆恩,但人品不同,辈类有别。列传 81,李卫、田文镜同传,最为得法。文镜传末载清高宗之言曰:"鄂尔泰、田文镜、李卫皆皇考所最称许者,其实文镜不及卫,卫又不及鄂尔泰,而彼时三人素不相合。"①李、田合传,以高宗之论以明之,似仿效《三国·吴志》,周瑜、鲁肃、吕蒙合传,末系以孙权论三人评语,故此类合传最为得法。列传 83,隆科多、年羹尧同传。因隆以外戚贵,年以战功显,皆为内外夹辅之重臣,且功高振主,皆以囚死,文武相见,珠联璧合,不失上乘佳品。

儒林、文苑之前期诸传,人物编次亦眉目清晰。"清初讲学诸家,百泉孙奇逢,余姚黄宗羲号称南北大师。"②孙氏开夏峰学派,清代学术门户之见至此始。故《史稿·儒林一》首以孙奇逢,次以黄宗羲,再次为"二曲学派"之"关中三李",次第为"桴亭学派"之陆世仪,"杨园学派"之张履祥,"程山学派"之谢文洊等。《清史稿·文苑一》首以"江西三魏"(魏禧等),次则以侯方域为代表之"国初三家",再次以申涵光为代表之"广平三君",次第为"燕台七子""北田五子""岭南三大家",附"岭南七子""广陵五宗"等。

由上可见,《清史稿》在内容上颇为翔实,在编纂上亦有得体之处。

① 《清史稿》(卷294),《李卫传》,第10340页。
② 徐珂:《清稗类钞·性理类》,北京:中华书局,1984年,第3780页。

二、《清史稿》史观进步之处

前人评《清史稿》,往往以其"史观反动"为第一大罪。虽然如是,但史稿撰述人在撰述过程中已作了很大努力,并在天道观、政治观、经济史观、历史观方面,较之往代旧史,亦有一些进步之处。

关于史稿之天道观问题。《易》有"天垂象,见凶吉"。古史记事,灾异之现,必附瑞应。若《汉书》,未央宫凌室遭火,有"吕太后杀赵王如意,残戮其母戚夫人"以应之。[①] 若《晋书》,魏明帝太和元年天顷大雨,便有"天子居丧不哀,出入弋猎无度,奢侈繁兴,夺农时,水失其性而恒雨为罚"。[②] 自唐刘知几、宋宋槜等人对前史五行灾异瑞应之文进行批判后,后世著史多取灾异而舍瑞应。至《清史稿》,瑞应之文基本上荡然无存,曾如金兆蕃所言:"前史尚有志五行祥异者,于人事无与,宜矫旧失,竟予删除。"[③] 袁嘉谷也认为:"瑞应之文,实属附会,灾异较瑞应为实证。"[④] 最保守的于式枚也认为:"天文五行,不切世用。"[⑤] 观《清史稿·灾异志》,从"水曰润下""火曰炎上""木曰曲直""金曰从革",到"土爰稼穑",基本上采取平铺直叙的手法,只记灾荒,不录瑞应。如:"(康熙)十九年七月,阳曲雨雹,大如鸡卵,有大如砲碾者,击死人畜甚多。"[⑥] "(乾隆)三年十一月,靖远、庆阳、平罗、中卫地震,如奋跃……压葬五万余人。"[⑦] 其实,在天道观方面,史稿也是继承了前人"重人事、轻鬼神"的思想。如夏孙桐修《臣工传》及《循吏传》,其评价人物的标准是:"吏治重在亲民,以守令为主。"[⑧] 金兆蕃评论满洲兴起:"(扈伦)四部有才而不

---

① 《汉书》(卷27),《五行志第七上》,北京:中华书局,1990年,第1330页。
② 《晋书》(卷27),《五行上》,北京:中华书局,1974年,第821页。
③ 金兆蕃:《拟修清史略例》,载《清史述闻》,第174页。
④ 袁嘉谷:《陈清史凡例商榷》,载《清史述闻》,第208页。
⑤ 于式枚:《谨拟开馆办法九条》,载《清史述闻》,第158页。
⑥ 《清史稿》(卷44),《灾异一》,第1496页。
⑦ 《清史稿》(卷44),《灾异五》,第1637页。
⑧ 夏孙桐:《清史循吏编辑大意》,《观所尚斋文存》卷3。

能用,太祖股肱爪牙取于敌有余,国之兴亡,虽曰天命,岂非人事哉?"①

关于史稿之政治观问题。史稿撰述人绝大部分脱胎于晚清官宦、胜朝文人,像以往封建史家一样,其史观的"封建性"是毋庸置疑的。然而,生逢近代,欧风东渐几十年,共和之风沐人心,史稿撰述人之思想也在潜移默化中逐渐转变,并非人人史识迂腐、个个思想守旧。如金兆蕃"甲午以后……知非变法不足以图存……转移风气,为时导师"。袁嘉谷、陈敬第等人认为撰修清史必须注意:"革命党人,共和之原因也。讳言革命,则清室之禅让为无名矣。故革命党人,与吴耿洪杨图帝者自殊。"②

纵观整个《清史稿》,人物评价基本上本着"扬善抑恶"的原则加以阐述。

对于明代遗民。撰述人并不因其与清为敌而大加鞭挞。相反,对李定国、张煌言、郑成功等人给予了高度评价:"当鼎革之际,胜国遗臣举兵图兴复,时势既去,不可为而为,盖鲜有济者。徒以忠义郁结,深入于人心……煌言势穷兵散,终不肯为逭死之计。成功大举不克,退求自保,存先代正朔。定国以降将受命于败军后,崎岖险阻,百折而不挠……以见其倔强于山海间。"③此论不存偏见,论及所处,皆因事而发,可谓"事出于沈思,义归于翰藻"④,大有古人宏论之风。

对于清季官吏。史稿"因事就卷内发论,以正一代得失",力求"精意深旨"⑤。如评康熙初年四大辅臣:"索尼忠于事主,始终一节,苏克萨哈见忌同列,遂致覆宗,遏必隆党比求全,几及于祸,鳌拜多戮无辜,功不掩罪。"⑥此评每人冠以八字,概括一生,功则功,过则过,针砭所及,不失水准。对于那些佞悻之流,史稿则竭力屏斥。如论明珠:"一时气势熏灼,然不能终保令名,

① 《清史稿》(卷230),《武理堪传》后论,第322页。
② 袁嘉谷,陈敬第:《陈清史凡例商榷》,《清史述闻》,第214页。
③ 《清史稿》(卷224),《张煌言传》,第9174页。
④ 萧统:《文选·序》,上海:上海古籍出版社,1986年。
⑤ 《宋书》(卷59),《范晔传》,上海:上海古籍出版社,1986年,第1831页。
⑥ 《清史稿》(卷249),《索尼传》后论,第9684页。

卒以贪侈败。"①论和珅:"值高宗倦勤,怙宠贪恣,卒以是败。"②如此等等,不一而足。《清史稿》的这一思想在晚清人物的评论上则有更高层次的发挥,即表彰民族英雄、抨击投降派。如颂扬林则徐:"名节播宇内,焕史册。"③表彰王鼎:"林则徐以罪谴,鼎愤甚,还朝之争。宣宗慰劳之,命休沐养疴。越数日,自草遗疏,劾大学士穆彰阿误国,闭户自缢,盖以尸谏。"④中法战争中评冯子材:"克镇南,复谅山,实为中西战争第一大捷,摧强敌,扬国光。"⑤甲午海战中评邓世昌、左宝贵:"中外传其名节,并称双忠。"⑥

相反,对于投降派,史稿极力鞭挞。第一次鸦片战争中评琦善、伊里布、耆英等人:"去备媚敌,致败之由……损威丧权,贻害莫挽……三人者同受恶名,宜哉。"⑦中法战争中评投降派:"关外虽利,而越南终非我有,罢战诏下,军民解体,至今闻者犹有恨焉。"⑧甲午战争中评李鸿章:"惟才气自喜……缓急莫恃,卒致败误。"⑨评卫汝贵、叶志超:"丧师失地,遗臭邻邦,靦然求活,终不免于国典,何其不知耻哉?!"⑩辛丑之役后评慈禧:"刑赏听命于人,何以立国哉?"⑪凡此议论,不胜枚举。爱国爱族爱君爱民之心,勃然以发,跃然于纸,灿然以闻。

对于资产阶级维新派。《清史稿》对于他们富国强兵的政治目的给予肯定,同时对于他们的下场亦寄予同情:"百日维新,中外震仰……锐、光第、嗣同、旭及深秀、广仁同日被祸,世称六君子,皆悲其志。"⑫对于与维新派对立

---

① 《清史稿》(卷270),《明珠传》后论,第9996页。
② 《清史稿》(卷309),《和珅传》后论,第10760页。
③ 《清史稿》(卷369),《林则徐传》后论,第11498页。
④ 《清史稿》(卷363),《王鼎传》后论,第11415页。
⑤ 《清史稿》(卷459),《冯子材传》后论,第12707页。
⑥ 《清史稿》(卷460),《邓世昌传》后论,第12715页。
⑦ 《清史稿》(卷370),《琦善传》后论,第11508页。
⑧ 《清史稿》(卷459),《冯子材传》后论,第12707页。
⑨ 《清史稿》(卷411),《李鸿章传》,第12023页。
⑩ 《清史稿》(卷462),《卫汝贵传》后论,第12731页。
⑪ 《清史稿》(卷465),《徐桐传》后论,第12758页。
⑫ 《清史稿》(卷464),《林锐传》后论,第12748页。

的顽固派,史稿指责他们"于自强政要,鄙夷不屑言",是"未达世变"①。一褒一贬,其意自在其中。

对于革命党人。《清史稿》撰述者采取的态度是相当谨慎的。清末,清廷培养新军,反为新军所覆,史稿于辛亥革命前,统称"新军",辛亥革命中称"变军",辛亥革命后称"民军"。如《赵尔丰传》有"因揭示抚辑变兵",《荣睿传》有"变军方踞府署",《周飞鹏传》有"变军入城"等。又如辛亥革命后,《朴寿传》有"民军起,卒防军与搏",《让梨传》有"为民军所惮",《喜明传》有"民军猝起",《何永清传》有"民军恐不相容",等等。

与上述相对应,对于革命党人,辛亥前,例称"叛""乱",辛亥革命中,例称"党人""党军"。如:《端方传》有"川、鄂为党人所萃",《瑞澄传》有"得党人名册""与党人战于滠口",《吴以刚传》有"党人谓以刚藏军器"。《王毓江传》有"捕党人最力,党人尤恨之"。

史稿在辛亥前称革命党人为"匪",辛亥后概称"革命党人",在撰述人自身是有一定深意的。由"匪"而"党人"而"民国",名称的转变,暗示着民国与清逐渐变成双方对等的政权,对于脱胎于满清官宦的知识分子来言,能作此层,实属不易。《清史稿》早期批评者指责史稿"内清室而外民国",其实质是含有一定政治因素在内。值《清史稿》纂修之际,实际上有南、北两个民国政权存在。清史馆依附北京政府,而北京政府优待满清皇室,史稿为满清歌功颂德,则与北京政府同出一辙,此所谓"食人之食者必忠其事,受人之任者必观其成"。于北京政府之要员,史稿无批评一人。昔者伯夷、叔齐采薇西山,不食周粟,在封建伦理中一直唱作榜样,因其举动至愚,忠心可嘉。因此,从提倡效忠统治者而言,《清史稿》于北京民国政府断不可谓"抑民国"。而与"南方民国",《清史稿》虽然做了一定的努力,但其敌视态度也是断不可否认的。生逢乱世,南北争吵,身居红墙之内,能在一定程度上肯定南方革命党人开共和之功,尚苛他求?

---

① 《清史稿》(卷391),《吴廷栋传》后论,第11743页。

对于农民运动。毋庸赘言,《史记》以后,后世正史多有《叛逆传》,《后汉书》之"黄妖",《旧唐书》之"窦盗",《宋史》之"宋寇",《明史》之"闯贼",历代官书对那些起于布衣、揭竿而起的农民领袖无不极尽诬蔑之能事。而《清史稿》不立《叛逆传》,置《洪秀全传》于臣工传之末,与《吴三桂传》并列,以示叛逆。但是,比较《吴传》与《洪传》,《吴传》以普通传记体叙述,而《洪传》则采用载记体叙述,正史之中只有本纪或称王之诸侯才采用载记体。从内容上看,《吴传》较为简略,而《洪传》篇幅紧逼《高宗本纪》《圣祖本纪》之后,长达 103 页。从观点上看。吴三桂于明为贰臣,于清为叛臣,在史稿中是最受鄙视的一种人,而《洪秀全传》则不然。史稿记太平军:"与人民以自由权,解妇人拘束……若官军在前,有取民间尺布百钱者,杀无赦。"[①]评洪秀全"以匹夫倡革命……成则王、败则寇,故不必以一时之是非论定焉"。[②]《吴传》出自薾良,《洪传》出自王树枏,二人学术造诣、史识皆不可相提并论,二传之优劣显而易见。总体而言,在撰述人那里,农民领袖绝难逃脱"叛匪"之名,王氏亦然。

关于史稿之经济史观问题。我国纪传体史书,自《史记》开创《平准书》后,历代正史竞相仿效。《清史稿》也沿袭了我国这一优良传统,更为重视经济因素在国计民生中的作用。诸如户口、田制、赋役、仓库、漕运、盐法、钱法、茶法、矿政、征榷、会计、治水、铁路、轮船、电报、邮政以及国际贸易等重要经济因素都有不同程度的阐述。如漕运一项,不但详细记述漕粮、白粮、督运、漕船、钱粮、考成、赏恤、海运等有关事宜,而且对漕运积弊亦多有揭露。以乾隆年间漕运为例:"时天下承平日久,漕弊日滋。东南办漕之民,苦运弁旗丁,肌髓已尽,控告无门……漕运到通,仓院、粮厅、户部等处投文,每船需费十金,由保家包送,另索三金,又有走部,代之聚敛。至于过坝……每船又须十余金。交仓……又费数十金……逮漕船过淮,又有积歇摊派吏书

① 《清史稿》(卷 475),《洪秀全传》后论,第 12871 页。
② 《清史稿》(卷 475),《洪秀全传》后论,第 12966 页。

陋规,投文过堂种种费用。"①

清代历朝皇帝都注重治水,康熙帝"以三藩、河务、漕运为三大事,书宫中柱上"。②《清史稿》尤注重记载水利兴修。《河渠志》记录了黄河、大运河、淮河、永定河、海塘以及直隶水利等治理情况。方兴、靳辅、陈潢、于成龙、汤斌、阿桂、张文浩、乔松年、曾国荃等列传中也有很多治水情况的记载。特别是靳辅的"上流筑水坝束水法"和于成龙的"溶下河疏海口法",都作了较为详尽的叙述。

漕运、水利如此,对其他经济因素的记载大体略同。值得重视的是,《清史稿》不但记载了这些因素,而且还详细叙述了这些因素的起源、变革以及它们之间的相互联系:如轮船一项,同治十一年(1862),直隶总督李鸿章建议设轮船招商局,意在"各商所有轮船股本必渐归官局、似足顺商情而强国体"③。同年冬,轮船招商局在上海成立,内受制于庸臣,外遭挤于洋人,步履艰难,盛宣怀为此屡遭朝劾。光绪十六年(1990),招商局为摆脱困境,疏请各省试行小轮。内河水道是一庞大航运市场,但招商局之要求受到湘抚沈晋祥、江督刘坤一的激烈反对,他们担心"夺民船之利,有碍小民生计"。后来,《马关条约》成,洋轮驶入中国内河水道,华商小轮才准许进入内河。《清史稿》撰述者不无感慨:"特以洋商创始于前,华商瞠乎其后,而跌价倾挤,时有所闻,欲求赢利,盖极难矣。"④轮船一项,是我国近代水上航运业的发展史,也是我国近代民族工业发展的一个缩影。

难能可贵的是,《清史稿》的撰述者已隐约注意到清亡与经济的重要关系。金兆蕃在《拟修清史略例》中曾表示:"清亡于贫,事往而病在,深求其利弊,而极论之,后来之龟镜也。"⑤尽管金氏从未过问过《食货志》,但姚永朴、

---

① 《清史稿》(卷122)、《食货三》,第3581—3582页。
② 《清史稿》(卷279)、《靳辅传》,第10122页。
③ 《清史稿》(卷150)、《交通志》,第4452页。
④ 《清史稿》(卷150)、《交通三》,第4459页。
⑤ 金兆蕃:《拟修清史略例》,载《清史述闻》,第172页。

袁励准、蓝玉、吴怀清、李哲明、张启后等人也是本着这一原则展开阐述的。以吴怀清的"会计"为例,撰述人表面上似乎在罗列各朝代的年出入财政盈亏情况,但实际上意在于彼。兹根据史稿所反映主要年代的政府财政收支情况列表如下:

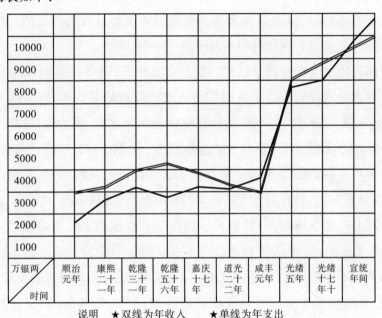

说明 ★双线为年收入 ★单线为年支出

史稿所据数据是否确凿,暂搁不议,但非私撰,似可无疑。从表上可以看到,顺治年间,总收入与支出都不大;康熙年间,政府年财政节余逐年提高;乾隆末年达到鼎盛时期;嘉庆年间,政府支出在增加,而收入在减少;道光年间,政府财政收支节余趋于零,咸丰年间则入不敷出。此表所反映的财政收支曲线,恰巧正是一幅清王朝的兴衰史。

总之,中国古代三大传统经济理论,即"重农抑商""崇俭黜奢""贱利贵义",在《清史稿》中被冲击得支离破碎。重农而不抑商、贵义而不贱利,构成了《清史稿》的主要经济观点。

关于史稿历史观点问题。清史馆成立前,赵尔巽就向袁世凯建议"往代修史,即以养士,欲援旧例以縻逸贤"。于式枚等人又云:"我大清定鼎二百余年,厚泽深仁,休养生息。上无失德之君,下无抗令之臣,固属前代稀有。而武功赫奕;拓土开疆,文教昌明,轶唐绍汉。"①有了这两条铁证,一些评论者就断言《清史稿》违反了"史以为鉴"的修史目的。事实果真如此吗?《清史稿》为已故的清王朝歌功颂德,其鉴诫史观远没有前代正史较为突出,这一点是不容置疑的,但要说其全部丢弃鉴诫史观也是有失公允的。修史之主观目的与成书之客观效果根本就不是一回事。

中国古代史学非常讲求以史为鉴。它滥觞于《尚书》中的《周书》,在那里可以看出周人处处留心于从殷的覆灭之中寻找借鉴。司马迁著《太史公书》,"述往事,思来者"②。唐以后,官史代替私家之作,更为强调以史为鉴。《清史稿》的实际撰述者,基本上也遵循了这一原则。如总结清亡的原因:

秦树声在《地理志》中云:"泊乎末世,列强环起,虎眄鲸吞,凡重译贡市之国,四分五裂,悉为有力者负之走矣。"③张书云在《选举志》中云:"康乾两朝,特开制科,博学鸿词,号称得人。然所试者亦仅诗、赋、策论而已。泊乎末造,世变日亟,论者谓科目人才不足应时务。"④俞陛云在《兵志》中云:"道、咸以后,海禁大开,德宗复立海军,与水师并行,而练军又相继以起,扰攘数年,卒酿新军之变。以兵兴者终以兵败。"⑤金兆丰在《职官志》中云:"嘉道以降,整厘如旧,日久颓弛,精意浸失,日革月易,百职相侵。"⑥吴昌绶在《交通志》中云:"宣统初……顾言利之臣胥欲笼为国有,以加诸电商者加之川汉自办之路,操之过急,商股抗议者辄罪之,淫刑而逞,以犯众怒,党人乘之,国本遂摇。"⑦张尔田在《刑法志》中云:"德宗末叶……中国数千年相传之刑典俱废。"⑧戴锡章在《外交志》中云:"泊乎道光,禁烟衅起,仓猝受

---

① 于式枚等:《谨拟开馆办法九条》,载《清史述闻》,第110页。
② 《汉书》(卷62),《司马迁传》,第2735页。
③ 《清史稿》(卷54),《地理志序》,第1892页。
④ 《清史稿》(卷106),《选举志序》,第3099页。
⑤ 《清史稿》(卷130),《兵志序》,第3859页。
⑥ 《清史稿》(卷114),《职官志序》,第3264页。
⑦ 《清史稿》(卷124),《交通志序》,第4426页。
⑧ 《清史稿》(卷142),《刑法志序》,第4182页。

盟……海疆自此多事矣……咸丰庚申之役,其患日深……光绪甲午马关之约,丧师割地……列强据利益均沾之例,乘机攘索,险要尽失……庚子一役,两宫播迁,八国连师,势益不支,其不亡者幸耳。"①

柯劭忞、夏孙桐、金兆蕃等人在列传中,更是从君臣关系、吏治得失以及个人在清兴清亡中的历史作用等不同方面总结清亡之由。金兆蕃评高宗后期朝臣:"营私执法,前后相望,岂以执政者尚贪侈,源浊流不能清欤?……要可以鉴矣!"②金兆蕃撰同、光朝臣:"忠源言兵事一疏,泽南筹援鄂一书,为大局成败所关,并列之以存龟鉴。"③马其昶评光、宣朝臣:"辛亥革命,乱机久伏,特以铁路国有为发端耳。宣怀创斯议,遂为首恶。鄂变猝起,瑞澄弃城走,当国优柔,不能明正以法。各省督抚遂先后不顾,走则走,变者变,大势乃不可问矣。"④

可以说,《清史稿》是从不同角度,从整体上来把握清亡这一原因的。割裂其中的任何一部分,都会对《清史稿》得出不公正的结论。若只评《盛宣怀传》,史稿视其为"首恶",显系片面。若只评《邦交志》,史稿并没有穷尽"近百年来中外关系之大变迁"及"变迁之根本理由"。但是,若把这些问题置于整个《清史稿》中,问题就不难解决了。

第三节 《清史稿》之学术失误

《清史稿》纂修者,由于多为清代遗臣,其修史之主观目的在于"修故国

---

① 《清史稿》(卷153),《外交志序》,第4482页。
② 《清史稿》(卷339),《国泰传》后论,第11084页。
③ 《清史稿》(卷405),《江忠源传》后论,第11949页。
④ 《清史稿》(卷471),《盛宣怀传》后论,第12814页。

之史,即以恩故国"①,故在撰述过程中难免"以先朝的欲想为取舍"②,"眷眷于故君之情,时流露于字里行间"③。加之史稿"不出于一人手,人并效其所长,全书不免抵牾,分篇各有其篇,所谓离之则两美,合之则两伤者,固其道也"④。后期撰述,因时势紧迫,仓促束稿,不经总阅,不及校对,不成书时而成书,其错谬在所难免。较突出者,莫过于政治立场和学术水平二端,现举其荦荦大者,述评如次:

一、政治立场问题

对清室皇帝倍加颂扬。史稿称清之立国为"代明平'贼',顺天应人。得天下之正,古未有也"⑤。这实际上是重弹多尔衮当年高唱入云的老调。清定都北京,多尔衮致书史可法:"清之天下得之于'闯贼',而非取之于明朝也。"⑥其实地主阶级夺取农民革命果实建立新王朝事例,于中国历史之中屡见不鲜,绝非"古未有也"。

史稿对清代诸帝备极颂誉:诸如"天锡挚勇、神武绝伦""恭俭宽仁""至勤""至明""至圣""至仁"等不一而足。清代诸帝,多为"明君",但人无完人,必有未善之处。如世宗刻薄凶残、高宗骄暴淫逸、宣宗优柔寡断、穆宗行为不检、慈禧甘为外人走狗,诸班劣迹,史稿在本纪中多隐而不载。《清史本纪书例》:一、每帝首书徽号名讳;二、郊天必书;三、重要政治年月必书;四、征伐必书;五、巡幸必书;六、大赦必书;七、大灾水旱天变地震;八、捐免钱粮赈灾恩政;九、外国朝贡;十、订约改约;十一、改定制度;十二、大学士、军机大臣、各部尚书都察院升迁,外省督抚罢免;十三、封爵之重要者;十四、卒葬

---

① 张尔田:《清故学部左丞柯君墓志铭》,《遁庐文集》(卷2),民国排印本,中山大学图书馆藏。
② 孟森:《清史传目通检》,《国立北平图书馆刊》(第6卷),第2期。
③ 金毓黻:《读清史稿札记》,《国史馆馆刊》(第1卷),第3号。
④ 章学诚:《文史通义·史篇别录例议》,北京:中华书局,1961年,第236页。
⑤ 《清史稿》卷500,《遗逸传一》,第13815页。
⑥ 《清史稿》卷218,《诸王传四》,第9027页。

某陵;十五、上尊号及立后;十六、郡邑增改。① 总观上述《本纪》立义十六条,皆在宣扬皇天恩德,绝无"直书弹恶"之条文。

事实上,在史稿本纪中即使有揭清帝之短处,亦遮遮掩掩,尽出晦涩生僻之词。如论道光:"吁咈之风,未遽睹焉。"②如此行文,深奥晦涩,一般读者难以领其要义。

对清初重要史实隐为曲笔。史稿为论证爱新觉罗氏非建州卫掌卫职者之裔,特伪造《阿哈出传》,中云:"建州之为卫,始自阿哈出……数传至肇祖。"③如史稿论皇太极早年与明求和一事:"上不欲亟战以剿民命,七致书于明之将帅,屈意请和,明人不量强弱,自亡其国。"④此处未免言过其实。皇太极当初之所以急于与明请和:一则皇权未稳。一则后金经济陷于崩溃,因明停止与后金互市,"银两虽多,无处贸易,是以银贱而诸物腾贵"⑤。且又逢严重天灾,"无粮之家甚多"⑥。一则明、蒙、朝三方劲敌,虎视眈眈,后金无力应付,不得不与明请和。

再如述范文程入后金事。《清史稿》载:"天命三年,太祖既下抚顺,文采、文程共谒太祖。"⑦然而,事实却是:天命三年(1618),努尔哈赤率军攻破抚顺,由于他特别憎恶明朝衣冠人物,遂把所获儒生通通杀掉。值范文程引颈受戮之际,努尔哈赤为范颀长壮伟的体魄所动心,问话之下又得知范为明兵部尚书范锐之嗣,"遂使范文程成为刀下孑遗"⑧。

对清早期的暴虐与弊政曲为隐讳。后金对明关内的蹂躏为明金关系中重要的一页。据明档案所载:"建孽(后金)每攻占一堡,一堡军民尽坏。"⑨

---

① 朱师辙:《清史述闻》,第73—74页。
② 《清史稿》(卷16),《仁宗本纪》,第616页。
③ 《清史稿》(卷222),《阿哈出传》,第9115页。
④ 《清史稿》(卷81),《太宗本纪》第81页。
⑤ 《清太宗实录》卷三,天聪元年五月戊午,中华书局1986年影印本。
⑥ 罗振玉:《天聪朝臣工奏议》卷中,武汉:武汉大学出版社,2001年。
⑦ 《清史稿》(卷232),《范文程传》,第9350页。
⑧ 张玉兴:《范文程归清考辨》,《清史论丛》第6辑,第135页。
⑨ 《崇祯七年后金对关内的入扰》,《历史档案》,1982年第3期,第5页。

"死者遍野尸横,井中各皆填满,秽污之气难闻"。"老弱尽行屠戮,壮者留充役使,妇女资色者掳掠奸淫,幼稚孩提尽付之烈火"。① 如此等等诸般残酷史实,《清史稿》皆略而不书。

圈地、逃人法、剃发令为清初三大弊政。圈地一事,史稿只记"顺治元年,定京畿荒地及前明庄田无主者,拨给东来官兵"②。而历史事实则为:顺治元年下令圈地,最初只圈无主荒地,翌年便大规模圈占民田及房屋。很多农民"田地被占,妇子流离、哭声满路"③。若按史稿所记只圈京畿无主荒地,这"妇子流离、哭声满路"该从何解?

清初制定有严厉的"逃人法","捉拿逃人一款,乃清朝第一急务"④"逃人鞭一百,归还本主,隐匿之人正法,家产籍没"⑤。由于严刑峻法,穷其所往,追捕逃人,牵连甚广。而奸诈之人又乘机敲诈勒索,致使许多人家破人亡,流离失所。当时就有人指出,"逃人法"于国家有"七大痛"⑥。而对此"害民最深者",《清史稿》只在魏(琯)、李(茵)传中略露端倪。

剃发令是清初统治者作为顺民的标志而严厉执行的。对于南方反抗者,清军进行了血腥镇压。"城陴一旦驰铁骑,街衢十日流膏血;白昼啾啾闻鬼哭,乌鸢蝇蚋争人肉。"⑦至于"嘉定三屠""扬州十日",杀戮之残酷,惨状尤烈,对此,《清史稿》更是竭力回护。

贬低汉族人民的反抗斗争。史稿对于汉族人民的反清斗争,竭力诛伐。如对于太平天国农民运动,史稿称少年洪秀全:"少饮博无赖,以演卜游粤、湘间。"于太平天国机构统称"伪":伪书、伪职、伪都、伪印、伪爵、伪府、伪宫、伪诏、伪朝、伪律、伪卡、伪谍、伪天王、伪将军等,一篇《洪秀全传》,我粗略统

---

① 《崇祯七年后金对关内的入扰》,《历史档案》,1982 年第 2 期,第 6 页。

② 《清史稿》(卷 120),《食货一》,第 3494 页。

③ 卫周胤:《陈治平三策》,《皇清奏议》卷 2。

④ 《顺治朝题本》隐匿类 367 函 34 号,《清史论丛》第 3 辑,第 133 页。

⑤ 张廷玉:《清朝文献通考》(卷 194),《刑一》,杭州:浙江古籍出版社影印本,1988 年。

⑥ 《清史稿》(卷 244),《李茵传》,第 9621—9622 页。

⑦ 归庄:《归庄集》(上),北京:中华书局,1962 年,第 37—38 页。

计,类似"寇垒""寇势"之"寇"字多达 955 个,是著名史学家章学诚传文总数的四倍半。

诋毁辛亥革命,詈骂死难烈士。对于庚戌广州新军起义,《清史稿》书曰:"广州新军作乱,练军讨平之。""广东革命党王占魁伏诛。"① 对于武昌起义,史稿书曰:"八月甲寅,革命党谋乱于武昌。"② 对于为创立民国而死难的烈士,史稿大张挞伐,诬秋瑾烈士为"阴谋乱",徐锡麟遇害为"伏诛"等。反之,对于所谓殉清官员则大肆颂扬,赞颂松寿、赵尔丰等"或慷慨捐躯,或从容就义"③。史稿所谓"忠义"之士多之又多,在辛亥革命"殉难者",大到封疆大吏、宗室贵胄,小至更夫、庖丁,尽行载录。

如,王闿运身入民国,曾一度聘为清史馆副馆长,民国初年,他曾写一对联讽刺民国:"民犹是也,国犹是也,何分南北? 总而言之,统而言之,不是东西。"④ 史稿为之立传,颇耐人寻味。《额特精额传》更为典型,全文照录如下:

> 额特精额,字慰如,杭营正红旗防御,驻守武林门(武昌)。辛亥九月十四夜,变兵强令开城,额特精额喝问:"何人?"以"革命军"对,遂斥曰:"汝等狗也,我不死,城不能开。"独持枪击众,众环攻,惨剁死,暴尸数日,居近商民始殓之。

视革命党为"狗"者,史稿为之立《忠义传》,其用意尽可知也。

二、学术失误

史实舛错。众所周知,《清实录》由天命至雍正诸朝,曾多次删削篡改,

---

① 《清史稿》(卷 475),《洪秀全传》,第 12863 页。
② 《清史稿》(卷 25),《宣统皇帝本纪》,第 980 页。
③ 《清史稿》(卷 25),《宣统皇帝本纪》,第 996 页。
④ 《清史稿》(卷 469),《赵尔丰传》后论,第 12790 页。

一些重大史实已失真。《清史稿》有些撰述人在撰述中,不加甄别,照抄官书,并以《实录》为最终取舍,其论述难免失之偏颇。有些人"作古文尚可,史法则不通,对时间、地点、人物、情节等作史要素理解不深,用力不勤。他们是史书的撰稿人,却不是史家"①。

如《地理志·广东篇》有:"广州府……明领县十三。"②而《明史·地理志六》却载:"广州府……领州一,县十五。"③《广东通志》:明代广州府,有南海、番禺、新宁、增城、香山、新会、顺德、东莞、新安、从化、龙门、三水、清远、翁源、英德共 15 个县。④

再如《清史列传·尼堪传》有:"崇德元年,封固山贝子。"⑤这本来是正确的。但《清史稿·皇子世表二》却改成:"尼堪,褚英第三子。天聪九年,以功封贝子。"⑥事实上,清代确立封爵制度在崇德元年(1636),天聪九年(1635)怎能封尼堪为贝子呢?

他如《吴三桂传》里的"杨坤",《清实录》中是作"杨珅",但《清史列传》《东华录》都更正作"杨坤",而史稿不作深究,将错就错。兹以奭良所撰《吴三桂传》为例,考证如下:

页 12836:"吴三桂……遣副将杨坤、游击郭云龙上书睿亲王乞师。"

按:《东华录》⑦卷四页 61:"明平西伯吴三桂遣副将杨坤等自山海关致书。"《皇清开国方略》页 580 有:"明平西伯吴三桂遣副将杨坤……"《清史列传·吴三桂》页 6632 有"遣副将杨坤、游击郭云龙来我朝借师"。《清史列传》于每卷后都有《校勘记》,页 6704《校勘记》云:"遣副将杨坤:'坤'原误作'珅'。今据《逆臣传》(琉璃厂永盛书坊检字本)卷上页以下及《逆臣传》

① 桑咸之:《晚清政治与文化》,北京:中国社会科学出版社,1996 年,第 75 页。
② 冯尔康:《清代史料学初稿》,天津:南开大学出版社,1986 年,第 48 页。
③ 《清史稿》(卷 72),《地理志》,第 2270 页。
④ 《明史》(卷 45),《地理志六》,北京:中华书局,1977 年,第 1133 页。
⑤ 《清史列传》(卷 2),《尼堪传》,北京:中华书局,1987 年,第 73 页。
⑥ 《清史稿》(卷 62),《皇子世表二》,第 4841 页。
⑦ 蒋良骐:《东华录》,北京:中华书局,1980 年。

(琉璃厂半松居士排字本)卷一页以下改。下同。"《清史稿》撰述者若翻检《清史列传》(校勘记),此类错误是完全可以避免的。

页12838:"(顺治)十六年正月,由榔奔永昌。二月,三桂与尚善、卓布泰合军克会城,破文选……"

按:《清鉴易知录》①《正编二》页76有"顺治十六年春正月,我军三路入滇……"《清实录》卷123,页2—4,有"顺治十六年己亥春正月……三路大师俱入云南省城。李定国、白文选与伪永历奔永昌"。故而,磨盘山伏击战时间当在顺治十六年正月,《清史稿》错为"二月"。

页12838:"顺治十四年,可望反明……三桂等发汉中,道保宁、顺庆、次合州……遂下遵义,克开州。"

按:《东华录》卷八页126有:"顺治十五年六月,吴三桂奏:臣等自重庆进发……收复遵义并所属州且、随抵贵州,克开州城。"《清史列传》页6634有"(顺治)十五年,发汉中,过保宁,顺庆,至合州……遂下遵义,克开州"。故而,遵义之战时间当在顺治十五年而非"顺治十四年"。

页12839:"(顺治)十七年,户部疏言,云南俸饷发900余万,议檄满洲兵还京,裁绿旗兵五之二。"

按:《清史列传》页6634,有"议撤满州兵还京,裁绿旗兵五万之二"。《清实录》卷136,页22有"云南平西王下官甲一万员名,绿旗兵及投诚兵共六万名"。《清鉴易知录》《正编三》,页78有"三桂请以投诚兵丁分十营,每营1200名,以投诚兵官统之"。故《清史稿》中"五之二"脱一"万"字。时吴三桂麾下绿营兵及投诚兵共六万,减去投诚兵十营约万名,故剩五万。它说明吴三桂反云南时,实际兵力只有嫡系及投诚兵共二万余。

页12841:"宁等逐文选及于猛卯,文选以数千人降。"

按:《清史列传》页6636作:"文选为马宁等追及于猛养。"《清鉴易知录》《正编三》,页82有:"宁等追及白文选于猛养。"《清实录》卷六页9有

<hr>

① 许国英:《清鉴易知录》,北京:北京古籍出版社,1987年。

"总兵马宁等追及白文选于猛养"。故白文选投降清军之地在猛养,而不是猛卯。

页 12841:"(康熙)三年,遣之复及总兵李世耀率兵出乌蒙,攻水西土司安坤、乌撒土司安重圣,并击斩之。"

按:《清实录》卷十四页 12 有:"(康熙)四年乙巳……吴三桂又疏报本年正月各镇将剿擒安坤党羽……"《清鉴易知录》《正编三》,页 85 有"康熙四年……二月乙巳,吴三桂征水西酋……三桂奏……"故吴三桂派二将征水西、乌撒两土司时间在康熙三年十一月,而"击斩之"时间当在康熙四年二月而非"康熙三年"。

页 12842:"三桂益揽事权,构衅苗、蛮。"

按:《清史列传》页 6637 有"三桂益欲揽事权,构衅苗蛮"。《清圣训》卷57,页 4 有:"康熙九年……云南贵州总督甘文焜疏报,定番州所属岗渡等145 寨苗蛮倾心归化。"云贵苗蛮是吴三桂与甘文焜矛盾激化的焦点之一,也是吴反清原因之一。故,苗蛮概指苗人而不是苗人和蛮人。

页 12843:"三桂……举兵反,自号周王天下都招讨兵马大元帅。"

按:《清史列传》页 6638 有:"自称天下都招讨兵马大元帅。"《平定三逆方略》①页 9 有:"三桂既反,伪称天下都招讨兵马大元帅。"《清鉴易知录》有:"伪称天下都招讨兵马大马帅。"《东华录》页 158 有"吴三桂反,伪称天下都招讨兵马大元帅",《清实录》卷 43 页 13 有"吴三桂反,伪称天下都招讨兵马大元帅"。吴三桂于康熙十二年(1673)十一月杀云南巡抚朱国治而反,准备以明年甲寅为周王元年。"十三年正月,三桂偕称周王元年。"②这说明康熙十二年吴三桂反清时不自称周王,而是"天下都招讨兵马大元帅"。

页 12846:"三桂别遣将韩大任、高大节……"

按:本书《清史稿·圣祖本纪一》有:"吴三桂将高大杰。"《东华录》卷

---

① 《平定三逆方略》,台北:台湾大通书社,台湾文献史料丛刊,第 6 辑。
② 《清史稿》(卷 474),《吴三桂传》,第 12844 页。

11,页 176 有："吴三桂伪将高大杰陷吉安。"《清实录》卷 56,页 28 有："贼将高大杰……"是"高大杰"而非"高大节"。

页 12843:"三桂蓄异志久,撤亦反,不撤亦反,不若及今先发,犹可制也。"

按:此康熙语,《清史列传》不载。乾隆年间,蒋良骐撰《东华录》不载。雍正年间,大学士马斋、张廷玉、朱轼等撰《大清圣祖仁皇帝实录》不载。康熙二十一年(1682),大学士明珠、王熙等奉诏撰《平定三逆方略》亦不载。康熙朝起居注官喇沙里、孙在丰、史鹤龄等人撰《起居注》均不载。那么此话由何而来呢? 我推测它摘录于清人笔记。《啸亭杂录》是清代最著名的笔记本,其《论三逆篇》云:"吴、尚等蓄彼凶谋已久,今若不及早除之,使其养痈成患,何以善后? 况其势已成,撤亦反,不撤亦反,不若先发制之可也。"①但《啸亭杂录》的作者昭梿的记载是否可信呢? 昭梿的先祖杰书是直接参于平定三藩(主福建)之乱的一方统帅,按理是可信的。但杰书之子为棒泰,棒泰子为崇安,崇安子为永恩,永恩子才是昭梿,等到昭梿著《啸亭杂录》时已是道光年间了,口语相传,辗转相抄,且昭梿著《啸亭杂录》,"他的材料得于实际的考察,亲自的探问以及听家庭长上所说。"②既为"家庭长上所说",必有可疑之处。康熙帝为清"至圣"君主,后人宣扬其雄才大略亦不为怪。昭梿所据,除"家庭长上所说"外,想必亦参考《平定三逆方略》。该方略卷首附馆臣按语有"我皇上远览前史,深镜历代藩镇之害,念若属久握兵柄,分驻岩疆,殊为未便""惟时廷议纷出,我皇上不徇目前姑息之计,收藩臣偏重之权,圣谟宏远矣"。③故而康熙之语,当从《方略》史臣按语演绎而出,经后人口语相传、清人笔记加工成文,最后注入《清史稿》中。

《吴三桂传》正文约 8000 余言,错误如此,其他篇章亦可知之。尤以《职官志》错误为最多。

---

① 昭梿:《啸亭杂录》,北京:中华书局,1980 年,第 5 页。
② 昭梿:《啸亭杂录·附录二》,第 550 页。
③ 《平定三逆方略》,载《台湾文献史料丛刊》(第 6 辑),台湾大通书社,1970 年,第 8 页。

时间错误。《史通》曰:"昔《尚书》记言,《春秋》记事,以日月为远近,年世为前后,用使阅之者雁行鱼贯,皎然可寻。"①故史实之时间,至关重要,因事考史,重在于此。观史稿之时间,有年错,有月错,有日之混乱,有前后抵牾,有时间标准不一,有时间概念模糊等。

年错。史稿年代错误最为普遍,如后金天聪三年(1629)建文馆,史稿错为天聪二年(1628);顺治六年(1649),顺治帝封张应京为正一嗣教大真人,史稿错为顺治八年(1651)。兹以清代各省巡抚始置年代为例,考证如下:

《职官志》页3340:"顺治元年,置四川巡抚,驻成都。"

按:本书《疆臣年表五》:"顺治五年闰四月,李国英巡抚四川。"《世祖实录》卷38,顺治五年闰四月:"以委署川巡抚总兵官李国英……"实际上,顺治三年(1646)春正月,清政府始派豪格、尼堪、满达海等人征四川。顺治元年(1644),四川仍属张献忠管辖,四川巡抚设置年代不可能在"顺治元年"。

《职官志》页3344:"巡抚广东……顺治元年置,驻广州。"

按:本书《世祖本纪》:顺治四年(1647)五月,"以佟养甲为两广总督,兼广东巡抚"。《世祖实录》卷342,顺治四年(1647)五月:"实授广东委署各官,以总兵官佟养甲为广东巡抚。"实际上,顺治四年(1647)一月,明降将李成栋始引清军入广州,顺治三年(1646),广州尚处于绍武政权控制之下。

《职官志》页3343:"巡抚陕西……顺治元年置,驻西安。"

按:本书《疆臣年表五》:"顺治二年,始设陕西巡抚。"《世祖实录》卷15,顺治二年(1645)四月:"调天津巡抚雷兴以原衔巡抚陕西。"实际上,顺治二年(1645)二月,阿济格、吴三桂等人才带领清军攻下潼关。顺治二年(1645)初,西安仍在李自成控制之下。

以此类推,《职官志》中所谓顺治元年始置的云南巡抚、广西巡抚、湖广巡抚、偏沅巡抚、江西巡抚、福建巡抚、江南巡抚、安徽巡抚、甘肃巡抚、浙江巡抚都有错。核之于《清史稿》本纪、大臣封疆年表、《清实录》等,湖广、偏

---

① 刘知几撰,蒲起龙释:《史通通释·编次》,上海:上海古籍出版社,1978年,第101页。

沅、江西、江南、安徽、甘肃、浙江巡抚始置于顺治二年(1645)。福建巡抚始置于顺治四年,广西巡抚始置在顺治六年(1649),云南巡抚始置在顺治十六年(1659)。巡抚始置年代如此,其他亦可略见一斑。史家修史,不慎于考订,若以想当然论,不但误书,而且贻误后人。

月错。朝以系年,年以系月,事愈繁,时愈细,重要之年,月须明朗。《清史稿》载月,多有抵牾之处。兹以史稿《邦交一》为例,核之本书《本纪》,可见一斑。

页4483:"雍正五年秋九月,与俄订恰克图互市界约十一条。"而本书《世宗本纪》卷9则为:"(雍正)五年八月,策棱与俄罗斯使臣萨瓦定界,以恰克图为贸易所。"

页4488:"同治二年四月,俄人复遣兵队……住牧。"同书《穆宗本纪》卷21则为:"(同治)二年六月,俄人抢占住牧。"

页4492:"同治九年十月,库伦办事大臣张廷岳等以乌里雅苏台失陷。"同书《穆宗本纪》则为:"(同治)九年闰十月,回匪陷乌里雅苏台。"《邦交一》如此,其他亦可想而知。

日之混乱。史稿除本纪外,具体日期极少表明,即有也比较混乱。如本纪部分全用干支法纪日,臣工传中前期和中期也用干支法纪日,后期偶尔有用公历纪日的。如卷469《陆钟琦传》:"时九月七日也。"[1]但一到《忠义传》中,从《忠义三》到《忠义十》几乎全用公历纪日。

时间前后抵牾,即本书纪、志、表、传中时间不一,已屡见前章,不再赘述。

时间标准不一。史稿中,宣统逊位前,其纪年都冠以某帝年号某年,逊位后则变成干支纪年法。如《劳乃宣传》曰:"丁巳复辟,授法部尚书。"《世续传》曰"辛酉年卒",等等。民国初年,文人著文,多取干支纪年,相沿成习。私家著述,本无可无不可,但修正史,必贯会通之意。史稿不取民国纪年,不

---

① 《清史稿》(卷469),《陆仲琦传》,第12790页。

奉民国正朔,是撰述人之史识和态度问题。

时间观念模糊。史稿有些地方,在时间上用词不确切。如《地理志·台湾》有:"一统志载户口原额人丁……"①清有乾隆八年(1743)一统志、乾隆四十九年(1784)一统志、嘉庆二十五年(1820)一统志(道光二十二年修成),这里指何部一统志?再如《地理志·青海》有:"清初有元太祖弟哈布图哈萨尔之裔号顾实汗。"②这里"清初",指满洲时代?后金时代?抑或入关以后?

观清史诸家商例,概无一人论及时间问题,盖因时间为渺微之处,不值一顾,岂知所铸之错为撰述人始料不及。

名称失误。古人云:"唯名与器不可以假人。"刘知几认为:史之称谓"理当雅正"。③《清史稿》称谓之失有人名错,有书名错,有国名错,有地名错,有名称前后舛错等。

人名错,如卷十《高宗本纪》中"张渠"误为"张照",等等。

书名错,如《艺文志》中万斯同《庙制图考》误为《庙朝图考》,黄遵宪《日本国考》误为《日本图考》,等等。

国名错,如《邦交志》中的法兰西,误作"佛朗机"。"佛朗机"为法兰西之转音,该名称为中世纪德、法、意三国之前身,九世纪中叶以后,欧洲即无"佛朗机"之名。

地点错,如《吴三桂传》中"猛养"误作"猛卯",等等。

名称前后舛错。如目录中有"洛托",到《吴三桂传》中作"罗托"。目录中有"允禛",到《圣祖本纪》中作"胤禛"。《部院大臣年表》有"查克旦",到《高宗本纪》中变成"查克丹"。《儒林传四》有"孔荫植",在《世祖本纪》中变成"孔允植"。他如"荷兰"与"和兰","俄罗斯"与"鄂罗斯","厄鲁特"与"额噜特",等等,不一而足,在此不一一细明。

---

① 《清史稿》(卷71),《地理志·台湾》,第2265页。
② 《清史稿》(卷79),《地理志·青海》,第2265页。
③ 刘知几撰,蒲起龙释:《史通通释·称谓》,第109页。

繁冗。刘知几曰："夫国史之美者，以叙事为工，而叙事之工者，以简要为主。"①繁冗为历代史书之通病，《清史稿》亦然。

本纪本应以国家大事为主要内容，可史稿本纪中塞满了某年某月某日"上幸南苑"，某年某月某日谒某陵，某年某月某日"祭祀太庙"之类，如陈年流水老账，读之索然无味。以仁宗为例，整个本纪，祭天、祭地、祭太庙、祭孔子、祭北镇等，多达 62 次，平均每年两次还多。谒东陵、谒西陵、谒泰陵、谒昭陵、谒永陵、谒福陵达 44 次。

欧阳修撰《五代史》注曰："大事则书，变古则书，非常则书，意有所示则书，后有所因则书，非此五者，则否。"②可《清史稿·本纪》国事、家事混为一体，实繁之又烦。

《后妃传》中除孝庄文皇后、孝惠章皇后、孝贤纯皇后、孝钦显皇后外，其余都无多影响大局之事迹，概可略去。且皇后之出皇子、公主以及公主婚尚额驸等，与《皇子表》《公主表》多有重复。

《诸王传》中，如景祖二子额尔衮、三子齐堪、五子塔察篇古，显祖四子雅尔哈齐，太祖四子汤古代，太宗四子叶布舒、七子常舒、十子稻塞、十一子博穆博尔，世祖四子荣亲王、七子隆禧，圣祖十五子胤禑、二十一子胤禧、二十二子胤祜、二十三子胤祁、二十四子胤祕，世宗七子福惠，高宗三子永璋、七子永琮，仁宗长子穆郡王，宣宗二子奕纲、三子奕继、八子奕谕洽，文宗二子悯郡王等诸王，事迹浅薄，述之多余。

如世祖四子荣亲王，全文："荣亲王，世祖第四子。生二岁，未命名，追封。"③

再如文宗二子悯郡王，全文："悯郡王，生未命名，殇。穆宗即位，追封。"④

① 刘知几撰，蒲起龙释：《史通通释·叙事》，第 168 页。
② 《新五代史》（卷 2），北京：中华书局，1974 年，第 13 页。
③ 《清史稿》（卷 219），《诸王传》，第 9056 页。
④ 《清史稿》（卷 221），《诸王传》，第 9112 页。

有事则录,无事则去,作史取舍当有标准。若以上诸王,见载于《皇子世系表》足矣,混杂于《诸王传》实在滥竽充数,徒占篇幅。

《臣工传》中,有些文臣武将,立功受奖,凡赐花翎、赏金银、蟒衣、荷包、大镰、衣冠、文绮、黄马褂等,凡赠官、谥名、恤物、配享太庙、从祀文庙、入祀贤良祠、特建专祠、附祀专祠、入祀名宦祠、乡贤、孝悌、昭恩祠等,皆有可书可不书之商榷,史稿一概录之,大有狗尾续貂之嫌。

史稿各传叙事,多仍国史本传旧文,浮辞太多、洗刷未尽。如《忠义·松林传》后所附人名,从佐领文炘至炮手白万太,共600余人。史书变成行伍花名册,未免出格。

史稿一人两传现象达11人。乌什哈达、马三俊、安禄、周春、乐善、谢启昆、蓝鼎元、王照圆、胡承诺、阿什坦、陈撰都在不同传目中出现两次。令人不解的是,有的两处撰文又有不同。如记谢启昆,《臣工传》作:"乾隆二十六年进士"[①],《文苑传》作"乾隆二十五年进士"[②],而且在《文苑传》传文中有"详见本传"[③]字样。明知有本传而再传,甚为滑稽。

二十四史中,范晔《后汉书》最早立《列女传》,而在《后汉书》中只有17位女性,到《清史稿》里,《列女传》竟占4卷,凡孝妇、贤妇、节妇、烈妇、孝女、烈女、贞女、才女多达644人。其中很多传记是可以删去的。

疏漏。《清史稿》例以繁富著称于世,然其疏漏之处亦不少。

史稿之纪。如《太祖本纪》中阐述建州问题以及建州与明的关系一节,所记内容,虽较清代其他官书为多,但总体上仍较为简略。

缺少载记一门。《史记》以世家记王侯诸国之事,故立《项羽本纪》以示和汉主相埒。陈寿著《三国志》,名以曹魏为正统,实则吴、蜀二牧皆以编年记述,意在三国并列。唐修《晋书》,援引"载记"之例,分国记述与两晋对峙

---

①《清史稿》(卷359),《谢启昆传》,第11356页。

②《清史稿》(卷484),《谢启昆传》,第13349页。

③《清史稿》(卷484),《谢启昆传》,第13349页。

之中原十六国。脱脱"诏修辽、宋、金三史"①,各予正统。清季开国、群雄并起而争天下,明裔谋事未成者,朱氏如朱由崧、朱由榔、朱聿键、朱聿粤,他姓试图立国者如郑成功,皆不受清封,不奉清朔,故当立载记以区别于列传。清初,福、鲁、唐、桂四藩,起于东南,暮于西南,前仆后继,摇旗振帜近二十年。虽为君少有英明,但其名臣武将,忠臣义士,知不可为而为之,折而不挠,气而不馁,多有可歌可泣可载之处。故应立载记一门,列开国群雄之首,以表先代遗忠,以昭南明信史,亦示清开国之艰难不易。

史稿之志。如《天文志》,只载乾隆六十年以前,以后因材料难觅而尽弃之,故《清史稿·天文志》并非有清一代天文志。实际上,从今台湾故宫博物院《清史》遗存资料来看,乾隆以后天文志资料均有,只需删繁就简略加整理及文字润色即可成一代完整之天文志。《地理志》中,史稿只平铺直叙地理方位,缺乏山川河湖险要之分析,缺乏矿产、物产、风光之介绍。《艺文志》中有些著作记载亦不甚明确。《邦交志》有些关键条文失漏,如俄罗斯一目,中俄立《伊犁条约》,只载曾纪泽出使俄国磋商经过及章句修改,不载原文,何以知其增删?

缺少宗教志。清史商例,很多人都主张立宗教志。金兆蕃曰:"国有宗教,所以齐民俗,坚民志,是其中有权也。我执其权,则人为我用,黄教是也;人执其权,则我为人用,耶教是也。"②有清一代,道、佛流行于中原,回教见盛于西北,喇嘛统治于西南,天主渐浸于东南,而东正窥居于东北。清室入主中原近300年,鼎而不稳,宗教之"权"不可说无。康乾盛世一过,白莲道教遍传鄂、陕、甘、楚、蜀、豫、滇、贵、台。反清之火,风起云涌,历乾、嘉、道、咸、同、光直至清亡。屡剿屡兴,国库钱帑耗其大半。

天主教东来,信者日众,传教之害,甚为巨大。洪氏皈依上帝,遂有太平天国摇撼清鼎。教案多起,屡为外人侵略把柄。宗教之"权"一旦失执,必然

---

① 《元史》(卷138),《脱脱传》,北京:中华书局,1974年,第3344页。
② 金兆蕃:《拟修清史略例》,载《清史述闻》,第741页。

"我为人用"。著史当以察盛观衰,故清史不可不有《宗教志》。

史稿之表。清末总理衙门,北洋、南洋大臣,皆未列表,似有所缺。

史稿之传。史稿之列传,由于受体例限制,疏漏之处甚多。如不列《宦官传》,安德海、李莲英、小德张等亦应入《臣工传》或作为他人附传。若《臣工传》只录清一、二品大员,然洪秀全不知为清几品大员?史稿《文苑传》囿于"历来小说戏曲不入正史"之例,置蒲松龄、吴敬梓、曹雪芹、谷应泰、吴沃尧、李伯元、陈端生、李玉、吴伟业、洪升、孔尚任、李汝珍、刘鹗等人于不顾,实失文苑大体。殊不知清代文坛,趋向大变,唐宋以来之诗词日见衰落,而清代小说戏曲,一枝独秀,大放异彩,实为清代文坛主流,史家不因时而变,难免过于迂腐。如曹雪芹著《石头记》,史稿前有曹寅,后有高鹗,盖因曹寅"累官通政使,江宁织造"①,高鹗"乾隆六十年进士"②。若以功名为取舍标准,实有失治史准则。想曹雪芹若知后辈不令其入《清史稿》之文苑,九泉之下必当再哭一番矣。

史稿之列传。沿旧例:"一、二品始立传,三品以下之外吏,一经陈请,概入循吏。"③查颜伯焘、丘逢甲、豫亲王裕兴、辅国公裕瑞、陈启源等,或为清官吏,或为皇室宗亲,或为商创业,均有事迹可述,史稿不载,可谓失之疏漏。史稿不立《佞幸传》,冯铨、明珠、和珅之流列之于《臣工传》,多合史法。然佞幸大臣之大家奴,如冯铨之刘次庵、明珠之刘义舟、和珅之刘全诸人,依仗权势,狐假虎威,或暴富,或弄权,或武文弄墨,于社会影响极坏,皆可附传于主子后。

史稿传记多为原国史列传删削而成,而删削重点就在大臣奏疏及皇帝谕旨。如《洪承畴传》,在《清史列传》中奏疏及谕旨为 24 条,《清史稿·洪承畴传》只保留 14 条,又如《刘统勋传》(刘墉之父),《清史列传》中有 33 条,而《清史稿·刘统勋传》正文只有 5 条,附文 5 条。史家修史,删繁就简

---

① 《清史稿》(卷485),《文苑二》,第 13379 页。

② 《清史稿》(卷485),《文苑二》,第 13379 页。

③ 夏孙桐:《清史列传画一书法凡例》,载《观所尚斋文存》(卷6),第 7 页。

是应该的,但有些重要奏疏和谕旨,或有关一朝大政,或冒死以锄大奸,皆应保持原貌。如郭琇弹劾明珠,曹锡宝弹劾和珅等,史稿皆删去,良莠不分,水婴同泼,失之实为可惜。

缺少《革命党人传》。不立《叛逆传》不知清之所以亡,不立《革命党人传》则不知民国之所以兴。革命党人如秋瑾、徐锡麟、陈天华、林觉民者,为缔造共和,不惜抛头颅、洒热血,其事迹多有可歌可泣处。史以传世,因其"述往事,思来者"。不立《革命党人传》,何以"思来者"?后人讥史稿"内清室而外民国",实有把柄授于人也。

此外,史稿从整体上缺少图解。《明史》有图,后人称之。清史商例,吴廷燮也主张:"旧史例无附图者,近代舆图,日以精密,工技之精,非图莫辨,左图右史,古学所重。大约疆理、河渠、邮传三志,礼之器数,兵之船械,皆非有图,无以证明。"①《清史稿》中,除《时宪志》卷二有"推步算术"一图外,其他均未附图。清季,地图业已发达,《清皇舆地图》《大清一统舆地图》等,种类繁多,史稿多可取用。他如人物、河渠、天文、乐、舆服、兵、交通、土司、藩部均可列图说明,以图表象,图文并茂,可令人了然于目,豁然于心。

生人人传之失。盖棺定论,论事常识。《清史稿》断限为宣统三年(1911),凡逊位以后卒于民国者,例不入传。察史稿以下诸人:陆润庠、唐景崇卒于民国三年(1914),瑞澄、贻谷、长庚卒于民国四年(1915),盛宣怀、王闿运、令贻卒于民国五年(1916),锡良、王先谦、简纯泽、江春霖卒于民国六年(1917),梁济、吴宝训、陈遹声卒于民国七年(1918),梁鼎芬、增祺卒于民国八年(1919),世续、劳乃宣、周馥、张曾扬、严复卒于民国十年(1921),沈曾植卒于民国十一年(1922),伊克坦、张勋卒于民国十二年(1923),林纾卒于民国十三年(1924),冯煦、于式枚卒于民国十五年(1926),康有为、辜汤生、王国维卒于民国十六年(1927)。

编次之失。《史通》论编次之失云:"于其间则有统体不一,名目相违,朱

---

① 吴廷燮:《清史商例》,载《清史述闻》,第170页。

紫以之混淆,冠履于焉颠倒,盖可得而言者矣。"①《清史稿》人物编次,前期人物因借鉴原国史旧传,较为允当,中、后期人物则相对较为混乱。

如列传52《徐乾学传》附翁叔元,所叙事迹无一与徐有关,实有失附传之则。于式枚身入民国,可《于式枚传》置于《康有为传》前320人,几近同治朝列传。儒林、文苑两传分界最为不明。黄、顾、王为清初三大思想家,顾卒年早于黄、王,但史稿把黄、王并列于前,而置顾氏于黄氏后111人。

观浙东考经证史之学,黄氏初开其端。吴中证史考经之学,顾氏首启其风。而余姚黄氏与四明二万(万斯大、万斯同),薪尽火传,源流甚一。万斯同为黄氏高足,"一代贤奸托布衣"②,亦人所共知之事。而史稿附万斯大于顾氏(儒林传)之骥尾,置万斯同孤苦伶仃于《文苑传》,一家之学离散、师生友好不相见。

清代经学,常州一派始于庄存与、庄述祖父子,而刘逢禄、宋翔凤承其绪,此亦人所共知。史稿把庄存与附于谢墉腋下,而刘、宋二氏则入儒林,使人难知常州派之所出。

自古经文史不分家,章学诚入之文苑,因其《文史通义》,文在史前,可入文学家之采邑。而万斯同一生耻为文人,史稿却辱之于文苑;洪亮吉纯乎文学,史稿而强入之于儒林。他如王闿运,史稿传文:"潜心著述,尤肆力于文……其骈俪则揖颜……诗歌则抗阮左。"③史稿明知王氏为一文人,而故意使其侧身儒庙,实有失分传之则。

唐甄附于《胡承诺传》后,又属失当。唐氏不论当时名气及对后世影响,均为胡所不及。唐氏著《潜书》,魏禧见之惊叹云:"是周、秦之书也,今犹有此人乎?"④唐氏独立成传,犹不为过。

---

① 刘知几撰,浦起龙释:《史通通释·编次》,上海:上海古籍出版社,1978年,第101页。
② 康熙十八年重开史局,总载徐元文延请万斯同纂修明史。他在其师黄宗羲支持下北上修史。临行,黄宗羲赋诗送别,其中有"三叠湖头入帝畿,十年鸟背日光飞。四方声价归明水,一代贤奸托布衣"之句。
③ 《清史稿》(卷482),《王闿运传》,第13300页。
④ 《清史稿》(卷484),《唐甄传》,第13335页。

惠栋"钻研古义,由汉儒小学训诂以上溯七十子六艺传者,定宇先生为之导也"①,实有开清代汉学"吴派"之功,史稿却把他附于其祖父惠周惕之后,不与戴震并列,也应像其弟子钱大昕一样,独立成传更能明了一代学术渊源。

方以智著《通雅》《物理小识》等文,为一代文豪,史稿却入之于《遗逸传》,不知何故?

王国维一生,积学甚勤,著书立说亦成一家之言。史稿却入之于《忠义传》。王氏自沉昆明湖,若梁讳济自投净业湖一样,死因复杂,非殉清一节。按金梁意,王氏立传,应取其大而略其细,殊不知王氏之卓卓可称道者,恰在学术一端。

《清史稿》结束语

史稿在思想观念及学术水平上的失误,有主观原因,亦有客观因素。就主观而言,除部分撰述人水平较低、用力不勤外,更重要的是观念陈腐。这一点,陈寅恪先生有过精辟的论述:"纵观史乘,凡士大夫阶级之转移升降,往往与道德标准及社会风气之变迁有关。"②"凡一种文化值衰落之时,为此文化所化之人,必感痛苦。"③陈氏所言,虽有所指,但也道破了清史馆诸人的文化心理。作为新旧嬗变之际的胜朝文人,远崇孔,近效万(斯同),"君死臣辱"的封建思想根深蒂固,把这种陈腐的思想融入史书中,必定生衍出诸多思想观念上的错误来。就客观而言,民国十五年(1926),清史馆原计划用三年时间完成清史,结果,由于时势窘迫,不得不仓促付梓。

---

① 李桓:《国朝耆献类征初编》(卷417),《经学七》,长春:吉林教育出版社,1995年。
② 陈寅恪:《元白诗笺证稿》,上海:上海古籍出版社,1982年,第82页。
③ 陈寅恪:《寒柳堂集·寅恪先生诗存》,上海:上海古籍出版社,1982年,第6页。

对《清史稿》而言，尚有两年最关键的收尾工作未做。史稿所出学术问题绝大部分出自此。从更深层次来看，中国历史上的官修正史是同国家政权密不可分的。行之有效的分工协作修史制度，则依赖国家政权，尤其是财权作保障。一旦失去国家政权的支持，这种修史工作就不可能再进行或变成一盘散沙状态。观《清史稿》纂修经过，赵尔巽尽管身为馆长，可全然没有昔日朝廷重臣领史馆之职的那般实权，纵使有详尽的修史计划，也难以落实，以至四处乞援，其修史之艰之难，正好应了史稿撰述人常说的一句话"古未有也"。

《清史稿》的撰述者，愿期望将本书修成一部"萃一代人文之美，为千秋信史之征""以与往代二十四史同昭垂鉴于无穷"①的宏伟巨著。然而，由于主、客观原因，事与愿违，不得不仿王鸿绪《明史稿》例，取名《清史稿》。

对于史稿之诸般错误，清史馆的负责人是十分清醒的。诚如赵尔巽在《清史稿发刊缀词》中所言：

> 今兹史稿之刊，未臻完整，夫何待言？然此急就之章，较诸元史之成，已多时日，所有疏略纰缪处，敬乞海内诸君子切实纠正，以匡不逮，用为后来修正之根据，盖此稿乃大辂椎轮之先导，并非视为成书也。除查出疏漏，另刊修正外，其他均公诸海内，与天下以共见。绳愆纠谬，世多通人。尔巽心力已竭，老病危笃，行与诸君子别矣。②

临死哀鸣，颇足令人恻然动念，"未臻完整""急就之章""非视为成书"者，因"心力已竭"，而寄"后世通人""绳愆纠谬"。

《清史稿》尽管存在这样或那样的不足之处，但毕竟凝聚数十位学者十几年的心血，翻阅了大量当时外人不可得窥的清代史料，并初步进行了汇集和整理，成为第一部比较完整的清代通史。问世百年，还没有代替它的同类

---

① 朱师辙：《讨论体例第一》，《清史述闻》，第2页。
② 赵尔巽：《清史稿发刊缀词》，《逸经》第5期，第282页。

作品。正是《清史稿》的出现,保持了我国正史传统和体例的连续性。因此,评价《清史稿》之优劣,决不能只据一端而全盘否定之。当论及其缺点时,优点恰蕴藏其中;而论及其优点时,缺点亦包含之内。整体而言,其史学价值是应当肯定的,缺点问题也很多,这就是《清史稿》,一部从政治观点和学术水平都充满矛盾和不少问题的综合书,一部"大厦已成,尚欠装饰"的未成之书。

《清史稿》撰述人之一朱师辙先生早年曾预言:"《清史稿》之价值,纵使以后有良史重撰,亦将如《旧唐书》《旧五代史》而不可废,是可断言!"①

---

① 朱师辙:《清史述闻》,第432页。

第三章 台湾版《清史》编修经过

南京国民政府和台湾地方当局为重修《清史》作过四次努力,由于种种原因,皆以失败而告终。世人所见之台湾版《清史》(8 册,550 卷)是 1961 年由张其昀、彭国栋等人依托台湾国防研究院主持完成的史学巨著,是继《清史稿》后由地方政府主持编修的第二部大型《清史》。尽管该著纠正了《清史稿》反民国、反革命立场,修改了《清史稿》错误数千处,学术水平整体上优于《清史稿》,但由于整个编纂时间不到一年,仓促成书,依然存在体例不一、史事漏载、考证不详、史实舛错等诸多问题。述台湾版《清史》编修之经过。

第一节 南京国民政府与《清史》之重修

从南京国民政府到台湾地方当局,一直希望重修《清史》。1959 年 11 月至 1961 年 10 月,台湾"国防"研究院清史编纂委员会终于修出了 8 册本《清史》(约 1000 万字)。该著一面世,即引发轰动台岛的刘振东立法院质询案,台湾版《清史》遂成第二部《清史稿》。

一、南京国民政府第一次重修《清史》

1927 年,《清史稿》完成。因其存在立场反动、学术失误等众多错误,即招致海内外学者诸多批评。次年,故宫博物院院长易培基向南京国民政府行政院院长谭延闿呈文(实则为李宗侗主笔),列举《清史稿》反革命、反民国等十九款罪状,请求政府禁止发行《清史稿》。是年 12 月,南京国民政府行政院第四十九次会议讨论决定:《清史稿》永禁发行,剩余之《清史稿》及一切书籍先行运京。12 月 20 日,行政院就《清史稿》事向蒋介石呈文:

> 为密呈事:据故宫博物院院长易培基呈称:窃查《清史稿》一书,自民元设馆以来,理合呈请鉴核,不胜待命之至……经本院第四十九次会议讨论,金以《清史稿》立词悖谬,反对党国,自应永禁发行。故宫博物院编纂清代通鉴长编,应准其完成,以备将来重修清史之用。①

1928 年 2 月 19 日,国民政府训令行政院:

> 查《清史稿》纰缪百出,现经本府第六十三次国务会议,决议禁售在案。除派员前赴北平将故宫博物院现存之该项文稿悉数运京永禁流传外,所有从前已经发行者,应一律严禁出售,仰该院转饬所属,一体遵照办理。②

随后,行政院委派专员文书局科长彭晟赴北平协助易培基清理《清史稿》及有关书籍。自 1929 年 1 月 18 日至 2 月 3 日,点检完毕,共有完整《清史稿》336 部、各种散本 65129 册、各种图书 26902 本,另加《清史稿》各种文件 19 包。彭晟点检完竣即起运南京,交国民政府文官处保管。

---

① 谭延闿:《行政院呈蒋主席文》,《政府公报》第 2525 号呈文,民国十八年十二月二十日。
② 国民政府训令:《〈清史稿〉严禁出售》,《国民政府训令》第 96 号,民国十九年二月十九日。

《清史稿》本来由金梁私运关外 500 部。遭禁后,《清史稿》反而身价倍增,由原来的每部 100 元增至 1000 元,国内出版商如联合书店、平津商务馆、沪中书店以及日本的一些出版商乘机印售牟利,国内学者如孟森、容庚,政府官员如张继、金毓黻,日本学者如吉川幸次郎等,亦撰文呼吁政府解禁《清史稿》,以作学术研究之资料。

面对国内要求解禁《清史稿》之一片呼声,1934 年 11 月 23 日,行政院院长汪精卫遂向国民政府呈文,请发《清史稿》若干部,由行政院派人检校《清史稿》,待检校完竣再作裁决。得到政府同意后,行政院即派本院参议吴宗慈对《清史稿》正式进行"检正",以备重修《清史》所用。吴宗慈带领陈仲骞等 4 名助校开始检校《清史稿》,于 1935 年 9 月中旬完成,撰有检正表 9 册、补表 6 册,并提出"重修《清史》""据《清史稿》为底本重修《清史》"两套解决方案。行政院在此基础上,于 1935 年 11 月 23 日,向民国政府提交《检校〈清史稿〉报告案》,征求对《清史稿》的裁决办法和下一步打算。国民政府决议:"交教育部,于二个月内提出意见。"教育部部长王世杰征求部属历史语言研究所所长傅斯年的意见,傅斯年经过深思熟虑后认为:

一、"永禁与解禁之问题"。永禁为势所不能,其故已如大部来笺所言,不具说。目下之问题,仅为以如何方式解禁,或以如何方式修改《清史稿》耳。

二、"重修《清史》"。此自是国家应作之事,然此时国家力量恐不能顾及,且十年来史料之大批发现,史学之长足进步,皆使重修一事,更感困难。非以长久之时期,大量之消费,适当之人选,恐不能济事耳。

三、"据《清史稿》为底本重修之"。此法看来似可费时不久,用款不多,使《清史稿》化为一部差强人意之书。然如细加考虑,殊觉未易实行。欲作此事,则当前有一大问题在:所谓重修《清史稿》者,别据更广之史料,以作更密之研究,而成一代之信史乎? 抑重修之功,大体上不出微变体例、稍益史实、删除其违碍字样乎? 由前一法,诚恐下笔之后不能自休,一经纂研,势必走上重修之路,与《清史稿》无多关涉矣。由后一法,进无论于修史之盛业,退无补于解禁之速行。故愚见以为不可也。[①]

不参与修史,不知修史之难。相对于南京政府一些官员和学者高调“重修《清史》”的意气用事,傅斯年的头脑还是比较冷静的。在他看来,当时根本不具备重修《清史》的社会条件,与其修修补补,还不如实事求是、踏踏实实加强清史研究,待社会稳定、史料齐备、史才聚集后再重修《清史》。众所周知,民国二十四年(1935),中央红军长征,国共两党厮杀正酣。南京一地,就修史而言,史料不足、史才不足、经费不足,重修《清史》无疑奢望!

傅斯年的报告尽管不合国民政府一些要员口吻,但该报告却亦有一大收获,即《清史稿》从此正式解禁。

傅斯年报告提交以后,教育部通过行政院提交国民政府中央政治会议讨论。蒋介石为此单独召开中央政治会议,会议决定:由国民党党史编纂处主任邵元冲负责审查。邵元冲审查后提出解决方案:

> 拨款五十万元,设立清史馆,依检校意见,重新编纂,限期完成。[②]

但是,蒋介石及其国民政府当时正忙于“围剿”长征中的红军,根本无暇顾及重修《清史》事宜。邵元冲只好指导部属同僚先行撰写《清开国前纪》《郑成功载记》《洪秀全载记》等。1936年12月,邵元冲到西安向蒋介石汇报工作,没料想正好赶上“西安事变”,邵氏在跳窗逃走时为乱枪击中而死。邵氏之死,使南京政府首次重修《清史》中途夭折。据彭国栋回忆:“七七事变起,政府播迁,原存行政院之检校意见书,及大部分稿件,于撤退时不及搬

① 傅斯年:《关于〈清史稿〉事敬述所见》,载许师慎:《有关〈清史稿〉编印经过及各方意见汇编》(上册),第245—246页。
② 彭国栋:《清史纂修刍议》,载台湾《中国一周》第524期,1960年5月。

移,悉付一炬。据余所知,内有《清开国前纪》《郑成功载记》《洪秀全载记》《清代易名总表》等多种,皆以完成初稿。另有检正之列传一百余卷,皆荡然无存,可谓史事之浩劫。"①

二、南京国民政府第二次重修《清史》

1937年4月,张继为国史馆馆长,决定成立"修订《清史稿》小组",由汪辟疆任组长,吴宗慈、顾颉刚、柳翼谋等人为成员,再次决定重修《清史》。据杨家骆回忆:"是年四月,刘成禺复介(绍)吴宗慈于国史馆,馆长张继延为顾问,并推定吴向之、刘裁甫、吴霭林、商藻亭、汪辟疆、柳翼谋、汪旭初、金静庵、景梅九、濮伯欣、顾颉刚、但值之、丁保存、郑鹤声成立小组,商讨修订《清史稿》事,由汪辟疆任召集人。"②然而,是年12月13日,日军攻陷南京,国史馆随政府西迁,南京国民政府第二次重修《清史》,亦告失败。南京国民政府匆促西迁时,除《清史传包》等部分史料运往重庆外,邵元冲等人先行撰写的《郑成功载记》《洪秀全载记》《清开国前纪》等资料在战乱中均丢失。所幸吴宗慈在避难时一直携带着他所检正的《清史稿》,从南京到南昌,再从南昌到泰和、南丰、赣州,抗战胜利后带回江西通志局保存。

抗日战争时期,国立中央研究院在昆明集会时,时任中央研究院评议员的张其昀曾倡议重修《清史》,但由于时局动荡,无人响应。

---

① 彭国栋:《清史纂修刍议》,载台湾《中国一周》第524期,1960年5月。
② 杨家骆:《读清史纂修刍议杂记》,载许师慎:《有关〈清史稿〉编印经过及各方意见汇编》(下册),第842页。

第二节　台湾版《清史》编修之经过

台湾版《清史》是台湾地方政府唯一修订出来的一部《清史》,也是国民党为重修《清史》所作的第三次努力。由于台湾局促东南一隅,不具备重修《清史》的主客观条件,不可为而为之,故其纂修经过一波三折,其结果亦颇失众望。

一、台湾版《清史》编修之缘起

1949 年,国民党政权败退台湾。1954 年 3 月,台湾当局召开国民党第一届"国民大会"。会上,代表谢鸿轩作为提案人,联合 138 名代表向大会提出《修订清史之意见案》,敦请台湾当局从速编纂清史,提案云:

> 民国初年印行之《清史稿》一书,因其内容与我革命立场有所未合之处,乃经政府禁止发行。此后二十余年,由于战祸连绵,国史馆未能编印《清史》,时日迁延,史料散失……希能及时恢复国史馆组织,迅为编纂《清史》,由政府明定,连同前之"二十五史"合为"二十六史"。①

谢鸿轩等众人提案在"国民大会"上被一致通过,并要求政府切实办理。此次提案尽管没有达到重修《清史》之目的,却促成台湾"国史馆"的建立。台湾行政院授予国史馆重要任务之一即"纠正《清史稿》纰缪"。

1959 年 6 月,丁俊生等三名监察委员再次向行政院院长陈诚提出《请催

---

① 台湾第一届国民大会第二次会议提案,第 35 号。

促政府迅修清史案》，该案云：

> 查我国为文明古国，有数千年信史记载，周秦以降，代有编修，诚可傲视世界。盖编修前代史乘，为次一代神圣之任务，亦为义不容辞之责任。民国肇造，迄今将及五十年，我政府又有国史馆之设置，惟对《清史》之编修，迄未着手，诚属憾事！……故我政府亟应循数千年之优良传统，迅将《清史》编修完成，方足证明我政府足以承袭文化传统，考证得失，鉴往知来，定信史于万代，明兴革而肇民纪。①

由于行政院与立法院、监察院关系微妙，行政院院长陈诚对丁俊生等人的提案比较重视，遂于是年 6 月 2 日转交国史馆"史料审查委员会"讨论。国史馆于当月 19 日召开专门会议讨论该提案，嗣后，国史馆著名清史学家萧一山、李宗侗代表史料审查委员会答复云：

> 纂修清史，需要大量充实之史料。当时清史馆之文献，早已沦陷，或缺失。在台所存资料，亦残缺不全。复以人力与经费限制，重修定本之清史，似非目前客观条件下所能进行。②

萧一山、李宗侗是台湾最著名的清史研究专家，其意见在台湾也是最权威的。行政院以萧、李意见答复监察院，丁俊生等人只好作罢。

二、台湾版《清史》编修之经过

新中国成立后，毛泽东、周恩来、董必武等中国共产党和国家领导人都很关注《清史》。1959 年，周恩来委托时任北京市副市长的吴晗制定清史编

---

① 丁俊生等：《请催促政府迅修清史案》，载许师慎：《有关〈清史稿〉编印经过及各方意见汇编》（上册），第 252 页。

② 萧一山：《国史馆史料审查委员会之讨论与决议》，载许师慎《有关〈清史稿〉编印经过及各方意见汇编》（上册），第 253 页。

纂方案,准备在适当时机重修《清史》。

大陆准备纂修《清史》的消息,由香港新亚书院文史教授何敬群先生迅速传递至台湾。1960年6月,台湾国民党第一届国民代表大会第三次会议召开,由于得知大陆准备着手重修《清史》,在此次会议上,傅良居等41位代表联名向大会提交《请政府迅速编成清史以维护文化传统案》,周开庆等33名代表联名提交《为请政府限期完成修订清史工作案》,谢鸿轩等229位代表联名提交《请政府促令国史馆从速编纂清史,藉以延续中华民族之正史于不断,并发扬我国之光荣悠久历史文化案》,黄天鹏等64位代表提交《请扩充国史馆编制,积极编印史书,以弘扬中华民族辉煌历史文化案》。由于本次会议连续出现了4个请求重修《清史》的联名提案,引起台湾当局的高度重视,行政院遂致函国史馆,请求复议。

国史馆萧一山、李宗侗等从事实出发,仍认为经费缺少、史料不足、史才匮乏,暂时不宜重修。然而,台湾刚成立的"国防研究院"却不顾国史馆的反对,直接接手并决定重修《清史》。

"国防"研究院是1959年台湾地方政府新成立的一个研究机构,院长为蒋介石,主任为张其昀。尽管该院是研究时政战略、国民党战史的学术机构,但是,该院实际负责人张其昀却是重修《清史》的多年倡导者,早在抗日战争时期,张氏即呼吁重修《清史》。1960年5月,国防研究院文化讲座彭国栋教授正好在《中国一周》上发表《清史纂修刍议》一文,该文不但认为应重纂《清史》,而且在文末还初步勾勒出新《清史》的目录大纲,呼吁执政当局重视《清史》重修工作。张其昀对此很是欣赏,二人经磋商后决定绕过国史馆,由国防研究院独立领导完成《清史》重修。是年11月11日,张其昀亲自上书蒋介石:

> 民国成立,倏将进入五十年,前朝国史,尚未颁行,无以饷中外
> 之望。本院讲座彭国栋同志,究心斯业,历有所年。本院九月间,
> 曾由职集合清史专家十余人,几度商榷,拟就《清史稿》中明清之

际、太平天国及民国革命三时期,取材未善及书法失当者,本与中华民国政府之观点,广采近三十年史学专家之认识,逐编审定,妥为修正,期能早日刊布,使数千年历代正史成为完璧。……此事拟由彭国栋讲座担任主干,群策群力,事较易举,预期明年暑假刊行公世。是否可行? 敬祈核示遵行。

作为国民党总裁的蒋介石从维护国民党"国统"出发,希望抢在大陆前重修《清史》,故蒋介石阅后即批示:

照办。各大学教授中有史学研究者,可多请参加,不分界限为宜。[1]

国民党第三次重修《清史》,遂成定案。

得到蒋介石的首肯与支持,张其昀、彭国栋即开始紧锣密鼓的准备工作。1960 年 11 月下旬,国防研究院"清史编纂委员会"正史挂牌成立,其中:

主任委员:张其昀

副主任委员:萧一山

副主任兼总编纂:彭国栋

编委委员:方豪、巴壶天、成惕轩、李宗侗、汪经昌、宋晞、俞大纲、袁帅南、张立斋、张兴唐、梁嘉彬、程发轫、曾祥廷、杨家骆、熊公哲、蒋复璁、黎东方、刘象山、简又文、罗刚,共 20 人。

台湾"清史编纂委员会"以蒋介石驻地附近的"阳明山庄"为基地,以《清史稿》为蓝本,依托阳明山庄附近的"实践图书馆",开始编修《清史》。

由于张其昀一开始就准备在 1961 年"双十节"完成,作为国民政府五十周年大庆的献礼。时间紧迫,所以,编委会匆忙召开会议,在彭国栋《清史纂修刍议》的基础上商定凡例 21 条,在台湾《中国一周》杂志上发表,公开征求新《清史》体例、凡例修改意见。由于有蒋介石的首肯,台湾学者对重修《清

---

[1] 彭国栋:《清史纂修纪实》,载许师慎《有关〈清史稿〉编印经过及各方意见汇编》(上册),第 300 页。

史》一事无多异议,个别学者提出"革命党人传"应入《民国史》而不应入《清史》,而编委会认为按修史成例,凡卒于民国成立前之革命党人皆应入《清史》,尤其是辛亥革命史研究专家罗刚坚持认为,没有"革命党人传",则不足以彰显清之所以亡,亦不足以彰显民国之所以兴。又有学者提出:《清史稿》各表"重人轻事",诸如"户口升降、物价贵贱"等应加以增补,但编委会认为:史料缺乏、档案不全,表之增补,有待来者。经过数周的争议,重修《清史》之体裁、体例、纂修凡例,在没有经过充分酝酿、商讨的基础上便仓促决定下来,其基本原则是:

就《清史稿》中明清之际、太平天国及国民革命三时期,取材未善及书法失当之处,本中华民国政府之观点,广集近三十年史学专家之认识,逐编审订,妥为修正。[①]

在确定基本原则基础上,商定十七条修改做法即具体指导意见:

一、官书无征,概不采录;《清史稿》既略,兹亦仍之。

二、修史务存大礼,凡重要关键所在,则不可阙。

三、《本纪》干支系时错误及官名、人名互异,悉依《实录》订正。

四、《清史稿》称南明弘光、隆武、永历三帝为"伪",今悉改称明某帝。

五、《清史稿》对明遗臣、逸民、起义者,书贼、书逆,悉予纠正。

六、立《南明纪》,附于列传后。

七、将《清史稿》郑成功、洪秀全等列传,增补为载记;所有海寇、发逆、粤匪等,悉改称。

八、为朱一贵、林爽文立传。

九、为南明死难诸臣立《明遗臣列传》;并将顾炎武、黄宗羲、王

---

① 彭国栋:《清史纂修纪实》,载许师慎《有关〈清史稿〉编印经过及各方意见汇编》(上册),第300页。

夫之等不仕清朝之明末儒臣，从《清史稿·逸遗传》中移出，改入《清史·逸遗传》。

十、《清史稿》原将吴三桂列于洪承畴、孔有德、耿精忠、尚可喜等传卷末，《清史》则将移于洪承畴、孔有德之间。

十一、补撰吕留良、方孝标、顾祖禹、朱筠、谷应泰、翁方纲等人传。

十二、革命党人，卒于清末者，入《革命党人列传》。

十三、对革命不敬之用词、不奉民国正朔而以甲子纪年、人物列传中载有宣统逊位后之谥号者，一律删正。

十四、《清史稿》太宗、世宗本纪论赞曲意讳护，远离事实，予以删改。

十五、增补《清史稿》中《天文志》、《灾异志》、《时宪志》、《艺文志》。

十六、《清史》目录改为卷次居先，纪志表传次第相从，并列页码，俾便检寻。

十七、《清史》悉加句读，附索引，以资查考。①

凡例问题解决后，编委会在台北贵阳街实践堂集会，按照张其昀、彭国栋事先拟定的目录，委员们根据各自学术优势自认修订任务。任务明确后，各人即开始紧张的修订工作。

修史，决心好下，而真正做起来则十分辛苦。据彭国栋记载："清史编纂委员会以不足一年之时间，出书八巨册，都约一千万言。姑无论是正遗碍、补充资料，及圈点校雠之艰苦，亦非身临其境者不能知。我亲见校勘诸君穷日竟夜，至双目红肿，其劳诚可念也！"②

---

① 冯明珠:《从〈清史〉到〈清史稿校注〉》，载《清史论集》（下），北京:人民出版社，2006年，第1106—1107页。

② 彭国栋:《清史纂修纪实》，载许师慎《有关〈清史稿〉编印经过及各方意见汇编》（上册），第311页。

台湾版《清史》编纂人员分工及撰述表

序号	姓名	编修内容
1	彭国栋	修订本纪25卷,校阅列传315卷,补撰《谷应泰传》《翁方纲传》《朱筠传》《王国维传》,增订吴三桂、吕留良、朱一贵、刘坤一、康有为、郑克爽妻陈氏等传,撰《南明纪》5卷。
2	汪经昌	修订《乐志》《礼志》《舆服志》《选举志》《职官志》
3	张兴唐	修订《地理志》之新疆、内外蒙古、青海、西藏及《土司传》《藩部传》,改撰《西藏传》
4	程发轫	修订《天文志》《时宪志》《地理志》《河渠志》
5	曾祥廷	修订《兵志》
6	刘象山	修订《食货志》《交通志》《刑法志》,修订列传四十九至八十七
7	方豪	修订《邦交志》《交聘年表》《属国传》
8	杨家骆	修订《大学士年表》《部院大臣年表》《疆臣年表》,改撰大学士年表序、疆臣年表序,补撰《方玄成传》
9	黎东方	修订列传一至四十八
10	梁嘉彬	修订列传八十八至一百零五,补撰《梁同新传》
11	俞大纲	修订列传一百零六至一百四十四
12	蒋复璁	修订列传一百四十五至一百七十九
13	熊公哲	修订列传一百八十至二百
14	李宗侗	修订列传二百四十至二百五十六
15	宋晞	撰《顾祖禹传》《梁份传》,补订《刘献廷传》
16	巴壶天	修订《文苑传》
17	成惕轩	修订《儒林传》
18	袁帅南	修订《遗逸传》《艺术传》《畴人传》,补撰《谭钟麟传》
19	张立斋	修订《循吏传》《忠义传》《孝义传》

续表

20	简又文	改撰《洪秀全载记》8 卷
21	罗刚	撰《革命党人列传》4 卷

后来又增聘人员撰述表

22	毛一波	改撰《郑成功载记》2 卷
23	盛成光	撰《沈光文传》
24	万骊	修订《灾异志》《列女传》《忠义传》,编辑《明遗臣列传》2 卷

由于张其昀忙于国防研究院及政府其他世务,实际负责人为彭国栋。编修期间,各委员每撰成一稿,首先交彭国栋审阅一遍,彭提出修改意见,撰述人再行修改,最后再由张其昀、彭国栋修改定稿。

按照张其昀原定计划,1961 年元月,编委会经过一个多月时间便整理完成第一册。1961 年 1 月 1 日,《清史》第一册完成,据台湾"中央"社报道:

> 国防研究院和中国文化研究所合编的《清史》第一册,定五十年元旦出版,纪念中华民国开国五十周年。这部《清史》一共八册,其余七册,将按月印行,预定民国五十年国庆节前出齐。这一巨著是以赵尔巽等所著的清史稿为蓝本,体例与内容都有增订。全部包括本纪二十五卷,志一百三十六卷,表五十三卷,列传三百十五卷,还有补编二十一卷——南明纪五卷、明遗臣列传二卷、郑成功载记二卷、洪秀全载记八卷、革命党人列传四卷,全部《清史》共五百五十卷,约一千万字。①

至 1961 年 10 月"双十节"前出版齐八册,定名为《清史》。由此可知,台湾版《清史》修订时间从 1960 年 12 月至 1961 年 9 月,实际撰写的时间仅仅

---

① 台湾中央社:《〈清史〉第一册今日出版,一共八册按月印行》,载台湾《联合报》第 3 版,1961-01-01。

10 个月左右。台湾版《清史》八册,每册内容如下表:

册数	内容
第一册	《清史稿》纂修之经过、太祖本纪 1 卷、太宗本纪 2 卷、世祖本纪 2 卷、圣祖本纪 3 卷、世宗本纪 1 卷、高宗本纪 6 卷、仁宗本纪 1 卷、宣宗本纪 3 卷、文宗本纪 1 卷、穆宗本纪 2 卷、德宗本纪 2 卷、宣统皇帝本纪 1 卷、天文志 15 卷、灾异志 5 卷、时宪志 9 卷。
第二册	地理志 28 卷、礼志 12 卷、乐志 8 卷、舆服志 4 卷、选举志 8 卷、职官志 8 卷、食货志 5 卷。
第三册	兵志 12 卷、刑法志 3 卷、艺文志 4 卷、交通志 4 卷、邦交志 8 卷、皇子世表 5 卷、公主表 1 卷、外戚表 1 卷、诸臣封爵世表 6 卷。
第四册	大学士年表 2 卷、军机大臣年表 2 卷、部院大臣年表 18 卷、疆臣年表 12 卷。
第五册	藩部世表 3 卷、交聘年表 2 卷、中国遣驻使 1 卷、后妃传 1 卷、诸王传 7 卷、臣工传 80 卷。
第六册	臣工传 141 卷。
第七册	臣工传 23 卷、循吏传 4 卷、儒林传 4 卷、文苑传 3 卷、忠义传 10 卷、孝义传 3 卷、遗逸传 2 卷、艺术传 4 卷、畴人传 2 卷、列女传 4 卷、土司传 6 卷、藩部传 8 卷、属国传 4 卷。
第八册	南明纪一:安宗皇帝本纪,南明纪二:绍宗皇帝本纪,南明纪三:永历皇帝本纪,南明纪四:鲁监国载记,南明纪五:唐王载记,明遗臣列传 2 卷,郑成功载记 2 卷,洪秀全载记 8 卷,革命党人列传 4 卷。

第三节　台湾版《清史》与《清史稿》之主要区别

台湾版《清史》主要是在《清史稿》的基础上略微加工、修改完成的,诚如阚红柳所言:"十分之八延用《清史稿》,计五百五十卷,约一千万字。其中本纪二十五卷、志一百三十六卷、表五十二卷、列传三百十五卷,另有补编二十一卷,其中南明纪五卷、明遗臣列传二卷、郑成功载记二卷、洪秀全载记八卷、革命党人列传四卷。"①

一、总目录与卷数区别

《清史稿》总目录,单独分册,比较明了;台湾版《清史》没有总目录,分8册,每册有一目录。就卷数而言,《清史稿》共529卷(中华书局1977年48册本),台湾版《清史》共550卷,多出21卷,如下表:

台湾版《清史》与《清史稿》卷数区别表

总目	《清史稿》	台湾版《清史》
本纪	25 卷	25 卷
志	135 卷	136 卷(多出 1 卷)
表	53 卷	53 卷
传	316 卷	315 卷(少出 1 卷)
		补:《南明纪》5 卷、《明遗臣列传》2 卷、《郑成功载记》2 卷、《洪秀全载记》8 卷、《革命党人列传》4 卷。

---

① 阚红柳:《编修〈清史〉与国史馆"定本清史"评析》,载《江淮学刊》,2008 年第 1 期,第 143 页。

从上表可知,在纪、志、表、传四大方面,《清史稿》与台湾版《清史》在卷数上总体上是相同的,台湾版《清史》多出之21卷,主要在最后面的"增补"部分。

二、本纪主要区别

相对于列传部分,本纪的修改内容最少,见下表:

12朝本纪	台湾版《清史》主要修改处
太祖本纪	在天命三年二月,增加"壬辰,上伐明,以七大恨告天"。
太宗本纪	把卷末"论赞"中的后半部分删掉。删除内容:"明政不纲,盗贼凭陵,帝固知明之可取,然不欲亟战以剿民命,七致书于明之将帅,屈意请和。明人不量强弱,自亡其国,无足论者。然帝交邻之道,实与汤事葛、文王事昆夷无以异。呜呼,圣矣哉!"
世祖本纪	1. 凡涉及明军进攻后金之"寇""犯",改为"攻"字。 2. 凡金兵"诛"明军者,改为"杀"字。 3. 南明皇帝皆由"王"改为"帝",如"福王朱由崧"改为"弘光帝"。 4. 在清军"克扬州"后,增加"屠之"二字。 5. 凡称郑成功为"贼""寇"者,改为"郑成功"。
圣祖本纪	1. 在顺治十八年正月顺治帝死、康熙帝继位事叙述中,增加数字,使内容更翔实。 2. 凡称台湾"郑经"为"寇""贼"者,皆改为"郑经"。
世宗本纪	卷末"论赞"中的"论者比于汉之文景,独孔怀之谊,疑有未笃,然淮南暴亢、有自取之咎,不尽出于文帝之寡恩也"改为"比于汉之文景,独孔怀之谊,实有未笃,论者惜之"。
高宗本纪	没作修改。
仁宗本纪	没作修改。
宣宗本纪	没作修改。

续表

文宗本纪	1. 凡称洪秀全为"匪首"者,改为"首领"。 2. 凡称太平军为"贼"者,改为"洪军"。 3. 凡称太平军"作乱"者,改为"起事"。
穆宗本纪	凡称太平军为"粤匪"者,改为"洪军"。
德宗本纪	1. 改正一些时间错误。 2. 凡称革命党人为"贼""匪"者,改为"革命党人"。 3. 凡称捕杀革命党人为"诛"者,改为"杀"。
宣统皇帝本纪	1. 凡称革命党人为"贼""匪""变军"者,改为"革命党人"。 2. 凡称捕杀革命党人为"诛""伏诛"者,改为"杀""被杀"。 3. 增加"中华民国优待皇室七大条款"。 4. 修改卷末"论赞"中的"虞宾在位,文物犹新。是非论定,修史者每难之。然孔子作春秋,笔则笔,削则削。所见之世且详于所闻,一朝掌故,焉可从阙。尝亦为天下后世所共鉴欤?"改为"从此结束数千年之帝制,肇造亿万年之共和,合五族为一家、万姓为一人,大同盛世,其庶几乎"。

三、诸志主要区别

修史之难,莫过于志。《清史稿》诸志中学术错误最多,台湾版《清史》编修人理应对诸志用力最多,却采用"难中取易"办法,避重就轻,略作修改。如下表:

志	台湾版《清史》主要修改之处
天文志	1. 增加"道光甲辰年恒星黄道经纬表"。 2. 增补乾隆至宣统三年日食 107 次、月食 226 次记录。

灾异志	1. 凡载"一产三婴"者,全部删除。 2. 凡涉"怪诞不经"者,删除。但改动内容极少。
时宪志	卷末增加"宣统三年,资政院奏请改用阳历"原文。
地理志	改动较小。只在论述台湾、新疆、西藏、蒙古部分稍有增补。
礼志	没有修改。
乐志	没有修改。
舆服志	没有修改。
选举志	没有修改。
职官志	增补"太仆寺"文。
食货志	仅删除 4 个字,即序文中的"孳孳谋利"。
河渠志	没有修改。
兵志	凡文中称吴三桂为"吴逆"者,改为"吴三桂";凡文中称太平军为"贼""匪",改为"洪军"。
刑法志	没有修改。
艺文志	1. 改正书名错误。2. 一人两次出现者,删除。3. 增补钱大昕、王士祯两人遗漏著作。
交通志	仅修改 4 个字,即序文中"党人乘之"改为"民怨沸腾"。
邦交志	修改内容相对较多,前后有二百余处,如改"义律来天津要抚"为"义律来天津交涉",改"俄兴造悉毕尔铁路"为"俄兴造西伯利亚铁路",等等。

四、诸表主要区别

台湾版《清史》对《清史稿》10 表,没有作结构性调整,诸如"总理各国事务

衙门大臣"等重要表格均无增加,主要是修正原表错误近 3000 处。如下表:

诸表	台湾版《清史》主要修改内容
皇子世表	改动极少,仅纠正几个错别字。
公主表	改动较少,仅纠正几个人名错误。
外戚表	改动极少,仅纠正几个错别字。
诸臣封爵世表	改动较少,仅纠正几处时间错误。
大学士年表	1. 修改序文;2. 重新编排《大学士年表》;3. 纠正一些时间错误。
军机大臣年表	重新编排《军机大臣年表》,内容几乎没变。
部院大臣年表	1. 重新编排《部院大臣年表》;2. 改正错误二千余处;3. 增加宣统以后部院大臣新表。
疆臣年表	1. 重撰序文;2. 重新编排《疆臣年表》;3. 修改错误数百处;4. 增加宣统以后疆臣新表。
藩部世表	修正错误十多处。
交聘年表	改动极少,如称"和兰"改为"荷兰"。

五、列传主要区别

台湾版《清史》在列传部分修改地方较多,对整体结构进行适当调整,删除"一人两传",增补翁方纲、朱筠等人传记,修改人名、时间等错误,增加《南明纪》《革命党人列传》等,与《清史稿》主要区别见下表:

列传	台湾版《清史》主要修订之处
后妃传	1. 正名;2. 正岁;3. 正文;4. 正史。
诸王传	1. 正岁;2. 正义,如改"桂王由榔"为"永历帝";改"福王由菘"为"弘光帝"。3. 略有改动者:多尔衮。

臣工传	略有改动之臣工传:多尔衮、阿哈出、万传、额亦都、费英东、扬古、拜山、常书、布延、吉思哈、叶臣、珠玛喇、孔有德、吴三桂、耿仲明、图赖、準塔、努山、陈泰、洪承畴、张存仁、金之俊、沈文魁、马鸣佩、马国柱、丁文盛、李国英、库礼、吴景道、陈锦、席特库、果科、敦拜、巴山、喀喀木、梁化凤、刘芳、胡有陞、杨名高、陆振芬、方国栋、许定国、田雄、张天禄、孙可望、李霦、李之芳、赉塔、穆占、莽依图、席卜臣、哈占、瑚图、吴兴祚、施琅、万正色、魏裔介、王士祯、明珠、李率泰、郎廷佐、兰廷珍、岳钟琪、路振扬、汪由敦、刘墉、雅尔图、谭行义、任举、和坤、柴大纪、百龄、赛冲阿、慧伦、严如煜、帅承瀛、左辅、姚祖同、陈銮、杜受田、祁㝢藻、桂良、瑞林、李星沅、劳崇光、徐广缙、吉尔抗阿、罗遵殿、陆建瀛、祥厚、徐丰玉、李孟群、乌兰泰、邓绍良、周天受、胜保、曾国藩、骆秉章、胡林翼、江忠源、罗泽南、李续宾、李续宜、蒋益丰、李鸿章、左宗棠、曾国荃、李臣典、程学启、吴长庆、袁甲三、刘长佑、刘狱昭、岑毓英、席宝田、张祥河、徐继畬、张亮基、张凯嵩、刘蓉、王懿德、翁同书、严树森、蒋忠义、林文察、雷正绾、陶义林、郭松林、李元度、康国器、朱孙贻、赫德、沈桂芬、李鸿藻、孙毓汶、荣禄、王文韶、瞿鸿机、张之万、钱应溥、戴鸿慈、崇礼、福锟、潘祖荫、张英麟、孙家鼐、张百熙、何如璋、锡良、周馥、路元鼎、张曾敫、余虎恩、马如龙、杨玉科、李南华、牛师韩、曹德庆、方耀、冯子材、苏元春、王德榜、孙开华、欧阳利见、左宝贵、宋庆、依克唐阿、徐致靖、陈宝箴、杨锐、恩铭、端方、松涛、赵尔丰、陆钟琦、志锐、良弼、载穆、盛宣怀、瑞澂、陆润庠、世续、伊克坦、梁鼎芬、劳乃宣、沈曾植。 重撰之臣工传:林则徐。 增补之臣工传:朱一贵、林爽文、文廷式。 删除之臣工传:张煌言、张名振、王翊、郑成功、郑锦、郑塽、李定国、洪秀全。
循吏传	略有改动之循吏传:王肇谦。
儒林传	删除之儒林传:黄宗羲、王夫之、顾炎武。 略有改动之儒林传:王心敬、王茂竑、陈祖范、朱次琦、毛奇龄、马宗、郝懿行、俞越、王先谦、孔荫植。 增补之儒林传:姜炳璋。
文苑传	增补之文苑传:顾祖禹、谷应泰、方玄成(附弟享成、子登峄、孙世泽)。 删除之文苑传:邵远平之附传——谢启昆。 重撰之文苑传:翁方纲、朱筠、梁份、王国维。 略有改动之文苑传:刘献廷、赵执信、张澍、钱仪吉、李瑞清、林纾。

忠义传	1. 序文略有改动;2. 称洪秀全与革命党为"贼""匪"者,多改动。
孝义传	没有修改。
遗逸传	1. 序文略有改动。2. 黄宗羲、王夫之、顾炎武至于本卷之首。 增补之遗逸传:吕留良。 重撰之遗逸传:沈光文。 删除之遗逸传:顾柔谦附传——顾祖禹。 略有改动之遗逸传:理洪储、陶汝鼐。
艺术传	增补:梁同新、詹天佑。其他未改。
畴人传	略有改动之畴人传:王锡阐、梅文鼎、明安图、王元启。
列女传	增补郑克臧妻陈。其他未改。
土司传	没有改动。
藩部传	略有改动者:西藏。其他未改。
属国传	1. 凡称"臣仆"者,改为"臣藩"。 2. 朝鲜、琉球分开,各为 1 卷,略有修改。 3. 缅甸、暹罗、坎巨提,略有修改。
	增加《南明纪》5 卷、《明遗臣列传》2 卷、《郑成功载记》2 卷、《洪秀全载记》8 卷、《革命党人列传》4 卷。

台湾版《清史》第 8 册为本著最有价值部分,增加内容如下表:

目次	台湾版《清史》增加内容
南明纪	1. 宗室皇帝本纪。2. 绍宗皇帝本纪。3. 永历皇帝本纪。4. 鲁监国载记。5. 唐王载记。
明遗臣列传	增加应廷吉、张煌言、李定国等 36 人传记。
郑成功载记	内容比《清史稿·郑成功传》更为翔实。
洪秀全载记	内容比《清史稿·洪秀全传》更为翔实。

革命党人列传	增加 57 人传记,即陆皓东、程奎光、史坚如、山田良政、杨衡云、郑士良、毕永年、王汉、刘敬安、朱子龙、邹容、吴樾、陈天华、姚洪业、禹之谟、马福益、刘道一、魏宗铨、杨卓林、徐锡麟、陈伯平、马宗汉、秋瑾、秦历三、杨振鸿、熊成基、薛哲、范传中、倪映典、温才生、喻培伦、林文、宋玉琳、方声洞、林觉民、李文甫、赵声、杨笃生、林冠慈、陈敬岳、谢奉琦、佘英、廖宗纶、税钟麟、刘复基、彭楚藩、杨宏胜、焦达峰、陈作新、吴禄贞、吴阳谷、张榕、王金铭、施从云、白毓昆、杨禹昌、彭家珍。

第四节　台湾版《清史》主要编修人及其《清史》贡献

台湾版《清史》编修人主要以台湾国防研究院、国史馆、台湾大学、台湾师范大学以及台湾其他学术机构的知名学者为主,同时延聘香港、新加坡的个别著名教授,主要人员简述如下:

张其昀(1901—1985),字晓峰,浙江鄞县人。1923 年毕业于南京高等师范学校(南京大学前身),历任上海商务印书馆编辑、国立中央大学教授、国民参政会参政员、国立浙江大学文学院院长、中国国民党总裁办公室秘书组主任、中国国民党中央宣传部部长、中华民国教育部部长、中国国民党秘书长、国防研究院主任、总统府资政等职,创办中国文化大学。撰有《中国地理学研究》《中国区域志》《中华民国史纲》等著作,主编《国父全书》《抗日战史》《中华五千年史》巨著。于台湾版《清史》修纂,做许多基础性工作,并最后拟定《清史》纲目,总阅史稿,撰《清史》序言。①

---

① 值得一提的是:张其昀还是"中国与钓鱼岛"问题研究的早期学者。1947 年,他在《对日合约中之琉球问题》一文中指出:"关于琉球的处置,我们希望同盟国能支持中国对于收回失地的正当要求。"天津《大公报》,1947-09-05。

萧一山(1902—1978),原名桂森,字一山,号非宇,江苏铜山(今徐州市)人,与孟森并称为中国清史研究两大奠基人。幼承家学,随父萧文彬熟读四书五经及《资治通鉴》。1919年冬,于山东济宁省立第七中学毕业前夕,读稻叶君山《清朝全史》,深以为耻,"及民国三四年间,海上有译日人稻叶君山氏之《清朝全史》者,颇风行一时。余方读中学,以国人不自著书,而假手外人,真吾国学术界之耻也! 稍长,乃埋头致力,发奋著《清代通史》"①,时年17岁。次年,入山西大学预科,开始研究清史。1921年春,考入国立北京大学政治系,次年转入史学系,师从蒋百里、朱希祖、孟森等人。1922年,朱希祖、孟森倡导建立内阁大库档案整理会,组织力量对清代文献进行清理,萧氏参与斯役,得窥誊黄、敕谕、诰命、实录、会试、考卷、题本、库表等清代秘藏史料。1923年,撰成《清代通史》上卷,时年22岁,大三学生。《清代通史》出,学界为之惊奇,蒋百里言:"余尝以近人译《清朝全史》于日文为耻。而萧君一山近乃见示以《清代通史》稿。初观其目,而知其部署之法;继观其表,而知其钩提之勤;终乃读其内容,则知其搜讨博而不杂,断制简而不偏。盛矣! 绝后吾弗敢知,空前则可决也!"李大钊言:"萧子一山,以绩学之余,著《清代通史》一书……取材既极宏富,而于文明与政治诸象,统摄贯通,以为叙述,且合于社会诸象悉相结附,不能分离之史理……以此著为重作中国各史之先声也。"1924年,《清代通史》中卷完成,梁启超欣然为之序:"余穷一日夜力读卒业,作而叹曰:萧子之于史,非直识力精越,乃其技术,亦罕见也!……吾将于萧子焉有望也!"②

1925年,萧一山北大毕业,应聘清华大学教授,得梁启超亲炙。1929年,创办北平文史政治学院,任院长。1931年,应南京中央大学之聘,为清史教授;次年,教育部派赴欧美考察,留意搜集太平天国史料。1935年后,历任河南大学文学院院长、东北大学文学院院长、西北大学文学院院长。1944

① 萧一山:《非宇馆文存》(卷五),经世学社,1936年,第11—12页。
② 萧一山:《清代通史》蒋序、李序、梁序,台北:台湾商务印书馆,1963年。

年,著《清史大纲》(又名《清代史》)。抗战胜利后,任北平行辕秘书长,当选为国民政府第一届监察院监察委员。1948 年冬,北平和平解放前夕,携眷赴台。在台,先后任台湾近代史研究所专任研究员、台湾中央研究院院士、台湾中国史学会监事等职,自 1950 年始修订《清代通史》,至 1963 年,完成《清代通史》下卷。至此,上、中、下三卷本《清代通史》全部完成。除《清代通史》《清史大纲》外,萧氏著述尚有《太平天国丛书》《太平天国诏谕》《太平天国书翰》《中国近代秘密社会史料》《中国通史大纲》《非宇馆文存》《民族文化概论》《中国近代史》《曾国藩传》《洪秀全传》等。于台湾编修《清史》,补撰《姜炳璋传》。

彭国栋(1899—1990),字郁文,湖南茶陵人。国立山西大学毕业,历任国民党中央组织部训练科长、第九战区政治部代理主任、湖南省第五区行政督察专员兼保安司令、徐州绥靖公署政务处中将处长、山东省民政厅长等职;去台后,主要从事文化和教育事业,曾任香港珠海学院、中国文化大学教授;1959 年创办亚洲诗社,为社长,同时兼任国防研究院讲座。著有《艺文掌故丛谈》《清史艺文志》等学术著作。于台湾版《清史》,贡献最多,修订本纪25 卷,补撰翁方纲、谷应泰、朱筠、王国维等传,增订吴三桂、吕留良、朱一贵、林爽文、刘坤一、康有为等传,增撰南明纪 5 卷。

李宗侗(1895—1974),字玄伯,河北高阳人。晚清名臣李鸿藻之孙、张之洞之外孙,毕业于巴黎大学。1924 年返国执教于北京大学,后任故宫博物院秘书长,参与故宫文物接受和清理。抗战时期,护送故宫文物南迁宁、沪和重庆。入台后,参与设立台湾故宫博物院,任台湾大学历史学教授。著有《中国古代社会新研》《中国史学史》《历史的剖面》等学术著作。于台湾版《清史》,修订列传卷二百四十至卷二百五十六。

方豪(1910—1980),字杰人,浙江杭县人。自幼学习天主教,1935 年晋升为神父。曾任浙江大学、复旦大学教授、系主任、院长。去台后,历任台湾大学历史系教授、台湾教育部学术审议委员会委员、台湾中国历史学会理事长、台湾政治大学文理学院院长、台湾中央研究院院士,一生致力中国历史和中西交通史研究,著述丰富,有《中外文化交通史论丛》《中国天主教史论丛》《中西交通史》《中国天主教史人物传》等行于世。于台湾版《清史》,修订邦交志、交聘年表等。

俞大纲(1908—1977),浙江绍兴人,台湾"国防部长"俞大维之弟、台湾大学校长傅斯年之内弟。早年毕业于上海东华大学,后入燕京大学历史系,师从徐志摩,专精于中国古代文学艺术与戏曲文学的研究。1949年赴台湾,任教于台湾大学中文系,后任中国文化大学中国戏剧学系首任系主任,主持中国文化学院艺术研究所中国戏剧组。一生致力于国剧教学和改编工作,"在文学、历史、戏剧、民俗等领域均有研究,对中国戏剧用力尤深。不仅从事学术研究,而且进行戏曲(京剧)创作"①。作品有《王魁负桂英》《新绣襦记》《杨八妹》《百花公主》等,著《戏剧纵横谈》,为台湾著名戏剧家,台湾著名戏剧演员林怀民、郭小庄等皆为其高足。于台湾版《清史》,修订雍正、乾隆朝列传。

熊公哲(1895—1990),字翰叔,江西奉新县人。1919年就读于北京大学,当时,欧风东渐,国论一新,公哲反其道而行之,唯与国学派刘申叔、张尔田诸先生相互切磋学问,穷研经史百家之学;又私从古文大家林纾及《清史稿》主要纂修人马其昶、姚永朴、姚永概。1921年北京大学毕业后,先后执教于华北大学、中国大学、江西心远大学。在南昌,与余仲詹、汪辟疆、王晓湘合称"江右四子"。去台后,又先后为中央大学、台湾师范大学、台湾政治大学教授。一生致力于传统儒学及诸子百家研究,自称"孔门扫地童"②。撰有《荀卿学案》《王安石政略》《孔学发微》《果庭读书录》及《果庭文录》等著作,于台湾版《清史》,主要修订嘉庆、道光、咸丰三朝列传。

杨家骆(1912—1991),江苏南京人。毕业于东南大学高中部,1928年入教育部图书馆。1930年,创办中国辞典馆和中国学术百科全书编辑馆,任馆

---

① 李伟:《中体西用:论郭小庄"雅音小集"的京剧》,载中央戏剧学院学报《戏剧》,2011年第3期。
② 高大鹏:《西楼望月几回圆——纪念恩师熊公哲》,台湾《联合报》,联合副刊,1993-09-30。

长。1948 年去台湾,先后任职于世界书局和鼎文书局,主编出版有《四库大辞典》《世界学典》《古今图书集成学典》《四库全书学典》《续四库全书学典》《清代著述学典》《民国著述学典》等大型工具书。于台湾版《清史》,修订大学士年表、部院大臣年表、疆臣年表,改撰大学士年表序、疆臣年表序,补撰方玄成传。

蒋复璁(1989—1990),字慰堂,浙江海宁人。早年留学德国,历任清华大学讲师、国立北平图书馆编纂、国立北京大学讲师、国立中央图书馆馆长、国立中央大学教授、故宫博物院首任院长等职。入台后,著有《珍帚斋文集》。于台湾版《清史》,修订列传卷一百四十五至卷一百七十九。

张立斋(1899—1978),号半陶老人,北平(今北京)人。早年毕业于北京大学中文系,曾师从金梁、罗振玉,"研究训诂考据、殷墟甲骨、书法"[1]。参与罗振玉内阁大库档案史料的收集与整理。[2] 北大毕业后曾任中国大学中文系教授。二战后,在北平创立"故都文物研究会"。1949 年,北平解放之际,经青海、西藏、印度、香港,入台湾,先后任东吴大学、中国政治大学和中国文化大学教授。1978 年移居美国,当年九月因车祸死于旧金山。一生著述,《文心雕龙考异》《文心雕龙注订》最为重名。于台湾版《清史》,修订《循吏传》《忠义传》《孝义传》数万字。

梁嘉彬(1910—1995),广东番禺人,著名史学家梁方仲之弟。1928 年,由南开中学考入清华大学史学系;1934 年赴日留学,1935 年考入东京帝国大学(今东京大学)大学院(研究生院),后获得东京大学文学博士学位。1945 年赴台,先后任教台湾大学、东海大学、政治大学外交研究所、辅仁大学、中国文化学院史学研究所。一生致力于中外交通史研究,尤以《广东十

---

① 苏正隆:《文心雕龙考注订序》,载张立斋:《文心雕龙注订》,北京:国家图书馆出版社,2010 年,第 23 页。
② 1910 年,张之洞奉旨销毁内阁大库档案旧档(包括许多表章、诏令、敕书、御笔、圣训等珍贵史料),经罗振玉奔走,得以保存;后来北洋政府欲私售内阁大库档案八千袋十五万斤,罗振玉、金梁等以高价买回。张立斋均参与史料的收集与整理。

三行考》、《琉球及东南诸岛与中国》、《东北亚史》(日韩文)最为知名。"历史学者梁嘉彬从琉球与中、日之间的关系研究,驳斥日本学者混同琉球与台湾的说法。他掌握的最大证据,不仅是史地考证,而且运用航海学及风向、潮流提出新观点,连日本学者都不能不承认他的学术地位。"①于台湾版《清史》,主要修订乾隆朝列传,补《梁同新传》。

巴壶天(1904—1987),名东瀛,字壶天,号玄庐,安徽滁县人。少颖慧,读书有妙悟,文采斐然,博及群典。1923 年,被保举入安徽省立法政学堂。后历任安徽省府秘书、贵州省民政厅主任秘书、湖南省府秘书长等职。1949年入台,任"教育部"秘书、国立编译馆秘书、国立台湾师范大学国文系教授。1963 年,应新加坡义安学院之聘,出任该院中文系教授兼主任。此外,又曾执教于台湾大学、东海大学等校。晚年潜心于诗及禅,先后参究禅籍不下三千卷,探骊得珠,别具慧眼。所撰禅学论文多篇,皆采撷第一手资料,融铸创见,独步一时禅宗学者。晚年会通诗、禅,颇为台湾学术界所瞩目。所撰禅学论文多见载于《艺海微澜》(又名《诗与禅》)及《禅骨诗心集》二书。于台湾版《清史》,主要修订《文苑传》。

成惕轩(1911—1989),字康庐,号楚望,湖北省阳新龙港镇人。1939 年在重庆考取高等文官学校。能诗,尤善作骈体文,先后被提升为军事委员会委员长侍从室和国防最高委员会秘书,文才为陈布雷所器重。1946 年春,蒋介石由重庆返都之《还都颂》,"洋洋洒洒数千言,骈四俪六,典丽铿锵,这篇有魏晋六朝文风的骈文,即出自惕轩手笔"②。入台后,先后担任私立正阳法学院、文化学院、台湾师范大学、中央大学、政治大学等校教授,同时,"连任考试委员六届凡二十四年,任典试委员长三十余次,兼执教上庠四十年,抡才教士,孜孜不倦"③。著有《楚望楼诗》《联语》《汲古新议续集》等,于台湾版《清史》,主要修订《儒林传》。

---

① 涛风:《观念坐标,学术讲求证据》,载台湾《民生报》07 版/文化新闻版,1983-03-30。
② 金绍先:《台湾骈文学者成惕轩》,载《文史杂志》,1989 年第 1 期。
③ 张佛千:《一灯小记——悼成惕轩先生》,载台湾《联合报》联合副刊,1989-07-24。

程发轫(1894—1975年),字旨云,湖北大冶人。1912年考入上海东华大学,后历任湖北省教育厅第一科科长、湖北省立武昌女子师范学校校长、湖北省立教育学院教授、汉口市政府秘书长、汉口市立图书馆馆长、汉口市财政局长、湖北师范学院教授。1949年赴台湾,任教于台湾省立师范学院,兼任总务主任。精通地理历法,著有《中国正统学术思想》《成吉思汗生卒年月考》《春秋左氏传地名图考》《中俄国界图考》《国学概论》等书,为人"眷眷好善,谦谦自牧,始终如一,历久弗渝,实非常人所能及"①。于台湾版《清史》,修订天文、时宪、地理、河渠四志。

汪经昌(1913—1985),字守言,号薇史,湖北省武昌人。上海光华大学政治系毕业。幼时曾跟随吴瞿安(梅)先生学习,深得吴氏曲学真传,尤擅长律谱之学。1958年任台湾师大国文系教授,讲授曲学课程,兼任东吴大学、中国文化大学教授,同时一直担任台湾侨务委员会委员。1966年任教新加坡义安书院,旋转任香港新亚书院教授。不但会吹笛,会清唱,也会制谱,会填词,更精通曲学理论,著有《曲学例释》《南北曲小令谱》《中原音韵讲疏》等书。于台湾版《清史》,修订《礼志》《乐志》《舆服志》等。

简又文(1896—1978),字永真,广东新会人。1919年毕业于美国芝加哥大学,1924年受聘为燕京大学副教授。曾任冯玉祥军第二集团军政治部主任、铁道部参事、立法委员。1936年创办文史刊物《逸经》,1944年撰写并出版《太平军广西首义史》,1949年定居香港,受聘为香港大学东方文化研究院研究员,为著名的"太平天国运动史"研究专家,曾出版《太平天国全史》和《太平天国典制通考》。于台湾版《清史》,撰《洪秀全载记》8卷。

罗刚(1901—1977),字包柔,安徽合肥人。毕业于金陵大学、中央大学,历任国民党芜湖市党部组织部长、国民党中央宣传部设计委员、中央政治学校教授、国民党中央宣传部处长。1949年去台后,又任法商学院、台湾大学、台湾师大、东吴大学教授等职,曾撰有《中华民国国父实录》《国父年谱纠

---

① 成惕轩:《学林二三事》,载台湾《联合报》第8版,1985-04-17。

谬》《国父思想之研究》等著。于台湾版《清史》，撰《革命党人列传》4卷。

毛一波（1901—1996），字颖若，四川自贡人。毕业于上海大学社会学系，后留学日本，曾任《巴蜀日报》《华西日报》主笔。1946年入台后，任《和平日报》总编辑、台湾省文献委员会编纂兼编纂组长、《台湾通志》主编等职，著有文学著作《樱花时节》和史学著作《南明史谈》《台湾史谈》《清史补编》《郑成功研究》等。于台湾版《清史》，撰《郑成功载记》2卷。

黎东方（1907—1998），江苏东台人。早年于清华园攻读史学，为梁启超弟子。后留学法国，获巴黎大学文学博士。1931年回国后，于北京大学、清华大学主讲历史、哲学。1954年与林语堂在新加坡共创南洋大学，著有《细说明朝》《细说清朝》《细说民国》等。1959年受张其昀之约，入台参与编修《清史》，修订臣工列传卷一至卷四十八。

万骊（1906—1973），字痴山，湖南衡阳人。曾任衡阳含章女中校长，先后主办《衡岳日报》《通俗报》《国民日报》，创办《湘南报》。历任湖南省临时参议会参议员、国民党湖南省党部执行委员、省参议员。1949年去台后，任职国立编译馆编译，著有《中国文化概论》《万痴山诗稿》等。于台湾版《清史》，修订灾异志5卷、忠义传4卷、列女传4卷。

宋晞（1920—2007），浙江丽水县人。1947年毕业于浙江大学史地研究所，留校任史学助教。1949年，应原浙江大学文学院院长张其昀之邀赴台湾，任职于革命实践研究院、国防研究院，并曾赴美担任中华民国"教育部"文化参事。1958年，协助张其昀在台北市阳明山华岗创办中国文化学院（后改为中国文化大学），先后担任史学系教授、系主任兼博士班导师、所长、第四任校长以及文学院院长等职，主要从事宋史研究，旁及史学史、方志学，《宋史研究论丛》《中国现代史论丛》为其代表作。于台湾版《清史》，撰顾祖禹、梁份、刘献廷等传。

第五节　台湾版《清史》立法院质询案始末

台湾版《清史》立法院质询案是 1962 年 3 月至 1963 年 8 月轰动台岛的一大学案。台湾立法委员刘振东向"清史编纂委员会"连续三次质询,对台湾版《清史》进行猛烈批评。由于当时台岛错综复杂的政治关系,这起质询案也由最初的学术之争最终走向政治之争。

一、立法院第一次质询案

台湾版《清史》出版之际,国际上,美越战争、中苏交恶、中印边界争端不断;中国大陆正经历三年自然灾害后的"调整、巩固、充实、提高"经济恢复时期,大陆学者根本无暇关注台湾版《清史》。香港、新加坡等中国史学同仁及有关媒体对台湾版《清史》时有评论,但在台岛内,因涉及蒋介石及国防研究院,大多数人则不置可否,只有"中央"研究院院长胡适于 1961 年底给编委会主任张其昀写过一封私人信函,函中除称赞《清史》外,还委婉地指出"《清史》有失校之处"①。1962 年 4 月,美国亚洲学会在波士顿召开年会,哈佛大学史学教授洪业、爱荷华大学史学教授张馨保、圣约翰大学史学教授薛光前等人,对台湾版《清史》赞扬有加,认为:"所编之清史,较前进步之处,不一而足;所编索引,尤为中国撰史者开一新纪元。"②

当时,台岛内也是政治斗争不断,尤其是蒋介石与陈果夫兄弟 CC 派(国民党中央部,又称"组织派")之间的斗争愈演愈烈。蒋介石及其亲信陈诚占

① 胡适:《就清史与张君商榷》,(台湾)《中国一周》,1962-03-05。
② 许师慎:《有关〈清史稿〉编印经过及各方意见汇编》(上册),1979 年,第 430 页。

有行政院,CC 派则把持立法院,成为当时台湾最大的反对派。蒋介石为了统一政令,先是开除了 CC 派主要头目齐世英的党籍,继之逮捕 CC 派另一重要成员雷震,又迫使立法院院长张道藩辞职,最后把蒋经国的亲信黄国书和倪文亚分别任命为"立法院"的正、副院长,CC 派随之分崩离析。CC 派原成员刘振东、潘廉方、刘锡五、蒋公亮等一批"立法委员",既不满蒋氏父子的排除异己行为,但又无可奈何,只好另组"中社",以"立法委员""民意代表"的身份继续充当"反对派"。

1962 年 3 月 13 日,台湾立法院召开第二十九次会议。会上,立法委员刘振东对《清史》首次提出"质询案",对新版《清史》提出尖锐批评,并详细胪列"《清史》是否即正史问题、《清史》已否有人批评之问题、赵尔巽与《清史稿》问题、《清史稿》自始即以干支纪年问题、《清史》对于国父称名问题、《清史》本纪是否歪曲事实问题、《清史稿》交通食货各志问题、《清史》刑法志问题、《清史》邦交志问题、《清史》后妃传序问题"等 10 大问题,认为该著存在"体制不对、立场不对、态度不对、见解不对、错误甚多"诸多问题,必须从速修正。时隔三天,另一立法委员李郁廷也在会议上提出《对清史之质询文》,他以家乡历史人物《清史·忠义传·王文域》记载史实谬误为例,认为《清史》有"捏造事实,为恶人掩饰"等罪状。

按台湾行政制度,立法院向行政院所提质询案,行政院必须对立法院给予答复。1962 年 6 月 16 日,国防研究院清史编纂委员会针对刘振东的质询,以书面形式向立法院逐条进行答辩和解释,最后言:

> 《清史》为纪念民国开国五十年,刻期出版,其中缺漏,自所不免。其不欲大事更张,以续历代正史一贯之体例,已见于序言中。以理想之新清史,期待于来者,亦既于序言中明言之。在政府未明令公布以前,尽有时间可归纳各方意见,从容修订。然究以何者为最完善,则自古正史,亦难有一定之标准。马、班不雷同,陈、范不相袭,不必彼之是而此之非也。以《史记》之完美,而刘知几犹讥其

"为体之失"，王安石亦谓其"进退失据"，况以后之史笔乎！①

总体来说，编委会的答辩词还是比较谦恭的。

二、立法院第二次、第三次质询案

与编纂委员会立法院答辩的同时，张其昀又亲自致函刘振东，说明美国学者对新编《清史》多有肯定，并特意交代：

> 以国库支绌，并未请求政府有分文之补助，仅以售价所得，补偿编印成本，此系朋辈皆知。惟中华民国五十年之庆典，故在编校期限上，不能不告一段落。同人等宵旰载笔，几无片刻之暇，疏误之处，其何能免？甚望大雅宏达，多予训诲，当在再版时，采纳众见，加以审核，切实订正，俾成完帙。②

但是，刘振东在接到编纂委员会的书面答辩词后，认为"其所陈各点，完全不能满意"。遂于当年的 10 月 9 日在立法院第三十次会议上正式提出《关于〈清史〉第二次质询案》（又称《重修清史方案》）。质询案引经据典，洋洋洒洒 4 万余言，共分"再质询之基本立场、《清史》是否是正史问题、《清史》出版后有无人批评问题、赵尔巽与《清史稿》之关系、《清史》前期用干支纪年问题、《清史》对国父称名问题、《清史》是否歪曲事实问题、应受谴责的重大过失问题、《清史》诸志多不够水准应再补充修正、史学上的原则与修史者应守的信条、柯劭忞与《新元氏》、结论"共 12 个部分，认为《清史》完全有悖于修史之"大经大法"，编委会在"公然说谎"，不但要求政府对《清史》立即予以修正，而且要求政府在修订之前明令禁止《清史》再版发行。尤其在论述"柯劭忞与《新元氏》"一节，把《新元史》和《清史稿》的主要贡献人、清

---

① 清史编纂委员会：《答复立委刘振东先生质询案》，载台湾《中国一周》，第 630 期，1962-05-21。
② 张其昀：《答刘振东先生论〈清史〉书》，载《张其昀文集》，台北：国史馆出版，1988 年，第 11597 页。

末民初著名史学家柯劭忞说成是"一个虚伪而不可信的人、一个无耻的人、一个无聊的人、民族败类",实际上在拿柯劭忞来影射当时的《清史》编修者,刘振东在文末云:

> 满清三百年历史,为中华民族五千年历史中承上启下之大关键,其重要又过于前代,因而修史工作亦更须慎重将事,不可掉以轻心,草率了事。历代正史虽有私家著述与政府官修之不同,然修史之"大经大法",则古今一揆,不容违悖。今《清史》违悖历代信守之大经大法,不成体制,故必须重修。①

刘振东过分激烈的批评言辞引起清史编纂委员会的强烈不满。在行政院副院长王云五的一再催促下,1963 年初编委会只好对刘振东作第二次答复。在答复文中,对刘振东的"十二条"责难逐条反驳,认为刘振东是"读书太少,少见多怪";对于刘氏所说的"《元史》前期用金正朔纪年问题",认为刘氏也是在"公然说谎",最后明确表示:

> 本会答复质询,以此次为止,过此恕难奉答! 一朝史事,经纬万端,见仁见智,各有不同。此询彼答,徒滋纷扰,且恐流于意气,非国家之福。②

编委会的二次答辩,显然引起刘振东的更大不满。1963 年 8 月 3 日,在立法院第三十一次会议上,刘振东又提出了第三次《清史》质询文,认为:

> 国防研究院是国家高级学术机关,竟然会写成这篇没头没脑毫无内容的骂街文字,来答复立法委员对《清史》的质询,这是中国学术界一大憾事! 行政院又竟会将这样的骂街文字转送立法院来答复立法委员的质询,这又是中国宪政史上一个恶例,必须加以纠

---

① 刘振东:《〈清史〉问题再咨询》,载许师慎:《有关〈清史稿〉编印经过及各方意见汇编》(上册),第 490—491 页。
② 许师慎:《有关〈清史稿〉编印经过及各方意见汇编》(上册),第 503 页。

正。站在修史的立场具有这种浮薄骂街习性的人,绝不足以肩负国家修史之大任;站在宪政体制的立场,这种恶例,若不加以纠正,恐为将来更多不良事件之作俑,而破坏建国根本之宪政体制!……我可以说我那长达四万字的《重修〈清史〉方案》,古今中外,繁征博引,从《左传》、《史记》引证到《明史》、《清史》,从中国史学引证到外国史学引证,张其昀先生说我不知“二十五史”为何人所著,这是毫无根据的话。我敢说,未曾读过二十五史的人,写不出我这篇质询;对于中国历代财政经济制度未有长时期研究的人,写不出这样文章;对于西洋史学未有研究的人,也写不出这样的文章,我这篇文章却是上下古今,贯通经史,大气磅礴,一气呵成。……张(其昀)先生何以并此不知,而至于说出这样外行话,我不想辩了!至于引用《元史》列传几条,说江淮之间有匪,便说这是《元史》称明太祖为匪,因而证明《清史》应该呼国父为匪,呼革命义师为匪,这种荒谬无理性的说法,简直是有类疯狂!这不但不是讲学的态度,而且是丧失理性,诬毁国体的犯法行为,我不但要向行政院提出质询,并且要向全国学术界提出控诉,以国家机关用国家公款竟会修出这样的国史,司法官应该检举,监察院应该纠弹!

最后,刘振东把批判的矛头由编委会直接转向行政院,认为:

> 近年国家政治风气,日趋因循,立法院每有质询,行政院转交各主管机关拟复,各机关拟复之时,往往站在其本位立场,掩饰事实真相,行政院收到之后,时常不加检核,径直转送立法院,以致造成虚文应付之现象,立法委员质询之所以不能生效,国家政风之所以日趋疲敝,此实一大原因。①

台湾版《清史》立法院质询案由最初的学术之争最终走向了政治之争。

---

① 许师慎:《有关〈清史稿〉编印经过及各方意见汇编》(上册),第505—507页。

由于编委会事先已声明"本会答复质询,以此次为止,过此恕难奉答",编委会对刘振东第三次质询未作答复。最后,行政院由副院长王云五代表官方出面作一了断,通过口头答复云:

> 至于这部《清史》,是否算是官修的正史?我要说明:这不是官修的正史! ……它仅是一种史料而已。①

三、立法院质询案对台湾版《清史》的影响

客观地讲,台湾版《清史》立法院质询案发生的原因,一方面,也是最主要的原因是《清史》质量确实存在诸多问题。台湾版《清史》编修,时间不及一年,当时台湾著名史学家大多没有参与此次活动,胡适借口身兼中央研究院院长世务繁多分身无术而不愿参与其间;台湾最著名清史专家萧一山明知一年编修《清史》不会有好结果,故仅仅撰写了一篇不足 600 字的《姜炳璋传》,就借口讲学匆忙跑到美国去了;著名史学家钱穆却躲在香港,直到《清史》质询案风平浪静才回台湾……另一方面,政治斗争介入了学术之争。台湾一些政客从维护"正统"出发,总希图抢在大陆纂修《清史》前完成《清史》正史,完全不顾史料缺乏、经费短缺、清史专家较少等客观因素,急匆匆做出来一个错误百出的《清史》;此外,台湾清史编委会主任张其昀是蒋介石的老乡,一直得到蒋介石的重用(张曾任中国国民党总裁办公室秘书组主任、国民党中央宣传部部长等职);刘振东则原属 CC 派重要成员,他对《清史》的激烈批判多多少少带有政治斗争的恩怨,尤其是第二次质询案与第三次质询案,双方辩论,言辞刻薄,不时互相谩骂,并由学术之争逐渐走向政治斗争,实在是台湾学术界的大不幸!

---

① 许师慎:《有关〈清史稿〉编印经过及各方意见汇编》(上册),第 510 页。

第六节 台湾修订《清史》之最后努力

台湾版《清史》尽管修改《清史稿》错误数千处,新增了《南明纪》《明遗臣列传》和《革命党人列传》等,整体上优于《清史稿》。但是,由于史料不足、时间仓促等诸多原因,台湾版《清史》仍存在体例不一、史事漏载、考证不详、史实舛错等诸多缺陷。台湾版《清史》完成后,纂修委员会绝大部分委员皆认为存在问题太多,甚至编纂委员会主任张其昀亦认为:"完成理想中之新清史,则寄厚望于后来之作家。"[1]编纂委员会决定:暂不向政府提呈正史申请,待学术界争论、搜集各方意见后,再行修改,最后再向政府提呈"正史"申请。后因立法院质询案,导致重修《清史》虎头蛇尾、无疾而终。

一、台湾史学界与《清史稿校注》

台湾清史编纂委员会本来准备8册本《清史》出版后,再经过一阶段的学术争论,然后再行修订,最后提交政府成为"定本《清史》"即正史《清史》,结果,经立法院质询案的几番折腾,编委会再也没有勇气向台湾当局提请"正史"要求,编委会委员大都躲进张其昀创办的私立中国文化学院(今台湾中国文化大学)教学去了,修订《清史》一事即束之高阁、无人问津,台湾版《清史》只好又沦落为具有一定"史料价值"的另一部《清史稿》。

台湾清史研究较大学术成果,除台湾版《清史》外,最著名者为《清史稿校注》,其校注经过及主要内容如该著序言所言:

---

① 张其昀:《清史序言》,载台湾版《清史》,台北:国防研究院与中国文化研究所出版,1961年,第1页。

民国六十七年十月，前国史馆馆长黄季陆、故宫博物院院长蒋复璁及史学界钱穆，鉴于原清史馆所有部分档案、书稿，经故宫博物院云台典藏，主张采合作办法，由国史馆、故宫博物院共同订正《清史稿》，是即《清史稿校注》之始议也。旋双方协商，并签订《执行清史稿校注纂修计划合约》，正式工作，遂于焉展开。

清史稿校注初步工作由故宫博物院负责，自民国六十七年十月，迄七十三年十月，计用时六年。与其事者，有昌彼得、索予明、刘家驹、庄吉发、冯明珠等，采"不动原文，以稿校稿，以卷校卷"办法，凡歧误纰缪，或同音异译，皆逐条考订，并注明出处。所引史料，则除清史馆存档纪、志、表、传原稿外，有清国史馆历朝国史稿、传包，暨实录、会典、东华录、文献通考、耆献类征、清史列传、满汉名臣传、碑传集等。凡校订得四万余条。《清史稿校注》总集成工作由国史馆负责。组成工作小组由蒋君章、许师慎、朱沛莲、杨叔荪、胡健国、朱重圣等，试加新式标点，校阅校注条文，凡原书立论或史法失当处，又皆分别标注纠正。经再聘请蒋复璁、黎东方、杨家骆、黄彰健、宋晞、王家俭、吕实强、李守孔、刘凤翰、成惕轩、王恢、陈捷先等为审查委员，缜密复审，计新增校订得二万余条，务求赅实，方成定稿。①

由此可知，《清史稿校注》始于 1978 年，终于 1984 年，前后历经 6 年，共校订《清史稿》各种错误 60000 余条。1986 年 2 月由台湾国史馆出版第一册，至 1991 年 6 月全部出齐，共 16 册，约 1500 万字，字数是《清史稿》的二倍。该著学术价值极高，诚如台湾学者冯明珠先生所言："《清史稿校注》的出现，或可为传统纪传体纂修《清史》工作画下了句号。"②又如辽宁社会科

① 朱汇森：《清史稿编印、禁售及进行校注之经过》，载朱重圣：《清史稿校注》序，台湾：商务印书馆，1999 年。
② 冯明珠：《从〈清史稿〉到〈清史稿校注〉》，载《清史论集》（下），北京：人民出版社，2006 年，第1130 页。

学院张玉兴先生所言:"《校注》尽管有这样那样的缺憾和不足,但它毕竟为《清史稿》做了一次全面检查、全面清理,让人们认清了它的真面貌。可以说是七十多年来人们认识《清史稿》的集大成之作。其努力可贵,令人敬佩;其成就巨大,经验教训极其宝贵,足资人们参考鉴戒。"①

二、台湾史学界与"定本清史"

《校注》的完成,重修《清史》又被台湾史学界提上日程。钱穆、杨家骆等倡议:"《清史稿校注》虽成绩可观,于重要义例仍无法纠正,参照引用亦有不便,故不若再进一步,仿《明史稿》例,进行编修定本《清史》之工作。"②

在此基础上,台湾国史馆正式发布《编修"定本清史"工作纲要》,宣布自 1990 年至 1993 年修成"定本清史",并制订编修凡例:

一、凡《清史稿》"内前清而外民国"不公正客观之偏见,凡纪传赞论、志表序文等不运当之褒贬,均应慎重修改,必要时重行撰写。

二、凡《清史稿》义例不妥,用字遣辞不合史笔、史法及内容、卷目、卷次,或类传目次有待商榷之处,均应重行研拟,改正增删。

三、凡清廷之暴虐颟顸,清军之残杀腐败,清帝清后、王公大臣之乖方失德等,《清史稿》故为隐讳其事,或反而过分揄扬者,皆应据实直书,正其讹舛,辨明是非。

四、凡南明抗清及清末革命史实,《清史稿》隐讳不书,或书之不当等处,皆应改正或补纂。

五、凡《清史稿》对孙中山先生直呼其名,或改其名为"孙汶",对反清革命目为叛乱,对忠义之士称为"寇"、"贼"、"逆"、"匪"等

---

① 张玉兴:《评〈清史稿校注〉》,载《清史研究》,2003 年第 1 期。
② 钱穆等:《编修"定本清史"工作纲要》,载台湾《国史馆馆刊》(复刊第十期),1991 年,第 1 页。

处,皆应予以确当之改正。

六、凡《清史稿》有叙述不实,或重大事件记载故为简略者,得据事实改正或补纂。

七、凡《清史稿》有逾清史断限(宣统三年),叙民国元年以后史实及人物(包括革命党人)者,应改列为民国史之范畴,以符合"断代为史"之义。①

1993年,国史馆没有按预定时间编修出新《清史》。1997年,台湾国史馆副馆长朱重圣向外界宣布:

> 整修清史工作以电脑全程掌控,所有史稿经过两次以上勘正审查,经核定后定名为《新清史》,暂不出版,但以资讯网络方式提供各界参研,并征询意见,以俟将来能进一步整修。②

实际上,台湾《新清史》计划,仅仅完成了《本纪》及部分的《志》,并印制成书,保存馆中。目前,学界通过台湾《汉籍电子文献资料库》,所看到的《新清史·本纪资料库》即属《新清史》计划之主要成果。

时光荏苒,恍惚之间,数年已过,至2000年,台湾当局决定放弃《新清史》计划。一如台湾师范大学历史系学者叶高树所言:"迨2000年以后,政府对国史的内涵重新定位,将国史馆的工作重心转移至台湾史,新修《清史》的计划遂遭搁置。"③

---

① 《编修"定本清史"工作纲要》,载台湾《国史馆馆刊》(复刊第十期),1991年,第1页。
② 朱重圣:《民国以来国史馆之修史工作》,载台湾《国史馆馆刊》(复刊第二十三期),1997年,第11页。
③ 叶高树:《最近十年(1998—2008)台湾清史研究的动向》,载《台湾师大历史学报》,2008年第40期。

第四章　台湾版《清史》评论

台湾版《清史》纠正《清史稿》反民国、反革命等立场错误，完善《清史稿》诸多义例，修正《清史稿》诸多体例，纠正《清史稿》诸多史实，增补《清史稿》诸多内容，在史观与学术价值上，整体上优于《清史稿》。然而，由于因陋就简、史料不全、史才匮乏、仓促成书等诸多原因，依然存在史观之失、目录之失、体例之失以及史实舛错、相互矛盾、漏载重大史事、内容繁冗、论词不当、错字别字、脱字衍文、时间错误、断句错误、缺少图录等各种学术失误，其编修经验与教训很值得世人借鉴。述台湾版《清史》评论。

第一节　台湾版《清史》之学术价值

张其昀、彭国栋等台湾学者所编修之台湾版《清史》是继《清史稿》后我国第二部大型《清史》，尽管该著存在诸多学术错误，但重点修正了《清史稿》反民国、反革命等立场错误，纠正数千处史实错误，并增补《南明纪》《革命党人传》等内容，整体上优于《清史稿》，这是首先应予以肯定的。

一、纠正《清史稿》诸多史观错误

　　《清史稿》的纂修者如赵尔巽、柯劭忞、奭良等多为前清遗老,其修《清史》,态度上多抱"修故国之史以报故国",故在修史过程中,内清室而外民国,对清朝诸帝以清朝所谓忠义之士颂扬备至。同时,对南明政权、太平天国,尤其是对辛亥革命先烈极尽贬低、污蔑之能事,在用词上往往冠以"匪""盗""寇""乱党""暴民"等。台湾版《清史》则重点纠正了《清史稿》立场错误,如在《圣祖本纪一》中,把史稿中之"故明"全改为"明",把史稿中"故明臣张煌言"改为"明臣张煌言"①;把南明政权中之"福王""唐王""桂王"改为"弘光帝""隆武帝""永历帝"②,以示与清初政权相对等;《圣祖本纪二》中,把史稿称郑成功为"寇""贼"之处皆改为"郑成功",以彰显郑成功民族英雄之壮举;《宣宗本纪》《文宗本纪》《穆宗本纪》中,史稿称洪秀全、天平天国运动为"粤匪""匪首""作乱"者皆改为"洪军""首领""起事";在《邦交志》中,史稿称义和团为"拳匪"者直接改为"义和团",如"(光绪)二十六年,义和团事起"③。在《德宗本纪》中,史稿把革命党人称"匪"者改为"革命党人",如叙述"吴樾向五大臣投击炸弹"事件,《清史稿》云"匪徒猝击炸弹",《清史》改为"革命党人吴樾猝击炸弹"④,不但改为"革命党人",而且把舍生取义之革命烈士姓名吴樾彪炳青史;再如史稿中"变军犯金陵"改为"革命军攻金陵",等等。《清史》最后又单独立《革命党人列传》,记述卒于民国立国前死难革命党人 57 人,寓意自明。清朝灭亡之主要原因是其内部制度腐朽、吏治腐败,立《革命党人传》,则更能揭示清朝灭亡内因及过程。朝兴朝

---

①　台湾版《清史·圣祖本纪一》(第一册),台北:国防研究院与中国文化研究所出版,1961 年,第 67 页。
②　台湾版《清史·圣祖本纪一》(第一册),第 65 页。
③　台湾版《清史·邦交志一》(第三册),第 1877 页。
④　台湾版《清史·德宗本纪二》(第一册),第 363 页。

亡,历史演变更为清晰。

二、完善《清史稿》诸多义例

义例为修史大经大法。《清史稿》重大学术失误之一就是"义例"错误,台湾版《清史》则尽量予以纠正。

第一,摆正明朝与清朝之关系。《清史稿》颂清抑明,凡涉及明朝后期、后金前期事,多所隐晦;凡涉及晚明抗清事,则多所避讳。《清史》对之多有纠正,如在叙述努尔哈赤、皇太极时期史实即用明朝正朔,宣统逊位后则采用民国正朔。如《清史稿·后妃传》云:"岁己未,太祖生。"①台湾版《清史》即修改为"明世宗嘉靖三十八年己未,生努尔哈赤。"……《清史》增补《南明纪》《明遗臣列传》,意在褒扬晚明反清复明之忠贞义士。

第二,摆正清室与郑成功之关系。《清史稿》有《郑成功传》,与张煌言、李定国合为一卷,作为南明之史,显系单薄,且多有轻慢。郑成功前有反清复明之举,后有驱除外夷收复台湾之功,为民族英雄。《清史》单列《郑成功载记》,意在褒扬民族英雄之壮举。

第三,摆正清室与吴三桂、洪秀全之关系。《清史稿》把洪秀全与吴三桂并列一类,有失修史义例。吴三桂前反明后反清,反复无常,毫无节义,在史书中属于最受鄙夷之类;而洪秀全领导太平天国与清廷作决死斗,其性质则为民族革命,两者性质不一,《清史》把吴三桂与洪秀全析开,把《吴三桂传》移入康熙朝列传,单列《洪秀全载记》,意在褒扬太平天国民族革命之功。

第四,摆正清朝与民国政府之关系。《清史稿》内清室而外民国,凡涉及革命党早期活动、辛亥革命等多所诋毁;凡涉及清末民初人与事,则多所隐晦。《清史》肯定国民革命之成就,在纪志表传中,对诋毁革命先烈者尽量予以纠正,同时单列《革命党人列传》,意在褒扬革命先烈缔造共和之功。

---

① 赵尔巽:《清史稿·后妃传》,乌鲁木齐:新疆青少年出版社,1999 年,第 3138 页。

最后,摆正历史人物与历史功绩之关系。《清史稿》诸多卷末论赞不合史法,如《清史稿·宣统皇帝本纪》卷末结语为:"是非论定,修史者每难之。然孔子作《春秋》,笔则笔,削则削,所见之世,且详于闻。一朝掌故,焉可从阙,偿亦天下后世所共鉴欤!"台湾版《清史·宣统皇帝本纪》卷后论赞则改为:"从此结束数千年之帝制,肇造亿万年之共和,合五族为一家、万姓为一人,大同盛世,其庶几乎。"①两相对比,优劣自见矣!《清史稿·曾国藩传》有:"伪天王洪秀全,僭号踞金陵,伪忠王李秀成等犯苏沪",《清史》则改为"洪秀全建号太平天国,称天王,踞金陵;李秀成称忠王,犯苏沪"②。《清史》之表达更符合史实,内容更明确,史观亦更为鲜明。《清史稿·盛宣怀传》卷末论云:"辛亥革命,乱机久伏,特以铁路国有为发端耳,宣怀实创斯议,遂为首恶。"《清史·盛宣怀传》称赞盛宣怀"宣怀有智略,尤善治赈",卷末论赞则改为:"辛亥革命,大势所趋,特以铁路国有为发端之一耳,宣怀首创斯议,顾衡之国计,未可厚非。"③很明显,《清史稿》撰述人视盛宣怀为辛亥革命爆发之"首恶",失之偏颇,台湾版《清史》之评论则较客观公允。

三、修正《清史稿》诸多体例

吴三桂、耿仲明、尚可喜皆为顺治、康熙朝著名人物,而《清史稿》在列传布局上,把耿仲明、尚可喜与孔有德、祖大寿并列为康熙朝臣工传(卷 234),而把吴三桂置于整个臣工列传之末,甚至在《康有为传》之后(卷 474),与康熙朝臣工传相距 240 卷之遥。此种手法,显系受乾隆帝所提"贰臣传"之影响,极不合史法。台湾版《清史》则纠正这一错误,而是把吴三桂、耿仲明(附耿精忠)、尚可喜(附尚之信)三人单独为一卷(卷 235),全部放入康熙朝臣工列传中,既符合历史真实,又明确"三藩之乱"。两相对比,台湾版《清史》

---

① 台湾版《清史·宣统皇帝本纪》(第一册),第 386 页。
② 台湾版《清史·曾国藩传》(第六册),第 4716 页。
③ 台湾版《清史·盛宣怀传》(第七册),第 5080 页。

更合史法。

《清史稿》卷 473 把康有为、张勋合为一卷,殊为不妥。《清史》删除《张勋传》,把《康有为传》提升至卷 465 与杨深秀、林锐、刘光第、谭嗣同、林旭、康广仁并列,以示戊戌变法一节,极是。

台湾版《清史》还修正《清史稿》其他许多不合修史体例的地方,如《清史稿·惠伦传》有乌什哈达附传,系重复,《清史》予以删除。《清史稿》其他"一人两传"(如马三俊、安禄、周春、乐善、谢启昆、蓝鼎元、王照圆、胡承诺、阿什坦、陈撰),台湾版《清史》皆予删除。

《清史稿》把《洪秀全传》不是置于咸丰朝臣工列传,而是置于整个臣工列传之末,以示"叛臣"。而台湾版《清史》直接把《清史稿·洪秀全传》删掉,另立《洪秀全载记》,以示太平天国与清对立之政权,较合史法。

黄宗羲与王夫之、顾炎武为明末清初"三大思想家",一生不仕清朝,《清史稿》把黄宗羲置于《儒林传》,把王夫之、顾炎武置于《遗逸传》,显系牵强,而《清史》把黄宗羲移入《逸遗传》,与王夫之、顾炎武并列一处,更为合理。

至于台湾版《清史》所增补之《南明纪》《郑成功载记》《革命党人列传》以及上述之《洪秀全载记》,多合史法。

四、增补《清史稿》诸多内容

台湾版《清史》不但增补《南明纪》5 卷、《明遗臣列传》2 卷、《郑成功载记》2 卷、《洪秀全载记》8 卷、《革命党人列传》4 卷,而且在纪、志、表、传里均有增补的重要史实内容。

如本纪,在《太祖本纪》中,增加"以七大恨告天"文本:"我祖宗与南朝看边进贡,忠顺已久,忽将二祖无罪加诛,恨一! 我与北关,同是外番,事一处异,恨二! 汉人私出挖蔘,遵约伤毁,勒要十夷偿命,恨三! 北关与我,同是属夷,卫彼拒我,畸轻畸重,恨四! 北关已许字满洲之女,改嫁蒙古,恨五!

逼令退地,田禾丢弃,恨六!萧伯芝大作威福,百般欺辱,恨七!"①此为努尔哈赤攻打明朝之主要理由,理应入史;《太宗本纪二》中"克扬州"句下增"屠之"。尽管只增加2个字,却把清初清军"江浙暴行"载录于史。再如《宣统皇帝本纪》,宣统逊位,中华民国曾有七款优待条件,其内容实为重要文献,《清史稿》付之阙如,《清史》则增补之。

如志,在《天文志十一》中增"道光甲辰年恒星黄道经纬表",在《天文志十二》中增补从乾隆六十年(1795)至宣统三年(1911)日食107次、从顺治二年(1645)至宣统三年月食226次;在《时宪志一》中增补"宣统三年资政院奏请改用阳历原文",此为中国改用阳历之始,为重要文献,不可或缺;在《地理志二十五》中增补"宣统三年,哲布尊巴旦为俄人所煽,胁诸部王公扎萨克等叛,称尊号",此为外蒙古独立之始,不可不载;在《职官志二》中增补"太仆寺"全文,弥补缺漏。《邦交志一》述李鸿章与中俄密约事,增补"并贿李鸿章银五十万两"②,不为多余。《艺文志》增补钱大昕之《三史拾遗》、王士祯之《蜀道驿程记》《秦蜀驿程后记》《仇远金涧集》《释康庵》等,内容更为丰富。《邦交志二》增补"英领事巴里敦,以叶名琛派兵上亚罗号捕盗,而船在香港注册,要求释放被捕者及道歉,并请循江宁旧约入城,不许"③。此事为著名之"亚罗号事件",增补之文,确有必要。又记载八国联军侵华事由,《清史稿》为"须面见大皇帝,以昭诚信,又曰,远方慕义,欲观光上国久矣,请以军容入,王(怡亲王载垣)愤其语不逊,密商僧格林沁,擒送京师,兵端复作"。台湾版《清史》改为"须面见大皇帝,并须携卫队千人,且云中国前已允诺,不可失信,王愤其语不逊,密商僧格林沁,捕英人二十六、法人十三,监禁二十日,英人生还者半、法人仅五名"④。增补之后,内容更为翔实。

如表,台湾版《清史》新增《宣统官制新表》,以反映宣统时期内阁总理

① 台湾版《清史·太祖本纪》(第一册),第4页。
② 台湾版《清史·邦交志一·俄罗斯》(第三册),第1876页。
③ 台湾版《清史·邦交志二·英吉利》(第三册),第1883页。
④ 台湾版《清史·邦交志二·英吉利》(第三册),第1884页。

衙门等新旧官制之变化;再如《大学士年表》在一定程度上丰富了《清史稿·大学士年表》之内容,如在顺治十二年"额色黑"条下,《清史稿·大学士年表》无内容,而《清史》补充为"额色黑,二月加少保兼太子太保"。又《清史稿·大学士年表》顺治十四年、十六年"洪承畴"条下无内容,《清史》补充为"洪承畴,六月辛丑以疾解,十二月癸酉复命经略五省;九月召回京入阁办事,十月庚戌以疾解经略任"等。

如传,台湾版《清史》在列传部分增补内容主要集中于三方面:一是直接增加重要人物传记。《清史》增加耿精忠、朱一贵、林爽文、文廷式、姜炳璋、顾祖禹、谷应泰、方玄成(附弟享成、子登峄、孙世泽)、吕留良、方孝标、梁同新、詹天佑、应廷吉、陈散原、郑克爽妻陈氏、革命党人秋瑾等传57人,共计75人。此外,还增加朱由崧、朱聿键、朱以海、朱聿鐭、朱由榔等5位晚明人物本纪或载记,实为5位人物之"大传",总计增加人物传记约80人。二是通过重撰增加人物传记内容。台湾版《清史》重撰林则徐、翁方纲、朱筠、梁份、王国维、沈光文、张煌言、李定国8位人物传记,重撰《蜀国传》之《琉球传》,改郑成功、洪秀全为载记,共计10位人物传记和《琉球传》,重撰的人物传记内容,字数均在《清史稿》本传的一倍以上。《清史》第8册内容大多为新增部分,字数达63万字(《南明纪》17万字、《明遗臣列传》3.4万字、《郑成功载记》4.3万字、《洪秀全载记》20万字、《革命党人列传》18万字)。三是在《清史稿》人物传记基础上适当增加"重要内容"。如《诸王传》之"摄政王多尔衮致史可法书"后增补"大学士范文程笔也",可谓画龙点睛;在《孔有德传》后增补"孙延龄"附传(按:《孙延龄传》不为增补传记,《清史稿》给孙延龄单独立传,因孙氏为孔氏之女婿,故附于孙传之后);在《吴三桂传》中增加"申讨满清檄"原文;在《刘墉传》中增补其"漕政之弊"奏折;在《瞿鸿机传》中增补"清廷派人出洋考察宪政,庆王只为驱逐瞿,并非立宪诚意";在《何如璋传》中增加"光绪四年,日本将灭琉球,如璋以日本虚实函告李鸿章,请力争,弗恤"等,均属于重要史实。再如《陈宝箴传》后增补内容:"三立,字伯严,光绪十五年进士,授吏部主事,暨罢官,隐居南京,诗名满海内……

宝箴之倡行新法也,仁铸、三立实鼓吹之,世并称为贤公子。"陈散原为陈寅恪之父,为"清末四公子"之一,《清史》增补此节,实则为陈散原作一隐形小传。

五、纠正《清史稿》诸多史实错误

台湾版《清史》纠正《清史稿》史实错误达 6000 余处。

纪。在《清史稿》本纪中,时间错误尤多,以《光绪本纪》二十二年五月时间为例,时间错误多达 10 余处。《清史》则参照《清德宗实录》等文献尽量予以纠正,如改"丁酉"为"丙申"、改"辛丑"为"庚子"、改"癸卯"为"壬寅"、改"乙巳"为"甲辰"、改"壬子"为"辛亥"等;光绪二十八年九月,改"癸巳"为"癸亥"、改"丁酉"为"丁卯"、改"甲辰"为"甲戌"等。

志。在《清史稿》志中,如《艺文志》中《九州山水考》误为《九州山川考》、《周官解诂》误为《周礼解诂》等 100 余处错误,《清史》尽量予以纠正;在《邦交志一》中,《清史稿》有"俄国界近大西洋者,崇天主教",《清史》纠正为"俄国多崇希腊教,亦名东正教"①。俄罗斯边界不近大西洋,纠正为是;有"俄兴造悉毕尔铁路"修正为"俄兴造西伯利亚铁路",更合常识。在《邦交志二》中,《清史稿》有"冬十月,天培击败英人,义律遁"。《清史》改为"冬十月,天培轰击英人"②。修正之文,更符合史实。《清史稿·邦交志》中记述"八国联军侵华"事为"德与英、法、俄、美、荷兰、意、比、奥、瑞士十一国",《清史》纠正为"德与英、法、俄、美、日本、意、奥八国"。纠正之后,更为准确。

表。在皇子世表、大学士年表、部院大臣等各种表中,《清史》各表纠正《清史稿》各表错误 3000 余条。如《皇子世表》,改《清史稿》"奎朗义恩将军"为"奎朗奉恩将军"。因清朝就没有"义恩将军"这一爵位。如《外戚

---

① 台湾版《清史·邦交志一》(第三册),第 1865 页。
② 台湾版《清史·邦交志二》(第三册),第 1881 页。

表》，改《清史稿》"成宽，顺治十二卒"为"成宽，顺治十二年卒。"《清史稿》此句中明显脱一"年"字。如《大学士年表》，《清史》对《清史稿·大学士年表》部分谬误作了修正。如顺治十六年至十八年栏内，记有大学士雅泰，但据《国朝耆献类征初编》《八旗通志初集》以及《清史稿·本纪》等文献，"雅泰"实为"雅秦"，台湾版《清史》即予以纠正。据《清世祖实录》《顺治朝东华录》载，洪承畴加太保兼太子太师在顺治十年五月庚寅（二十五日），而《清史稿·大学士年表》则记为："五月乙酉（二十日）。"据《清世祖实录》《清史稿·世祖二》载，蒋赫德为内翰林国史院大学士在顺治十一年三月戊申（十八日），而《清史稿·大学士年表》则记为："三月庚寅"，查阅历法，是年三月无"庚寅"。诸多错误，台湾版《清史》尽量予以纠正。

列传。《清史稿》列传，错误多多，如《苏尔济传》之"苏尔济"误为"翁尔济"；《沈文奎传》之"宣大"误为"宣天"；《丁文盛传》之"夏逢龙"误为"夏蓬龙"；《巴山传》之"明潞安王朱谊石"误为"明潞安王谊石"；《许定国传》之"授一等精奇尼哈番"误为"授一等精奇番"；《莽依图传》之"康熙六十年春，三桂乱未平"误为"三桂乱未平，康熙六十年春"；《施琅传》之"诏擢琅同安总兵"误为"就擢琅同安总兵"；《哈占传》之"洞鄂"误为"董额"；《席卜臣传》之"寇广昌"误为"寇广西"；《王士祯传》之"乾隆三十九年"误为"二十九年"；《蓝廷珍传》之"（朱）一贵发难"误为"一夫发难"；《路振扬传》之"以财贿赇"误为"以财贿求"；《雅尔图传》之"西南伏牛"误为"西南伏生"；《谭行义传》之"有黄顺者匿湖南广东"误为"有黄顺者匿湖北广东"；《和珅传》之"王念孙首劾其不法状"误为"王念孙首劾其不法曰"；《陈銮传》之"以总督例优恤"误为"以尚书例优恤"；《祁寯藻传》之"黄爵滋"误为"黄树滋"；《李孟群传》之"攻武昌之策"误为"攻城昌之策"；《林文察传》之"福建彰化人"误为"福建台湾人"；《王文韶传》之"前除湖南巡抚"误为"前除"；《冯子材传》之"令筑长墙"误为"今筑长墙"；《依克唐阿传》之"败张洛行"误为"败张落刑"等错误，台湾版《清史》皆给予纠正。

第二节　台湾版《清史》之学术失误

台湾版《清史》尽管纠正了《清史稿》诸多史观错误和学术错误,但依然存在较多问题,荦荦大者,阐述于次:

一、史观之失

刘知几论"义例"云:"夫史之有例,犹国之有法。"①《清史稿》对"郑成功等明末清初反清志士""洪秀全等太平天国人物""孙中山等辛亥革命人物"极力贬低,实违修史义例。台湾版《清史》在"叙例"中明确说明:凡涉及郑成功、洪秀全、革命党人为"寇""贼""匪"处皆予以修正。尽管台湾版《清史》把纠正"史观立场错误"放在第一位,并作了极大地努力进行修正,但因稿件出自众人之手、时间紧迫等诸多原因,在史观、义例方面还是洗刷未尽、错误多多。

首先,按照修史成例,当朝为胜朝修史,本朝开国前用前朝纪年;国亡后用新朝纪年。《清史稿》用"干支纪年",开国前不奉明朝正朔,逊位后不奉民国正朔,向为学者所诟病。台湾版《清史》有不少地方仍犯"干支纪年"低级错误。如《太祖本纪》有:"癸未夏五月,太祖起兵讨尼堪外兰"②"癸未"应改为"万历十一年"或"是年";"甲申春正月,攻兆佳城","甲申"应改为"万历十五年";"丁酉春正月,叶赫四部请修好"③,"丁酉"应改为"万历二十五年"。整个《太祖本纪》,前面用"干支"纪年,后面用"天命"纪年,不奉明朝

---

① 刘知几撰,浦起龙注释:《史通通释》,上海:上海古籍出版社,1978 年,第 67 页。
② 台湾版《清史·太祖本纪》(第一册),第 1 页。
③ 台湾版《清史·太祖本纪》(第一册),第 3 页。

正朔达到 36 处之多。

台湾版《清史》整修重点就集中在《清史稿》"反民国、反革命"史观错误,但是,除了在本纪、志、表中加以较大修正外,在列传中仍有众多没有改正过来。兹以台湾版《清史·忠义传》为例,管窥一斑:

蔑视南明政权。如页 5286《济三传》有:"桂王兵科给事中陈邦彦,同时犯广州。"页 5287《许友信传》有:"永历帝已穷窜土司""剿广东假明封号土贼""天下初定,人心反侧,各省土贼蜂起"。页 5289《杨应鹗传》有"贼党围广信"等。本来,台湾版《清史》纂修委员会所列十七条修改书法要求:南明政权之"福王""唐王""桂王"一律改为"弘光帝""隆武帝""永历帝",但在《忠义传》中几乎未改,如页 5285《董廷元传》有"鲁王朱以海据绍兴",页 5286《格布库传》有"桂王朱由榔遣兵略境",页 5287《许友信传》有"附唐王朱聿鍵"等。

谩骂郑成功。如页 5284《觉罗鄂博惠传》有"闻成功在高齐……往侯官征剿水路贼""败贼帅邵连登""与贼将马宝战于陈冈口"。页 5287《许友信传》有"海贼乘乱窜雷州"。页 5288《朱国治传》有"贼众熟识海道",等等。

敌视朱一贵。如页 5294《李茂吉传》有"康熙六十年,朱一贵乱作",等等。

污蔑林爽文。如页 5299《汤大奎传》有"台湾民林爽文……乱事蔓延""乱作""乃为贼污"等。

谩骂太平军。如页 5310《周玉衡传》有"剿匪,泰和阵亡"。页 5312《徐荣传》有"以剿贼而阵亡"。页 5315《袁绩懋传》有"贼长驱直逼省城""连刃数贼。"页 5316《杨梦岩传》有"贼卒败走"。页 5316《邓子垣传》有"剿敌江西""攻桂林贼巢"。页 5318《黄鼎传》有"洪军犯叙永厅"。页 5319《瑞春传》有"瑞春……大骂(太平军)不屈而死"。页 5320《廖宗元传》有"洪军窥湖州……骂贼不屈死之"。页 5327《李楯传》有"洪军自长沙(蹂)躏岳州",等等。

谩骂捻军。如页 5313《郭沛霖传》有"捻逆数万来攻""贼围数日""捻匪张滃"。页 5315《徐晓峰传》有"剿匪涡河""亳州捻匪刘老渊""著名巨贼,悉数就诛"、"王圩捻匪"。页 5317《侯云登传》有"自洪军北窜,蒙亳捻匪乘之逢起"等。捻军紧随太平军之后,褒洪贬捻,似不合理。

谩骂小刀会、哥老会。如页 5341《赖高翔传》有"潮州小刀会匪""漳浦古竹社匪""江西边钱会匪""小刀会匪陷漳州"。页 5360《陈景沧传》有"哥老会者,起四川……横行郡邑""但为奸盗"。页 5361《何霖传》有"贼党将乘间举事""贼党谋再举"等。

漫骂义和团。如页 5370《崇寿传》有"拳乱初起""拳匪祸作""弹压拳匪"等。

敌视革命党。如页 5374《桂荫传》有"遇民军,慷慨大骂遇害"。页 5375《松兴传》有"民军入城……大骂不屈死"《宗室德祜传》有"民军蜂起……遂遇害"。页 5378《张毅传》有"武昌革命作,陕西响应,南趋敌千余人"。页 5379《王毓江传》有"长沙革命起,被执,骂不绝口,为民军所戕"。页 5381《钟岳传》有"匪党将致死",等等。

台湾版《清史》编纂者认为:"《忠义传》十卷,序内文字略有删改,以无关宏旨,不具论。各卷之中,除对洪杨与革命党人书法谬误经改正外,其余文字之斟酌损益,迹涉繁琐,勿庸备举。"[①]以此可知,编纂人对《忠义传》因"迹涉繁琐"而没有在史观上作仔细纠谬,以致造成《忠义传》应该修改而未修改之"贼、寇、匪"高达 1300 余处。《忠义传》如此,《列女传》亦大抵如此,《列女传》中,称之为"贼、寇、匪"者不下 300 处。

二、史实错误

《清史稿》以太多"史实舛错"备受世人批评,而台湾版《清史》尽管纠正

---

① 许师慎:《有关〈清史稿〉编印经过及各方意见汇编》(上册),台北:中华民国史料研究中心,1979年,第 386 页。

了《清史稿》6000 余处史实错误,但"史实舛错"依然为该著第一大学术失误。

(一)台湾版《清史》本纪之史实错误

《太宗本纪一》有:"(天聪)四年,春正月……辛丑……其帅明兵部尚书刘之纶。"①按:刘之纶官职不是"尚书"而是"侍郎",据《明史》卷二十三《庄烈帝本纪一》载"兵部右侍郎刘之纶败没于遵化"②,实际上,刘之纶只是死后"赠尚书"。

《世祖本纪一》有:"(顺治二年闰六月)甲申,故明宁南侯左良玉子左梦庚、总督袁继咸等率马步兵十三万、船四万,自东流来降。"③真实历史是:左梦庚投降,而袁继咸则誓死不降。

《世祖本纪一》有:"(顺治二年闰六月),故明淮王自绍兴来降。"④按:此"淮王"为"惠王"之误。

《世祖本纪二》有:"(顺治十二年正月)辛卯,以伊尔德、阿喇善为都统。"⑤实际上,顺治十二年(1655)尚无"都统"之称(顺治十七年<1660>始有"都统"),后来之"都统"在顺治十七年(1660)之前尚称之为"固山额真"。

《圣祖本纪二》有:"(康熙三十年十月)丁未,甘肃提督孙思克讨阿奇罗卜藏,斩之……侍读学士达虎还及嘉峪关,为阿奇罗卜藏所害。"⑥事实上,康熙三十三年(1694)十月,"内阁学士达虎以病乞休,允之"。⑦ 康熙三十三年(1694)达虎还活着,康熙三十年(1691)怎么会被害?

(二)诸志之史实错误

台湾版《清史·职官六》序言中有"延及德宗,外患蹴迹,译署始立"。⑧

---

① 台湾版《清史·太宗本纪一》(第一册),第 13 页。
② 张廷玉:《明史·庄烈帝本纪一》卷 23,北京:中华书局,1974 年,第 312 页。
③ 台湾版《清史·世祖本纪一》(第一册),第 38 页。
④ 台湾版《清史·世祖本纪一》(第一册),第 38 页。
⑤ 台湾版《清史·世宗本纪二》(第一册),第 126 页。
⑥ 台湾版《清史·世祖本纪二》(第一册),第 89 页。
⑦ 《清圣祖仁皇帝实录》,康熙三十三年十月丁巳,北京:中华书局 1986 年影印本。
⑧ 台湾版《清史·职官志六·新官制》(第二册),第 1429 页。

"译署"即总理各国事务衙门内一机构。"德宗"为光绪年号,总理各国事务衙门之译署设立实际时间在咸丰朝而不是在光绪朝,据《筹办夷务始末》等文献载:咸丰十年(1860)十二月初三日,恭亲王奕訢筹奏请设总理各国事务衙门,初十日,奉准;二十一日,具奏新设衙门章程。故总理各国事务衙门的确切时间应为咸丰十年(1860)十二月。

再如《交通志四·邮政》载日本在中国各地所设邮局有"上海、北京、天津、汉口、烟台、福州、厦门、广州、汕头、重庆、南京、牛庄、塘沽、沙市、苏州、杭州十六处"①。实际上,日本在中国当时设立邮局只有15处,没有重庆。

(三)各表之史实错误

台湾版《清史·大学士年表》中,顺治年间有胡统虞、鄂貌图二人,实际上,胡统虞仅仅是中和殿学士、鄂貌图仅仅是秘书院学士,二人均不是大学士。年表记载顺治十二年二月傅以渐为"内秘书院大学士",实际上,傅以渐当时已经改为"国史院大学士"。类似的情况还有雍正时期的大学士蒋廷锡,台湾版《清史·大学士年表》载"(雍正)六年至十年,蒋廷锡为文渊阁大学士"。实际上,蒋廷锡在雍正六年(1728)至雍正十年(1732)一直是文华殿大学士,而只有在雍正十年任文渊阁大学士。

(四)列传之史实错误

如列传一《后妃传·圣祖诸妃·纳喇氏》载:"通嫔,纳喇氏,事圣祖为贵人。雍正二年,世宗以其婿喀尔喀郡王策棱功尊封(为贵人),乾隆九年薨。子二:万黼,五岁殇;胤禶,二岁殇。女一。"②按照此记载,贵人纳喇氏似乎为康熙育有"二子一女",而细察《玉牒》,康熙帝有两位"纳喇氏"而且都是贵人,一位是那丹珠女,生二子万黼、胤禶;一位是常素保女,生一女(即皇十女固伦纯悫公主),《清史》把两位纳喇氏混为一人。

列传第十八《范文程传》载:"天命三年,太祖既下抚顺,文案文程共谒太

---

① 台湾版《清史·交通志四·邮政》(第三册),第1864页。
② 台湾版《清史·后妃传》(第五册),第3495页。

祖。太祖伟文程,与语,器之……"①范文程为清初第一汉臣,但当初真实之范文程,先是"俘虏",后是"家奴",再后是"满臣",这一过程早为学者所知,《清史》还是不顾客观史实而因袭《清史稿》,此所谓"知错不改"者也。

列传十二《西喇布》附传《马喇希传》载:"天聪九年,授佐领。"②此处"佐领"为误,因顺治十七年始有"佐领"之称谓,当时应为"牛录章京"。

列传十九《叶臣传》载:"崇德二年,以从阿济格攻下皮岛之功,师还,进一等总兵官。"③此处"总兵官"为误,因当时尚无"总兵官"之称谓,应为"一等昂邦章京"。

列传三十二《张缙彦传》载:"张缙彦,河南新郑人,崇祯四年进士,明时官至兵部尚书。"④而据《明清进士题名碑》、乾隆十二年《新乡县志》《清史列传》等文献,张缙彦真正籍贯为"河南新乡人"而非"新郑人"。

列传一百五十《穆彰阿传》载:"穆彰阿,郭佳氏,满洲镶蓝旗人。"⑤穆彰阿是道光朝中后期(鸦片战争时期)内阁首揆兼首席军机大臣,其氏为"郭尔佳氏"而非"郭佳氏"。事实上,"郭佳氏"与"郭尔佳氏"为满洲两个不同的姓氏。按:1989年沈阳书社影印本《八旗满洲氏族通谱》载:"郭佳氏,满洲一姓,其氏族散处于苏完等地方,镶红旗人。"⑥而"郭尔佳氏,满洲一姓,其氏族散处于长白山等地,镶蓝旗人"⑦。穆本人自号"长白",又属"镶蓝旗",故穆彰阿应为"郭尔佳氏"。

列传二百六十六《儒林传二·汪龙传》有"汪龙,字辰叔"⑧。事实上,汪龙,字"叔辰"。《清史》前后顺序颠倒。

① 台湾版《清史·范文程传》(第五册),第3662页。
② 台湾版《清史·马喇希传》(第五册),第3603页。
③ 台湾版《清史·叶臣传》(第五册),第3676页。
④ 台湾版《清史·张缙彦传》(第五册),第3789页。
⑤ 台湾版《清史·穆彰阿传》(第六册),第4512页。
⑥ 《八旗满洲氏族通谱》,沈阳:沈阳书社影印本,1989年,第641页。
⑦ 《八旗满洲氏族通谱》,第606页。
⑧ 台湾版《清史·儒林传·汪龙》(第七册),第5188页。

列传二百六十七《儒林传三·孙诒让传》载:"父衣言,自有传。……宣统元年,礼制馆征亦不就,未几卒,年六十二。"①短短 24 字有 4 处错误,其一,"父衣言,自有传",而《清史》中无《孙衣言传》,《清史列传·孙诒让》中有"父依言,以文章风节著,自有传"。由此可知,《清史稿》抄袭《清史列传》,台湾版《清史》抄袭《清史稿》,前面错,后面跟着错;其二,孙诒让之父亲为"孙依言"而不是"孙衣言";其三,孙诒让卒于光绪三十四年而不是"宣统元年";其四,孙诒让寿年为"六十一"而不是"六十二"。

如《忠义传七·包立身传》,传文有"大小数十战……毙敌十余万……合村死者盖六十余万"。包立身为一农夫,只是率村民抗击天平军,怎么有可能"毙敌十余万"?一个村子能有多少人?又怎有可能"合村死者盖六十余万"?

再如《忠义传第十·王文域》载:"王文域,字伯若,四川人。知山东乐安县事,辛亥冬为民军所杀。"②实际上,该文虽有 24 个字,有多处错误。第一,王文域不是清朝的知县,而是民国袁世凯时期的知县(民国元年称民政长,民国三年改称县知事);第二,王文域不是死于民国元年(辛亥年),而是死于民国三年,据《广饶县志》载:"民国 3 年(1914 年)1 月 30 日,全国改定重复县名,乐安县复称广饶县。2 月 23 日(农历正月二十九日),广饶县北部东齐村的张景三、齐从五等人带领农民数千人,反抗呈验地契,于深夜闯进催逼验契的县知事王文域住宿的碑寺村,当场砸死王文域及其随从二人。"③第三,王文域不是什么"忠义"之士,而是一位"贪官",据《章丘县志》载:"呈请清查民团以前旧军、交代各员所欠银两数。……乐安(今广饶)县长王文域在章丘任职期间欠杂款银 6116.756 两(1914 年 2 月 24 日,该王在乐安县北乡碑寺口庄被饥民打死,人死账烂)。"④王文域实为一贪官污吏,无论如何不

① 台湾版《清史·儒林传·孙诒让》(第七册),第 5218 页。
② 台湾版《清史·忠义传·王文域》(第七册),第 5386 页。
③ 《广饶县志·大事记》,北京:中华书局,1995 年。
④ 《章丘县志·大事记》,济南:济南出版社,1992 年。

应入《清史·忠义传》。

三、目录之失

俗云:纲不举则目不张。中国"二十四史"在文前均有总目录,总目录能起到查索"引导"作用,为人们迅速查找史料提供便利。而台湾版《清史》,虽然有总目录,但仅仅有 65 个字,即"本纪二十五卷、志一百三十六卷、表五十三卷、列传三百十五卷、南明纪五卷、明遗臣列传二卷、郑成功载记二卷、洪秀全载记八卷、革命党人列传四卷,凡五百五十卷"。实际上这称不得"总目录"。在此一点上,台湾版《清史》尚不如《清史稿》,《清史稿》总目录占 5卷,条理清晰,非常详细,也极便利学者查找所需内容。台湾版《清史》缺少总目录,主要原因是台湾版《清史》不是一次性出齐,而是撰写一册出版一册,导致在第一册中没有总目录。与"二十四史"不同的是,台湾版《清史》的目录则分见于各册中,人们欲查找某位历史人物或某种史料,需到各册中去翻检,殊不方便。

此外,就各分册目录而言,台湾版《清史》也比较笼统,如《地理志一》目录只有"直隶"二字,而《清史稿·地理志一》目录则为"直隶",次目录有"顺天府、保定府、正定府、大名府、顺德府、广平府、天津府、河间府、承德府、朝阳府、赤峰直隶州、宣化府、张家口厅、独石口厅、多伦诺尔厅、永平府、遵化直隶州、易州直隶州、冀州直隶州、赵州直隶州、深州直隶州、定州直隶州"。按页索骥,极为便利。而台湾版《清史·地理志》目录过于简单,不便检索。《地理志》如此,其他志、表皆如此。就目录而言,台湾版《清史》目录远不如《清史稿》目录醒目易览。

四、体例之失

《史通》论体例之失云:"于其间则有统体不一,名目相违,朱紫以之混淆,冠履于焉颠倒,盖可得而言者矣。"①台湾版《清史》之本纪、诸表多沿袭《清史稿》,于"体例"无多错误。而各个《志》前均有序,唯独《河渠志》前无序文,与整个体例不符。《艺文志》中有些书目编排不甚合理,如"杂家类"有郝懿行之《宝训》,《宝训》为刘氏撮抄古代农书中有关植树、养鱼、蔬菜种植以及六畜饲养而成,按实际内容应列入"农家类"为宜。

台湾版《清史》尽量删除《清史稿》"一人两传"之现象,但对于一些"隐形"重复还是删除未尽。如李光地之弟"李广坡",在列传二百六十五《儒林传》中有单传,而在《李光地传》末又有:"弟光坡,性至孝,家居不仕,潜心经术。"②应改为"弟光坡,自有传"。对于诸多隐形重复内容,台湾版《清史》基本上未作处理。

台湾版《清史》增加朱一贵、林爽文、吕留良、詹天佑等人物传记,出发点没错,但所增补之文,内容较大,与上下文极不协调。如《朱一贵传》,全文字数达到4300余字,而前边之《何国宗传》仅有850字,后边之《觉罗满保传》只有1050字。臣工传,除重要名臣外,一般为"千字文",《朱一贵传》实有压缩之必要。《朱一贵传》如此,其他所增补之传大抵如此。

在列传方面,与《清史稿》相比,台湾版《清史》创新最大之处在第八册(即最后一册)所增补之《南明纪》《郑成功载记》《洪秀全载记》和《革命党人列传》。但是,《革命党人列传》体例最为失当。《革命党人列传》共4卷,前两卷即卷五百四十七《革命党人列传一》和卷五百四十八《革命党人列传二》都不是人物传记,而是"辛亥革命大事记",是"编年史"而不是"人物传记",后两卷才是人物传记。在整个"列传"里面,突兀插进一部分"编年史",不伦不类。

第八册系重撰,在史学观点、语言风格等体例方面与前七册大不一样,一如许曾重先生所言:"在观点、材料选择与运用、写法等方面,与前七册迥

---

① 刘知几撰,浦起龙注释:《史通通释》,上海:上海古籍出版社,1978年,第101页。
② 台湾版《清史·李光地传》(第五册),第3894页。

然不同,集成一书,很不协调,给人以强扭在一起的印象。"①

如《后妃传》。《清史稿》记德宗后妃只有三位,即孝定景皇后、端康皇贵妃、恪顺皇贵妃。台湾版《清史》因循《清史稿》依然只记三位后妃,把《清史稿》德宗之"端康皇贵妃、恪顺皇贵妃"改为"瑾贵妃、珍贵妃",这样修改是对的,因"瑾贵妃、珍贵妃"更为人们所熟知,但把"德宗孝定景皇后"之"孝定景"三字去掉则是不合理的,因《清史》中清帝所有皇后都带有"封号",如太祖孝慈高皇后、太宗孝庄文皇后、世祖孝惠章皇后、圣祖孝诚仁皇后、世宗孝敬宪皇后、高宗孝贤纯皇后、仁宗孝淑睿皇后、宣宗孝穆成皇后、文宗孝德显皇后、穆宗孝哲毅皇后,后边突兀出现一个"德宗皇后"②,就与整个《后妃传》体例不相符合。

《清史稿·后妃传》末有宣统皇帝后妃,即宣统皇后和淑妃,而台湾版《清史·后妃传》则把宣统皇后和淑妃全删掉了。本来删除"不重要的人物传记"是对的,但这里则不宜删除,皇帝本纪既然是从努尔哈赤到宣统皇帝,后妃也应从太祖皇后到宣统皇后,这是体例完整性问题。倘若以"生人例不入传"衡量之,康有为、沈曾植辈为何得以立传? 该删则删,不该删则不应删。

台湾版《清史》之《儒林传》《文苑传》多为《清史稿》旧传,人物秩序编排诸多谬误(见第二章),因陋就简,未加更正。如《文苑传三·林纾传》,附有严复、辜汤生二人,极不合理。严复学术及成就远在林纾之上,把严复附于林纾之下,实在轻重倒置。

五、相互矛盾

台湾版《清史》中多处出现自相矛盾的记载:

(一) 本纪相互矛盾之处

如页59《世祖本纪一》载:顺治十五年"三月甲辰,内监吴良辅以受贿,

---

① 许曾重:《国防研究院本〈清史〉小议》,清史研究通讯,1982年,第1期。
② 台湾版《清史·后妃传·德宗皇后》(第五册),第3503页。

伏诛"。而页65《圣祖本纪二》又载:顺治十八年"二月乙未,诛有罪内监吴良辅"。两处记载显然矛盾。

页197《高宗本纪五》载:乾隆四十七年正月……"乙卯,建盛京文溯阁"。而页843《地理志二·奉天》却载:"盛京大内之西文渊阁,藏书之所也。"一个是"文溯阁",一个是"文渊阁",显系矛盾。

(二)志相互矛盾之处

如页831《地理志一》有:"穆宗中兴以后,台湾、新疆改列行省。"而页966《地理志十七》却有:"光绪十三年,改建行省。"关于台湾建省之时间,两处记载一个是同治年间,一个是光绪年间。

页1877《邦交志一·俄罗斯》有:"(光绪)二十六年,义和团事起。"而页354《德宗本纪二》则为"拳匪起山东"、"拳匪毁玻璃河长辛店车站局厂"、"拳匪杀日本使馆书记"、"拳匪扰五城"。同样是义和团,《邦交志》则极力赞之,《本纪》中竭力贬之,史观相互抵牾。

(三)表相互矛盾之处

如《大学士年表》有:"雍正十年,蒋廷锡七月乙巳卒。"而在《部院大臣年表》则为"蒋廷锡,(雍正十年)闰五月卒"。两处记载,显系矛盾。

(四)传相互矛盾之处

如页3630列传十五《明安达礼传》有:"明安达礼……子都克……都克孙永安……永安孙宪德。"而在页4076列传八十一《宪德传》里则有:"宪德,西鲁特氏,尚书明安达礼孙也。"两项明显矛盾。

页4011列传七十一《朱一贵传》有:"朱一贵……谋起兵,诛贪吏……举大事。"而5294《李茂吉传》则曰:"康熙六十一年,朱一贵乱作。"同样述朱一贵,一褒一贬,观点前后不一也。

页5049列传二百五十《刘永福传》有:"刘永福,广西上思州人。"而页5755《属国传》则云"刘永福者,广西上恩州人。"实际上,刘永福之祖籍为广西博白,隶属上思州,而刘氏诞生地则为广东钦州。

页4882列传二百十九《唐训方传》有:"唐训方,字义渠,湖南常宁人。"

而页 5028 列传二百四十五《唐炯传》有："唐炯,贵州遵义人,训方子。"二人似乎为父子关系,但籍贯却一湖南一贵州,父子不同宗。而据《碑传集·唐树义神道碑》等文献载:唐炯为唐树义之子,唐树义、唐炯皆为贵州遵义人,唐炯与唐训方是风马牛不相及,《清史》妄称人父,错中有错,可谓荒诞。

六、漏载重大史事

欧阳修撰《五代史》注曰:"大事则书,变古则书,非常则书,意有所示则书,后有所因则书,非此五者,则否。"①台湾版《清史》编撰之初就准备"以《清史稿》为蓝本"加以整修,不作大的改动,所以自然就因袭了《清史稿》的"重大史事之疏漏"问题。

(一) 本纪之漏载

本纪实际上为"大事记",主要应记载国家发生的重大事件。但台湾版《清史》诸本纪存在漏载重大史事之问题。在 12 本纪中,除对努尔哈赤"七大恨誓天"文本增加外,其他诸如禁烟运动、洋关之设、上海首建铁路、美国门户开放政策、同治帝治游、光绪死因等重大历史事件,均绝少涉及。有些重大问题亦未交代清楚,如第一页《太祖本纪》开篇介绍努尔哈赤,即为"太祖……姓爱新觉罗氏,讳努尔哈奇"。人们习惯称清开国之祖为"努尔哈赤",对其别称如努尔哈奇、猛哥帖木儿、奴儿哈赤等不熟悉,突兀出现"努尔哈奇",易产生误解。至少应在"努尔哈奇"后增加"又名努尔哈赤"比较明确。

再如《德宗本纪》光绪二十一年(1895),国家发生的重大史事主要有三件:一是中日甲午战争,二是康有为等公车上书,三是兴中会成立并举行第一次广州起义。尤其是第三件大事,实为辛亥革命之肇始。但遍观《德宗本纪》,既没有记载"兴中会"成立事,亦未记载"第一次广州起义"事。著史当

---

① 欧阳修:《新五代史》(第一册),乌鲁木齐:新疆青少年出版社,1999 年,第 15 页。

察盛观衰,故《德宗本纪》不可缺失"第一次广州起义"。

（二）志之漏载

如前述,台湾版《清史》诸志沿袭《清史稿》,即缺少《商业志》《近代实业志》《科技志》等反映近代中国社会变化之诸志,就是已有诸志,有些该增补者亦未增补。

如《兵志》,既缺少"洋操"一节。光宣以来,模仿外国,出现洋操,编练新军,实为有清一代兵制一大变革,《清史》挂漏不载,则武宪无征。

如《食货志·漕运》,漏载"奉天漕运"一节。奉天漕运始于嘉庆十五年(1810),据《清仁宗实录》载:"前因奉天运京米石抵津后,恐一时未能转运赴通,经朕降旨令于北仓存储,以免露屯。"①奉天漕运从嘉庆到光绪一直存在,《光绪大清会典》载:"漕粮原定运京仓者为正兑。奉天运京粟米一万五千七百六十三石有奇,黑豆二万二千九百八十四石有奇。"②

如《河渠志》,只记黄河、运河、淮河、永定河、海塘和直省水利,对黑龙江、辽河、松花江、长江、珠江、雅鲁藏布江、塔里木河等重要河流均无一言,完全不能反映我国珠江、长江、黄河、淮河、海河、松辽、内陆河流、人工运河等河流体系。

再如《艺文志》,疏漏之处为最多,以《艺文志·经·大戴礼记》为例,漏载著述有:《孔子三朝记》(马国翰辑佚)、《孔子三朝记辑注》(顾宗伊撰)、《大戴礼记集注》(丁宗洛撰)、《大戴礼考证》(陈昌齐撰)、《大戴礼记逸》(刘学庞撰)、《大戴礼记审议》(叶大壮撰)、《夏小正戴氏传校录》(黄丕烈撰)、《夏小正补注》(仁兆麟撰)、《夏小正正义》(王筠撰)、《夏小正传校勘记》(丁寿徵撰)、《夏小正求是》(姚燮撰)、《夏小正传》(马国翰撰)、《夏小正管窥》(邹树荣撰)、《夏小正逸文考》(王绍兰撰)、《夏小正集解》(顾问撰)、《夏小正注》(黄浚撰)、《夏小正释义》(宋书升撰)、《夏小正考正》(孔

---

① 《清仁宗实录》,嘉庆十五年六月辛亥,北京:中华书局影印本,1986年。
② 《光绪大清会典·漕运》卷22,全国图书馆文献缩微中心,2005年。

昭撰)等至少 35 种。

(三)表之漏载

一方面,缺少《议政王大臣表》《布政使表》《按察使表》《学政表》《总理各国事务大臣表》《清末内阁表》等重要史表;另一方面,已有之表亦缺失重要内容,如《清史稿·大学士年表》所缺载的三位大学士,即顺治八年的内弘文院大学士李率泰、雍正十一年的协办大学士彭维新、雍乾年间的协办大学士山泰。以上人物,台湾版《清史》均未增补。再如雍正十二年(1734)至乾隆元年缺载协办大学士徐本,台湾版《清史·大学士年表》只记徐本为大学士,实际上,徐本在任大学士之前有两年是"协办大学士"。既然年表中每位协办大学士都记载,那么徐本协办大学士内容即属于漏载。此类的情况还有雍正十三年(1735)缺载之协办大学士巴泰,乾隆四十四年(1779)缺载之协办大学士德福。在其他表中漏载重要内容处亦不少。

(四)传之漏载

台湾版《清史》之列传,尽管增加翁方纲、詹天佑等近 80 位人物,但仍然有不少清代著名人物未为之立传,如曹雪芹、洪升、孔尚任、蒲松龄、吴敬梓等著名文学人物传记,如安德海、李莲英等有影响的宦官传记,如颜伯焘、陈启源等官员或实业家传记,等等。

七、内容繁冗

刘知几曰:"夫国史之美者,以叙事为工,而叙事之工者,以简要为主。"[1]繁冗为历代史书之通病,台湾版《清史》亦然。

如《地理志》中,多次出现"清顺治初""清顺治二年""清康熙三年""大清高宗三年"等用词,其中之"清""大清"皆为浮词,毛举细故,皆应删除。

如《大学士年表》:顺治二年(1645)李建泰条记作:"故明文渊阁大学

---

① 刘知几撰,浦起龙注释:《史通通释》,上海:上海古籍出版社,1978 年,第 168 页。

士。三月庚子,陛见,慰谕之。"其中,"三月庚子,陛见,慰谕之"则属无足轻重之内容,不应入表。又如,雍正九年张廷玉及蒋廷锡条下皆记:"正月己丑,赐匾额。"乾隆三十九年舒赫德及于敏中条下又记有"四月甲申,赏古今图书集成一部"。此种内容,皆为琐碎之事,不应在表中滥竽充数。

与《清史稿》一样,在台湾版《清史·诸王传》中,景祖二子额尔衮、三子齐堪、五子塔察篇古,显祖四子雅尔哈齐;太祖四子汤古代,太宗四子叶布舒、七子常舒、十子韬塞、十一子博穆博果尔,世祖四子荣亲王、七子隆禧,圣祖十五子胤禑、二十一子胤禧、二十二子胤祜、二十三子胤祁、二十四子胤祕,世宗七子福惠,高宗三子永璋、七子永琮,仁宗长子穆郡王,宣宗二子奕纲、三子奕继、八子奕詥,文宗二子悯郡王等诸王,事迹浅薄,述之多余。《清史》各传叙事,多仍《清史稿》本传旧文,浮辞太多、洗刷未尽。如页5368—5369《忠义九·松林传》后所附人名,从佐领文炘至炮手白万太,共600余人,一如行伍花名册,完全应该删除。

八、赞论之失

史之有论,目的在于寓褒贬、明是非。台湾版《清史》受《清史稿》影响,在"史论"上多有用词不当处。尤其对清代诸帝,太多赞誉之词。

如论雍正帝,有"比于汉之文景"[①]。论乾隆帝,有"自三代以后,未尝有也"[②]。论道光帝,仍是"有君无臣"[③]。论同治帝,却是"遇变修省,至勤也。闻灾蠲恤,至仁也。不言符瑞,至明也"[④]。诸如此论,赞誉太高,应客观持论。而对慈禧太后的评论最有失公允:"削平大难,宏赞中兴。……晚乃壹意变法,怵天命之难谌。察人心之将涣。而欲救之以立宪,百端并举,政急

① 台湾版《清史·世宗本纪》(第一册),第127页。
② 台湾版《清史·高宗本纪》(第一册),第214页。
③ 台湾版《清史·宣宗本纪》(第一册),第214页。
④ 台湾版《清史·穆宗本纪》(第一册),第423页。

民烦,陵土未干,国步遂改。综一代之兴亡,系于宫闱。呜呼! 亦一异也。"①于慈禧太后之奢侈、揽权、顽固、守旧、误国等几无一语微词。

其他论赞亦多有夸大之词,如《林则徐传》末云:"则徐威惠久著南服,洪秀全等闻其来,惊怵欲散⋯⋯"②林传为台湾林氏后人林崇镛重撰,显系夸大林则徐个人作用,若说洪秀全崇敬林则徐倘或有之,但若说"惊怵欲散"则言过其实矣。

九、错字别字

错别字是行文低级错误。台湾版《清史》纠正了《清史稿》许多错别字,但仍然存在大量的错字、别字,如:

如页8《太宗本纪一》有:"(天命十一年十月)⋯⋯代善等大破札鲁特,斩其贝勒鄂尔齐图。"根据《清太宗实录》等文献,其中之"鄂尔齐图"应为"鄂尔斋图","齐"为"斋"之误。

页54《世祖本纪二》有:"(顺治十一年四月)⋯⋯以秦世桢为浙江巡抚。"根据《清世祖实录》等文献,其中之"秦世桢"应为"秦世祯","桢"为"祯"之误。

页18《圣祖本纪一》有:"(天聪八年八月)⋯⋯丙辰,硕托入圆平驿。""圆平驿"实为"原平驿","圆"为"原"之误。

页67《圣祖本纪一》有:"五年三月,以胡拜为直隶总督。"实际上,胡拜当时不是"总督"而是"提督","总"为"提"之误。

页291《穆宗本纪一》有:"(咸丰十一年八月)⋯⋯辛巳,加官文、曾国藩太子少保。""太子少保"实为"太子太保","少"为"太"之误。

页656《灾异志一》有"昏雾四昼晦",实为"昏雾白昼晦","四"为"白"

---

① 台湾版《清史·孝钦显皇后》(第五册),第3503页。
② 台湾版《清史·林则徐传》(第五册),第4549页。

之误。

页 895《地理志九·河南·开封府》有："开封府……明洪武元年,以元汳梁路改。""汳梁"实为"汴梁","汳"为"汴"之误。稍有宋史常识者,皆知开封宋时称"汴梁"。

页 908《地理志十·陕西·延安府》有："延安府……明领纳三县十六。""领纳三县十六"实为"领州三县十六"(即 3 个州、16 个县),"纳"为"州"之误。

页 1841《交通志一》有："驿人介马竣",实为"驿人戒马竣","介"为"戒"之误。

页 3637《阿尔沙瑚传》有："(顺治十八年)……十一月,至江滨,(白)文选毁桥走荼山。""荼"实为"茶"之误。

页 4215《舒赫德传》有："行边至努兑木伦。""兑"实为"克"之误。蒙古语"木伦"即汉语"河",有"努克木伦"而未有"努兑木伦"。

页 4393《开泰传》有："开泰与提督岳钟琪……""琪"实为"璜"之误。岳钟璜为岳钟琪之堂弟,岳钟琪死后,岳钟璜继为提督,事见《岳钟琪传》。

页 4557《祁土贡传》有："踰怡良",实为"谕怡良","踰"为"谕"之误。

页 4662《吉尔杭阿传》有："洪秀全已踞江宁",实为"洪秀全已据江宁","踞"为"据"之误。

页 5081《陆润庠传》有："以辧给为通才",实为"以辩给为通才","辧"为"辩"之误。

页 5149《儒林传一·法坤宏传》有："法坤宏……卒年八十有奇。"实为"八十有七","奇"为"七"之误。

页 5153《儒林传一·王懋竑传》有："懋竑,字子中。"实为"字與中","子"为"與"之误。同页《儒林传一·乔僅传》之"乔僅",据《扬州府志》及《碑传集补》等文献应为"乔潪","僅"为"潪"之误。

页 5285《忠义传一·董廷元传》有："总兵金玉和讨流冠,李自成之西窜也。""冠"为"寇"之误。

其他错别字亦很多，再如《大学士年表》中，康熙年间保和殿大学士之"吴琠"误为"吴碘"，文华殿大学士之"白潢"误为"白璜"，乾隆年间之体仁阁大学士"杨廷璋"误为"杨廷漳"等，不一一赘述。

十、脱衍字词

（一）脱字

如页38《世祖本纪一》有："（顺治二年十月）……丙申，以苗胙土为南赣巡抚。"实际上应为"南赣汀韶巡抚"，"巡抚"前脱"汀韶"二字。同篇页41有："（顺治三年十二月）……丙戌，以刘武元为南赣巡抚。"同样脱"汀韶"二字。

页55《世祖本纪二》有："（顺治十二年五月）……戊戌，以胡沙为镶黄旗固山额真。"实际上应为"镶黄旗蒙古固山额真"，"固山"前脱"蒙古"二字。

既然有"日"，就须有"月"。《本纪》中脱"月"现象极多，诸如：

《圣祖本纪》：康熙四十六年……（二月）戊戌，次台庄。

《高宗本纪》：乾隆三十九年……（六月）癸卯，阿桂等奏。

《仁宗本纪》：嘉庆十五年（春正月）丙子，以刘权之为协办大学士。

《宣宗本纪》：道光十年……（九月）戊午，安集延回匪复入喀什葛尔。

页672《灾异志一》有："（乾隆）四十八年八月，巨县属吴家集陨星。""县"前脱"野"字。中国有"巨野县"而没有"巨县"。同页，"嘉庆二十三年十一月，长星落。""星"前脱一"阳"字。道光朝《长阳县志》有载。

页1865《邦交志一》有："附贸易人至京上书"，实为"两附贸易人至京上书"，"附"前脱"两"字。

页5057《裕禄传》有："二十六年"，实为"光绪二十六年"，脱"光绪"二字。

页5155《儒林传一·童能灵传》载："年九十，兄弟白首同居。"据《童先生能灵墓志铭》"母年九旬，兄弟白发同居怡怡然"。"年九十"前脱一"母"

字。若无"母"字，人们会误以为童能灵年九十。

页 5256《文苑传二·赵翼传》有："嘉庆十五年，重宴鹿鸣，赐三品衔。卒，年八十六。"事实上，赵翼卒年在"嘉庆十九年"，故"卒"前脱"十九年"三字。如果不加"十九年"，人们会误以为赵翼卒于嘉庆十五年。

页 6156《劳史传》有："广方馆"，实为"广方言馆"，馆前脱"言"字。

页 6211《革命党人列传二》有："闻宏杨"，实为"闻杨宏胜"，"杨宏"是人名，句尾脱"胜"字，等等。

(二)衍文

如页 1398《职官志四·骁骑营·佐领》有："满洲各六百八十有一人，蒙古各二百有四人，汉军各二百六十有六人。"该句之"各"皆为衍字，因为骁骑营佐领总计为 1151 人，若有"各"字，人数则翻倍。

页 5162《儒林传一·邵懿辰传》有"与曾国藩、梅曾亮、朱次琦数辈游处，文艺茂美"。此句有两处衍文，一是"朱次琦"应为朱琦，衍一"次"字。朱次琦与朱琦是两位人物，朱琦为嘉道时期官宦，为道光朝谏台著名"四直臣"之一；朱次琦为同光时期学者、康有为老师。一是"数辈游处"，衍一"处"字，正确表述应为"与曾国藩、梅曾亮、朱琦数辈游，文艺茂美"。

页 5827《南明纪一》有："引用阮一大铖"，实为"引用阮大铖"，"大"前多"一"字，等等。

十一、时间错误

尽管《清史》修订了《清史稿》许多时间错误，但《清史》时间错误仍然俯拾皆是。

(一)本纪时间错误

如《世祖本纪一》载："顺治四年二月，朱聿键弟朱聿粤僭号绍武据广州，

佟养甲、李成栋率师讨之,斩聿粤,广东平。"①而此事发生的实际时间在顺治
三年十二月。

《太宗本纪二》载:"崇德二年三月初五日甲辰,杀朝鲜台谏官洪翼汉、校
理尹集、修撰吴达济。"而据朝鲜《李朝仁祖大王实录》,此事发生的时间为四
月十九日。②

《圣祖本纪二》载:康熙二十三年五月"乙未"③,实际上当月没有"乙
未",应为"癸未"。

《高宗本纪一》载:"雍正十三年十月丁丑(十二日),命徐本军机处行
走。"④实际时间为"雍正十三年十月辛巳(十六日)"。

《穆宗本纪一》载:"咸丰十一年八月,庚辰,四川贼陷松潘。"⑤根据《松
潘县志》等文献载,松潘听被攻陷的时间在当年"七月"而不是"八月","八
月"是消息奏报朝廷时间。

(二)志之时间错误

如《食货志五·钱法》载:"(光绪)二十九年,允户部请,设置官银行。"
以照此条,户部银行好像成立于光绪二十九年(1903),实则不然。户部银行
即后来之"大清银行",是有清一代钱法之重大变革,其设立时间不应含糊草
率。事实上,光绪三十年(1904)正月,财政处向户部奏请试办户部银行,户
部要求财政处制定银行章程。光绪三十一年(1905)年底,户部才正式奏请
朝廷设立户部银行,光绪三十二年(1906)初得到朝廷允准正式成立,旋改名
大清银行。⑥

(三)表之时间错误

如《大学士年表》有:陈之遴于顺治十三年(1656)"三月乙未,革(大学

① 台湾版《清史·世祖本纪一》(第一册),第41页。
② 朝鲜《李朝仁祖大王实录》,十五年四月戊子。
③ 台湾版《清史·圣祖本纪二》(第一册),第81页。
④ 台湾版《清史·高宗本纪一》(第一册),第129页。
⑤ 台湾版《清史·穆宗本纪一》(第一册),第291页。
⑥ 刘锦藻:《清朝续文献统考》卷65,商务印书馆民国二十五年(1936)"万有文库"本。

士),以原官发往盛京"。但实际上,陈之遴被革去大学士之时间为顺治十五年(1658),如《清世祖实录》顺治十五年载:"陈之遴,受朕擢用深恩,屡有罪愆……本当依拟正法,姑免死,着革职。"①

《大学士年表》又有:"康熙三十三年,李天馥为大学士。"而《清圣祖实录》《清史列传》《满汉名臣传》等文献皆明确记载李天馥在康熙三十二年(1693)六月"丁母忧"。如《清圣祖实录》载:"(康熙三十二年六月)……庚午,大学士李天馥,丁母忧,命回籍守制。"②既然是刚刚"丁母忧",怎么可能为"大学士"?

《疆臣年表》有"咸丰三年正月癸卯,景亮调任科布多参赞大臣",但按照历法,本年度正月没有"癸卯"日,查《清文宗实录》,为"正月丁卯"。③

(四)传之时间错误

如列传十五《布延传》有"崇德元年二月,命赍书投明边诸将"④。实际上,天聪十年即崇德元年,但崇德元年四月十一日方改元"崇德",如果记述改年二月事,仍当为"天聪十年二月"。

列传十九《孔有德传》有顺治七年十二月,"拔桂林……留守大学士瞿式耜死之"⑤,实际上,桂林被清军攻陷、瞿式耜被杀的时间在顺治七年十一月。

列传二百六十五《儒林传一·阎循观传》有:"循观……乾隆三十四年进士。"⑥事实上,阎循观中进士在乾隆三十一年(1766),时间晚了一科。

十二、断句错误

台湾版《清史》适应时代需求将文本断句,实为一大进步。可惜有二不

---

① 《清世祖实录》,顺治十五年四月壬午。
② 《清圣祖实录》,康熙三十二年六月庚午。
③ 《清文宗实录》,咸丰三年正月丁卯。
④ 台湾版《清史·布延传》(第五册),第3637页。
⑤ 台湾版《清史·孔有德传》(第一册),第3682页。
⑥ 台湾版《清史·阎循观传》(第七册),第5149页。

足。一不足,标点符号不全。仅用简单之句号、顿号断句,似乎欠缺,若全面改为新式标点符号断句,则更科学。二不足,断句错误。《清史》为《清史稿》断句,本来更有利于世人阅读,但有不少地方出现"断句失误"。

如页672《灾异志一》有:"(乾隆)四十八年八月,巨县属吴家集陨星,一化为石。"本句应为:"四十八年八月,巨野县属吴家集陨星一,化为石。"是落一陨石,而不是"一化为石"。

页1468《食货志二》之"请以原章正杂钱粮。一体搭交官票"应为"请以原章:正杂钱粮,一体搭交官票"。

页1468《食货志二》之"上溯之则。比元(朝)多三倍"应为"上溯之,则比元多三倍"。

页1471《食货志二》之"缺额人丁。以本户新添者。抵补不足。以亲戚丁多者补之"应为"缺额人丁,以本户新添者抵补;不足,以亲戚丁多者补之"。

页1487《食货志三》之"仓院、粮厅、户部、云南司等处投文"应为"仓院、粮厅、户部云南司等处投文"。云南司为户部下属机关。

页3573《诸王传》之"但令照料菩陀峪陵公从之"应为"但令照料菩陀峪陵公,从之"。

页4018《欧阳凯传》之"亮以裨将。效死不去。勉、入陷禽渠"应为"亮以裨将,效死不去,勉入险禽渠"。

页5155《童能灵传》之"举博学鸿词累举优行,皆以母老辞"应为"举博学鸿词。累举优行,皆以母老辞"。

页5249《忠义传二·罗鸣序传》之"宪浙江山阴人"应为"(陈)宪,浙江山阴人",等等。

十三、缺少图录

图像为无言之史。自古"河图洛书",图与书不可分,《山海经》《禹贡》

皆图也,故郑樵论《图录》云:"图成经,书成纬,一经一纬,错综而成文。古之学者,左图右书,不可偏废。"①

《史记》《汉书》无图,盖因当时图少,又因简、牍不易绘图,无可厚非;而《清史》无图,则实属不该。《清史稿》无图,备受世人诟病。有清一代,诸如历代帝王像、后妃画像、皇帝游乐图、《皇舆全览图》、《内府舆图》、《耕织图》、《乾隆南巡图》、《盛世滋生图》、《北京民间风俗百图》,遗有大量之肖像、典仪、舆地、军事、农事、民俗、建筑等艺术图片,皆可采入《清史》,或附入诸志,或附于《清史》之后,图文并茂,文简意赅,一目了然,彰显特色。近代摄影技术出现,加上艺术绘画,台湾版《清史》完全可以增加"图录",结果是可为而无为。

台湾版《清史》结束语

由上述可知,台湾版《清史》为一部失败之史。辛辛苦苦所修之史,到头来,学术界不愿认可,官方不予认可,甚至编纂人张其昀、彭国栋亦不敢认可,实在是一大史学悲哀!

然而,平心而论,台湾版《清史》经彭国栋、张其昀、方豪、李宗侗、杨家骆、黎东方、罗刚、简又文、毛一波等20余位学者近11个月之艰苦努力,在未得到政府一分钱支助情况下整修出一部新《清史》,实属不易。该著不但修正《清史稿》反革命、反民国等史学立场错误,纠正《清史稿》6000余处史实错误,还增补了《南明纪》《郑成功载记》《洪秀全载记》和《革命党人列传》,在历史观、史料价值及学术水平上整体上皆远胜《清史稿》。但是,客观而言,台湾版《清史》之命运如《清史稿》一般,除具有丰富之史料价值外,仍存

① 郑樵撰,王树民点校:《通志·二十略》(通志总序),北京:中华书局,1995年,第9页。

在太多学术错误,完全担负不起《清史》正史之重任。诚如台湾学者许曾重所云:"国防研究院本《清史》名不符实,并不是继《清史稿》之后所编纂的一部大型新《清史》,不过是《清史稿》的订正本,实际上还只是局部订正本。全书体例不一,订正工作畸轻畸重、简繁失当,不同观点杂然并陈,因而有相互矛盾之处。"①

台湾版《清史》编纂委员会本来打算把《清史稿》整修成一部新《清史》,"以续历代正史"②,结果却是事与愿违。1961 年 10 月,台湾版《清史》束稿之时,编委会实际总负责人彭国栋先生就认为:"然时间仓促,错误未尽改正,材料未尽补充,内容与凡例间有抵触,此则毋庸讳言。"③编委会主任张其昀认为"完成理想中之新清史,则寄厚望于后来之作家"④。台湾"中央"研究院院长胡适亦指出"《清史》有失校之处。"⑤后来,台湾国史馆等机构组织人员对《清史稿》进行大规模校注,耗时 6 年,共校正错误 60000 条,而台湾版《清史》仅仅修正《清史稿》错误约 6000 余条,可见台湾版《清史》遗留错误至少仍有 50000 余处,更不用说所缺少之《宗教志》《商业志》《对外贸易志》《财政志》等诸多内容了。

台湾版《清史》之所以以失败而告终,原因应该说是综合性的,我归之为"五不该":

一是台湾学者不该意气用事。1959 年前后,台湾政客闻知大陆准备重修《清史》消息,唯恐大陆抢了台湾"正朔",纷纷向台湾当局上呈重修《清史》提案,部分台湾学者受此影响,意气用事,不顾史料匮乏、史才不足等客观实际,匆忙下手整修《清史》,殊不知学术与政治为两端尔。

二是重修《清史》不该以《清史稿》为蓝本。《清史稿》错误百出,重修

①　许曾重:《国防研究院本〈清史〉小议》,清史研究通讯,1982 年,第 1 期。
②　张其昀:《清史序言》,台湾版《清史》,第 1 页。
③　许师慎:《有关〈清史稿〉编印经过及各方意见汇编》(上册),1979 年,第 511 页。
④　张其昀:《清史序》,《张其昀先生文集》,台北:国史馆出版,1988 年,第 10810 页。
⑤　胡适:《就清史与张君商榷》,载台湾《中国一周》,1962-03-05。

《清史》必须坚决舍开《清史稿》,以更广大的视野、更先进的史观、更高的史识重新确立《清史》的体裁、体例和凡例,唯有如此才能全面超越《清史稿》。而台湾版《清史》在编纂之初就确定"以《清史稿》为蓝本",结果只能是在《清史稿》之基础上修修补补,最终也无法逃脱《清史稿》"舛错百出"之窠臼。

三是修史不该与政治相联系。编委会主任张其昀要求重修的《清史》在1961年10月完成并出版,作为中华民国五十周年大庆之"献礼",这一重大错误决定,造成撰稿人编纂时间实际上不足一年,对于重修大型《清史》,如此短暂的时间,无论如何是不够的,撰稿人无论如何努力也是无法保证史书质量的,台湾学者何烈先生一语中的:"惜当日以'急就之章'而成《清史稿》,今日复以更'急就之章'而成《清史》。"①

四是在清史研究基础薄弱之时不该仓促整修《清史》。清代去今不远,浩若繁星之史料、扑朔迷离之史案,皆有赖史学者进一步加强学术研究。上世纪60年代,史学界于清史研究尚处于探讨发展阶段,许多重大专题研究尚无结论,清史研究成果尚不足以为成熟《清史》提供学术支撑。

五是重修《清史》不该不与大陆学者联合。纂修大型国史,最关键、最基本之两大条件,一是较多而优秀的史才,一是丰富而翔实的史料。台湾版《清史》编纂之时,绝大多数清史专家和清代史料均在大陆,台湾局促一隅,舍弃大陆学者与大陆史料,闭门造车,欲保证《清史》学术水平是绝对不可能的。

台湾版《清史》编纂经验及其失败教训留给后人诸多启示:纂修大型国史,其一,应尽可能多地聚集相关专家学者;其二,应占有丰富而翔实之史料;其三,应有充足之纂修时间;其四,应得到政府财政大力支持;其五,应制定完善之体裁体例;其六,应有权威高效之组织机构;其七,应有持续、严格之期中管理;其八,应有严谨之总阅最后统一把关。

---

① 何烈:《六十年来清史稿与清史》,载许师慎《有关〈清史稿〉编印经过及各方意见汇编》(上册),第917页。

第五章　十九家《清史》纲目

历代之史,有国之正史,有私家杂乘,正史与杂史交相辉映,彰显史学丰富多彩。陈寅恪盛赞《后汉书》"体大思精,信称良史",而无"十三家后汉史",则无范晔之《后汉书》[①]。清史为近代中国民族史学之热点,私家修史又为清史纂修之嚆矢。时至今日,《清史稿》及台湾版《清史》外,尚有戴逸《简明清史》等近三十家私著《清史》,纪传体有之,编年体有之,纪事本末体有之,综合体有之,章回体有之,尤以章节体为最多。述十九家《清史》纲目。

第一节　章节体《清史》

中国史学诸体裁,章节体最晚出。作为西方舶来品,因其纲目清楚、结构简明、程式化强、简便易行而备受学者欢迎。尽管其为五大史体之末,但

---

① 注:隋唐以前,世人称"前三史"为《史记》《汉书》和《东观汉记》而没有《三国志》。十三家《后汉书》分别为谢承《后汉书》、薛莹《后汉书》、华峤《汉后书》、司马彪《续汉书》、谢沈《后汉书》、张莹《后汉南记》、袁崧《后汉书》、张璠《后汉纪》、袁宏《后汉纪》、葛洪《后汉书钞》、刘义庆《后汉书》、萧之显《后汉书》和史官之《东观汉记》。

经梁启超等人介绍与倡导,一入中国,即后来居上,大有淹没传统史体之势,《清史》亦然,私家《清史》大多为章节体。

一、陈怀与《清史要略》

清末民初,章节体《清史》主要有汪荣宝《本朝史讲义》(稿本,1909年)①、周退舟《清史讲义》(稿本,1912年)、孟世杰《清史》(稿本,1912年)、汪荣宝与许国英《清史讲义》(上海商务印书馆,1913年)、吴曾祺《清史纲要》(上海商务印书馆,1913年)、刘法曾《清史纂要》(上海中华书局,1914年)、陈怀《清史要略》(北京大学出版部,1920年)、金兆丰《清史大纲》(上海开明书店,1935年)等,这些早期著作,代表了中国第一批清史学者研究学术水平。而在诸多早期《清史》著作中,尤以陈怀《清史要略》最为突出,当代清史学者何龄修以为:近代清史断代史,"最早的应推陈怀《清史要略》"②。

陈怀(1877—1922),原名启明,字孟冲,又作孟聪,浙江温州瑞安人,我国清史学科奠基者之一。出身学问世家,祖父麟书,曾手抄《史记》《左传》《说文通训定声》数遍,精通天文历算。父煜生,著有《独见晓斋集》;二叔父黻宸,为温州近代"东瓯三先生"③之一、京师大学堂史学教习,著有《京师大学堂中国史讲义》,马叙伦、许德珩、冯友兰皆出其门。陈怀五岁丧父,自幼随叔父黻宸学习,博览群书,熟谙历史,时论甚至认为其"天资超旷,能尽传其学,而密察过于仲父"④。1901年,回永嘉三溪书院任教。次年,陈黻宸在

---

① 汪荣宝:《汪荣宝日记》(宣统元年四月初六日)载:有人求购《本朝史讲义》"余答书允诺,今日将讲义目录写定,并自为题词一首,缀诸卷端"。见沈云龙主编《近代中国史料丛刊》(第621册),台北:文海出版社,1991年,第123页。

② 何龄修:《清史研究的世纪回顾与展望》,载《中国史研究动态》,2002年第1期,第2页。

③ 温州近代"东瓯三先生"为陈黻宸、陈虬和宋恕。

④ 刘绍宽:《瑞安陈孟冲教授传》,载陈怀《温州文献丛书·清史两种》,上海:上海社会科学院出版社,2006年,第355页。

上海创办《新世界学报》,陈怀与马叙伦等为其重要撰稿人,并由"方志"研究渐入清史研究。1906 年,学部大臣张百熙认为其"千秋文献,备储腹中"①。后历任京师编译局分纂、两广方言学堂、两广优级师范学堂教习。教学之余,笔耕不辍,1910 年著成《清史要略》(止于鸦片战争)。1916 年,叔父黻宸病逝,被蔡元培礼聘为史学教授以继黻宸遗缺。北大六年,讲授清史与中国文学史,著《中国近百年史要》(今有中华书局 1920 年铅印平装本),叙事起于鸦片战争,止于清室灭亡。陈氏以其中部分内容补充《清史要略》第三编、第四编,使《清史要略》得成一部完整清史。1922 年,病逝。

当今所见之《清史要略》有北京大学出版部 1920 年线装铅印本,为《清史要略》与《中国近百年史要》"二合一"本。共四编,纲目如下:

第一编:崛兴时期。有四章,分别为清之兴起、南明抗清、多尔衮摄政、平定三藩。

第二编:隆盛时期。有十四章,分别为尼布楚条约、远征准格尔、平定西藏、六次南巡、文教设施、康熙储位之失、雍正施政、平定青海、密建储位、乾隆武功(上)、乾隆武功(下)、外交骄诞、文字狱、乾隆之失。

第三编:衰败时期。有十三章,分别为嘉庆削平祸乱、限制布教通商、道光乱事滋繁、鸦片战争、咸丰早晚之政、咸丰外交之祸、失地之广、太平天国始末、捻回起灭、同治中兴、光绪初年外交、甲午之败、慈禧垂帘。

第四编:灭亡时期。本编有四章,分别为庚子之乱、日俄之战、辛丑新政、清廷逊位。

陈怀之《清史要略》以"兴、隆、衰、败"四时期初步勾勒《清史》轮廓。书中议论,颇多中肯,如论林则徐:"则徐赤心谋国,祛毒强民,固自有先见之明;但狃于尊大之习,不谙外情,操之过急,致贻中国后世无穷之祸,君子援《春秋》之义,盖亦不能无责备于贤者焉。然帝始力主之,继而悔之,终则罪

---

① 《瑞安县志稿·人物·陈怀传》,内部资料,1936 年,温州图书馆藏本。

之,与汉景帝斩晁错以谢七国,古今同出一辙,不亦大可慨乎!"①

《清史两种》编者按:"《清史要略》是 20 世纪最早的清史著作。……《中国近百年史要》是我国最早的一本近代史。"②然而,作为清史奠基之作,该书大略有余而精细不足,诸如"摄政王逼帝太后博尔济吉特氏下嫁""世祖为僧于五台山""雍正篡位"等野史逸闻均采入书中。

《清史要略》作为清史学椎轮之先导,开孟森等清史疑案史考之先声。

二、孟森与《清史讲义》

孟森(1869—1938),中国近代清史学派开山祖,字莼孙,号心史③,晚号阳湖孑遗,江苏常州武进人。十四岁就学于当地名师周载帆,用心于科举应试及乾嘉考据之学。1902 年,为广西边务督办郑孝胥幕僚,受郑资助,留学于日本东京政法大学。归国后,主编《东方杂志》,零星发表部分清史研究笔记。民国临时政府成立后,任黎元洪共和党执行书记,1913 年当选为国会参议员。与此同时,一直致力于明清史学术研究,1914 年,以"心史"之号发表《心史史料》第一册(时事新报馆铅印本),着重对清朝入关前历史展开研究;1916 年,出版《心史丛刊》(上海商务印书馆),对清代一些重要疑案进行考证。1923 年,愤于曹锟贿选,遂绝意政治,专心致史。1929 年,受聘于南京中央大学历史系,主讲清史。1931 年,任北京大学历史系教授兼主任,专教明清史,《清史讲义》即为其北大七年讲义之一。1938 年,因病卒于北平。

孟森一生,著作等身,《清史讲义》《心史史料》《心史丛刊》外,经其弟子商鸿逵等人整理者,尚有《明史讲义》《满洲开国史讲义》《元明清系通纪》

---

① 陈怀:《清史要略》第三编第四章,上海:上海社会科学院出版社,2006 年,第 85 页。
② 陈怀:《清史两种》编者说明,上海:上海社会科学院出版社,2006 年。
③ 孟氏号"心史",时人以为孟氏慕宋末元初爱国诗人郑思肖(号所南,著有《心史》),又名《铁函心史》。非也,"心史"实为先生写作之别署名。郑天挺曾记云:"闲尝与先生谈及郑所南,先生笑曰,吾之心史与铁函无干也",郑天挺《清史探微》,北京:北京大学出版社,2011 年,第 148 页。

《清初三大疑案考实》《明清史论著集刊》《明清史论著集刊续刊》等。

《清史讲义》为孟森清史研究代表作,最早版本有中国文化服务社1936年排印本,而当今流行本为中华书局1981年及以后诸版本。中华书局本纲目如下:

第一编:总论。共有四章,分别为清史在史学上之位置、清史体例、清代种族及世系、八旗制度考实。

第二编:各论。共有五章,分别为开国(太祖、太宗、世祖,共三节),巩固国基(圣祖嗣立至亲政、撤藩、取台湾、治河、绥服蒙古、定西藏、移风俗、兴文教、盛明之缺失,共九节),全盛(世宗初政,雍正朝特定之制,武功之继续一——收青海及喀木,武功之继续二——再定西藏,武功之继续三——取准噶尔,武功之继续四——取回疆,世宗兄弟间之惨祸,雍乾之学术文化上—禅学,雍乾之学术文化下—儒学,共九节),嘉道守文(内禅、嘉庆间兵事一—三省苗,嘉庆间兵事二—三省白莲教,嘉庆间兵事三—海患,嘉庆间兵事四—畿辅天理教,道光朝士习之转移、鸦片案、鸦片案究竟,共八节),咸同之转危为安(太平军上、太平军中、太平军下、太平军成败及清之兴衰关系、平捻、平回,共六节)。附:俄还伊犁始末。

孟森治史之路径,由明史自然顺延于清史;治史之方法,兼取乾嘉考据与近代史论研究法,开创明清断代史研究之先河。《清史讲义》对清朝近三百年之政治、经济、军事、文化进行了全面述评,史实详尽,征引宏富,考证翔实,论析缜密,被史学界誉为中国近代清史学派的开山之作。不足之处在于对宣统逊位事因避讳时政略而不言,犹画虎而无尾。尽管如是,《清史讲义》仍不失为中国近代清史研究第一代学者之最高成就。顾颉刚先生云:"孟心史先生以考证之法施于清史,成绩超卓,以材料之多,任何问题均可作定论。"王钟翰先生云:"不过三十余年,而撰述之富,成就之大,影响之深,自非后辈末学所能望其肩背者也",又云:"迄今目前史学界均十分肯定,孟森是我国近代清史学派的开山祖。"①何龄修先生以为:"回首百年,给清史学贡献最大的,首推孟森。他给清史学提供的新的东西,至今无人能及……这是百年中涌现出的一位令人景仰的清史学大师。"②

三、稻叶君山(日本)与《清朝全史》

日本学者稻叶君山所著之《清朝全史》是学术界公认的日本第一部全面记载清朝历史的学术著作。甲午战争前后,日本学者格外关注清朝史。稻叶君山以前,日本已有相当数量的清史论著,如增田贡《清史揽要》(六卷,日本明治十年刻本)、佐藤楚材《清朝史略》(十一卷,东京青木嵩山堂日本明治十四年刻)、三岛雄太郎《支那近三百年史》(二卷,日本明治三十六年铅印本)、内藤虎次郎《清朝衰亡论》(明治四十五年铅印本),③这些著于光绪年间的清史著述,为稻叶君山《清朝全史》奠定了学术基础。

稻叶君山(1876—1940),日本近代著名中国史学者。明治三十年(1897)在东京开始学习中文兼及朝鲜文;明治三十二年(1899),由贵族院议员野崎武吉资助,留学北京,留意于《清实录》、蒋王二家《东华录》等清朝史料,并到华北、华中一带游学。归国后,私淑内藤虎次郎,并由内藤虎次郎推荐,入陆军中将男爵阪井重季幕府。日俄战争期间,任军中翻译。明治三十八年(1905),辞别阪井重季,奉命到奉天等中国东北进行实地调查,并准备开始研究"满清史"。明治四十年(1907),再次随内藤虎次郎到北京、盛京等地游学考察。次年,受南满洲铁路会社之命,探索满洲历史。明治四十四年(1911年即宣统三年),著《颠覆清朝之思想》一文,发表于《日本及日本人》杂志。日本大正元年(1912),宣统逊位;当年,稻叶君山写出《南满洲铁道会社报告书》并著成《清朝全史》。

① 商鸿逵:《述孟森先生》,载《明清史论著集刊续编》,北京:中华书局,1986年,第535页。
② 孟森:《清史讲义》封皮,北京:中华书局,2010年。
③ 殷梦霞,李强:《外国人著清史八种》,北京:国家图书馆出版社,2008年。

除《清朝全史》外,稻叶君山尚有《满洲发达史》《朱舜水先生传》《朝鲜志》等著述行于世。

今人所见《清朝全史》版本有三:日本早稻田大学出版社本(1914 年),为日文版,亦为最早版本;上海社科院出版社翻译本(1914 年但焘译),为竖排,简易标点本,有原序文;中国社科院出版社翻译本(2008 年但焘译),为横排,现代标点本,无序文。上海社科院出版社版共有 84 章,目录如下:

第一部分:第 1—28 章,分别为总说、明代对于满洲之策略、女真种族之迁徙、女真叛服之大略、马市问题、明与女真之交涉、清朝之祖先、奴儿哈赫勃与建州、金汗国之创业、明国之内政紊乱、夺取明国之辽东、太祖死于疮痍、第一次朝鲜战役及其经过、太宗伐明、金国诸王之不和、内蒙古之合并、汉人之来归、太宗改国号、国史编纂及文馆之设立、第二次朝鲜战役及其历史、与明国之对战、闯贼李自成、太宗之死及皇位承继、明国亡于流贼、北京迁都、明人恢复事业之悉败(上)、明人恢复事业之悉败(下)、明末清初时日本之位置。

第二部分:第 29—57 章,分别为睿亲王之死、三藩之平定、台湾入清领、创业期之财政、康熙大帝、清俄关系之始、外蒙古之合并、喇嘛教之利用、西洋文明东渐、外人传道事业之失败、康熙朝之庶绩、雍正帝禁抑宗室、颠覆清朝之思想、满汉思想之调和、雍正帝及其政绩、清俄通商及恰克图条约、扩大外藩及治藩事业、盛运期之财政、文运大兴及编纂四库全书、乾隆帝及其政绩、嘉庆时之民乱、八期生计渐穷、内外发生叛乱、新疆回教徒之骚乱、西南最初与外国关系、乾隆帝与英大使马加特尼卿、广东外国商馆与公行、拿皮楼及其对等权之主张、英国之沉默政略及其放弃。

第三部分:第 59—84 章,分别为鸦片问题、钦差大臣林则徐及其政策、鸦片战争及其经过、学风诗文绘画及戏曲小说之变迁、太平军之大起、曾国藩起湘军、太平军乱中之上海、平定太平军、对于曾国藩之评论、平定捻党、满洲之封禁破除、英法联军入北京、同治中兴、黑龙江之割让、清国衰弱之影响与日本之关系、对外思想之不变(创设总理衙门)、日本全权大使副岛种臣之来聘、回教徒之扰乱、雅克布白克之叛乱、伊犁事件、丧失安南之宗主权及其影响、清日初期之关系、西藏问题之发生、教案之频起、清日俄三国之朝鲜角逐、革新及革命、宣统帝退位。附录:太平党之扬子江日记、国际大事年表。

稻叶君山《清朝全史》每章之下没有"节",但每章之下皆有一些独立成行的醒目标题,相当于"节"。作为外国人所写的第一部完整"清史",该著清晰展示了清代历史发展的基本面貌,所记之史料十分丰富,尤其是对清朝开国史、清代台湾历史细节的描述,更为他书所罕见;所述文字,精细、形象、生动,而且图文并茂。该著面世后,曾风行日本和中国,"其观点和史料曾被许多著名学者如梁启超、梁漱溟、萧公权、柳诒征引为据"[①]。然而,囿于时代限制,书中有些观点和提法不尽正确,如认为满族系中华外族、台湾人祖先为日本人等;书中有些译名、称谓与当今亦不尽相同,如今日所称乾隆时期英国使臣为"马尔葛尼",书中称"马加特尼卿",诸如此类,俯拾皆是。尽管该著具有较高的学术价值,但须指出,稻叶君山撰《清朝全史》目的之一——为日本军国主义提供侵华资料。

四、萧一山与《清代通史》

萧一山,事迹见第三章第四节。《清代通史》为萧氏毕生之作,前后撰述及修改时间长达 44 年,故版本较多。最早发行本为中华印刷局(北京梅竹斜街)1923 年版(上卷),中卷最早版亦为中华印刷局 1924 年本,1927 年版权移于上海商务印书馆。上、中、下三卷最早版为台北商务印书馆 1963 年本。嗣后,大陆又有中华书局 1986 年版、华东师大出版社 2006 年版等。三卷本《清代通史》计篇 17、章 96、节 429,洋洋洒洒,四百余万言,其纲目如下:

---

① [日本]稻叶君山:《清朝全史·出版说明》,北京:中国社会科学出版社,2008 年。

《清代通史》上卷

诸序。包括梁启超、朱希祖、蒋百里、今西龙(日本)、李大钊、杨栋林、李泰棻、蒋梦麟各序。

第一篇:后金汗国之成立与发展。包括第 1—7 章,分别为努尔哈赤之勃兴、诸部之征服、金初建国与文化述略、金明之关系与战争上(天命时代)、金明之关系与战争下(天聪时代)、金与朝鲜之关系、内蒙古之兼并。

第二篇:明清之兴替与满洲典制述要。包括第 8—14 章,分别为大清帝国之成立、明清之防战与太宗之死、入关前之政典与社会、明国之覆亡、清人之入据中原、福唐诸王之偏安、桂王之偏安与郑氏之伟业。

第三篇:一统期之政略与三藩之乱。包括第 15—18 章,分别为顺治时代之政况、康熙之初政、三藩之乱、台湾之收复。

第四篇:清初中国社会之组织。包括第 19—21 章,分别为政治社会之组织一、政治社会之组织二、政治以外之社会组织。

第五篇:中外之交通与会约。包括第 22—25 章,分别为中西国际之由来、西洋文明之东渐、明清间对外之关系、中俄之交涉。

第六篇:康雍时代之武功及政教。包括第 26—30 章,分别为康熙之政要、准噶尔之役、西藏青海之平定、雍正之内治、排满之思想与运动。

第七篇:清初学术思想之大势。包括第 31—34 章,分别为清代学术在中国学术史上之位置、清初之经学、清初之理学、清初之文学。

《清代通史》中卷

第一篇:乾隆之鼎盛及嘉庆之中衰。包括第 1—6 章,分别为鼎盛时期之政治、十全之武功、理藩之政策及三朝用兵之结果、国势之渐衰、嘉庆之内政、教民之变乱与沿海之扰攘。

第二篇:清代前期之经济状况。包括第 7—9 章,分别为国家之经济(财政)、社会之经济、人民之经济(生计与生活状况)。

第三篇:经学隆盛时之清代学术。包括第 10—15 章,分别为汉学隆盛时期之先声、乾嘉时代之重要学者(上)、乾嘉时代之重要学者(中)、乾嘉时代之重要学者(下)、总述清代学者之重要贡献、乾嘉时代之文学与理学。

第四篇:十九世纪之世界大势与中国。包括第 16—20 章,分别为十九世纪初叶以前之外交概况、国际贸易之状况、十九世纪中之国际形势、道光时代之内政与变乱、鸦片战争。

《清代通史》下卷

第一篇:太平天国之始末。包括第 1—8 章,分别为太平天国革命之背景、太平天国之创建、太平军与湘军、太平天国之由盛转衰、太平天国之末运、太平天国之灭亡、太平天国失败之原因及其影响、太平天国典制述略。

第二篇:咸丰之忧患与同治中兴。包括第 9—15 章,分别为咸丰之忧患及两宫垂帘、英法联军之役及其影响、捻乱之始末、回乱之勘定、同治中兴时代、中兴时代之人物、中兴时代之维新事业。

第三篇:光绪前期之政治与外交。包括第 16—22 章,分别为光绪初年之政局、新疆之勘定与建省、边省与藩属之问题、朝鲜问题之交涉、中日甲午之战(上)、中日甲午之战(下)、瓜分之酝酿。

第四篇:清代后期之社会与经济。包括第 23—28 章,分别为政治组织之新制、各种制度之损益、社会之变迁与一般现象、清代后期之经济状况、东北之移民与垦殖、经济建设之新事业。

第五篇:今文学运动与东西文化之输入。包括第 29—42 章,分别为今文学运动之先驱、今文学运动之中坚、今文学运动之后劲、今文学运动时之考据派、今文学运动时之文理学、东西文化之输入、百日维新及戊戌政变、庚子义和团事变、国民革命之酝酿、宪政运动之成绩、革命立宪两派之对峙、晚清之政局、辛亥革命之成功、中华民国之成立。

第六篇:清代通史七表。

在中国第一代清史研究成果中,萧氏《清代通史》,耗时最长,用力最苦,内容最富,水平最高。

五、郑天挺与《清史》

郑天挺(1899—1981),原名庆甡,字毅生,祖籍福建长乐,生于北京。1920 年毕业于北京大学国学系,次年入北京大学研究所国学门,师从钱玄同先生。1924 年毕业后,先后任教于北京大学、浙江大学。抗日战争爆发后任西南联合大学教授、总务长,北京大学教授、文科研究所副所长。中华人民共和国成立后,任南开大学教授、历史系主任、副校长。曾担任中国民主促进会中央委员、中国史学会主席团主席等职。

郑氏虽一生忙于校务,但从未间断明清史教学与研究。1933 年在北平大学女子文理学院讲授《中国近三百年史》,1936 年撰写《多尔衮称皇父之臆测》《墨勒根王考》《多尔衮与九王爷》《清世祖入关前章奏程式》,1938 年于西南联大主讲《明清史》,1940 年撰写《释阿玛王》,1943 年撰写《清史语解》,1945 年著成《清史探微》(次年由重庆独立出版社出版),1980 年著成《探微集》及《清史简述》(中华书局出版)。次年,受教育部委托,主编高校教材《清史》,不幸病逝。

世人所见郑氏《清史》为其门墙弟子南炳文、林树惠及其子郑克晟等按照郑氏生前所拟定清史大纲于 1986 年编撰而成。据编者称:"郑先生生前受教育部委托,亲自组织班子编写这部高校清史教材。不幸,编写大纲刚刚拟出,郑先生即故去。鉴于郑先生生前一直有志编写一部清史,而且他公开发表的著作、论文和关于清史的讲演,已经形成了他对清史的完整系统的见解。我们为了进一步学习和汇集郑先生关于清史的见解,并将之公之同好,编写小组的同志决心继承郑先生的遗志,把编写工作继续下去。"[1]郑氏《清史》于 1989 年由天津人民出版社出版,其纲目如下:

第一章:满族的祖先。包括东北地区的自然概貌、明代以前的满族先

---

[1]　郑天挺主编:《清史·后记》,天津:天津人民出版社,2011 年。

世、明代的女真。第二章:包括努尔哈赤统一女真和后金政权的建立、萨尔浒之战及辽沈地区之战、满族封建制的确立和发展。第三章:皇太极时期后金政权的发展与强大。包括皇太极初期的内外政策及第一次侵朝之役、皇太极对漠南蒙古的统一、松锦的军事相持与几次深入腹地的斗争、皇太极的改革。第四章:清军入关与统一中国。包括多尔衮与清兵入关、清初的统治政策及其对汉族和其他民族的压迫、清军入关后各地人民的抗清斗争。第五章:清朝入关后的制度及满洲习俗的演变。包括清代的统治机构、清代的军制、入关后的八旗制度、清代的内务府和宦官势力的衰落、清初满族的风俗及其特色。第六章:康熙时期的政治斗争与经济恢复。包括康熙时期的政治斗争、清代的各类庄田、清初的垦荒与治河。第七章:清初经营边疆和巩固统一的战争。包括抗击沙俄、准噶尔上层分子的叛乱及其平定、明末清初的耶稣会士。第八章:雍正时期的政治与经济。包括专制主义集权制的加强、赋役制度的改革、西南地区改土归流。第九章:清高宗继位和统一多民族国家的巩固。包括清高宗继位及其对边疆地区的经营、前期边疆地区的开发和人们生活的提高。第十章:清朝前期封建经济的繁荣和资本主义萌芽的缓慢增长。包括封建经济的繁荣、资本主义萌芽的缓慢发展。第十一章:清朝由盛转衰的开始。包括社会矛盾的尖锐和封建危机的出现、各族人民的起义。第十二章:封建社会日趋衰落的嘉庆、道光时期。包括政治经济状况、嘉道时期各族人民的反抗斗争。第十三章:对外关系。包括清朝与亚洲各国的关系、清朝与沙皇俄国的关系、反对西欧北美殖民者的斗争。第十四章:鸦片战争前清代的文化。包括科学和技术、考据学、史学和地理学、文学和艺术、哲学政治思想和宗教、类书和丛书。

郑氏《清史》尽管出自弟子之手,但基本保持了郑氏清史大纲、史观、学术观点、专题与通体相结合等原则,实为《清史探微》《探微集》与《清史简述》的再梳理。整书条理清晰、眉目分明、重点突出、内容丰富、史实扎实、观点独到、笔法灵活、语言明快。不足者,一是清史不通,史实叙述仅止鸦片战争前;二是无图表;三是观点略显陈旧,不少观点仍囿于 20 世纪五六十年代之治史认知。值得称道者,郑氏弟子南炳文、张怀安、傅美林又于 2010 年完成鸦片战争至宣统清史史事撰述,并于 2011 年由天津人民出版社出版,前者遂为《清史》上编,后者则为《清史》下编,郑氏《清史》始得完璧,一如南炳文先生所言:"我们非常希望这本下编从体例到学术观点,都能以郑先生担任主编的上编为榜样,力争与之相一致、相衔接。"①

六、戴逸与《简明清史》

《简明清史》为戴逸先生主编,马汝珩先生协撰,清史研究所集体编撰。戴逸(1926—　　),原名戴秉衡,江苏常熟人。中学时师从常熟杨毅庵先生学习经史,奠定了良好的文史基础。1944 年考入上海交通大学铁路管理系,1946 年又考入国立北京大学史学系。1948 年因参加学运前往河北保定解放区,改名"戴逸",在华北大学学习与工作。1949 年底,中国人民大学成立,随华北大学任教于中国人民大学。② 1952 年开始从事中国近代史教学与研究,1973 年转而研究清前期历史,1978 年任清史研究所所长,曾任第四届、第五届中国史学会会长、第七届全国人民代表大会代表。主要著作有《简明清史》《中国通史》《二十世纪中华学案》《清通鉴》《十八世纪的中国与世界》《二十六史大辞典》《繁露集》《履霜集》《语冰集》《涓水集》等。现任北京市文史研究馆馆长、中华炎黄文化研究会副会长、国家《清史》编纂委员会主任。

自新中国成立至 20 世纪 70 年代,社会上一直无一部系统、权威而篇幅适中之清史专著。1978 年,中国人民大学复校,清史研究所随之成立,戴逸先生任所长。该研究所主要任务和长远目标即加强清史研究并准备编写大型清史。以此故,戴先生建议先编写一部简明扼要之清史,以清理清代近三

---

① 南炳文主编:《清史·后记》,天津:天津人民出版社,2011 年。
② 1949 年 12 月,中国人民大学由陕北公学、华北联合大学和华北大学合并成立。

百年历史发展线索,探讨清史重要问题,满足社会上学习与研究清史需要,同时培养和锻炼清史研究队伍。自 1978 年始,至 1984 年终,前后历时七载完成《简明清史》,"在此过程中,他(戴逸)以七年的时间和精力,阅读了大量历史资料,冥心苦想,考虑和研究了清史涉及的很多问题,而后对参加编写人员提供的初稿,逐章、逐节、逐句、逐字进行了改定,甚或完全重新写作,而编著成《简明清史》第一册、第二册,于 1980 年、1984 年先后由人民出版社出版"①。全书共 2 册,16 章,70 余万言,其纲目及分章编撰人如下:

第一册,计 7 章。第一章:满族的兴起与后金政权的建立和发展(李鸿彬),第二章:清军入关镇压农民起义与各地人民的抗清斗争(林铁钧),第三章:清朝建立对全国的统治及早期的统治政策(杜文凯),第四章:17 世纪后半期的唯物主义进步思潮(张晋藩),第五章:清朝中央集权统治的加强及其政权机构(马汝珩、张晋藩、马金科),第六章:农业经济的发展和封建租赋制度(李华),第七章:手工业和商业的发展(李华)。

第二册,计 9 章。第八章:清代的阶级结构和 18 世纪前期的阶级斗争(罗明、王思治、林铁钧),第九章:沙俄早期对中国的侵略和中国各族人民的反侵略斗争(戴逸),第十章:边疆少数民族地区的统一与多民族国家的巩固与发展(马汝珩),第十一章:清朝的文化政策和汉学的发展(戴逸),第十二章:清代前期的文学艺术与科学技术(吕英凡、王道成、陈亚兰),第十三章:社会矛盾的激化和统治阶级日益腐朽(李华),第十四章:以白莲教为主的各族人民大起义(林铁钧、马汝珩),第十五章:19 世纪前期的社会思潮(王俊义),第十六章:资本主义国家对中国的侵略(戴逸)。

该著基本上按照清朝兴、盛、衰三个时期分章叙述从满族兴起至鸦片战争近 200 年之政治、经济、军事和文化。其特点,一是强调马克思主义唯物史观,对李自成、张献忠、李定国、何腾蛟、王伦、林爽文、王聪儿、姚之富、蔡牵、李文成、张金龙等众多农民义军给予肯定,同时对史可法、张名振、张煌

---

① 《关于戴逸先生和〈简明清史〉》,国学数典论坛 bbs.gxsd.com.cn/archiver,2008-01-27。

言、郑成功等抗清义士亦给予客观评价；二是注重经济史，该著广征博引，钩沉发微，详尽叙述清代前中期土地关系、手工业和商业以及资本主义萌芽等问题；三是重视民族问题，该著不但详尽记述满汉斗争、各民族融合，而且将清代边疆民族史作为全书之重要组成内容，开"清代边疆民族史"系统研究之先河；四是图文并茂，全书配有《清代全图》等大量插图。其中，第一册44幅、第二册53幅。

《简明清史》是中国第一部以马克思主义唯物史观为指导，比较系统、全面研究鸦片战争以前的清代历史专著。该著资料翔实，观点明确，叙事清晰，语言质朴，并以其正统历史观而成为20世纪中国大陆最为权威、影响最广之大学文科清史教材和清史学习"入门书"。但是，该著亦有一些可议之处，如重要史实遗漏、清史"不通"（止于鸦片战争）、极个别语言不够严谨①等。诚如有学者指出的那样："在叙述某些关键性问题时尚未探讨明白；对有些问题的剖析也不够透彻；有些经典著作的引用还有生硬之嫌。但是，这些都是开拓中的问题，而且瑕不掩瑜。"②

七、费正清（美国）与剑桥《清史》

费正清（1907—1991），美国南达科达州胡龙镇人。1927年，入哈佛大学学习历史、哲学、政治、艺术和经济；1929年，赴英国牛津大学巴利奥尔学院，师从马士③，并把研究方向转向中国及东亚。1932年，为进一步研究中国，来华进修汉语，师从清华大学历史系主任蒋廷黻。蒋氏此时正整理清代外交史料，费氏得以学习《筹办洋务始末》等大量清代文献。1933年至1935年，

---

①　如第二册第十四章有："白莲教起义是我国封建社会最后一次大规模的农民战争"，该论断显存争议。《简明清史》，北京：人民出版社，1984年，第458页。

②　豫宛：《清史研究的可喜收获——评〈清史简编〉与〈简明清史〉》，载《历史研究》，1982年第8期，第62页。

③　马士，美国人，曾在中国海关赫德手下工作35年，官至二品。退休后移居英国，著有《中华帝国对外关系史》，被认为是西方中国近代史的标准教科书。费正清称马士为其事业成功的"继父"。

被聘为清华大学讲师。1935年返美,次年任教于哈佛大学。太平洋战争爆发,进华盛顿特区情报协调局远东组工作。战后,重返哈佛大学任教。1948年,完成其扛鼎之作《美国与中国》。1956年,任哈佛大学东亚问题研究中心主任(1961年更名为东亚研究中心,1977年再更名为费正清东亚研究中心)。1966年,开始编著《剑桥中国史》。1991年,完成终世之作《中国:一个新的历史》。费氏为美国最负盛名的中国历史问题研究专家,被时人誉为美国中国近现代史研究领域泰斗、"头号中国通"。

费氏中国《清史》为《剑桥中国史》之一部分。《剑桥史》最初"由(英国)阿克顿爵士规划之《剑桥近代史》,共十六卷,于1902年至1912年期间问世",后又相继出版《剑桥中国史》等系列丛书,仅《剑桥中国史》即有1—15卷,《清史》为其中之第九卷《剑桥中国清代前中期史》和第十卷《剑桥中国晚清史》。

《剑桥中国清代前中期史》最早本为剑桥大学出版社2002年英文版,主编为费正清和毕德胜(普林斯顿大学教授),共十章,纲目如下:

第一章:1644年前的满洲。陆西华(夏威夷大学)撰。第二章:顺治王朝。邓尔麟(美国阿美士德学院)撰。第三章:康熙王朝。史景迁(耶鲁大学)撰。第四章:雍正王朝。曾小萍(美国哥伦比亚大学)撰。第五章:乾隆王朝。伍德赛德(大不列颠哥伦比亚大学)撰。第六章:清帝国的统治精英。柯娇燕(美国达特茅斯学院)撰。第七章:清代前中期的文化。艾尔曼(美国普林斯顿大学)撰。第八章:妇女、家庭和性别关系。曼苏三(美国加利福尼亚大学)撰。第九章:社会的稳定与变化。罗威廉(美国约翰霍普金斯大学)撰。第十章:清帝国的经济发展。马尔斯(斯坦福大学胡佛学院)、王业建(台湾中央研究院研究员)撰。

《剑桥中国晚清史》(上卷)最早本为剑桥大学出版社1978年英文版,中文版最早为中国社会科学出版社1985年本,分上下二卷,上卷主编为费正清与丹尼斯·威特切特,纲目如下:

第一章:导言:旧秩序。费正清撰。第二章:1800年前后清代的亚洲腹地。约瑟夫·弗莱彻(哈佛大学中国和中亚研究中心教授)撰。第三章:清王朝的衰落与叛乱的根源。苏珊·M.琼斯(芝加哥大学历史研究员)、菲利普·A.库恩(芝加哥大学历史教授)撰。第四章:广州贸易和鸦片战争。弗雷德里克·韦克曼(加利福尼亚大学伯克利分校历史教授)撰。第五章:条约制度的形成。费正清撰。第六章:太平军叛乱。菲利普·A.库恩撰。第七章:中俄关系(1800—1862)。约瑟夫·弗莱彻撰。第八章:清朝统治在蒙古、新疆和西藏的全盛时期。约瑟夫·弗莱彻撰。第九章:清代的中兴。刘广京(加利福尼亚大学戴维斯分校历史教授)撰。第十章:自强运动。郭廷以(台北中央研究院近代史研究所所长)、刘广京撰。第十一章:1900年以前的基督教传教活动及其影响。保罗·科恩(美国韦尔斯利学院历史教授)撰。

《剑桥中国晚清史》(下卷)最早本为剑桥大学出版社1980年英文版,中文版最早为中国社会科学出版社1985年本,主编为费正清与刘广京,纲目如下:

第一章:1870—1911年晚清帝国的经济趋向。费维恺(密西根大学历史教授)撰。第二章:晚清的对外关系(1866—1905)。徐中约(加利福尼亚大学圣巴巴拉分校历史教授)撰。第三章:中国人对西方关系看法的变化(1840—1895)。郝延平(田纳西大学历史教授)、王尔敏(香港中文大学高级讲师)撰。第四章:西北与沿海的军事挑战。刘广京、理查德·史密斯(美国赖斯大学历史副教授)撰。第五章:思想的变化和维新运动(1890—1898)。张灏(俄亥俄州立大学历史教授)撰。第六章:日本与中国的辛亥革命。马里乌斯·詹森(普林斯顿大学历史教授)撰。第七章:1901—1911年政治和制度的改革。市古宙三(日本)(东洋文库近代中国研究中心历史教授)撰。第八章:辛亥革命前的政府、商人和工业。陈锦江(西方学院历史副教授)撰。第九章:共和革命运动。迈克尔·加斯特(美国拉特格斯大学历史教授)撰。第十章:社会变化的潮流。马里亚尼·巴斯蒂·布律吉埃(巴黎法国国立科学研究中心研究导师)撰。

费氏剑桥《清史》在英语世界影响较大,正如一些学者所云:"剑桥历史丛书在国际学术界有一定的影响。对《剑桥中国史》已出的各卷,国外纷纷发表过书评,予以肯定。它们在一定程度上代表了截至出书前为止的西方中国史研究的水平和动向。"①实际上,费氏《清史》学术水平并非世人赞誉之高,一者,费氏"西方优越论"充斥其间,"冲击—反应"模式贯穿全书,在费氏看来,"中国历史进程是由一个更加强大的外来社会的入侵所推动的"。二者,全书成于众人之手,各部分之观点相互"打架"之处较多。三者,外国人著中国史,难免有点"隔靴挠痒",如《剑桥中国清朝前中期史》,把清帝"围猎"解释为"剃掉前面的头发而后面留辫子";又如《剑桥中国晚清史》,把奕山、奕经当成道光帝之"堂兄弟"(二人均为道光帝之侄)……等低级错误,不一而足。

八、王戎笙与《清代全史》

"文革"后,学术界呼吁重修大型清史,作为国家社会科学最高领导机关,中国社科院很快把修纂大型清史提上议事日程,并成立了5人小组具体制订清史纂修规划。1979年,由中国社科院历史研究所清史研究室和中国人民大学清史研究所共同编制之《清史编纂规划(草案)》完成,计划共五大部分,约1000万字,预计8年完成。"规划"编制人之一即清史研究室主任王戎笙。

王戎笙(1929—　),湖北汉川人。1952年至1955年在中国人民大学研究生班学习,毕业后留校任助教。1956年至1989年在中国社会科学院历史研究所清史研究室工作,历任研究实习员、助理研究员、副研究员、研究员、清史研究室主任、历史所学术委员会委员。其中,1958年至1967年任郭沫若秘书。主要学术成果有《清代前期历史上的几个问题》《顺治遗诏与清初

---

① 中国社科院历史所编译室:《剑桥中国晚清史·出版说明》,北京:中国社会科学院出版社,1983年。

权力斗争》等。

王戎笙编《清史》为"六五"国家社科学历史学科重点科研项目之一,项目采取"分卷主编负责制",①通过 10 年努力,至 1993 年由辽宁人民出版社陆续出齐 10 卷本、300 余万字《清代全史》(项目立项时名为《清朝通史》,后定名为《清代全史》)。其纲目如下:

第一卷:满清入关前历史(即"清朝前史")。计 5 章,分别为满族的先世、女真的统一和金国的建立、金国努尔哈赤时期在辽东的统治、金国在皇太极时期的发展、入关前夕清朝势力的形成。该卷主编为李洵、薛虹,1991年 7 月出版。

第二卷:17 世纪中叶前后满清入关后的政治、中外关系与文化。计 7章,分别为清朝的建立和民族矛盾的激化、抗清民族运动的兴衰与南明的覆亡、清初统治集团的内部斗争及各项政策、清初的统一大业、清初的政治制度、中外关系、清初的思想文化。该卷主编为王戎笙,参与者有刘子扬、吴伯娅、陈祖武、何龄修、赵云田、顾诚、秦晖、郭松义、徐明德、黄谷、赫治清、薛瑞禄等,1991 年 7 月出版。

第三卷:康熙时期的政治、经济与文化。计 9 章,分别为加强中央集权统治、康熙的经济政策及其成效、统一漠北与青海、清朝驱准保藏的斗争、康熙中后期的中外关系、封建的土地占有制及租佃关系、康熙后期的储位问题和吏治废弛、各地的抗租抗粮斗争和武装反清、康熙中叶以后的学术文化。该卷主编为郭松义,参与者有冯佐哲、许曾重、陈金陵、陈祖武、郭松义、袁森波、韩恒煜等,1991 年 7 月出版。

第四卷:雍正、乾隆时期的清朝政治与社会。计 5 章,分别为封建专制主义中央集权制的加强、封建专制主义中央集权制的进一步加强、统治阶级的日趋腐朽和社会矛盾的激化、边疆少数民族地区的进一步统一、各少数民族的社会生活和经济发展概况。该卷主编为王戎笙,参与者有白新良、任春

---

① 王戎笙:《清代全史》序,沈阳:辽宁出版社,1995 年。

明、杨珍、李世愉、李新达、张捷夫、赵云田、郭松义等,1991 年 10 月出版。

第五卷:雍正、乾隆时期的清朝经济。计 5 章,分别为社会生产的发展与劳动产品、商品交换的形式与内容、对外贸易与对外关系、政府对社会经济活动的控制、基层社会组织与乡绅。该卷主编为韦庆远、叶显恩,参与者有郑开颂、杨国桢、刘志伟、李克毅、陈支平、陈春声、吴奇衍、罗一星、黄启臣、章文钦、谭式玫、戴和等,1991 年 10 月出版。

第六卷:嘉庆、道光统治时期政治、经济、军事与文化。计 6 章,分别为嘉道时期政治概况和统治的衰弱、经济状况和商业资本的发展、嘉道时期的基层社会、全国各族人民的反抗斗争、对外贸易和资本主义国家对中国的侵略、清中叶的学术文化。该卷主编为喻松青、张小林,参与者有史建云、刘存宽、张丽、张研、陈祖武、秦宝琦等,1991 年 10 月出版。

第七卷:道光二十年至同治十三年(1840—1874)政治史。计 5 章,分别为两次鸦片战争、太平天国与各地各族反清起义、咸丰朝的危局和湘淮军集团的崛起、同治朝的内政与外交、道咸同三朝的思想和文化。该卷主编为龙盛运,参与人有朱东安、李长莉、茅海建、姜涛、夏春涛等,1993 年 6 月出版。

第八卷:道光二十年至同治十三年(1840—1874)政治、经济和社会。计 6 章,分别为国土开发和社会矛盾的激化、通国被迫开放和特权让许、财政制度的演变、太平天国的理想社会和财政政策措施、战乱后的废墟和给予封建秩序的冲击、清政府"自图振兴"国策的经济实践。该卷主编为宓汝成,参与者有刘克祥、房建昌、张照东、戴一峰等,1993 年 10 月出版。

第九卷:光绪元年至宣统三年(1875—1911)政治、思想、军事和文化。计 7 章,分别为光绪前期政局、边疆规复与开发、从唇亡齿寒到瓜分危机、政体改革一波三折、光宣军事制度的变革、光宣思想文化的流变、清帝国的崩溃。该卷主编为徐彻、董守义,参与人有马东玉、冯年臻、任郁馥、李书源、宝成关等,1993 年 3 月出版。

第十卷:光绪、宣统年间(1875—1912)的经济。计 8 章,分别为国家主权的进一步丧失和民族危机的加深、各族人民大起义失败后封建生产关系的延续和变化、农业生产的基本形势和资本主义因素的微弱增长、手工业的局部发展和解体趋势、外国在华投资的扩张和中外贸易、资本主义新式企业的发生发展、国内商业和城乡市场、清末的金融和财政。该卷主编为刘克祥,参与者有孔泾源、冯丽君、陈争平、贺耀敏、虞和平等,1993 年 6 月出版。

　　10 卷本共 300 余万字之《清代全史》,资料翔实,论证严谨,为新中国成立以来尤其是"文革"以来中国大陆第一部比较完整的大型断代史清史著作,反映了改革开放以来中国清史研究最新水平,被时人誉为"小清史"。①台湾学者庄吉发认为:该著"网罗了大陆清代史各领域的学者专家,群策群力,集体完成了洋洋大观的巨著。各卷力求放眼世界,注意信息,集思广益,博采众长,吸取海内外学者的研究成果,既有所创新,亦有所突破,确实是一部足以反映现阶段大陆清史研究水平的学术专著"②。然而,由于该书成于众人之手,客观存在"前后连贯性不强""新出史料利用不全"等问题。如冯尔康先生指出:该著"在某种意义上可视为二十世纪清代通史研究的不甚连贯的总括性成果"③。

九、李治亭与《清史》

　　李治亭所编《清史》为"中国断代史系列"(上海人民出版社主持编辑)之《清史》部分。

　　李治亭(1942—　　),山东莒南人。1961 年入辽宁大学历史系学习,师从清史名家孙文良先生(辽宁大学清史研究所所长)。毕业后曾在原东北文史研究所从事明清史研究,1974 年至今,任职于辽宁省社会科学院历史研究所研究员,著有《清太宗全传》《明清战争史略》《吴三桂大传》《中国漕运史》,

　　①　封铭:《慎启学术大工程》,中国社会科学报,2010-07-15。
　　②　庄吉发:《〈清代全史〉与清史研究》,《中华民国史专题论文集》第四届讨论会,台湾国史馆 1998 年 12 月印行。
　　③　冯尔康:《简述清史的研究及史料》,载《台大历史系学报》,2003 年第 31 期,第 327 页。

主编有《关东文化大辞典》《爱新觉罗家族全书》《清史》等学术著作。

"中国断代史系列"源于 20 世纪 50 年代上海人民出版社规划之"断代史系列专著"计划,从 1955 年至 2003 年,通史性断代史系列陆续出版完成。计有中华远古史、殷商史、西周史、春秋史、战国史、秦汉史、魏晋南北史、隋唐五代史、宋史、辽金西夏史、元史、明史、清史,共 13 卷 16 册,近 1000 万字。系列《清史》最初主编为清史学家王思治,王先生推荐李治亭任之,并云:"治亭先生早年师从清史名家孙文良先生,学有渊源,今治清史多年,基础深厚,对有清一代的历史进程,以及清史中诸多繁难重大问题,多有见地,而不人云亦云,其研究成果甚丰。治亭先生正当年富力强,勤学奋进,锐意开拓,任此主编,自然胜任愉快。"①又据李先生追忆:"我深知撰写一部清朝断代史之艰难,以个人目前的学识水平,岂敢操作。想到思治殷切期待与关爱之情重……我难以推辞。在几度思考之后,决定接受下来。"②1999 年 1 月,李先生拟出编纂大纲和总目,召集刁书仁、姜守鹏等吉林大学、东北师范大学、吉林社会科学院、北华大学、大连大学、黑龙江大学等东北学者,开始分任撰写,至 2000 年 9 月,全部完成。因此,李编《清史》堪称"东北版"《清史》。该著共 5 编,共 50 章,140 余万字。其纲目如下:

第一编:山海关外开基立业。共 8 章,分别为从传说到历史、女真再度复兴、创建后金政权、对明廷的战争、后金发展受挫、皇太极改革、后金蓬勃发展、清史新纪元。

第二编:入主中原。共 5 章,分别为定鼎北京、削平群雄、重建新王朝、巩固与扩大统一、清初思想与文化。

第三编(上):康熙开创盛世新局面。共 8 章,分别为由乱走向大治、长城内外一家、稳步进入盛世、思想文化昌盛、康熙晚年政治、雍正承前启后、发展边疆大一统、严控意识形态。

---

① 李治亭:《清史》序,上海:上海人民出版社,2003 年,第 1 页。
② 李治亭:《清史》后记,上海:上海人民出版社,2003 年,第 1852 页。

第三编(下):盛世达到全盛。共 8 章,分别为高宗的治国思想、盛世的雄姿盛容、大一统空前扩大、多民族关系的新格局、18 世纪的社会生活、盛世时期的对外关系、文化教育之极隆、盛世降下帷幕。

第四编:嘉庆道光中衰。共 6 章,分别为仁宗施政图新、社会危机四伏、由治入乱、道光力挽颓势及失败、变乱四起、嘉道之际学术新思潮。

第五编(上):鸦片战争与清朝命运。共 6 章,分别为鸦片战争前的中国与世界、鸦片战争爆发、国家衰弱的全面暴露、太平天国与清朝对峙、第二次鸦片战争、宫廷内争。

第五编(下):清王朝最后五十年。共 9 章,分别为同治政体新变动、太平天国与捻军最后失败、办洋务始末、慈禧独操政柄、边疆危机与对策、帝国主义列强武力侵华、救亡图存的尝试、晚清思想文化巨变、辛亥革命与清朝逊国。

李编《清史》最大特点就是面对学界关于清史之重大分歧,公开宣称要代表"一种清史观",以新思维、新观念重新审视清朝历史,以"大一统"作为认识、评价清史之基本准则,以各民族一律平等原则看待清朝对中国的统治,并以此清史观贯穿全书,旨在成"一家之言""自成体系"。故该著多有他书所不敢言者,如论清入关后之统一战争,云:"清入关所进行的十余年战争是统一全国的战争,旨在消除群雄,建立爱新觉罗氏的一统天下,不能把它称为'民族征服战争'。因为这不是境外的异民族对中华民族的武力征服,而是在一国之内争夺全国最高统治权的斗争。"[1]论康熙帝处理"三藩之乱",云:"圣祖时年 20 岁,血气方刚,操之过急,断然一次性解决,惹出一场大乱……吴三桂之乱,实由撤藩引起,圣祖处理不当,是不能辞其咎的。"[2]对洪承畴、尚可喜等有重大争议之历史人物,李治亭先生亦认为:"纵观承畴的人生历程,其足迹几尽全中国! 这在当时似乎找不出第二人! 他转战全国

① 李治亭:《清史》序,上海:上海人民出版社,2003 年,第 461—462 页。
② 同上书,第 569 页。

主战场,为国家的重新统一,进一步密切满汉民族关系,为确立满汉及各民族大家庭新格局,做出了毕生的努力,建立了不朽的功勋"①;"尚可喜的一生,其功在国家统一,坚决反对分裂,维护汉满和睦的民族关系"②。诸多观点在《清史》中均有反映。总体而言,该著观点新颖,论述独到,框架完整、结构合理、脉络清晰、史料丰富、文字流畅,阐述明达,为近年来不可多得极具个性化的清史专著。

在章节体《清史》方面,新中国成立后,还有范文澜《中国通史》之《清史》部分(人民出版社,1949 年),鄂世镛《清史简编》(辽宁人民出版社,1980年),杜家骥《清朝简史》(福建人民出版社,1997 年),华言实《大清王朝全史》(海南出版社,2002 年),马文作《清朝全史》(内蒙古人民出版社,2008年),史东梅《精编清朝全史》(内蒙古人民出版社,2009 年),刘毅《清朝全史》(北京燕山出版社,2010 年),郑永安《清朝全史》(云南人民出版社,2011年),张杰《清朝三百年史》(社会科学文献出版社,2011 年)等,限于篇幅,不一一赘述。

第二节　纪传体《清史》

迨至近代,"新史学"一呼百应,"史界革命"波及史体,章节体风行于世,而纪传体则日渐式微。与章节体《清史》相比,私家纪传体《清史》可谓寥寥。可述者,唯刘承幹雇人传抄之《清国史》耳。

---

① 李治亭:《洪承畴降清考辩》,苏双碧主编《洪承畴研究》,北京:中国社会科学出版社,1996 年。
② 李治亭:《在纪念尚可喜四百周年诞辰学术研讨会上的主题发言》,bbs.tiexue.net,2008-10-12。

十、刘承幹与《清国史》

刘承幹（1881—1963），字翰怡，号贞一，浙江湖州南浔镇人。出身官商世家，祖父刘墉，富甲一方；父刘锦藻，光绪戊戌年进士，著有《绪皇朝文献通考》300卷。光绪三十三年（1907），承幹考取秀才。嗣后，因科举废置，乃专意于藏书、刻书。清末动荡之际，先后得浙北、苏南卢氏"抱经楼"、莫氏"影山草堂"、朱氏"结一庐"、丁氏"持静斋"、缪氏"东仓书库"等数十家藏书，1920—1924年建"嘉业堂藏书楼"，为江南最大私人藏书楼。1933年后，刘氏家道中落，嘉业堂藏书逐渐流失。新中国成立后，承幹将2000余种古籍半捐半卖给复旦大学图书馆。1951年，将剩余藏书悉数捐献浙江省图书馆。《清国史》即其低价售于复旦大学图书馆藏书之一。

《清国史》为国史馆历朝馆臣所撰。清国史馆设立于太宗天聪十年（1636），至清末，以纪、志、表、传形式绵延不绝记录清朝史事，总计约7000余册，储藏于清宫东华门国史馆大库。民国三年（1914），清史馆成立，地址即原国史馆，《清国史》亦移交清史馆。抗日战争时期，《清国史》随故宫文物辗转运于上海、南宁及西南各地。1949年，《清国史》之绝大部分又运往台湾，藏于台北故宫博物院。因整理不善，台湾所藏《清国史》底稿与《清史稿》旧稿相互混淆，至今尚未厘清。所幸者，大陆复旦大学图书馆完整保留有刘承幹《清国史》手抄副本。据吴格先生云："嘉业堂传抄《清国史》，完成于本世纪20年代《清史稿》修纂期间。嘉业堂主刘承幹，自清末始致力于搜求古籍，经民初十余年发展，耗金二十余万，置书近六十万卷，巍然称当时东南藏书巨擘。1922年冬，刘氏至京，访清史馆赵尔巽馆长于故宫东华门内。参观晤谈之间，得知清史馆正调取原清宫秘藏之《清实录》及《清国史》全稿以采摭史料，而其实清史馆经费支绌，人员流散，修史事几乎停顿。刘氏遂与赵尔巽馆长议定：由刘氏斥资请清史馆代抄《清实录》及《清国史》，以抄费解决史馆经费无着之困难。……《清国史》传抄，始于1924年夏，完成于

1928 年夏，前后历时五年，其间以抄费挪用、史馆易人、政局动荡等原因，抄书曾经中断，若非刘氏力促并增付酬金，《清国史》传抄几于功败垂成。"①

今人所见《清国史》为复旦大学与中华书局合作整理影印本（1993 年出版），共 14 册，约 1000 余万言，其纲目如下：

第一册：《太祖本纪》（2 卷）、《太宗本纪》（4 卷）、《世祖本纪》（8 卷）、《圣祖本纪》（24 卷）、《世宗本纪》（8 卷）、《高宗本纪》（62 卷）、《仁宗本纪》（25 卷）。

第二册：《宣宗本纪》（31 卷）、《文宗本纪》（24 卷）、《穆宗本纪》（54 卷）、《德宗本纪》（不分卷，仅有编年）。

第三册：《地理志》（206 卷）、《食货志》（260 卷）。

第四册：《礼志》（8 卷）、《兵志》（15 卷）、《乐志》（36 卷）、《天文志》（16 卷）、《时宪志》（7 卷）、《选举志》（6 卷）、《艺文志》（10 卷）、《职官志》（16 卷）、《仪卫志》（4 卷）、《舆服志》（4 卷）、《河渠志》（4 卷）、《刑法志》（20 卷）。

第五册：《国史宗室王公传》（10 卷）、《国史满汉文武大臣列传》（正编，卷 1-82）。

第六册：《国史满汉文武大臣列传》（正编，卷 83-154）。

第七册：《国史满汉文武大臣列传》（正编，卷 155-192），《国史满汉文武大臣列传》（次编，卷 1-50）。

第八册：《国史满汉文武大臣列传》（次编，卷 51-144）。

第九册：《国史大臣画一续编》（160 卷）。

第十册：《国史满汉文武大臣画一列传后编》（158 卷）。

第十一册：《新办国史大臣传》（不分卷）。

第十二册：《循吏传》（11 卷）、《孝友传》（30 卷）、《国史儒林传》（82 卷）、《文苑传》（74 卷）。

---

① 吴格：《影印说明》，刘承幹《清国史》，北京：中华书局，1993 年，第 3 页。

第十三册:《国史满汉文武忠义画一列传》(正编,33 卷),《国史满汉文武忠义画一列传》(次编,29 卷),《国史满汉忠义画一列传》(续编,38 卷)。

第十四册:《国史满汉忠义画一列传》(后编,60 卷),《国史忠义画一传档现办》(不分卷),《忠义传新办已进》(不分卷),《忠义传新办未进》(不分卷)。

以上可知:《清国史》为《清史稿》重要史料来源之一,因其成于历朝史官之手,其史料价值较高,是研究清代社会重要文献。不足之处:一是史实失真,当代人修当代史,难免赞誉过度;二是残缺不全,无《宣统本纪》,无邦交、交通等志,无军机大臣、大学士等表,无畴人、艺术等传。

第三节　编年体《清史》

编年体为我国古史最早体裁,亦为我国古史"三大史体"之一,自《春秋》《左传》以降,编年体史书层出不穷,北宋司马光编纂《资治通鉴》把编年史推至第二高峰,开创"通鉴体"编年史,"专取关国家兴衰、系民生休戚,善可为法、恶可为戒者"①为取舍内容,其鉴戒史观愈加突出。继司马光之后,清代毕沅撰《续资治通鉴》、夏燮撰《明通鉴》,通鉴体史书一脉相承。以"通鉴体"撰清史者,最早当为清末民初学者许国英所撰《清鉴易知录》(正编28卷),记事自顺治元年(1644)至宣统三年(1911),凡 10 帝 268 年,于 1918 年由广育书局发行。许国英之后,又有印鸾章之《清鉴纲目》(16 卷),该书以年为经,以事为纬,有纲有目,自太祖开国起,至宣统逊位止,以皇帝顺序,记载有清一代 268 年史事,于 1936 年由世界书局出版。而编年体《清史》影响最大者则为人大清史所集体编撰之《清通鉴》《清史编年》以及章开沅先生

---

① 司马光:《资治通鉴·进书表》,北京:中华书局,1956 年。

主编之《清通鉴》。

十一、戴逸、李文海与《清通鉴》

《清通鉴》为人大清史所戴逸、李文海主编,清史所刘小萌、张玉兴等分编撰写而成,山西人民出版社 2000 年出版。李文海(1932.2.28—2013.6.7),江苏无锡人。1955 年毕业于中国人民大学历史研究班并留校,先后任北京市委宣传部副部长,清史研究所副所长、所长,人大历史系副主任、主任,人大副校长、校长,中国"近代灾荒史"开拓者和集大成者,著有《中国近代灾荒纪年》《中国荒政书集成》等重要著作。"荒政"以外,一生致力清史研究,为戴逸先生最得力助手,国家《清史》纂修工程主要倡导者和推动者,国家《清史》编纂委员会主要负责人、编审组组长。《清通鉴》全书 700 余万字,记载上起明万历十一年(1583)女真崛起,下迄宣统三年(1911)宣统逊位,共 318 年史事。该书前编 32 卷,述 1583—1643 年史事。正编 268 卷,述 1644—1911 年史事。附录包括人名、地名等索引,主要参考文献。为本世纪初最权威通鉴体《清史》。

《清通鉴》为人大清史所集体汇编,参与斯役者:前编,刘小萌撰;顺治元年(1644)正月初一至顺治十八年(1661)正月初八日,张玉兴撰;顺治十八年(1661)正月初九日至康熙六十一年(1722)十一月十六日,林乾撰;康熙六十一年(1722)十一月十九日至雍正十三年(1735)八月二十二日,朱磬撰;雍正十三年(1735)八月二十三日至乾隆六十年(1795)年末,郭成康撰;嘉庆元年(1796)正月初一日至嘉庆二十五年(1820)八月二十五日,郝秉键撰;嘉庆二十五年(1820)八月二十九日至道光三十年(1850)正月十四日,房德邻撰;道光三十年(1850)正月十七日至咸丰十一年(1861)七月十六日,何瑜撰;咸丰十一年(1861)七月十七日至同治十三年(1874)年末,杨东梁撰;光绪元年(1875)正月至光绪二十一年(1895)年末,潘向明撰;光绪二十二年(1896)正月至宣统三年(1911)十二月二十八日,迟云飞撰。

戴、李《清通鉴》具有极高的学术价值,其一,史料详备。全书700余万字,是当时部头最大的编年体《清史》,正如本书序言所言:"著述宗旨、编纂体例上取法司马光《资治通鉴》,力求撰写成一部观点正确、史事翔实、取材丰富、能反映时代精神、易为广大读者所接受的通鉴体编年史书。"①其二,在编纂体例、史观、取材等方面均有创新,尤其是该著之"考异"最显特色,诚如张岂之先生所言:"《清通鉴》有深厚的学术含量……作者们对史料的搜集、整理、鉴别、取舍、考订、剪裁,并非急就章,而是长期积累和研究的结果。"②其三,语言风格采取"浅显文言文"实属得当。编年体史书最忌史料堆积,该著避开文言文,用浅显文言文表达,增加可读性。其四,该著集学术专著、教材、资料汇编、工具书于一体,把编年体《清史》推到一个新高度,为世人检阅"清史"提供极大便利。如过去人们读清史"三藩之乱",主要关注南方的"平藩"史事,而读《清通鉴》,人们便知道与"三藩之乱"同时,还有北方正与俄国交涉事;再如道光二十三年(1843)(一至四月)事,先是姚莹、达洪阿冤案(道光朝第一大冤案),接着是穆彰阿、讷尔经额等签署《筹议天津各海口善后章程》,继之是黄河决口(道光朝最大的水患),继之是陈庆镛弹劾琦善、奕经、文蔚案(道光朝最大弹劾案),继之是查处库丁盗户部大库案(道光朝最大经济案)。这些事,有政治、经济、外交、河政,放在一起,世人很快就能明了当时朝野清流派与妥协派之间错综复杂的斗争背景。如果是纪传体,这些事件往往是被分别割裂的。

当然,该著亦有一些不尽人之处,如王鼎死亡日期是道光二十二年(1842)四月三十日,《清通鉴》载于五月初一日③;有些"考订"也疏于严谨,如关于光绪之死,该著"考订"之结论与事实不符,在事实未完全弄明白之前,疑者存疑,较好。

---

①　戴逸、李文海:《清通鉴》序言,太原:山西人民出版社,2000年。
②　张岂之:《评荐清通鉴》,载《历史教学问题》,2001年第1期,第71页。
③　戴逸、李文海:《清通鉴》,太原:山西人民出版社,2000年,第5933页。

十二、章开沅与《清通鉴》

与人大清史所《清通鉴》同时面世者还有华中师范大学章开沅先生主编之《清通鉴》。章开沅,1926年生于安徽芜湖,祖籍浙江省吴兴县。1946年入南京金陵大学历史系,1948年入中原大学攻读研究生,1951年入华中大学(今华中师范大学)历史系,先后任教员、讲师、副教授、教授等职,1985—1991年任华中师范大学校长。章先生主要从事辛亥革命史研究,兼及中国近代文化史、中外近代化比较研究,代表著作有《辛亥革命史》(三卷本)、《辛亥革命与近代社会》,主编《辛亥革命史丛刊》《中外近代化比较研究丛书》等。1995年,岳麓书社把《清通鉴》列入出版计划,章氏《清通鉴》工程正式启动。前后历经4年,2000年5月由岳麓书社出版。参与此役者,除饶怀民、严昌洪二位副主编外,尚有12位参编人员,分别为:刘韶军:顺治元年(1644)至顺治十八年(1661);邓泽森:康熙元年(1662)至康熙二十年(1681);方秋梅:康熙二十一年(1862)至康熙三十年(1691);刘云波:康熙三十一年(1692)至康熙三十五年(1696),康熙四十五年(1706)至康熙六十一年(1722);岑生平:康熙三十六年(1697)至康熙四十四年(1705);刘渝龙:雍正元年(1723)至雍正十三年(1735);曹松林:乾隆元年(1736)至乾隆六十年(1795),同治十年(1871)至同治十三年(1874);李育民:嘉庆元年(1796)至嘉庆二十五年(1820),同治七年(1868)至同治九年(1870);严昌洪:道光元年(1821)至道光三十年(1850);罗福惠:咸丰元年(1851)至咸丰十一年(1861);饶怀民:同治元年(1862)至同治六年(1867),光绪元年(1875)至光绪三十四年(1908),宣统元年(1909)至宣统三年(1911)。

与戴、李《清通鉴》相比,章氏《清通鉴》有诸多不同之处。其一,上限年代不同,章氏《清通鉴》记事上起顺治元年(1644年)福临即皇帝位,迄于宣统三年十二月二十五日(1912年2月12日)溥仪退位,记述清朝兴起、发展和灭亡268年历史,比戴、李《清通鉴》少50年。其二,字数不等,章氏《清通鉴》为 400 万字,戴、李《清通鉴》700 万字。其三,无考异。其四,历史人物大多无简介。其五,重大历史事件前均无"提要语"。两相比较,戴、李《清通鉴》史料更翔实,章氏《清通鉴》内容更精练。

章氏《清通鉴》之特色,一是博而得要。史料取舍涵盖有清一代政治、经济、军事、文化、思想、教育、社会诸方面,但凡"政治兴衰、制度沿革、大吏升迁、军事建制、经济结构、文化变迁、社会演变、自然变故、群众斗争、民族关系、中外交往等历史现象均在叙述之列"①。二是简而不遗。章氏《清通鉴》记事起于顺治元年,目的在于承接夏燮《明通鉴》(《明通鉴》止于明崇祯十七年,即顺治元年,1644 年);章氏《清通鉴》不载人物简介,因《清代人物传稿》等清史著述已有之。但凡属军国大事、民生民瘼则疏而不漏。三是散而有集。编年体最大劣势在于"支离破碎、首尾难稽",章氏《清通鉴》则吸收纪事本末体优点,"对一些重大历史事件采取适当集中、连续叙述的方法,将同一件史事合并而仍以时序别其先后;在一年中陆续发生的事件,选择在事件出现高潮的时候集中叙述;发生在几年中的事件,在每一年适当的时候集中叙述,在写法上采取追记、补述等方法将前后发生的事件系于同一时间之内⋯⋯既注意到了以时间为线索的历史发展顺序,又保持了事件发展的相对完整性"②。

尽管如是,章氏《清通鉴》亦有差强人意处:一则,重大史事缺漏。如道光朝陈庆镛弹劾琦善、奕经、文蔚三帅之奏章,文本缺失。重要奏章,不录全文,亦应摘段。二则,有些体例有待商榷。如全著仅有 4 卷,不合史法,即使每帝一卷,也应分成十卷,要么就不分卷,或叫"册"亦未尝不可。三则,有些史实疏于考订。如康熙朝有两个于成龙,书中并未明确交代。最后,事件主次顺序安排有待完善。如道光二十二年(1842)二月有:"丙戌(初七日),林则徐仍发往伊犁,效力赎罪⋯⋯五月初一日,王鼎卒。"③王鼎为道光朝抵抗

① 章开沅:《清通鉴》序言,长沙:岳麓书社,2000 年。
② 章开沅:《清通鉴》序言,长沙:岳麓书社,2000 年。
③ 章开沅:《清通鉴》,长沙:岳麓书社,2000 年,第 692—693 页。

派之首领、林则徐恩师。"林则徐仍发往伊犁效力赎罪"与"王鼎之死"皆为军国大事,把恩师事迹藏于学生腋下,似乎不妥,若把"王鼎之死"单独列于"四月三十日"条目下,再补叙林则徐事较为合理。当然,上述疏漏瑕不掩瑜,大江南北,同时出现两部《清通鉴》,可谓南北呼应、交相辉映,诚如当时学者指出的那样:"新近出版了两部《清通鉴》,分别由著名史学家戴逸和章开沅先生主编,使通鉴体史书由古代到清朝,得以成龙配套,成为贯通古今的完史,这在史学领域是一件很值得庆贺的盛事。"①

十三、李文海与《清史编年》

《清史编年》由中国人民大学清史研究所李文海主编、清史研究所集体编写而成,全书12卷,600余万字,是当今最流行、影响最大、质量最高之编年体清史。该著最早动议为中国人民大学已故副校长、著名清史学者郭影秋先生提出,20世纪五六十年代,毛泽东、周恩来、董必武等都曾关注清史修撰,中国人民大学专门成立清史研究所,郭影秋先生提出:"编写《清史》首先要从基础工作做起,要在搜集资料、理清史实的基础上,先编一部清代历史的大事记,然后再从各个方面拓展对清代历史的研究。"②编写"清代大事记"遂成为清史所重要任务之一。1980年,清史所决定由林铁钧、史松专门负责此项事务。1985年,出版由林铁钧、史松主持编写的第一卷顺治朝大事记,随后,又有近二十位学者加入队伍,至2000年第十二卷出齐,前后整整二十年,可谓"二十年磨一剑"。该著采用编年体裁,按时间顺序,记述自清朝入关至宣统逊位清代政治、经济、军事、文化、民族关系、对外关系、农民起义以及著名历史人物活动、重大自然现象等重大历史事件,是一部综合编纂的清代史料长编。全书有李文海具体负责统筹协调,各卷编纂人员如次:第

---

① 萧致治:《通鉴体史书的完善与发展》,载《华中师范大学学报》,2001年第1期,第141页。
② 梁枢:《关于清史编年》,载《光明日报》,2004-06-03。

一卷顺治朝,由史松、林铁钧负责编写,林敦奎、徐滨、向晓、罗远道、曹月堂、胡又环、陈洪等参与;第二卷康熙朝上和第三卷康熙朝下,由林铁钧、史松负责编写,陈洪、胡又环、罗远道、孙家骥、袁定中、向晓、曹月堂、徐滨等参与;第四卷雍正朝,由史松主编,向晓、胡又环等参与;第五卷乾隆朝上和第六卷乾隆朝下,由郭成康编写;第七卷嘉庆朝,由林铁钧编写;第八卷道光朝,由陈桦编写;第九卷咸丰朝,由尹福廷编写;第十卷同治朝,由杨东梁、谭绍兵、黎烈军编写;第十一卷光绪朝上,由潘向明编写;第十二卷光绪朝下、宣统朝,由迟云飞编写。

李氏《清史编年》最显著特色,一是坚持唯物主义历史观。正如郭影秋先生在"序言"中所言:"《清史编年》实际上是一部编年体的史料长编,但它与旧的编年史书有所区别,主要在于它力求用历史唯物主义的观点方法整理、分析、扬弃和归纳复杂的清代史料,坚持实事求是,力求准确地揭示清王朝兴起、发展、衰落和覆灭的全部历史进程。"[①]二是广征博引。该著使用之史料,取材以《清实录》等清代各类官书为主,并参用档案、方志、文集、传记、笔记、稗史、碑传、谱牒等,以便相互印证、补充,借以辨别历史真相,史料征引富而广博。三是采用现代学术规范。凡书中引用资料,均注明出处,这为清史研究者可以提供极大便利。四是考据功夫深厚。该著采取"页下注"方式进行考据,在参照清代官书及私家杂乘基础上,大量参考现当代清史研究最新成果,各种史料相互旁证,做到不轻信、不偏信,既不囿于成说,亦不轻易翻案,更不以主观意愿而妄下断言,不少地方疑者存疑,罗列争论,如第一卷顺治朝言及"李自成之死",即如实记录八种不同说法。[②] 当然,该著亦有可商榷处,一者,该著记事起于顺治元年,对努尔哈赤、皇太极事迹略而不载;一者,因书成于众人之手,前后语言风格等多有不协调处。总而言之,《清史编年》尽管有些部分可供商榷,但仍不失为目前最权威、最全面、学术

---

① 李文海:《清史编年》郭影秋序言,北京:中国人民大学出版社,2004 年。

② 李文海:《清史编年·顺治朝》(第一卷),北京:中国人民大学出版社,2004 年,第 80 页。

价值最高之编年体清史。

第四节 纪事本末体《清史》

自宋代徐梦莘《三朝北盟汇编》首开先河,袁枢《通鉴纪事本末》登上史坛,纪事本末体遂与纪传体、编年体并列为中国古史三大体裁。该史体以事件为中心,以时间为顺序,一事一记,独立成篇,由始至终,叙事详备,"文省于纪传,事豁于编年""决断去取,体圆用神"①,兼有纪传体与编年体所不具备之优点,于大众学者读史、研史甚为便捷。清史亦然,前有黄鸿寿《清史纪事本末》,后有南炳文《清史纪事本末》,略述如次:

十四、黄鸿寿与《清史纪事本末》

黄鸿寿,湖南善化(今长沙市)人,事迹不详。著有《清史纪事本末》,为我国最早纪事本末体《清史》。

黄编《清史纪事本末》有民国三年(1914)石印本、民国四年(1915)上海文明书局本,全书计 2 册,80 卷,从"满洲初起""辽沈建国"到"铁路国有政策""民军起事与下诏辞位",一卷一事,共 80 个始末,约 40 万言。

黄编《清史纪事本末》以 80 个事件记载有清一代自满洲初起至宣统退位近三百年主要历史,其学术价值:一、首次以纪事本末体记载清史;二、体例上有所创新,在每一始末之后附有评论;三、史观上与同时代学者相比有所进步,如对待满洲祖先"仙女吞吃朱果"粉饰故事,"本书于此等处严加芟

---

① 章学诚:《文史通义·书教下》,上海:上海书店,1988 年,第 16 页。

薙,但叙其种族之缘起及政治之现象……以破除迷信鬼神与崇拜君主之习惯"①。如对待辛亥革命,书中不称"匪""叛军",而称"革命党人""革命军起事于广州"②等。但该书短处显而易见,一是互相矛盾之处甚多,如黄氏本人宣称"向来奏报公牍之习惯,往往称人民抵抗官吏者为匪、为逆,不知人民之暴动多由政治之未良……本书于此等称谓酌加改易"③,但是,书中涉及李自成起义、白莲教起义、义和团运动仍称"流寇""民乱""拳匪"等;二是参考资料不全,有学者指出:"其资料主要依据蒋良骐《东华录》、一些私家记载及耳闻目睹所及,对于清代各朝的实录……大量档案,更是未加利用,显然是其不足"④;三是体例不一,每一"始末"后附有评论,但在"太平天国之兴亡""捻军之起灭"等始末后,皆无评论;四是存在一些史实错误,如将顺治贵妃董鄂氏误为"秦淮八艳"之董小宛;五是重大史事漏载,如"大西政权""收复台湾""清代赋役""摊丁入地""该土归流""洋务运动"等均付之阙如。

十五、南炳文与《清史纪事本末》

当今最完备之纪事本末体《清史》当属南炳文、白新良主编之《清史纪事本末》(又称"新编《清史纪事本末》")。南炳文(1942—),河北省广宗人。1966 年毕业于南开大学历史系,先后在中国科学院中国近代史研究所、南开大学历史系、历史研究所工作,曾担任南开大学学术委员会委员、历史学院教授、中国古代史博士生导师、历史研究所所长、天津市政协常委,现为天津市文史馆馆员,中国明史学会会长。独著或合著有《明史》《中国封建王朝兴衰史(明朝卷)》《南明史》《佛道秘密宗教与明代社会》《清史》《清代文化》《中国古代图书事业史》《中国反贪史》(明代部分)和《中国通史》《天津史

---

① 黄鸿寿:《清史纪事本末》例言,民国三年石印本。
② 同上书,卷八十,第 2 页。
③ 同上书,例言。
④ 李旭:《溯本求源话清史》,载《天津日报》,2006-07-17。

话》《天津古代人物录》等,为当代著名明清史专家。白新良(1944—),河北省正定人。1966 年毕业于天津南开大学历史系,1978 年复入南开大学历史系,师从郑天挺先生,1981 年获南大古代史硕士研究生学位并留校从事历史教学与科研,曾任南开大学历史研究所明清史研究室主任、副研究员、研究员,独著或合著有《乾隆传》《康熙皇帝全传》《清史新论》《清代全史》《中国社会史研究概述》《中国古代图书事业史》等,为当代著名清史专家。

南、白版《清史纪事本末》最早由辽宁人民出版社袁闾琨、刘中平、那荣利等同志倡议编写,南开大学历史学院南炳文、白新良教授承担此役,自 1995 年至 1998 年历时三年完成编撰。全书分 10 卷,分别为入关前、顺治朝、康熙朝、雍正朝、乾隆朝、嘉庆朝、道光朝、咸丰同治朝、光绪朝、宣统朝,"除主编南炳文、白新良负责发凡起例、最后通稿外"[①]。第一卷主编为白新良,第二卷主编为李小林,第三卷主编为姜胜利,第四卷主编为乔治忠,第五卷主编为白新良,第六卷主编为林延清,第七卷主编为吴振清,第八卷主编为傅美林,第九卷主编为米镇波,第十卷主编为傅美林,全书从"满洲先世""太祖起兵""大破九部联军"到"下诏逊位""宣统后纪""光宣人文",共计 500 个事件始末,300 余万字,内容包括政治、经济、军事、文化、民族关系、中外交往等有清一代历史史实。

南、白版《清史纪事本末》之特点,有学者指出:该著突出四大特点,即"理论方法上坚持马列主义唯物史观为指导、内容上坚持学术性与评述性的统一、史体上坚持传统纪事本末体基础上加以创新、写法上坚持时代性和通俗性的统一"[②]。实际上,该著每一始末后之评论最为精彩,如"姚莹冤案始末"评论云:"抗战有罪,媚敌有功,《江宁条约》签订以后发生的姚莹、达洪阿冤案,是清廷极端腐败的又一例证。……清廷不罚有罪,不赏有功,朝廷混浊一片,几无清白正直人立足之地。"[③]读之倍感醋畅,诚如李治亭先生所

① 南炳文,白新良:《清史纪事本末》序,上海:上海大学出版社,2006 年。
② 姚铁军:《一部全新的纪事本末体清史巨著》,全国新书目,2006 年第 10 期。
③ 南炳文,白新良:《清史纪事本末》(第七卷),上海:上海大学出版社,2006 年,第 2389 页。

言："由南开大学多位著名清史专家集体编写的这部《清史纪事本末》是1915年黄鸿寿以来第一部现代语文体的清史纪事本末,其内容上比黄鸿寿多了近10倍;其观点上按照唯物史观,不带偏见……是一部严肃的可供专家和初学者阅读的一套好的清史教材。"①但该著亦存在些许缺憾,一则,部分章节语言过于呆板,如"满洲先世"始末,某年某月发生某事,如记流水账,可读性不强;二则,立目太烂,如第一卷"大破九部联军、用兵海西、舒尔哈奇、褚英之变、开创规模"4个"始末"实际上可以合并成一个始末,"开创规模"单独成为一个"始末"似乎牵强,其他诸如"两废太子(上)""两废太子(下)"等诸多"上、中、下"者皆合并为一个始末较合史体。尽管如是,南、白版《清史纪事本末》仍不失当今最完善之纪事本末体《清史》。

第五节　综合体《清史》

近代以来,史学界一直呼吁采用新史体即"综合体"重修《清史》,如王戎笙先生认为:"今天怎样修清史?最重要的是创新,首先是要创新体裁,还要有新材料、新观点、新方法。"②当今国家大型《清史》实际上即为以纪传体为主的新体裁——综合体,而之前对《清史》新体裁进行积极探索者莫过白寿彝总编之《中国通史·清史》和朱诚如主编之《清朝通史》。

十六、白寿彝与《中国通史·清史》

《中国通史·清史》,白寿彝总主编,1999年由上海人民出版社出版。

---

① 《〈清史纪事本末〉新闻发布会专家发言纪要》,转引自国学论坛 Archiver,2006-06-12。
② 王戎笙:《抛弃"正史",创新体裁》,载《文汇报》,2002-07-27。

白寿彝(1909—2000),字肇伦,回族,经名"哲玛鲁丁",河南开封人。1926年就读于中州大学,师从冯友兰先生;1929年,考入燕京大学国学研究所;1932年研究生毕业,被聘为北平研究院历史研究所助理研究员。1938—1948年,先后在重庆中央大学、南京中央大学任教。1949年,入北京师范大学,直至退休。为我国当代著名史学家,曾与侯外庐等曾筹建中国科学院历史研究所二所,与刘大年等创办《历史研究》杂志,著有《中国交通史》《中国史学史教本》《史学概论》,多卷本《中国通史》等,其中,《中国通史》(22册、1400万字)"被誉为20世纪中国历史学界的压轴之作"①。

白寿彝《中国通史·清史》共4册,400余万言。前两册为"清时期",由周远廉、孙文良主编,后两册为"近代前编",由龚书铎主编,编目如次:

第一册(中古时代·清时期上):甲编序说(分3章:基本史料、研究概述、本卷编写旨趣)乙编综述(分10章:后金兴起、清的建立、入主中原、康乾盛世、嘉道中衰、白莲教和川陕农民起义、天地会、少数民族、台湾的开发、中俄关系),丙编典志(分10章:农学和农业技术、土地制度和阶级关系、手工业技术及有关的工程、手工业与资本主义萌芽、商人商业商镇、政权机构及其职能、军制和法制、礼俗、官修图书)。

第二册(中古时代·清时期下):丁编传记(分53章,有努尔哈赤等67人传记,附清代数学、天文学、物理学、地理学、化学、生物学、医药学)。

第三册(近代前编上):甲编序说(分3章:文献资料、研究概况、本卷编写旨趣),乙编综述(分16章:鸦片战争和中国近代史的开端、太平天国农民运动战争的兴起和发展、各族人民的反清斗争、第二次鸦片战争、太平天国后期的斗争、外国的经济侵略和洋务活动、商办企业的出现、中法战争、中日战争、维新运动、义和团、资产阶级民主革命运动、预备立宪、武昌起义、北洋军阀的黑暗统治、中国革命的新曙光),丙编典志(分18章:近代农业和农学技术、手工业、工业、工业工程技术、土地制度、商业、交通邮电、河工漕运盐

---

① 许殿才:《七十年心血铸就的丰碑》,载《史学史研究》,1999年第3期。

政、海关、法制、中央和地方政权机构、宪政、兵制、秘密结社、留学运动、学术、文学艺术、新闻出版）。

第四册（近代前编下）：丁编传记（分 41 章，有林则徐等 35 人传记，附近现代数学、天文学、气象学、物理学、化学、地学、生物学、医药学、科研社团与科研机构）。

该著最大特色是糅合纪传体与章节体为一体，创制一种新史体——综合体，并按照序说、综述、典志、传记 4 大部分，以章节体动态记述清代历史。由于属首次探索以纪传体与章节体相结合编纂大部头史籍，各部分之间还不是很协调。白拉都格其教授认为："白寿彝《中国通史》虽有创新意义，但至少其清代、民国两部，长篇综述与典志、传记间难以协调吻合，传记的篇幅不小而人物过少，都是明显的体裁体例缺陷。"①

十七、朱诚如与《清朝通史》

朱诚如（1945— ），江苏淮阴人。1964 年考入北京大学历史系，师从邓广铭先生；1978 年考取山东大学历史系明清史专业研究生，师从张维华、黄冕堂教授。1994 年后，历任辽宁师大校长、故宫博物院副院长、学术委员会委员、中国紫禁城学会会长、清宫史学会会长等职，现为国家清史编委会副主任，北京大学、山东大学教授，博士生导师。著有《康雍乾三朝史》《中国古代政治制度史》等 10 余部学术著作。

朱诚如先生主编之综合体《清朝通史》，紫禁城出版社 2002 年出版，该著由两大部分构成。一是《清史》图录，以近 5000 幅图片记载清朝十二帝历代政治、军事、经济、文化；二是《清史》文本，以 11 册文字记载有清一代近300 年历史。

---

① 白拉都格其：《新修清史体裁体例刍议》，载《清史编纂体裁体例讨论集》（上册），北京：中国人民大学出版社，2004 年，第 227 页。

就《清史》文本而言,各部分体裁又不尽相同。

第一部分:清代历史综述(朱诚如主编),章节体。

第二部分:太祖、太宗朝(阎崇年主编),纪事本末体。

第三部分:顺治朝(李治亭主编),纪事本末体。

第四部分:康熙朝(上下)(王思治主编),纪事本末体。

第五部分:雍正朝(冯尔康主编),纪事本末体。

第六部分:乾隆朝(上下)(周远廉主编),纪事本末体。

第七部分:嘉庆朝(张玉芬主编),纪事本末体。

第八部分:道光朝(喻大华主编),纪事本末体。

第九部分:咸丰、同治朝(马东玉主编),纪事本末体。

第十部分:光绪、宣统朝(余同元主编),纪事本末体。

第十一部分:大事记(孟宪刚主编),编年体。

第十二部分:《清史图典》(朱诚如主编),图录体。有 12 册,第 1 册太祖太宗朝,图片 522 幅;第 2 册顺治朝,图片 496 幅;第 3、4 册康熙朝上下卷,图片 734 幅;第 5 册雍正朝,图片 356 幅;第 6、7 册乾隆朝上下卷,图片 693 幅;第 8 册嘉庆朝,图片 407 幅;第 9 册道光朝,图片 468 幅;第 10 册咸丰、同治朝,图片 532 幅;第 11、12 册光绪、宣统朝,图片 666 幅。共计 4874 幅图片。

朱编《清朝通史》最大特点,一是把章节体、纪事本末体、编年体、图录体融合一起以"综合体"记载清史;二是以"图录体"记载清史,其中许多图片为世人不可得窥之珍贵史图,是清朝断代史新体裁的有益尝试。但是,不可否认,该著各种体裁融合尚欠到位,尚未形成有机整体,条块分割极为明显;总述与分述互有重复,各朝历史连贯性有待加强。

第六节 章回体《清史》

史学者,有精英史学,亦有大众史学。汉末三国史,陈寿《三国志》读之者少,而罗贯中《三国演义》则家喻户晓;百姓了解隋唐事,多赖褚人获之《隋唐演义》,大众史学于史学普及功莫大焉。《清史》之大众史学,前有陆士谔《清史演义》、蔡东藩《清史通俗演义》,后有黎东方《细说清朝》、李伯通《清朝全史演义》、许啸天《话说清朝三百年》、夏家馂《清朝史话》等。清朝大众史学,以蔡氏《清史通俗演义》、黎氏《细说清朝》最为重名,分述如次:

十八、蔡东藩与《清史通俗演义》

蔡东藩(1877—1945),初名椿寿,稍长,改名郕,号东藩,浙江萧山人。自幼聪颖好学,嗜读《资治通鉴》,时人目为"神童",17岁中秀才,宣统二年(1910年)春,以优贡生朝考入选,旋赴江西候补知县。后至福建,因不满官场恶习,托病返乡。辛亥革命后,应友人邵希雍之邀,至上海会文堂新记书局任编辑,编撰《高等小学论说文范》《清史概论》等新式教科书。1915年底,袁世凯复辟,举世声讨,蔡氏响应梁启超"小说救国",乃于1916年7月撰述《清史通俗演义》,欲借历史故事,隐喻时政,惊醒世人。

蔡氏撰《清史通俗演义》,诚如自己所言:"自天命纪元起,至宣统退位止,凡二百九十七年间之事实,择其关系最大者,编为通俗演义。几经搜讨,几经考证,巨政固期核实,琐录亦必求真;至关于帝王专制之魔力,尤再三致意,悬为炯戒。"①

---

① 蔡东藩:《清史演义·自序》,《清史演义》,郑州:中州古籍出版社,2009年。

《清史通俗演义》1916 年由会文堂书局出版后,即风行全国,成为"清史"普及最受欢迎之大众书。

《清史通俗演义》采用传统章回体,全书共 100 回,从第一回"溯往事慨谈身世,述前朝细叙源流"到第一百回"举总统孙文就职,逊帝位清祚告终",讲述有清一代近三百年史实。该著最大特点是分回标目、分章叙事、首尾完整、故事连接、段落整齐,语言雅而不涩、俗而不俚,极具大众化。然而,蔡氏虽然一再强调遵循"以正史为经,务求确凿;以轶闻为纬,不尚虚诬"著书原则,反对"语出无稽,事多伪造"①,但鉴于当时清史学术水平较低,蔡氏仍难以摆脱章回小说"七分史实、三分虚构"之窠臼,把"孝庄太后下嫁""世宗篡位"等诸多逸闻野史充斥其间。

尽管如是,蔡氏撰《清史通俗演义》,欲以一己之长诉之史笔,以期用通俗演义形式讲述中国历史,以此帮助国人从历史启迪中寻找救亡图存之道,实现其"书生报国"之志。故《清史通俗演义》后,一发而不可收,陆续撰写《元史演义》《明史演义》《民国演义》(上)、《宋史演义》《唐史演义》《五代史演义》《南北史演义》《两晋史演义》《前汉史演义》《后汉史演义》等共计 11 部,1040 回,600 余万言,成为中国"历代通俗演义"第一人,被后人誉为"一代史家,千秋神笔"。据说毛泽东在延安时曾托李克农代购该著并置床案备读。②

十九、黎东方与《细说清朝》

黎东方(1907—1998),原名"智廉",祖籍河南正阳,生于江苏东台。早年于清华大学攻读史学,为梁启超晚年弟子。后留学法国,易名"东方",师从著名史学家马第埃教授,1931 年获巴黎大学文学博士学位。归国后,先后

---

① 蔡东藩:《唐史演义·自序》,蔡东藩《唐史演义》,北京:中国文史出版社,2003 年。
② 丹徒:《从毛主席看通俗演义说起》,《萧山文史资料》(第二辑),内部资料,第 156 页。

在北京大学、清华大学、中山大学、东北大学任教。抗战军兴，随东北大学迁西安；1939 年，受陈立夫之邀至重庆，主持教育部史地教育委员会工作兼为重庆中央大学等校授课。为谋生计，黎氏于 1944 年在重庆中一路黄家垭口实验剧场开讲"品三国"，盛况空前，被誉为"现代东方讲史第一人"。嗣后，又在重庆、成都、昆明、泸州等地讲述三国、武则天、康熙乾隆、八国联军侵华、太平天国、慈禧等历史，"高坛设座，讲古说今，以历史励人心而鼓抗战，名动一时"①。因其学识渊博，语言幽默，讲评结合，绘声绘色，发前人所未发，述大众所未闻，而备受大众欢迎，林语堂欲将"幽默大师"之头衔拱手让之，邓广铭称赞其云："这真称得起是一支异军突起，然而这支突起的异军，一上阵却收到了横扫千军的效果。"②抗战胜利后，远赴美国；1949 年后，经常往返于台湾与美国各大学之间讲学；1954 年，与林语堂在新加坡共创南洋大学；1961 年，受张其昀之邀，参与台湾版《清史》纂修。上世纪 60 年代，开始整理撰写《细说清朝》，并在报纸上陆续刊出，后由台湾传记文学出版社出版。③ 在台岛引起轰动，胡适先生读后大加赞赏，力劝其将历朝历代都"细说"一遍。黎氏随后又有《细说三国》《细说明朝》《细说民国建立》问世，1998 年病逝于美国。

《细说清朝》以"讲史"形式，通俗讲述有清一代重大历史事件、重要历史人物、历史之谜等，并附以点评。著述体裁，有学者称其为"细说体"④，实则为古已有之"章回体"，全书从"先说一个大概""皇帝的祖宗"至"慈禧的最后七年""清朝的最后三年"共 136 讲，即一百三十六回。

黎氏撰《细说清朝》，诚如自己所言："写历史，不比写小说。写小说，可以创造情节，把故事叙述得天衣无缝；写历史，就只能抱残守缺，屈从材料本

---

① 唐振常：《黎东方先生讲史之学》，黎东方《细说清朝》序二，上海：上海人民出版社，2003 年。

② 邓广铭：《细说中国历史丛书序言》，黎东方《细说清朝》序一，上海：上海人民出版社，2003 年。

③ 大陆：《细说清朝》最早版为上海人民出版社 1997 年版。

④ 崔美明：《黎东方和细说中国历史丛书》，载《人民日报》，2003－01－19；虞云国《细说体：史书体裁的新尝试》，载《中华读书报》，2003－07－16。

身的种种限制,我颇想就一些雪泥鸿爪,勾描出粗粗的轮廓而不慌不忙地细细交代一番,所愧的是学力不足。"①黎氏治史,不论是当初"细说讲史",还是后来"细说著述系列",皆受大众欢迎。然,不可否认者,细说毕竟是"品说",为吸引听众,细说中所添加之众多"噱头""调料"有些失实;再者,重大政治、军事、文化事件及历史人物好"细说",而经济与社会民众生活之史事则不易"品说",《细说清朝》136 回,涉及经济与民众生活者了了 3 回,可谓"细说清朝",不可谓"细说清史"。

---

① 黎东方:《细说清朝》原版"小序",上海:上海人民出版社,2003 年。

第六章　国家《清史》纂修经过（上）

修史容易,修国史难。北洋政府纂修《清史》难,南京民国政府纂修《清史》难,台湾地方政府纂修《清史》难,中华人民共和国纂修《清史》亦难,诚如戴逸先生感慨所言:"修《清史》的事是三起三落,道路坎坷而漫长!"①反观国家《清史》十二年纂修历程,大抵可分四个阶段:2003 年体裁体例讨论阶段、2004 年至 2005 年项目立项阶段、2005 年至 2009 年初稿撰写和阶段性成果评估阶段、2010 年至 2014 年审改合成阶段。② 述国家《清史》纂修经过(上)。

第一节　国家《清史》纂修缘起

重修《清史》是几代史学工作者的共同心愿,也是当今中国社会现实发

---

① 于晓静:《清史人生——戴逸先生访谈》,载《北京文史》,2011 年第 1 期,第 28 页。

② 按:国家《清史》纂修阶段有"三阶段说",有"四阶段说"。主张"三阶段说"者,如编委会副主任成崇德教授,即把"体裁体例讨论与清史项目立项"合为一个阶段;主张"四阶段说"者,如编委会副主任朱诚如就把"立项"作为一个阶段,他认为:"第二个阶段是立项并组织全国的清史专家纂修清史的阶段"。实际上,"立项"是国家《清史》纂修过程中一个确确实实存在的阶段,故我主"四阶段说"。同时,笔者亦认为:如果把"体裁体例讨论与清史项目立项"合为一个阶段,亦未尝不可。

展的客观需求,"我国现在的疆域是在清朝形成的,我们的民族格局是在清朝形成的。严格意义上来说,我们国家是在清朝才跟世界融为一体的,不管它是主观还是被迫。对于融入世界中的这么一个封建王朝,很多东西需要我们重新认识研究。"①《清史稿》没有完成国家正史纂修任务,台湾版《清史》亦未完成国家正史纂修任务,重修《清史》之历史任务自然就落在我国当代史学家身上。在台湾版《清史》编修之际,祖国大陆也在悄然进行着《清史》纂修,在第一代、第二代和第三代党和国家领导人关心和支持下,在吴晗、郭影秋、戴逸等史学工作者前赴后继呼吁和努力下,经过五次动议,2002年,国家《清史》纂修工程终于启动。

一、新中国第一次《清史》纂修动议

新中国第一次《清史》纂修动议始于 1949 年,由董必武提出。而此次动议根源主要来自于毛泽东。

早在延安时期,毛泽东就极为重视中国近代史研究。众所周知,中国传统文化之经、史、子、集,毛泽东最钟爱"史",曾读《资治通鉴》17 遍,其点评"二十四史",真知灼见及读史态度为一般史家所不及。1937 年 1 月,毛泽东专门致电派驻西安工作联络局局长李克农"请购整套中国历史演义两部",②"中国历史演义"即指蔡东藩所著包括《清朝通俗演义》在内之《历朝通俗演义》;1941 年 1 月,毛泽东给苏联的毛岸英开列学习书目《子不语正续》《三国志》等 21 种,其中就有《清朝通俗演义》。同年 5 月,毛泽东著《改造我们的学习》,文中指出:"对于近百年的中国史,应聚集人才,分工合作地去做,克服无组织的状态。"③以此可知,与整个清朝历史相比,毛泽东更注重

① 秦文:《专访重修清史专家马大正:曹雪芹和努尔哈赤都重要》,载《新京报》,2004-11-09。
② 张贻久:《毛泽东读史》,北京:中国友谊出版公司,1991 年,第 32 页。
③ 毛泽东:《改造我们的学习》,载《毛泽东选集》(第三卷),people.com.cn/GB/64184/641... 2013-09-04。

鸦片战争以来之清史,即"近百年的中国史"。

延安时期,毛泽东还有三位清史"学术知音",一位是范文澜,一位是郭沫若,一位是田家英。

范文澜(1893—1969),浙江绍兴人。早年就学于北京大学国学门,曾倾心乾嘉史学和经学,毕业后留学日本,曾为蔡元培秘书。归国后,先后在南开大学、北京大学、辅仁大学、河南大学等校任教。抗战爆发,乃投笔从戎,参加河南大学抗敌训练班服务团,著《游击战术》,一度被中原人民誉为"游击专家"①。1940年1月,范文澜奔赴延安,主持中央马列学院历史研究室,时值中共中央准备延安整风运动,毛泽东安排马列学院撰写一部《中国通史简编》以备党员学习所用,字数最好控制在15万。范文澜接受任务后,夜以继日撰写,从1940年8月至1941年5月前后10个月写出《简编》(上册),毛泽东曾自豪地对他的同志们讲:"延安物质条件很艰苦,图书资料也缺乏,完成通史编写很值得庆贺。我们党在延安又做了一件大事……我们共产党人对自己国家几千年的历史,不仅有了我们的看法,而且写出了一部系统的完整的中国通史。这表明我们中国共产党人对于自己国家几千年的历史有了发言权,也拿出了科学的著作了。"②1941年底,范文澜又完成中册(至鸦片战争以前),并于1942年在延安出版。自1941年毛泽东《改造我们的学习》发表后,范文澜又致力于《中国近代史》写作,并陆续在延安《中国文化》杂志上刊登,至1946年,《中国近代史》第一分册完成。在《中国通史简编》与《中国近代史》撰写期间,毛与范经常切磋交流"满清历史",据范文澜助手蔡美彪回忆:

> 40年代,毛泽东曾向范文澜提出一个问题:"满族是东北一个小民族,怎么就把中国都统治了,并且统治了二百多年,其中道理

---

① 范文澜:《从烦恼到快乐》,载《中国青年》,1940年第2期。
② 程龙,杨立琴:《毛泽东的学术知音范文澜》,载《党史博览》,2004年第4期。

何在？他说他很想研究清史，可是现在没有时间。"①

郭沫若（1892—1978），四川乐山客家人。早年留学日本学医，后弃医学文，并以其诗集《女神》和《中国古代社会研究》《甲骨文字研究》而斐名中外。抗战爆发后，任国民政府军事委员会政治部第三厅厅长、文化工作委员会主任。在史学领域，郭沫若虽主攻商周甲骨卜辞金铭文，但对明清史亦感兴趣，曾对其秘书王戎笙表露云："清人入关并统治中国二百多年，的确是件奇事。清人到处，明兵纷纷迎降。待一掉头，又誓死效命，同一明兵明将，前如驯羊，后如猛虎，不是奇异吗？"②1944年3月，郭沫若在重庆《新华日报》发表《甲申三百年祭》，文中有：

> 清朝统治的二百六十年间一直都没有亡，抗清的民族解放斗争一直都是没有停止过的……然而甲申年总不失为一个值得纪念的历史年。规模宏大而经历长久的农民革命，在这一年使明朝最专制的王权统治崩溃了，而由于种种的错误却不幸换来了清朝的入主，人民的血泪更潜流了二百六十余年，这无论怎样说也是值得我们回味的事。

毛泽东对《甲申三百年祭》极为重视，"并作为党内整风文件，而郭沫若对满清的看法，也是中央对满清的看法"③。

延安时期，另一位关注清史者是田家英。田家英，原名曾正昌，四川成都人，1937年至延安，先后在陕北公学和马列学院学习、任教，担任中国近代史教员；1941年，在中央政治研究室为陈伯达助手；1946年毛岸英回国后，被毛泽东指定为毛岸英文史教师（田家英与毛岸英同年，仅大毛岸英半岁），新中国成立后为毛泽东秘书。据田家英之子曾自回忆：

---

① 蔡美彪：《在清史编纂座谈会上的讲话》，载《清史研究》，2001年第3期。
② 黄淳浩：《郭沫若书信集》（下），北京：中国社会科学出版社，1992年，第244页。
③ 武在平：《巨人的情怀——毛泽东与中国作家》，北京：中共中央党校出版社1995年，第38页。

在延安杨家岭中央图书馆，父亲看到一部由梁启超作序，萧一山撰著的《清代通史》，很感兴趣。他佩服作者的治学精神和勇气。但他认为萧一山受时代条件局限，新的史料和研究成果未能采用。加之作者本人的唯心史观，给这部著作带来很大的缺憾。从那时起，父亲就萌生了有生之年，撰写一部以唯物史观为指导的《清史》的想法。在延安，父亲还有幸结识了著名学者范文澜，俩人成为忘年交。在范老的教诲和影响下，父亲在近代史研究上逐渐有了方向。可以说，范老是他走进清史研究大门的引路人。①

1949 年，新中国成立不久，董必武即向党中央建议编写《清史》和《中国共产党党史》，尽管得到毛泽东、周恩来首肯，但由于"土改""镇反"和抗美援朝战争等诸多原因，此事搁浅。

二、新中国第二次《清史》纂修动议

新中国第二次《清史》纂修动议始于 1959 年，由周恩来提出，并最终促成 1965 年"清史纂修委员会"的成立。

1958 年 7 月，毛泽东指示范文澜、吴晗、顾颉刚等人组织标点"前四史"。同年 9 月 13 日，吴晗等制订"前四史"点校方案，并决定将其他"二十史"及《清史稿》一并点校，毛主席复信："计划很好，望照此实行。"②吴晗（1909—1969），浙江义乌人，早年曾就读于杭州之江大学、上海吴淞中国公学，1931 年入清华大学史学系，深受顾颉刚、胡适等赏识。毕业后，先后在清华大学、云南大学、西南联大任教。1949 年后，历任清华大学历史系主任、北京市副

---

① 曾自：《田家英的清史缘》，载《清史参考》，2012 年第 11 期。上世纪 70 年代，酷爱史学的田家英，又向毛泽东表露了离开现岗位后去潜心研究清史的愿望。毛泽东说："噢，你也是搞本本主义！"王凡，曾自：《毛泽东秘书田家英自杀之谜——反"顶峰"引杀身之祸》，www.hybsl.cn/beijingcankao/Beijing. 2012-04-28。

② 安静：《集文史专家共襄盛举为中华文明再续新功——点校本"二十四史"及〈清史稿〉修订工程正式启动》，载《中华遗产》，2006 年第 3 期。

市长、中国科学院哲学社会科学部委员、北京市历史学会会长等职。

1959 年,周恩来委托吴晗考虑《清史》编纂规划。1960 年,毛泽东与老舍先生论康熙皇帝:"康熙皇帝头一个伟大贡献是打下了今天我们国家所拥有的这块领土……第二个伟大贡献是他的统一战线政策……第三个了不起的地方是他有奖罚分明的用人制度。"①1961 年,遵照毛泽东、周恩来指示,吴晗依托北京历史学会,一面组织编撰《中国历史小丛书》,一面开始筹建《清史》编纂研究机构,以培养清史人才,据戴逸回忆:

> 1961 年的某日,北京历史学会召开常务理事会讨论工作。会后,吴晗同志约我留下来谈谈。在场的只有我们两人,他笑吟吟地坐在沙发上,慢慢地说:中央领导同志正在考虑《清史》编纂工作,这是一项艰巨的、长期的大工程。《明史》的编纂花了将近一百年,《清史》的编纂也得用几十年。当前,《清史》尚是一片荒芜的园地,治清史者甚少。……说实在话,在此以前,我从未想过要编《清史》,也不曾听说过有关建议,脑子里并未转过这方面的念头,因此也谈不出什么意见和建议,……我除了赞成、支持这一大工程之外,说的话很少。但吴晗同志打开了话匣子,滔滔不绝地说起来,如何团聚、培养研究队伍,如何搜罗资料,如何接管全部清代档案,如何拟订工作计划,如何确定史书体例,如何整理、翻译满文档案和外文资料,以及《明史》编纂中的经验与失误等等。我惊讶地发现,在他头脑中已有一套比较周密、详细的设想。他有一个很明确的意见,即是要设立"清史馆",作为常设的修史机构,并由一位副主席或副总理兼任清史馆长,才能调集人才,统一事权,甚至史馆的建址、内部编制也想到了。②

① 薛泽石:《毛泽东话康熙》,载《学习日报》,2004-02-16。
② 戴逸:《吴晗同志和我谈清史编纂》,戴逸:《繁露集》,北京:中国社会科学出版社,1997 年,第241 页。

1963 年,"毛泽东主席在和范文澜同志的一次谈话中说:自己退居第二线,管的事情少了,空闲时间多了,想读一点清史方面的书。可见,清史和编纂清史工作在中央领导人中受到极大的关注"①。同年 2 月,《前线》杂志发表《论修清史》一文,文章署名"吴南星""吴南星"实为吴晗、邓拓、廖沫沙三人合称。"吴"为吴晗;"南"指邓拓,邓拓笔名为"马南屯";"星"指廖沫沙,廖沫沙笔名为"繁星"。该文极力主张由国家主持编纂清史,并云:

> 每一个国家、民族,都有它自己的特征。我们伟大的祖国也同样有许多自己的特征。特征之一是从有文字记载以来,私人和国家编修的国家历史,一直延续下来,从来没有中断过。……任何一个王朝初起时,要办的大事之一,便是组织编写力量,建立史馆,总结前朝的经验,以国家的名义,颁布或刊印前朝的断代史。这个好办法,尽管王朝不断更替,却一直被保存下来,是我们国家的好传统。……新中国成立后,我国历史学的研究,已经走上了蓬勃发展的道路,为清朝以来历史的研究做了一些有益的工作,现在,可以提出这样的问题,《清史》该修了。②

同时期,吴晗还向国内其他清史学者征求《清史》纂修意见。1963 年,他与南开大学郑天挺教授交流清史编纂体例等问题,并交代郑天挺最好写出一个书面文本。郑天挺遂就《清史》编纂之体裁、篇目安排和编纂要求诸问题提出初步看法:

一、旧体裁不能再用。

二、新体裁选定:第一编:史事;第二编:制度;第三编:传记;第四编:年表;第五编:地图;第六编:图谱。

三、编纂要求:(1)摆事实,讲道理。(2)从政治、经济的总和

---

① 戴逸,李文海:《一代盛事旷世盛典——关于大型清史的编纂》,载《人民日报》,2001-04-14。
② 吴南星:《论修清史》,载《前线》,1963 年第 2 期。

阐明当时的具体情况,指出社会的基本矛盾,进行具体的阶级分析。(3)宣扬爱国主义、国际主义。国内多数民族与少数民族、统治民族与被统治民族,一律平等待遇,尊重邻近国家的自尊心。(4)引文加注解,不改动。可以删节。(5)文字用语体。①

1965 年 10 月,中共中央宣传部周扬同志遵照周恩来总理和董必武副主席纂修《清史》倡议,召开部长会议,专门讨论重修《清史》一事,决定成立《清史》编纂委员会。当时议定的《清史》编纂委员会由以下 7 人组成:郭影秋(中国人民大学副校长)、关山复(中国科学院哲学社会科学部主任)、尹达(中国科学院历史研究所副所长兼考古研究所所长)、刘大年(中国科学院近代史研究所副所长)、刘导生(中国科学院哲学社会科学部副主任)、佟冬(东北文史研究所所长)、戴逸(中国人民大学历史系副主任兼中国历史教研室主任)。按道理,编委会主任应该由北京市副市长吴晗出任,而实际上当时姚文远已经炮制好《评新编历史剧〈海瑞罢官〉》,"文革"大风暴即将来临,所以,编委会主任决定由郭影秋担任。郭影秋既是当时著名清史专家,又是人民大学副校长,且对纂修《清史》极为热心,是当时最佳人选。郭影秋(1909—1985),江苏铜山人。1928 年肄业于无锡国学专修科,曾任江苏省沛县中学教务主任,后投笔从戎,先后任湖西军分区司令员、冀鲁豫军区政治部主任、解放军十八军政治部主任、川南行署主任、云南省长兼省委书记等职。1957 至 1963 年任南京大学校长兼党委书记,1963 年调任中国人民大学党委书记兼副校长。郭影秋是一位"不愿当省长而主动要求当校长"的学者型领导,所著《李定国纪年》在国内学术界影响甚大。

郭影秋自担任《清史》编纂委员会主任后,积极与学校党委研究部署,着手筹建清史研究所,曾考虑由戴逸主持清史研究所工作,特授意戴逸草拟成

① 郑天挺:《关于编写清史、民国史之设想》,载《及时学人谈丛》,北京:中华书局,2002 年;又见国家清史编纂委员会体裁体例工作小组编《清史编纂体裁体例讨论集》(下册),中国人民大学出版社,2004 年,第 1184—1186 页。

212

立清史研究所规划。始料未及者,《清史》编纂委员会成立两个多月后,"文化大革命"即全面爆发并迅速席卷全国,新中国刚刚起步之《清史》编纂工作及成立清史研究所计划皆成泡影。"文革"伊始,郭影秋虽一度调任北京市委文教书记,但很快被康生、陈伯达诬陷参与"二月兵变""挑动群众斗群众"①等莫须有罪名被打倒。由于清史编委会最早由吴晗负责,整个编委会都跟着倒霉,《清史》编纂委员会被称为"黑帮组织""黑会",如编委会"七子"之戴逸被指为"周扬的黑干将""吴晗的马前卒"而被下放到江西"五七"干校,住"牛棚",作"猪倌"。新中国第二次《清史》纂修因"文革"而中途夭折。

三、新中国第三次《清史》纂修动议

新中国第三次《清史》纂修动议始于 1972 年,由郭影秋提出,并最终促成清史研究所的成立、《清史编纂规划(草案)》的出台。

"文革"期间,郭影秋同志虽横遭迫害,却矢志不移,初衷不改,坚持重修《清史》,对成立清史研究所之事亦始终耿耿在心。1972 年,在中国人民大学被撤销、他个人在刚刚解除"文革"被拘押审查的情况下,又向北京市和中央有关部门报告,提出建立清史研究机构着手编修《清史》建议。所幸这一建议被中央领导部门采纳,批准成立清史研究小组,且由郭影秋亲自兼任研究组组长,直接领导该组制订研究规划,确定研究方向。由于当时中国人民大学已被撤销,清史研究小组只好挂靠在北京师范大学。虽然名为清史研究小组,却被批准可有 40 个人员编制,此小组即后来中国人民大学清史研究所之前身。清史研究小组经郭影秋建言而得以建立,在"文革"尚未结束时,确为编修《清史》积蓄了有生力量。

1978 年,中国人民大学重新复办,在原来清史研究小组基础上,正式成

---

① 郭影秋口述,王俊义整理:《郭影秋临终口述:文革亲历记》,载《炎黄春秋》,2002 年第 11 期。

立清史研究所。研究所成立伊始,郭影秋曾架扶双拐至清史研究所,代表学校党委宣布研究所新一届领导班子,勉励全所研究人员为早日编出大型《清史》而努力奋斗! 为纂修《清史》和培养清史人才,郭影秋可谓呕心沥血,据其弟子王俊义回忆:

> 记得清史研究所成立不久,他曾在病房中,主动约见了我和王思治教授,就如何进行清史研究,做了长时间的谈话和指示。其谈话要点是:(1)清史研究意义重大,而前人的研究成果甚少,许多领域还是未开垦的处女地,而清史的研究资料又浩如烟海,需要有坐冷板凳的精神,广为搜集阅读。在清史领域进行研究耕耘,大有用武之地,要有志于把清史研究作为自己毕生的事业。(2)清史研究所刚刚成立,一定要埋头苦干,少说多做,要有决心在几年内出一批有分量的研究成果,切忌在尚无建树的情况下喋喋不休,以免让人引为笑柄。(3)研究工作应从基础入手,基础一定要深厚扎实。为此,可先编写《清史编年》,要在搜集丰富材料的基础上整理编纂,使其既是一部"学术"工具书,又是一部资料书。这是项基本建设,既编书,又练人。(4)清史所的长远目标是编纂大型《清史》,为了摸清楚有清一代 268 年的历史过程,可以先写一个简本,这个简本可以看作是大型清史的研究提纲。影秋同志关于清史研究的谈话和指示,可以说都是他经过深思熟虑而后发,切中肯綮,抓住了深入开展清史研究的关键,实际上成为清史所日后开展研究工作所遵循的依据。此后戴逸教授主编的《简明清史》以及(研究所)集体编写的多卷本《清史编年》,就是按影秋同志的指示,经过深入研究后推出的研究成果。①

70 年代末,编纂《清史》的呼声又在学界响起。1978 年 11 月,以戴逸、

---

① 王俊义:《郭影秋与清史研究和清史编纂》,载《社会科学战线》,2009 年第 2 期。

王戎笙为首,由中国社会科学院历史研究所清史研究室、中国人民大学清史所、中国第一历史档案馆、中国历史博物馆4家单位联合起草了《清史编纂规划(草案)》。《草案》内容包括七个方面:一、清史研究的重要性和现状;二、任务和方针;三、体例与篇幅;四、机构;五、研究人员的培养;六、预备时期规划要点;七、编纂时期规划设想。还有四个附件:一、《关于成立清史资料编纂委员会、出版清史资料的建议》;二、《关于为配合清史修撰而加强清代档案整理工作的建议》;三、《编辑清史图录的建议》;四、《清史(1840年以前)研究拟题》。《草案》阐述清史编纂重要意义指出:"全国史学工作者面临的一项迫切任务,就是编写一部内容丰富、具有较高科学水平的《清史》,大力促进历史科学的繁荣和发展,以迎接经济建设和文化建设的新高潮。"《草案》最后还表示:"我们必须树雄心、立壮志,在我们这一代完成《清史》编写任务,不能把这个任务留给子孙后代。"①

《清史编纂规划(草案)》面世后,引起学术界广泛重视。为便于学界进行清史纂修学术讨论,中国社会科学院历史研究所和中国人民大学清史研究所共同主办《清史研究通讯》,于1982年第2期开辟"关于清史编纂体例的讨论"专栏,著名明清史家商鸿逵、王钟翰等知名教授对编纂清史都提出了非常重要的建议。

1979年3月,中国社会科学院历史研究所清史研究室主任王戎笙教授把《清史编纂规划(草案)》提交成都全国史学规划会议,请求把《清代通史》列入国家社会科学"六四"规划项目,但因经费不足等问题未予立项。新中国第三次《清史》纂修动议因改革开放初期百废待兴、财政困难而再次搁浅。

四、新中国第四次《清史》纂修动议

新中国第四次《清史》纂修动议始于1980年,由邓小平批复"人民来信"

①　国家清史编纂委员会体裁体例工作小组编:《清史编纂体裁体例讨论集》(下册),中国人民大学出版社,2004年,第1187—1188页。

引出,并最终促成 10 卷本《清代全史》和《清代人物传稿》的诞生。

80 年代初,有人写信给邓小平,建议由国家纂修清史,邓小平对此十分重视,将此信批转给中国社会科学院。社科院派哲学社会科学部副主任刘导生亲赴中国人民大学清史所,与戴逸商议《清史》纂修具体事宜,因当时刚刚改革开放,国家经济困难,社科方面资金有限,商议结果是:重修《清史》时机不成熟。1982 年,社科院王戎笙教授对《清史编纂规划(草案)》进行修改,并提交北戴河全国第一次清史学术研讨会,呼吁编撰《清史》。1983 年,王戎笙教授第三次提交长沙全国史学规划会议,中国社科院清史研究室《清代通史》和中国人民大学清史研究所《清代人物传稿》同时被批准立项,成为国家"六五"(跨"七五")历史学发展规划中重点项目之一,研究经费 14 万元(后来又追加 4 万),新中国第二代、第三代清史学者李洵、薛虹、陈祖武、何龄修、顾诚、郭松义、赫治清、薛瑞禄、冯佐哲、许曾重、陈祖武、白新良、任春明、杨珍、李世瑜、李新达、张捷夫、杨国桢、龙盛运、赵云田、刘志伟、李克毅、陈支平、陈春声、吴奇衍、黄启臣、章文钦、谭式玫、戴和、喻松青、张小林、史建云、刘存宽、张研、陈祖武、秦宝琦、朱东安、茅海建、姜涛、宓汝成、刘克祥、徐彻、董守义、马东玉、任郁馥、李书源、刘克祥、孔泾源、虞和平等 60 余人参与斯役。据王戎笙先生回忆:"那时,这个项目属于'革命任务',人们的思想也比较单纯,学风不错,大家都要把被'文革'耽误的时间抢回来,任务重、时间紧,研究人员全身心投入,一心一意搞研究。"①经过整整 10 年的努力,至 1993 年终于完成 10 卷本 300 余万字之《清代通史》(项目结项时改为《清代全史》)。《清代全史》之编纂,可视为国家《清史》纂修工程启动之前《清史》纂修的一次"总预演"。

---

① 封铭:《慎启学术大工程》,载《中国社会科学报》,2010-7-15。

五、新中国第五次《清史》纂修动议

新中国第五次《清史》纂修动议始于 2001 年,由戴逸、李文海、王晓秋提出,经中共中央、国务院同意,2002 年国家《清史》纂修工程正式启动。

戴逸先生是《清史》纂修最坚定的守望者,其自言:"清史是我的专业,我毕生的精力贡献给它,可说是寝于斯,食于斯,学于斯,行于斯。清史是我理念之归宿,精神之依托,生命之安宅"。①　自上世纪 60 年代初跟随吴晗准备重修《清史》以来,半个世纪,物换星移,矢志不渝,孜孜以求重纂《清史》,或默默耕耘清史史苑,或精心培养清史后进,从而立之年至银丝毫鬓,苦心孤诣,呕心积累,自 1982 年起,积极呼吁清史纂修。1982 年发表《把大型〈清史〉的编写任务提到日程上来》,呼吁重修《清史》。②　1998 年在《历史研究》杂志撰文呼吁:"在新世纪,会有许多重大的历史课题和文化工程被提上日程,如编写大型的中国通史、大型清史……社会将更加关注历史学的发展,会有巨大的人力、财力投入,会涌现大批历史学家,会有许多精品佳作问世……中国历史学将迎来阳光灿烂的新世纪。"③2000 年,戴先生联合同事从编年、传记、通史、专史、表、图、纪、清史著述书目八个方面精心设计出新《清史》总体结构。2001 年初,通过《瞭望新闻周刊》再次向社会及政府呼吁重修《清史》:"修清史,可以说是一代盛典,把清朝近三百年的历史进行总结,传之后世,这是我们这一代人的责任。另外,学术条件也比较成熟了,经过二三十年的积累,清史研究在历史科学中是发展最快的,出了很多史料,简直是浩如烟海,可以充分利用……现在修清史,是时机适宜,不要错过。"④与此同时,与李文海教授一起署名发表《一代盛世,旷世巨典》,指出:"编纂

---

① 戴逸:《我和清史》,载《东吴学术》,2010 年第 2 期。
② 戴逸:《把大型〈清史〉的编写任务提到日程上来》,载《中国新闻》,1982-11-15。
③ 戴逸:《世纪之交中国历史学的回顾与展望》,载《历史研究》,1998 年第 6 期。
④ 戴逸:《清史编纂,是其时矣》,载《瞭望新闻周刊》,2001 年第 8 期。

《清史》《中华民国史》《中国共产党史》应是 21 世纪历史学界光荣的使命和义不容辞的责任！"①

当然，重修《清史》亦为全国史学界绝大多数同仁共同心愿，北京大学、人民大学、清华大学、中国社科院等众多资深史学家皆主张重修《清史》，如王思治先生"自上个世纪 90 年代开始，他与戴逸先生曾一起积极呼吁启动清史纂修，同时在学术上为清史纂修做了很多奠基性工作"②。2001 年 3 月初，在人民大学清史研究所研制"十五"科研规划学术研讨会上，戴逸先生再次建议启动清史纂修："清朝已灭亡 90 余年了……目前修清史的条件已基本具备，应该提到议事日程上来。"该次会议，清史研究所学术委员会（清史所 4 人、其他高校 9 人）形成三项意见："第一，请学术委员李文海和王晓秋分别在全国人民代表大会和全国政协会议上提交纂修清史提案；第二，分别召开大型和小型的专家研讨会，论证纂修清史的必要性和可行性；第三，报告人民大学校长纪宝成，希望得到纪校长和学校党委的大力支持。"③

2001 年 3 月 3 日至 19 日，全国"两会"在京召开。"两会"期间，李文海教授在九届全国人大四次会议上提交《关于纂修大清史》提案，北京大学历史系王晓秋教授在全国政协九届四次会议上提交《纪念辛亥革命启动清史纂修工程》提案，"建议由国家组织有关专家学者，有计划地编纂一部全面、科学的清史"④。李文海、郭成康、陈其泰等还在《中国人民大学学报》开辟"清史编纂"特约专栏，呼吁重纂《清史》。⑤ 戴逸、李文海、王晓秋、陈其泰等人的呼吁在全国学术界引起强烈反响。

---

① 戴逸、李文海：《一代盛世，旷世巨典》，载《清史研究》，2001 年第 3 期。
② 国家清史编纂委员会秘书组、编审组：《国家清史编纂委员会编审组专家王思治先生因病去世》，中华文史网，2012-03-15。
③ 杨剑利：《清史纂修纪事（一）》，载《江海学刊》，2006 年 3 期。
④ 王晓秋：《群策群力，做好新世纪重大文化工程清史编纂工作》，中国网 www.china.com.cn/2003-03-12。
⑤ 注：特约专栏刊发文章有李文海《我们今天要纂修一部什么样的清史》、陈其泰《清史体裁宜沿用纪传体而有所创新》、牛润珍《清史纂修与纪传体的改造》、颜军《从我国的治史传统看清史纂修》，《中国人民大学学报》，2001 年第 6 期。

2001 年 4 月 5 日(清明节),纪宝成校长在人民大学逸夫会议中心主持召开第一次编修《清史》专家论证会,学界泰斗季羡林等国内多位著名学者参会并发表重要观点①:

北京大学教授季羡林指出:"如果我们今天不完成这项工作,我们对不起祖宗,对不起后世子孙!"

国家图书馆馆长任继愈指出:"这个工作的时机已经成熟了,……我期望这个书尽快出来。"

中国社科院党委书记王忍之指出:"很有必要,意义很大。不把易代修史的传统保持下去,下无颜面对列祖列宗,上无颜面对子孙后代!"

中央民族大学教授王锺翰指出:"《清史稿》不在正史之列,应重修清史,正当其时。当然晚是晚点……我们应该把'稿'去掉,成为'清史'"。

故宫博物院研究员朱家溍指出:"《清史稿》以遗老的口吻,应改。新的清史,应该站在辛亥革命、建立民国这样一个立场上。"

中国社会科学院近代史研究所研究员蔡美彪指出:"史学界以断代史来讲,清史发展最快,各方面成就很大。在现有研究基础之上,再推进一步。"

北京师范大学教授龚书铎指出:"现在来修条件比较成熟,需要抓紧做。"

中国社会科学院边疆史地研究中心主任马大正指出:"大型《清史》现在最关键的是推动这项工作,运作起来,不能老停留在开座谈会上。"

故宫博物院常务副院长朱诚如指出:"戴老师、李先生倡议修清史,我们都非常积极支持!"

北京大学教授王晓秋指出:"我觉得这个工程的意义非常大,这是广大人民群众,包括领导,包括海外的华人的共同的愿望。时机确实成熟,希望人大清史所首先把这个头牵起来,戴先生、李先生把这项工作组织起来,我们北大的学者一定积极响应倡议。"

---

① 季羡林等:《〈清史〉编纂座谈会上的讲话》,载《清史研究》,2001 年第 3 期。

中国第一历史档案馆研究员邹爱莲指出："修清史,我们的档案可以为修清史发挥作用,是到了真正发挥作用的时候了,我们要为纂修清史尽所有的力量,做资料的后盾。"

座谈会次日即 4 月 6 日,季羡林、任继愈、戴逸、李文海、朱诚如、成崇德、王锺翰、龚书铎、蔡美彪、朱家溍、马大正、郭成康、王晓秋 13 位著名学者联名给国务院副总理李岚清同志(主管文教卫生)写信,建议重修《清史》,原文如下①:

尊敬的岚清副总理:

我们建议,积极组织力量,迅速启动纂修大型清史的文化工程。现将有关情况报告如下:

中国向有所谓"易代修史"的传统。一个王朝覆亡了,新王朝从汲取前代历史经验教训的政治高度出发,要开设史馆,任命朝廷重臣主持纂修前朝历史。这一修史的优良传统绵延不断,经久未绝。截至明代,共修二十四部大型史书,故有"二十四史"之说。清朝灭亡后,北洋政府曾开清史馆,仓促完成《清史稿》。馆长赵尔巽称所纂清史为"急就之章",并在"清史"下特加一"稿"字。因此书在不少问题上记载失实,评论不公,故世人对之多持批判态度。国民党去台湾以后,也有意重新纂修清史,因恪于形势,无果而终。

清朝统治中国达 268 年之久,其前期在发展经济文化、巩固国家统一、加强民族团结等各方面有重大功绩,其政策措施,多可借鉴。中叶以后,内外矛盾尖锐,实行闭关锁国,拒绝进行改革,政治日益腐败,其失误和教训,实足发人深省。且清朝灭亡至今不足一百年,离我们时间最近,对现实生活影响最大,和当前的政治、经济、军事、外交、民族、文化、宗教等各个方面息息相关。要了解和

---

① 国家清史编纂委员会编:《清史编纂体裁体例讨论集》(上册),北京:中国人民大学出版社,2004年,第 26—27 页。

掌握中国的国情，非对清代历史进行深入研究不可，所以很有必要编纂出一部网罗各方面史事，详尽完备、篇幅较大的清史来。

我国老一辈无产阶级革命家对纂修一部与我们时代相称的大型清史一贯给予极大的关注。建国之初，董必武同志向中共中央建议编写两部书，一部是清史，一部是中国共产党史，此建议得到许多领导人的赞同。但建国之初，百废待兴，还顾不上修史工作，故而搁置下来。1959年周恩来总理委托吴晗同志考虑编纂清史的规划，吴晗有一个较宏大的设想，拟设立清史馆，先从培养清史研究人才和大规模征集整理清史史料开始。60年代初毛主席在和范文澜同志的一次谈话中说：自己退居第二线，管的事情少了，空闲时间多了，想读一点清史方面的书。可见，清史和编纂清史工作在中央领导人中受到极大的关注。1965年秋，周恩来总理责成中央宣传部筹备此项工作，中宣部为此召开部长会议，决定设立清史编纂委员会，作为编纂清史的领导机构，委员由七人组成：郭影秋（时任中国人民大学副校长）、关山复（时任中国科学院哲学社会科学部主任）、尹达、刘大年、刘导生、佟冬、戴逸。并在中国人民大学内成立清史研究所作为编纂大型清史的执行机构。但这次会议以后仅两个月，姚文元抛出了批判吴晗同志《海瑞罢官》的文章，揭开了"文化大革命"的序幕，酝酿多年的编纂大型清史工作化为泡影。80年代初，有人写信给邓小平同志，建议国家纂修清史，小平同志对此十分重视，特地将此信批转有关部门。

当前，我国在以江泽民同志为核心的第三代领导人的领导下，政治稳定，经济发展，社会进步，各项事业欣欣向荣。加之，清史研究队伍壮大，学术积累丰厚，编纂大型清史已是最佳时机。此项工作启动过早或过迟，均有不利。启动过早，历史当事人很多健在，涉及个人利害关系与意见分歧，且史料未及整理，研究未及展开，猝尔命笔，质量难以保证。启动过迟，时过境迁，历史记忆已褪，历史细节已模糊,亦不易写成真实可信的历史。二十六史中的很多部写成在旧朝代灭亡以后大约数十年至一百年左右。现在,清朝灭亡已90年,编纂大型清史,可以说正当其时。

编纂清史是一项艰巨的文化工程,要有政府和社会的支持和参与。既要有一定的经费、编制,又要组织和协调各方面的专家学者共同努力,要有学术界、文博界、档案界、科技界、出版界的协同配合。为此,我们建议:

一、成立"清史编纂领导小组",由一位党和国家领导人负责,有关部门的负责同志参加,主要负责确定清史编纂的方针,审定工作规划,协调学术力量等。

由著名清史专家组成"清史编纂委员会",在清史编纂领导小组的领导下,具体负责清史编纂工作。中国人民大学清史研究所可在清史编纂委员会领导下负责日常事务性工作。

二、希望国家对此项纂修工程予以经费支持。初步预计要投入 4000 万至 5000 万元人民币,根据工作进度分几次拨付。

以上意见和建议是否妥当,敬请领导批示。

仅仅一周,李岚清副总理即给予批复:建议组织学术界进行学术论证,提交纂修可行性报告和工作方案。接到回复后,清史所即着手撰写论证报告。7月25日,中央各部委召开联席会议,共同磋商《清史》纂修启动事宜,决定由文化部具体负责。

2002年初,按照文化部要求,戴逸及清史所同仁及时拟定《〈清史〉纂修工作方案》,并上报文化部,文化部以《关于〈清史〉纂修的报告》书面文本上报国务院。4月28日,江泽民考察中国人民大学与师生代表座谈时,戴逸"还当面向江泽民、李岚清等中央领导汇报了纂修清史问题"①。8月,中共

---

① 戴逸:《接续历史文化,打造传世之作——就〈清史〉纂修答河北学刊主编提问》,载《河北学刊》,2008年第3期。

中央政治局江泽民、朱镕基、胡锦涛、李岚清四位常委批复国务院关于纂修《清史》的报告，《清史》编纂工程得到国家最高当局批准。11月，在国务院办公厅指导下，由中央14个部委组成了清史编纂领导小组，领导小组成员如下：

组长：孙家正（文化部部长）

副组长：周和平（文化部副部长）、袁贵仁（教育部副部长）、朱佳木（中国社会科学院副院长）、张少春（财政部部长助理）。

成员：雒树刚（中共中央宣传部副部长）、金冲及（中央文献研究室常务副主任）、李盛霖（国家发展和改革委员会副主任）、侯建良（人事部副部长）、柳斌杰（新闻出版总署副署长）、单霁翔（国家文物局局长）、郭树银（国家档案局副局长）、戴逸（中国人民大学教授）、纪宝成（中国人民大学校长）、任继愈（国家图书馆馆长）、郑欣淼（文化部副部长、故宫博物院院长）、邢永福（中国第一历史档案馆馆长）。

同时决定成立清史编纂委员会，任命戴逸担任清史编纂委员会主任，马大正、朱诚如、成崇德为副主任，委员有李文海、王晓秋、冯尔康、吴建雍、张岂之、张海鹏、李治亭、李致忠、杨念群、杨珍（女）、邹爱莲（女）、陈祖武、陈桦、经君健、姜义华、姜涛、桑兵、郭成康、章开沅、黄兴涛、龚书铎。12月12日，国家清史编纂委员会正式成立，并在京召开第一次工作会议。至此，国人期待已久的国家《清史》纂修工程终于正式启动。

关于清史编纂委员会主任即国家《清史》主持人问题，在2002年国家《清史》纂修酝酿阶段，有学者提出："何人适宜担任主持职务？"按照传统官修正史成例，总裁（或总纂）应有国家某一领导人担任；季羡林、戴逸、李文海等当初给李岚清副总理所写倡议书中也希望党和国家某一重要领导人担任主持。然而，国家决定启动《清史》工程后，即决定突出"学者修史"基本原则。至于何人担任编委会主任？李岚清副总理曾派人与戴逸先生谈话，请戴逸出来牵头主持其事。戴先生表示"自己年事已高，精力有限，请年轻的专家出来挑重担，我可以辅助他们"。后来，李岚清副总理明确表示："编纂

《清史》,戴逸先生不出来牵头,谁出来牵头!"①一锤定音。2003 年 1 月,李岚清同志召集开会,再次指明由戴逸教授牵头编纂清史。清史编纂领导小组组长孙家正说:"戴逸是一面旗帜,这次修纂就是要突出学者修史。"②

第二节　国家《清史》纂修第一阶段——体裁体例讨论阶段

刘知几曰:"夫史之有例,犹国之有法。国无法,则上下靡定;史无例,则是非莫准。"③确立体裁体例为《清史》纂修第一要务。近百年中,《清史》体裁体例规模性商讨计有五次:第一次,1914 年清史馆开馆之初由缪荃孙、于式枚、梁启超、柳翼谋等馆内外同仁共同发起;第二次,1960 年台湾"清史编纂委员会"成立后由彭国栋、张其昀、李宗侗、罗刚等港台学者参与;第三次,1982 年《清史研究通讯》开辟"清史编纂体例讨论"专栏,商鸿逵、王钟翰、赵德贵、吴量恺等知名专家参与;第四次,2001 年《中国人民大学学报》开辟"清史纂修"特约专栏,李文海、陈其泰、郭成康、牛润珍等史学名家参与;第五次即 2003 年国家《清史》体裁体例大讨论。五次之中,以国家《清史》体裁体例讨论参与人员最多、辩论最为激烈。

一、成立《清史》编纂委员会体裁体例工作小组

文化部 2002 年初在呈报中央《关于纂修〈清史〉的报告》中明确指出:"清史修纂的体裁是用旧体(纪传体)还是新体,叙史是用浅易文言文还是白

---

① 施宣圆:《编纂〈清史〉,此其时也——国家《清史》编纂委员会主任戴逸先生访问记》,载《学术界》,2003 年第 3 期。

② 浦树柔:《十年之功修〈清史〉》,载《瞭望新闻周刊》,2006-01-02。

③ 刘知几撰,浦起龙注释:《史通通释》,上海:上海古籍出版社,1978 年,第 57 页。

话文,拟纂修工程启动后经专家充分论证后再定。"①为便于迅速推进清史体裁体例研讨工作,清史编纂委员会成立当月即成立"清史编纂委员会体裁体例工作小组"。2002 年 12 月中旬,经编委会主任戴逸先生提名,由陈其泰教授(北京师范大学史学理论史学史所)和郭成康教授(中国人民大学清史所)担任小组组长,由张捷夫教授(中国社科院历史所)、吴建雍研究员(北京社科院历史所)、黄兴涛教授(中国人民大学清史所)、姜涛研究员(中国社科院近代史所)四人担任小组成员,由刘文鹏(中国人民大学清史所)担任小组秘书。18 日,提出"体裁体例工作小组工作设想",2002 年的最后一天即 12 月 31 日,"工作小组"正式挂牌成立。

"工作小组"效率极高。2003 年 1 月 10 日,"工作小组"以国家清史编纂委员会名义通过光明网和《光明日报》发布《清史编纂体裁体例调研问卷》,调研问卷分"清史修纂应该实现的主要目标、清史修纂需要遵循的基本原则、清史编纂究竟应采用何种体裁为宜、清史修纂宜采用何种文体、清史成果(出版物)宜采用何种字体、新修清史总体规模的设想、新修清史最终成果(主体部分)字数的设想、新修清史成果载体的基本设想、其他意见"九大部分若干问题,向社会各界公开征求意见。24 日,"工作小组"又向全国学术界发布《清史编纂体裁体例调研大纲》,该调研大纲分编纂原则和体裁文体选择、设计方案两大部分对"清史纂修需要遵循的基本原则或应该实现的主要目标有哪些、清史纂修究竟采用何种体裁为宜、清史修纂宜采用何种文体、清史规模的设想、新修清史全书的框架结构设计方案"等问题向全社会进行公开调研,为便于受访对象进行深入研讨,调研报告还整理了《历代正史编撰例目的演变》《近三百年历史编撰的探索和处理举要》《我们今天要写一部怎样的清史》《一代盛事　旷世巨典——关于大型清史的编纂》《近年来关于清史编纂体裁的部分意见》《关于纂修大型清史体裁的思考》《海

---

① 转引自国家清史编纂委员会体裁体例工作小组:《清史编纂体裁体例调研大纲》,载《清史编纂体裁体例讨论集》(上册),第 117 页。

内外现有章节体清代通史论著体裁体例述评》《〈清代人物传稿〉入选人物原则》等"附录",以供学者参考。

作为"工作小组"主管,戴逸先生于 2003 年 1 月即向全国学界提出《关于清史编纂体例的几点补充意见》(即《清史体例十问》和《续十问》),以期抛砖引玉。

二、11 次《清史》编纂体裁体例学术座谈会

自 2003 年 1 月至 10 月,清史编撰委员会按照百家争鸣方针,充分发挥学术民主,在北京、上海、广州、大连、台湾先后召开 11 次清史编纂体裁体例学术座谈会,广泛征求社会各界对清史体裁体例之意见。因此,对国家《清史》而言,2003 年堪称"清史体裁体例讨论年"。

2003 年 2 月 21 日至 22 日,清史编纂委员会在北京召开第一次"清史编纂体裁体例学术座谈会",来自北京、天津、东北、华北、西北等地高校、科研院所、档案文博单位 101 名学者参会。会上,戴逸明确指出:"我们召开这次会就是向同志们请教,是拜师……任何一个人都考虑不了那么周到,也没有那么大的能耐能够设计这么一部大型的史书,必须要广泛地征求意见,集中群众的智慧。体例是否定得适当,设计得好不好,必然要影响我们的成品。成败利钝,关系重大!"①

2003 年 2 月 24 日至 25 日,在北京召开第二次"清史编纂体裁体例学术座谈会",来自北京、东北、华北等地 93 位专家学者参会。

以上两次座谈会以及后来的北京、大连座谈会又称"北方地区体裁体例学术座谈会"。

2003 年 4 月 3 日至 4 日,在上海召开第三次"清史编纂体裁体例学术座

① 国家清史编纂委员会编:《清史编纂体裁体例讨论集》(上册),北京:中国人民大学出版社,2004年,第 94—95 页。

谈会",来自北京、上海、江苏、福建、浙江、广东等地 116 位专家学者参会。

正当戴逸等编委会成员紧锣密鼓召开"体裁体例座谈会"之际,国内爆发"非典"(SARS),原计划 5 月份应召开之座谈会被迫取消。6 月 4 日,"非典"疫情尚未完全解除,戴逸先生即在北京达园宾馆召开临时"清史编纂体裁体例学术座谈会"。会上,戴逸先生把其 90 卷本《清史》设想提交专家讨论。会后,成 91 卷本《清史》设想。

2003 年 7 月 3 日,在北京龙泉山庄召开第四次"清史编纂体裁体例学术座谈会",国家清史编纂委员会所属各成员及北京等地 22 位专家参会,重点讨论 91 卷本《清史》"通纪、编年、典志、列传、史表、图录"六大部件设计等相关问题。

2003 年 7 月 29 日,在北京召开第五次"清史编纂体裁体例学术座谈会",来自北京 21 位专家参会。

2003 年 7 月 30 日,在北京召开第六次"清史编纂体裁体例学术座谈会",来自北京 17 位专家参会。

2003 年 8 月 4 日至 5 日,在大连召开第七次"清史编纂体裁体例学术座谈会",来自北京、东北 18 位专家参会。

2003 年 8 月 6 日至 7 日,在广州召开第八次"清史编纂体裁体例学术座谈会",来自北京、广东、湖北、福建、广西等地 23 位专家参会。

2003 年 8 月 9 日至 10 日,在上海召开第九次"清史编纂体裁体例学术座谈会",来自北京、上海、江苏、浙江 18 位专家参会。

上海、广州座谈会又称"南方地区体裁体例学术座谈会"。

2003 年 8 月 25 日至 27 日,在北京召开第十次"清史编纂体裁体例学术座谈会"(又称"两岸学者体裁体例座谈会"),来自台湾和祖国大陆的 42 位专家参会。会上,戴逸指出:"台湾学者这次光临北京开会,我们抱有很高的期望。因为台湾学者对清史研究很深入,许多先生都是成果累累、造诣精深的专家学者,一定能够帮助我们把工作大大地提高、推进。不仅如此,我热切地期望台湾学者能更多地参与修史工作,因为修史是中华民族优秀的悠久传统,编纂一部清史也是海峡两岸同胞共同的愿望。台湾有杰出的人才和丰富的历史资料,希望海峡两岸的学者能够通过适当的方式携起手来,共同纂修我们中华民族的伟大历史。"①台湾辅仁大学戴晋新教授表示:"修史是千秋不朽的事,让海内外有关专家都参与到清史的纂修工作中来,这种交流本身就值得肯定。"②台湾大学陈捷先教授表示:"修一部高质量的《清史》是两岸史学界的共同心愿,台湾学者希望和内地学术界团结一致,愿把全部思想贡献出来。"③

2003年10月27日至29日,台湾佛光大学(地处宜兰县)召开"第一届清史学术研讨会",会议由佛光大学人文社会学院历史研究所主办,召集人为台湾清史领军人物、清史专家、满文专家陈捷先教授,戴逸、马大正、成崇德等14位大陆学者应邀赴会,美国学者韩小敏、日本学者细谷良夫、韩国学者辛胜夏以及50余位台湾本土清史专家参会,东道主认真组织了10场学术报告会。11月2日下午,两岸学者又在台北福华国际文教会馆举行"两岸学者《清史》纂修座谈会"。两次会议皆围绕"清史体裁体例"问题进行专题研讨,尤其是宜兰研讨会第七场,即清史纂修座谈会,"发言者中既有刚入清史门槛的青年学子,也有白发苍苍的学界耆宿,讨论范围涉及新《清史》的文体、字体、史书定位(是否官修正史)、体裁形式(有无注释、考异、志的写法、如何统稿),史论关系,史书的功能,志的设置,直到具体内容的安排等,有建议,有质疑,也有回应,有答辩,气氛热烈"④。台北座谈会是宜兰研讨会的延续,台湾清史学术研讨会和座谈会原计划在本年5月份召开,因"非典"爆发而推迟至10月,故台湾两次清史学术研讨会可视为第十一次"清史编纂体裁体例学术座谈会"。

① 戴逸:《在两岸清史编纂研讨会上的讲话》,载《清史编纂体裁体例讨论集》(上册),第94—95页。
② 《"两岸学者清史纂修研讨会"在北京举行》,新华网,http://jczs.sina.com.cn.2003-08-25。
③ 《"两岸学者清史纂修研讨会"在京召开》,载《历史档案》,2003-12-30。
④ 张永江:《兰阳论清史——佛光大学第一届清史学术研讨会综述》,载《清史研究》,2004年第2期。

三、国家《清史》体裁体例商讨目录

自国家清史编纂委员会发布"调研大纲""调查问卷"和数次座谈会后，清史体裁体例之商讨引起全国学术界高度重视，祖国大陆及港澳台近200名知名专家学者围绕新修清史体裁体例撰写商讨文章、咨询报告、书面建议，并通过书信、报刊、期刊或网络纷纷发表观点和看法，共襄《清史》盛举。兹根据2001年《中国人民大学学报》"清史编纂"特约栏目、国家清史编纂委员会体裁体例工作小组汇编之《清史编纂体裁体例讨论集》以及网络查询，按作者姓氏拼音先后顺序胪列如次[①]：

名称	作者	单位
《新修清史体裁体例刍议》	白拉都格其	内蒙古大学蒙古学院
《关于清史体裁篇目的意见》	白新良	南开大学历史研究所
《关于清史目录的几点想法》	宝音朝克图	中国人民大学清史研究所
《关于清史编纂体裁与体例问题的思考》	卞利	安徽大学徽学研究中心
《关于编纂清史的建议与附议》	蔡家艺	中国社会科学院民族研究所
《关于新修清史的几点意见》	蔡克骄	温州师范学院
《修纂清史的目的与策略》	曹树基	复旦大学历史地理研究所
《试说新修清史的编纂体裁体例》	常建华	南开大学历史学院
《史表部分修订建议》	陈其泰	北京师范大学史学所
《关于清史编纂体例的思考》	陈锋	武汉大学历史系
《对清史编纂体裁与体例的几点建议》	陈国灿	浙江师范大学人文学院
《我对清史的编纂的管见》	陈桥驿	浙江大学历史地理研究中心

[①]　注：本表主要依据国家清史编纂委员会体裁体例工作小组《清史编纂体裁体例讨论集》(上、下册)编制。

《在继承中创新》	陈绛	复旦大学历史系
《关于新修清史采用何种体裁的想法》	陈连开	北京大学历史系
《对清史编纂体裁体例的四点意见》	陈支平	厦门大学国学研究院
《新修清史有关少数民族内容编写体例的一些想法》	达力扎布	中央民族大学历史系
《纂修清史,此其时也》	戴逸	中国人民大学清史研究所
《一代盛事旷世巨典——关于大型清史的编纂》	戴逸、李文海	中国人民大学清史研究所
《在清史编纂体裁体例学术座谈会上的讲话》	戴逸	中国人民大学清史研究所
《清史体例十问》、《清史体例十问》(续)	戴逸	中国人民大学清史研究所
《通纪:贯穿清史的一条主线》	戴逸	中国人民大学清史研究所
《问题与疑难:在北京龙泉山庄会议上关于清史体裁体例的讲话》	戴逸	中国人民大学清史研究所
《清史目录第六稿》	戴逸	中国人民大学清史研究所
《关于清史编纂体例二十个问题的思考和建议》	戴鞍钢	复旦大学历史系
《新修清史体裁应以纪传体为主要框架而加以创新》	刁书仁	扬州大学社会发展学院
《清史编纂体裁体例的选择》	丁平一	湖南大学岳麓书院
《对清史目录的意见与建议》	董建中	中国人民大学清史研究所
《清史编纂体例之我见》	董守义	辽宁大学历史系
《关于新修大型清史体裁体例问题之研究》	杜家骥	南开大学历史学院
《新修清史体裁体例之浅见》	范金民	南京大学历史系
《关于清史编撰体例的几点看法》	方铁	云南大学历史系
《关于编纂清史的一些片断想法》	方雄普	中国侨联办公厅

续表

《清史编纂体裁的几点设想》	方之光	南京大学历史系
《关于清史体裁以及编纂原则的几点思考》	冯尔康	南开大学社会史研究中心
《清史编纂体裁刍议》	冯天瑜	武汉大学中国传统文化研究中心
《对大型清史编纂的两点意见》	冯祖贻	贵州社会科学院
《清史定位及修纂体例刍议》	郭汉民	湘潭大学历史系
《"正史"可修　非创新不可》	葛剑雄	复旦大学中国历史地理研究所
《关于编纂清史体裁体例的一些意见》	耿云志	中国社会科学院近代史研究所
《关于清史体例的意见》	郭平梁	新疆社会科学院
《清史编纂体裁体例问题浅议》	郭世佑	中国政法大学
《就清史编写体例谈四点想法》	郭松义	中国社会科学院历史研究所
《关于清史编纂的几点思考》	何一民	四川大学历史文化学院
《对清史编纂体裁体例的几点意见》	何友良	江西社会科学院
《关于清史编纂体裁的一些看法和建议》	贺圣达	云南社会科学院
《关于新修清史体裁和框架设计的建议》	赫治清	中国社会科学院历史研究所
《关于新修清史框架设计的若干想法》	黄兴涛	中国人民大学清史研究所
《小议清史编纂体裁体例》	黄振南	广西师范大学历史文化与旅游学院
《"官修正史"可以休矣》	黄力民	中国计量学院
《几点意见》	黄国盛	福建师范大学历史系
《关于在清史编纂中设置京师志的建议》	黄宗汉	老博士(北京市宣武区文化局)
《关于清史工程的初步思考》	姜涛	中国社会科学院近代史研究所
《我对清史编纂体裁体例的几点意见》	姜守鹏	东北师范大学历史系
《编纂大型清史之管见》	金普森	浙江大学人文学院

续表

《读关于清史编纂体例的几点补充意见》	经君健	中国社会科学院经济研究所
《关于清史编纂工作的几点认识》	瞿林东	北京师范大学史学理论与史学史研究中心
《关于编纂新清史的体裁体例问题》	来新夏	南开大学图书馆
《清史编纂体裁体例刍议》	黎仁凯	河北大学人文学院历史系
《关于清史编纂体裁的意见》	李宝臣	北京市社会科学院历史研究所
《关于清史体裁体例的设想》	李长莉	中国社会科学院近代史研究所
《新编清史框架纲目》	李根蟠	中国社会科学院经济研究所
《清史体例刍议》	李华兴	上海社会科学院历史研究所
《清史编纂体裁体例之管见》	李景屏	中国人民大学清史研究所
《我们今天要纂修一部什么样的清史》	李文海	中国人民大学清史研究所
《关于新修清史体裁体例选择的几点想法》	李小树	中国人民大学历史系
《关于清史编纂体裁体例的意见》	李育民	湖南师范大学历史系
《关于清史编纂体裁体例的几点看法》	李振宏	河南大学《史学月刊》编辑部
《关于清史编纂体裁体例的几点设想》	李治亭	吉林省社科院历史所
《关于清史体裁的意见》	李致忠	国家图书馆
《关于纂修清史的认识和几点意见》	梁洪生	江西师范大学历史系
《清史的构架及其志书编纂》	林乾	中国政法大学法律史学研究院
《关于清史编纂体裁的一些意见》	林家有	中山大学孙中山研究所
《关于拟修清史体裁体例的看法》	林金水	福建师范大学历史系
《关于大型清史体裁体例的浅见》	林克光	中国人民大学清史研究所
《关于清史编纂体裁体例的意见》	林庆元	福建师范大学历史系
《关于纂修清史的几点建议》	林仁川	厦门大学台湾研究中心
《编纂清史须充分利用外国档案文献》	刘存宽	中国社会科学院近代史研究所

续表

《两岸学者清史纂修研讨会书面意见》	刘季伦	台湾政治大学历史学系
《关于纂修清史的几点想法》	刘文鹏	中国人民大学清史研究所
《清史编纂体裁体例之我见》	刘学照	华东师范大学历史系
《编纂富有气派的清史》	刘志琴	中国社会科学院近代史研究所
《关于列传之篇目与体例》	刘仲华	中国人民大学清史研究所
《关于清史体裁的浅见》	龙盛运	中国社会科学院近代史研究所
《关于编纂大型清史的两点看法》	罗炳良	北京师范大学史学所
《关于清史编纂体例的几点补充意见》	贾熟村	中国社会科学院近代史研究所
《对清史编纂体裁体例的几点看法》	马敏	华中师范大学历史系
《正史编纂传统与清史体例琐议》	牛润珍	中国人民大学历史系
《关于清史体裁体例的调研报告》	欧阳跃峰	安徽师范大学社会学院
《修清史说略》	祁龙威	扬州大学社会发展学院
《启功先生口述》	启功	北京师范大学
《对清史修纂的几点想法》	钱宗范	广西师范大学历史系
《试论新修大型清史的体裁体例问题》	乔治忠	南开大学历史学院
《大型情史设计方案》	秦国经	中国第一历史档案馆
《两点补充意见》	邱捷	中山大学台湾研究所
《大清史列传应体现统一的多民族国家特点》	屈六生	中国第一历史档案馆
《关于清史纂修的意见》	桑兵	中山大学历史系
《清史编纂体裁体例之我见》	沈渭滨	复旦大学历史系
《关于编纂清史体裁体例的一点想法》	沈雨梧	浙江师范大学历史系
《关于编纂大型清史的一些意见》	施宣圆	《文汇报》
《关于清史编纂体裁体例的意见》	史继忠	贵州文史研究馆
《几点小意见》	孙健	中国人民大学经济系

续表

《关于清史编纂体例的一些意见》	谭继和	四川省社会科学院
《关于重修清史的几点意见》	汤志钧	上海社会科学院历史研究所
《社会史的内容应在新编清史中占有一席之地》	唐力行	上海师范大学历史系
《关于纂修清史的几点意见》	唐文基	福建师范大学历史系
《关于编纂清史的意见》	陶水木	杭州师范大学历史系
《关于新修清史人物传记编纂的建议》	田汉云	扬州大学文学院
《关于清史编纂的一点建议》	汪敬虞	中国社会科学院经济研究所
《关于戴逸先生清史目录的几点想法》	王大庆	中国人民大学历史学院
《清史编纂体裁和文体选择建议》	王继平	湘潭大学历史系
《新修清史体裁体例论证与设计方案》	王景泽	东北师范大学明清史研究所
《重修清史亦喜亦忧》	王家范	华东师范大学江南区域史研究中心
《关于清史编纂的体裁与指导思想及其他》	王俊义	中国社会科学出版社
《关于清史编纂体裁体例的设想与建议》	王开玺	北京师范大学历史系
《清史纂修宜立足原作，着意体现时代感》	王日根	厦门大学历史系
《新修清史的体裁及其他》	王戎笙	中国社会科学院历史研究所
《关于清史编纂问题致路遥教授的信》	王绍曾	山东大学文史哲研究院
《关于清史编纂体裁的意见》	王世华	安徽师范大学皖南历史文化研究中心
《清史编纂体裁体例刍议》	王思治	中国人民大学清史研究所
《故纸重光:清史纂修中的档案整理规划》	王天泉	《中国档案》编辑部
《清史编纂略说》	王卫平	苏州大学社会学院历史系
《编纂清史应重修地理志》	王文楚	复旦大学历史地理研究所
《怎样把清史写成高水平的传世之作》	王晓秋	北京大学历史系

续表

《问卷调查答复》	王钟翰	中央民族大学
《对清史编纂体裁体例的四点建议》	魏良弢	南京大学历史系
《关于清史编纂体裁体例的四点建议》	吴承明	中国社会科学院经济研究所
《对清史编纂体裁体例调研大纲的答复》	吴量恺	华中师范大学历史系
《清史会议发言提纲》	夏东元	华东师范大学历史系
《关于清史编纂体裁体例的粗浅想法》	萧致治	武汉大学历史系
《关于清史编纂体裁体例的几点建议》	谢放	华南师范大学历史系
《清史编纂体裁体例之我见》	谢本书	云南民族学院
《清史宜采用纪传为体、章节为用的新综合体》	谢宏维	中国人民大学清史研究所博士生
《关于编纂清史的点滴意见》	谢俊美	华东师范大学历史系
《关于清史编纂的几点看法》	徐明德	浙江大学人文学院历史学系
《关于清史编纂体例意见汇报》	解光宇	安徽大学哲学系
《关于清史编纂体裁体例的意见》	许增纮	西南师范大学历史文化与旅游学院
《关于清史编纂体裁体例等问题之意见》	薛衔天	中国社会科学院近代史研究所
《清史编纂中的"国史定位与清史体例问题"》	徐晓望	福建社会科学院
《清史体例粗浅赘言》	阎崇年	北京社会科学院
《对清史目录中典志的粗浅意见》	颜军	中国人民大学清史研究所
《关于清史体裁的几点意见》	杨珍	中国社会科学院历史研究所
《清史编纂体裁设计方案》	杨德华	云南师范大学
《对清史编纂体裁的几点看法》	杨国桢	厦门大学历史研究所
《也谈清史纂修》	扬帆	中国人民大学
《盛世修史:三百年清史重新评说》	杨小民	南京大学出版社

《以章节体的清代通史为主体编写综合体新型清史》	杨天石	中国社会科学院近代史研究所
《关于清史编纂体裁体例的几点浅见》	尹福庭	中国人民大学清史研究所
《在清史编纂体裁体例座谈会上的发言》	于沛	中国社会科学院世界历史研究所
《重修大型清史体裁体例等问题之管见》	余明侠	徐州师范大学历史系
《关于新修清史的几点浅见》	俞政	苏州大学社会学院历史系
《关于传记设计的思考与建议》	张捷夫	中国社会科学院历史研究所
《几点浅见》	张磊	广东省社会科学院
《对清史编纂体裁体例的意见》	张越	北京师范大学史学研究所
《关于清史编纂的意见》	张寄谦	北京大学历史系
《关于大型清史法律志的编纂设想》	张晋藩	中国政法大学法律史学研究院
《关于清史体例的建议》	张小林	中国社会科学院近代史研究所
《为清史编纂献言》	张羽新	中国藏学研究中心
《重修清史目录》	张玉法	台湾中央研究院
《继承传统 求实创新》	张玉兴	辽宁省社会科学院历史所
《清史编纂刍议》	张振鹍	中国社会科学院近代史研究所
《关于编纂清史的几点想法》	张仲礼	上海社会科学院
《关于新修清史体裁的几点意见》	赵毅	华南师范大学历史文化旅游学院
《关于大型清史编纂体裁体例的一些思考》	赵云田	中国社会科学院近代史研究所
《立足时代高度编纂有清一代信史》	赵春晨	广州大学广州十三行研究中心
《清史修纂体例之我见》	郑克晟	南开大学历史学院
《设立秘密结社志之我见》	郑永华	北京市社会科学院

续表

《关于清史编纂的若干建议》	郑振满	厦门大学历史系
《关于大型清史编纂体裁体例问题的几点思考》	支运亭	沈阳故宫博物院
《关于新修清史水利志的编纂设想》	王志刚	中国水利水电科学研究院
《对编纂清史的几点意见》	钟文典	广西师范大学历史系
《关于新编清史体裁体例的意见》	周积明	湖北大学历史系
《清史编纂体裁体例之我见》	周伟洲	陕西师范大学西北民族研究中心
《关于清史编纂体例的两点意见》	周育民	上海师范大学人文学院
《关于编纂清史的意见》	周远廉	中国社会科学院历史研究所
《清史编纂中设置图录的论证与构想》	朱诚如	故宫博物院
《关于清史编纂体裁的一点思考》	朱东安	中国社会科学院近代史研究所
《关于大型清史编纂体裁体例问题之管见》	朱金甫	中国第一历史档案馆
《对新修清史的一些粗浅建议》	朱仲玉	北京市文史研究馆
《清史重修刍议》	朱洪斌	南开大学历史研究所
《从现存史馆档看清史的纂修》	庄吉发	台湾师范大学历史研究所
《对戴逸先生关于清史编纂体例的几点补充意见的看法》	邹逸麟	复旦大学历史地理研究所

除上述表格所列人员外,国内史学名流马大正、苑书义、郑师渠、孙达人、胡绳武、路遥、蔡美彪、姜义华、从翰香、许殿才、章开沅、虞和平、黄爱平、张世明、厉声、李喜所、吴怀祺、夏明方、马勇、夏春涛、彭林、林铁钧、茅海建、杨念群、刘小萌、史松、徐凯、潘振平、李尚英、庞卓恒、郑大华、刘家和、陈振江、方雄普、徐思彦、王希隆、迟云飞、施丁、刘桂生、辛德勇、金峰、祁美琴、戚成章、董丛林、郭毅生、刘厚生、定宜庄、徐兆仁、邹爱莲、陈捷先、冯明珠等在

座谈会上对清史体裁体例皆有精到的表述。

四、体裁体例商讨综述

《清史》体裁体例讨论,主要围绕国家《清史》之定位、体裁、体例、文体、规模、框架展开,参加座谈会专家学者有 280 余人,参加问卷调查者 1000 余人,"以专家和有大学学历者占多数,同时也有工人、农民、医生,年龄最大者 83 岁,最小者仅 13 岁"[①]。参与面之广,讨论之激烈,前所未有,可谓见仁见智、众说纷纭,诚如中国社科院近代史所刘志琴研究员所言:"就史学体裁体例来说,在全国范围内组织调研和讨论,不仅是新中国成立以来第一次,也是新史学出现以来的第一次……此次由纂修清史引发的体裁研讨,很有可能成为中国史学在 21 世纪的一项重要建树。"[②]

《清史》定位之讨论。定位决定体裁体例,讨论国家《清史》体裁体例必先给国家《清史》以定位。2002 年 4 月 20 日,《文汇报》"学林"版刊发中国计量学院黄力民教授署名文章《"官修正史"可以休矣》,明确反对由中央政府组织专门力量开修清史,明确反对国家《清史》为"正史"[③]。这样,在国家《清史》纂修工程启动之前(中央批准时间为是年 8 月),"定位"问题就被提前提出来。黄教授主攻数学,于史学为业余,对中国史学界重修《清史》之近百年强烈愿望浑然不知,本意为赚点"噱头",即"我本以为我的文章会惹恼很多人,必定要遭到猛烈的批评"[④],但中国史学名流无一人理会,只有一位化名"杨帆"的新闻界人士予以反驳。实际上,中国史学界对这一"核心"问题都在作认真地思考,如中国社科院王戎笙教授明确表示"反对撰写一部与

---

①　国家清史编纂委员会体裁体例工作小组:《清史编纂体裁体例工作总结》,载《清史编纂体裁体例讨论集》(上册),第 213 页。

②　刘志琴:《建立富有中国气派的历史学》,载《光明日报》,2003-05-20。

③　黄力民:《"官修正史"可以休矣》,载《文汇报》,2002-04-20。

④　黄力民:《关于修清史的争辩》,载《社会科学报》,2003-09-27。

二十四史相衔接的正史"①，而绝大多数史学工作者希望新修《清史》应为"正史"。诚如湘潭大学郭汉民教授所言："清史应当纂修成为一部全面、系统、完整、准确地记载有清一代的王朝的正史，超过《清史稿》的水平而接续二十四史。简言之，应将清史定位于正史。"②争论结果：暂置格议，以质量做决定。目标为"全面超越《清史稿》，反映当代中国学术水平、经得起历史检验的传世之作"，如果质量较高，它自然会被公认为"正史"。

《清史》体裁之讨论。关于体裁，主张纪传体者有之，主张章节体者有之，主张纪事本末体者亦有之。如林金水教授认为："目前纂修清史应该考虑采用章节体这一体裁"③，而冯天瑜教授认为："新修清史宜用纪传体，此体裁有包容量大、伸缩自如等优长，非章节体所可比拟外。"④在争论初始阶段，人们希望尽可能地把纪传体、编年体、纪事本末体、章节体四大体裁优点皆融合进来，但随着争论的深入，人们认识到这种努力是根本不可能的。最后结论趋于一致，85%的学者认为，纪传体有"模范千古，牢笼百家"之长处，国家《清史》大体以传统的纪传体为主要框架，再加以现代的改造和创新，形成新的综合体裁。

《清史》体例之讨论。关于体例，"本纪、编年、典志、史表、列传、史图、载纪"七大部件，除在"增加史图"一项无甚异议外，其他部件，或应增、或应删、或应改，均存在较大争议，尤其在"本纪"改造方面争论极为激烈。有主张改"纪"为"综述"，有主张改为"通史"，有主张改为"总序"，有主张改为"总论"，有主张改为"绪论"，有主张改为"通纪"，有主张改为"综述+编年"。在"编年"部件方面，有主张设编年，有反对设编年；有主张大通纪小编年，有主张小通纪大编年；在"典志"方面，有主张改为"专史"，有反对改"专史"；有主张设天文志，有反对设天文志；有主张设宗教志，有反对设宗教志；有主张

---

① 王戎笙：《抛弃"正史"，创新体裁》，载《文汇报》，2002-07-27。
② 郭汉民：《关于清史修纂的若干思考》，载《湘潭大学社会科学学报》，2003年第4期。
③ 林金水：《关于拟修清史体裁体例的看法》，载《清史编纂体裁体例讨论集》（下册），第615页。
④ 冯天瑜：《清史编纂体裁刍议》，载《清史编纂体裁体例讨论集》（上册），第366页。

多设志目,有主张少设志目。在"史表"方面,有主张不要史表,有主张完善史表;有主张设皇子公主表,有反对设皇子公主表;有主张增加表目,有主张减少表目。在"传记"方面,有主张增加传目,有主张减少传目;有主张立袁世凯传,有反对立袁世凯传;有主张分类传,有反对分类传;有主张以朝代顺序分传记,有主张以姓氏笔画分传记。在"载记"方面,有主张设准噶尔载记,有反对设准噶尔载记;有主张设吴三桂载记,有反对设吴三桂载记;有主张设载记,有反对设载记。随着讨论的深入,编委会主任戴逸之"清史目录"数易其稿,由最初之"编年、传记、通史、专史、史表、史图、载记、清史著述书目"八大部件(2003年3月第一稿,88卷)修改为"通纪、编年、史志、传记、史表、图录"六大部件(2003年7月第四稿,90卷)。据戴逸先生说:"原先我曾设计'载记',讲一些特殊历史事件如南明、吴三桂建周政权、太平天国、准噶尔等,都附载于《清史》,沿用'二十四史'中《晋书》的体例。后来,反对设载记的意见比较多,我就把它撤掉了……内容只能写到《通纪》里。"①

2003年11月,体裁体例讨论工作告一段落后,戴逸先生综合各家意见,再次修改为"通纪、典志、传记、史表、图录"五大部件,形成"清史目录"第六稿,92卷,是为《清史》最终大体例。

《清史》规模之讨论。关于《清史》之字数,有主张不超过100万字者,有主张不超过《清史稿》(800万字)字数者,有主张不超过1200万字者,有主张不超过2000万字者,有主张不超过3000万字者,有主张字数尽可能多者。通过争论,考虑"现代文体"因素,绝大多数人最终认为应控制在3000万字左右。

《清史》文体之讨论。关于文体,有主张用文言文,有主张用白话文,有主张用浅显古文,有主张用精炼现代语,争论结果是用精炼、典雅的现代汉语为宜。

此外,为深入、准确、全面把握清史研究现状及发展动向,2003年,国家

---

① 戴逸:《贯穿〈清史〉的一条主线》,载戴逸:《涓水集》,北京:北京出版社,2009年,第15—16页。

清史编纂委员会还专门成立了学术调研小组,完成了七个专题调研报告。即《〈元史〉纂修始末研究》(希都日古,正文 5.1 万字,附录 10.8 万字),《〈明史〉纂修始末研究》(刘仲华,正文 3.8 万字,附录 10 万字),《〈清史稿〉纂修始末研究》(邹爱莲、韩永福、卢经,正文 5 万字,附录 17 万字),《20 世纪以来国内已出版的通史类清史著作综述》(赵云田,正文 3.6 万字,附录 5.7 万字),《1990 年以来以英文发表的清史研究成果综述》(马钊,正文 8.7 万字,附录,6.3 万字),《1980 年以来以俄文发表的清史研究成果综述》(叶柏川,正文 3.75 万字,附录 11.7 万字),《1990 年以来以日文发表的清史研究成果综述》(王晓秋,正文 5.6 万字,附录 4.4 万字)。

总之,经过体裁体例讨论和学术调研,至 2004 年 2 月,戴逸先生综合各方意见,基本确定以下内容:体裁——新综合体;体例——通纪、典志、传记、史表、图录五大部件;文体——精炼、典雅的现代书面语;卷帙——92 卷;规模——3200 万字左右,并修改完成《清史目录》第 6 稿。各部件内容如下表:

卷　数	内　　容	
一、通纪(共八卷)		
第一卷	满族兴起和清朝建立(1583—1643 年)	共 61 年
第二卷	清朝入关、平定南中国(1644—1683 年)	共 40 年
第三卷	康熙之治和雍正改革(1684—1735 年)	共 52 年
第四卷	乾隆统一全中国(1736—1795 年)	共 60 年
第五卷	清朝中衰(1796—1839 年)	共 44 年
第六卷	外国武装侵略和国内农民战争(1840—1864 年)	共 25 年
第七卷	清朝自强运动及其失败(1865—1895 年)	共 31 年
第八卷	清末改革和清朝覆亡(1896—1912 年)	共 17 年
二、典志(共三十九卷三十五志)		
第九卷	天文历法志	

第十卷	地理志
第十一卷	生态环境志
第十二卷	人口志
第十三、十四卷	民族志
第十五卷	职官志
第十六卷	法律志
第十七卷	八旗志
第十八、十九卷	兵志
第二十卷	边政志
第二十一卷	澳门、香港志
第二十二、二十三卷	邦交志
第二十四卷	华侨志
第二十五卷	农业志
第二十六卷	手工业志
第二十七卷	商业志
第二十八卷	对外贸易志
第二十九卷	近代实业交通志(附驿递)
第三十卷	财政志
第三十一卷	漕运、盐政、钱法志(附金融)
第三十二卷	宗族志(附保甲)
第三十三、三十四卷	宗教志
第三十五卷	会党教门志

续表

第三十六卷	礼俗志	
第三十七卷	教育志	
第三十八卷	灾赈志	
第三十九卷	思想文化志	
第四十卷	学术志	
第四十一卷	西学志	
第四十二卷	诗文、小说志	
第四十三卷	戏曲、书画志	
第四十四卷	科学技术志	
第四十五卷	水利志	
第四十六卷	建筑志(含宫殿、园林、民居等)	
第四十七卷	医药卫生志	
三、传记(共二十二卷)		
第四十八卷	入关前人物	约80人
第四十九卷	顺治、康熙朝人物	约100人
第五十卷	康熙朝人物	约100人
第五十一卷	康熙朝人物	约100人
第五十三卷	乾隆朝人物	约100人
第五十四卷	乾隆朝人物	约100人
第五十五卷	嘉庆朝人物	约100人
第五十六卷	嘉庆朝、道光朝人物	约100人
第五十七卷	道光朝人物	约100人
第五十八卷	咸丰朝人物	约100人
第五十九卷	同治朝人物	约100人

续表

第六十卷	光绪朝人物	约 100 人
第六十一卷	光绪朝人物	约 100 人
第六十二卷	光绪、宣统朝人物	约 100 人
第六十三卷	学术	约 250 人
第六十四卷	文苑、艺术(包括书画家、演员)	约 250 人
第六十五卷	忠烈、孝义、循吏	约 200 人
第六十六卷	工商、科技	约 200 人
第六十七卷	少数民族、宗教、华侨	约 200 人
第六十八卷	农民领袖、革命党人、妇女	约 250 人
第六十九卷	遗民一(明清之际)、遗民二(清、民国之际)、外籍人士,约 250 人	
四、史表(共十三卷 二十九表)		
第七十、七十一卷	史事表	
第七十二卷	清帝世系表、皇子表、皇女表	
第七十三卷	诸臣封爵表、藩部封爵表、四大活佛表	
第七十四卷	议政王大臣表、大学士表、军机大臣表、总理各国事务大臣表、清末内阁表	
第七十五卷	部院大臣表	
第七十六卷	总督表、巡抚表、将军都统驻防大臣表	
第七十七卷	提督表、布政使表、按察使表、学政表	
第七十八卷	中外约章表	
第七十九卷	册封使表、驻外使节表、外国驻华使节表	
第八十卷	历科进士表	
第八十一卷	书院学校表、清季报刊表	
第八十二卷	文祸表、教案表	

续表

五、图录(共上卷)	
第八十三卷	舆地(疆域、山川、京师、直省等)
第八十四卷	生产(耕织、井盐、瓷器、农事、棉花、制茶、放牧、水利、治河、晚清工业)
第八十五卷	商贸、外贸
第八十六卷	典仪(与政治制度礼制相关的画图,如祭孔、祭农、祭天、籍田、大婚、巡幸、木兰秋狝、万寿等)
第八十七卷	军事(作战、布防、军器、操练等)
第八十八卷	民俗(行业、民族节令等)
第八十九卷	建筑(宫殿、园林、陵寝、城镇、王府、民居、名胜等)
第九十卷	艺术(书画碑刻、服饰器皿、工艺品、戏曲等)
第九十一卷	宗教
第九十二卷	肖像(画像、照片)

应该说,以上国家《清史》总目是戴逸先生及编委会折中各方面意见谨慎选择、深思熟虑的结果。2001年,戴逸先生最初设计的国家《清史》大部件有8个,即编年、传记、通史、专史、史表、史图、载记。经过两年争论,戴逸先生最后确立通纪、典志、史表、传记、图录5大部件。整个折中取舍过程,非常复杂,极伤脑筋。如《艺文志》,开始阶段,戴逸先生认为《艺文志》不可或缺,因为从《汉书》到《明史》,正史只要有"志"者均有《艺文志》,《清史稿》亦有《艺文志》。往代纂修《艺文志》,把先朝及以前著述皆收入进去,清朝修《明史·艺文志》发现明代著作太多,故只收录明代著作。《清史稿·艺文志》为民国初年吴士鉴、章钰、朱师辙合修,因收录清人著作较少(9633种),且舛错较多而备受后人诟病,导致后人一补再补,山东大学学者王绍曾先生已补至5万种,后有学者又补至10万余种。如果把10万种清人著述均

放入《清史·艺文志》,仅记"目录"就需 100 万字以上,^①国家《清史》每个"志"约 30 万字,100 余万字之《艺文志》实难容纳,故决定同时立《艺文志》与《清人著述总目》两个项目,《艺文志》为《清人著述总目》精选本。戴逸这一设想受到山东大学王绍曾先生强烈反对。戴逸先生没法,在 2003 年年底制定九十二卷本《清史目录》中不再设《艺文志》,而是设 3 个附录,《清人著述总目》《清史考异》和《清代人物辞典》。2004 年初,许多学者认为大《清史》里面不能缺少《艺文志》,戴逸先生只好再决定设立《艺文志》和《清人著述总目》。项目变通为:国家《清史》有《艺文志》,字数可以扩大至 60 万字,而且将来出版时在《艺文志》下注明"另出"二字,《清人著述总目》仍作为附录出现,两个项目均有山东大学杜泽逊教授(王绍曾先生弟子)担任主持人。"戴逸先生作为国家清史编纂委员会的主任,面对许许多多专家的意见和建议,要对新修《清史》的框架作出审慎的裁决,其学术难度之高可以想象!"^②

第三节　国家《清史》纂修第二阶段——项目立项阶段

2004 年 3 月至 2005 年 12 月为国家《清史》纂修第二阶段。此间,编委会明确国家《清史》纂修工程架构、建立管理机构、完善管理制度,并通过委托与招标两种方式,完成主体工程、基础工程和辅助工程的项目立项任务。

一、国家《清史》纂修工程之架构

当代著名史家傅斯年云:"近代的历史学就是史料学",史学工作者之任

---

① 注:2012 年,杜泽逊所编纂之《清人著述总目》初稿,收录清代著作高达 22.8 万种,字数高达 1500 万字,规模几乎相当于半个国家《清史》。

② 杜泽逊:《国家清史项目〈清人著述总目〉之由来》,载《山东图书馆季刊》,2008 年第 2 期。

务就是"上穷碧落下黄泉,动手动脚找东西"。① 傅先生之言尽管有失偏颇,但切中修史要害,不失为至理名言。史家缺少史料,难为无米之炊;档案不牢,地动山摇;史料不全,质量妄谈;史料不充,万事皆空。

国家《清史》重要目标之一就是"构建中国 21 世纪标志性文化工程"。纂修史书,史料先行,此乃修史之常识,故戴逸先生早在国家清史工程启动之初,就明确清史工程"一体两翼"主体框架。"一体",即"清史主体工程";"两翼",即服务"主体工程"之"基础工程"和"辅助工程"。

"主体工程"为《清史》核心内容、重中之重。主体工程包括通纪、传记、典志、史表、图录 5 大部件、92 卷、3200 万字左右之大《清史》。国家《清史》最终成败得失,皆系"主体工程"。

"辅助工程"是对现存清代档案(包括各种国家级档案和地方级档案)和文献资料(包括清代各种文集、笔记、碑传等文献资料),民族文献(包括满文档案、蒙文档案、藏文档案、维吾尔文档案等),外文资料(包括英、法、德、美、俄、日本、韩国、澳大利亚等国有关清史档案和资料)进行搜集、整理,预计达到 20 亿字。要求尽快出成果,以便为撰稿人提供原始资料。

"基础工程"包括对相关档案、文献出版,图书资料搜集、保存,以及网络信息库建设。对档案组、文献组、编译组所整理文献图书尽快由权威出版社公开发行,同时筹建"中华文史网"作为清史纂修指导网站,"基础工程"整理成果第一时间在网站发布,为撰稿人提供快捷、便捷服务。

主体工程与基础工程、辅助工程紧密结合、相辅相成,共同构成"国家清史纂修工程",正如戴逸先生当初设想:"10 年后清史主体工程出台,各项文献档案工程也陆续出台,形成规模性的文化工程。打个比方,我们要打造一艘航空母舰,不仅仅需要航空母舰,还要有许多驱逐舰、巡洋舰、潜水艇,要形成一个战斗群、形成规模性的文化工程。这样做,一个是为了修好清史,能够有坚实的资料依据;另外是我们放宽眼界,抢救保护珍贵的档案文献,

---

① 傅斯年:《史学方法导论》,载《傅斯年选集》,天津:天津人民出版社,1996 年,第 195 页。

这是功在当代、利在千秋的事业。"①

二、国家《清史》纂修工程管理之机构

2004 年 2 月,按照政府批示,清史编纂领导小组改称"国家清史纂修领导小组",清史编纂委员会改称"国家清史编纂委员会"。与此同时,国家清史纂修委员会先后建立各种管理机构,并完善了相应的规章制度。

最高领导机构为"国家清史纂修领导小组"和"国家清史编纂委员会",下辖秘书组、项目中心、清史办公室。"国家清史纂修领导小组"的主要任务是沟通编委会与政府各部委之间的联系,除保障充足的科研经费外,最重要的就是为清史纂修提供各种服务。如 2006 年,为配合高校专家安心撰写,"领导小组"主动与教育部、文化部、宣传部、中国社科院联系,联合下发《关于进一步加强清史纂修项目管理工作的通知》(简称"四部委文")和《教育部办公厅关于进一步加强高校清史纂修项目管理工作的通知》。文件指出:"对于《清史》纂修项目,要按照国家社科基金重大项目的规格进行管理。"②明确了清史主体类项目等同于国家社科基金重大项目的"国家级人文社科科研项目"地位,高校担任清史主体类项目负责人就可以享受到本校"国家级科研项目"的相应支持,解除了高校纂修专家的后顾之忧。

清史办公室,负责综合处、业务处、财务处、人事处、服务处。

项目中心,负责主体工程、基础工程、辅助工程的项目管理。

主体工程,下辖通纪组、典志组、传记组、史表组、图录组;基础工程,下辖出版组、网络数据中心、图书资料中心;辅助工程,下辖档案组、文献组、编译组。

---

① 戴逸:《编纂清史的缘起与编纂初想》,载《社会科学战线》,2003 年第 2 期。
② 《教育部办公厅关于进一步加强高校清史纂修项目管理工作的通知》,www.moe.gov.cn/ 2008-02-29。

国家清史管理核心项目组简介如下①：

通纪组，清史编纂委员会下属二级项目组，于2004年正式启动工作，其职责是在国家清史编纂委员会直接领导下，负责清史纂修工程《通纪》部分项目的设计、立项，全程跟踪检查所管项目的撰写进度和质量。组长为成崇德教授。委员有戴逸、李文海、王思治、龚书铎，学术助理有孙喆、吴效马、杨剑利、李岚、陈铮。

典志组，清史编纂委员会下属二级项目组，成立于2003年9月，其职责是在国家清史编纂委员会领导下，负责清史纂修工程《典志》部分项目的设计、组织与实施。组长为郭成康教授，副组长为萧国亮教授，委员有林乾、魏坚、祁美琴、华林甫、黄爱平等。

传记组，清史编纂委员会下属二级项目组，2003年9月成立，其职责主要是在清史编纂委会的直接领导下，负责清史撰修工程《传记》部分的设计、项目组织与实施。组长为潘振平教授，副组长为李治亭教授，委员有王思治、张杰夫、罗明、赵珍、杨东梁、马忠文、赫治清等。后来，王思治教授因工作需要调入编审组。

史表组，清史编纂委员会下属二级项目组，负责《史表》各卷的设计、项目组织与实施。原任组长为吴建雍教授，2005年改为程歗教授，郝秉键为副组长，何瑜、赵雅丽、王开玺、郑永华、曹新宇等为委员。

图录组，清史编纂委员会下属二级项目组，2003年12月正式成立，主要在清史《图录》的资料征集、体例编定、人员组织、图片鉴定、制作、编辑以及成果审核等方面开展工作。组长为朱诚如教授，副组长为刘潞研究员，2011年改为卞修跃教授，委员有任万平、于庆祥、周苏琴、王汝丰、汪前进等。

2004年，国家清史编纂委员会还进一步制订完善了各种管理制度，主要有《〈清史〉编纂则例（初稿）》《阶段性成果验收工作细则（初稿）》《国家清

---

① 以下各部门简介均转引自中华文史网·清史纂修·机构组织所提供资料以及历期《清史编纂通讯》资料。

史编纂委员会章程》《国家清史编纂委员会工作条例》《国家清史纂修工程项目管理办法》《国家清史纂修工程项目经费管理办法》《国家清史纂修工程项目招标实施办法》等主要管理制度。① 此外,还制定了诸多内部管理规章制度如《国家清史编纂委员会工作报告制度》《国家清史编纂委员会专职人员出勤考核暂行办法》《国家清史纂修工程项目招标实施办法》等。如《国家清史编纂委员会专职人员出勤考核暂行办法》明确规定:"凡在工作日之内请假两天以上者,每天扣除考勤津贴的 10%;请假六天以上且影响工作进度者,由部门负责人根据情况扣发当月考绩津贴的 30%~50%;连续请假两个月以上的(公假除外),停发全部津贴。"②

确立总部地点。关于办公地点,国家《清史》编纂委员会最初选在故宫第一历史档案馆,因面积过于狭小不适宜《清史》纂修需要,后改在海淀区苏州街 16 号神州数码大厦,编委会、清史办、资料中心等所有机构均集中在大厦第 10 至 14 层部分写字楼内。

三、国家《清史》项目之立项

如果说 2003 年是国家清史纂修"体裁体例讨论年",那么,2004 年可谓国家清史纂修"项目立项年"。

国家《清史》纂修工程由主体工程、基础工程和辅助工程构成,如此浩大之文化工程,必须采取项目分解、分工撰写、整体合成才能有效运作。然而,修史并非楼房建筑,既应公开公正招标,更须礼贤下士征聘硕学大儒,而且应首重征聘。编委会实事求是,采取"委托"与"招标"并用之法,于 2004 年3 月开始着手委托立项试点,委托国内外清史著名学者出山修史;6 月,着手开始进行主体工程、基础工程和辅助工程的项目公开招标。戴逸先生认为:

---

① 马大正:《国家清史纂修工程 2004 年度工作总结》,国家清史编纂委员会秘书组:《清史编纂通讯》(内部资料),2005 年第 1 期。以下注释皆简称《清史编纂通讯》。

② 《国家清史编纂委员会专职人员出勤考核暂行办法》,载《清史编纂通讯》,2004 年第 1 期。

"我们用投标、招标的方法,要引进投标机制,优者竞标,这是公开的、公平的、公正的竞争,只要有本事,谁都可以来投标。由于我们不知道哪儿有人才,所以投标的好处就是可以网罗人才。"①

不管是"委托"还是"招标",编委会均采取严格程序,认真选择项目主持人,诚如编委会副主任马大正所言:

> 对于立项工作,我们按照项目管理的要求和规定从始至终严格执行"四审制",即二级项目组初审、项目中心审核、专家委员会评审和主任办公会协助工程总主持人决审,对参评项目的课题论证、框架设计、实施方案、研究手段、主持人科研实力和梯队构成进行了客观、严格的评审。在整个立项过程中,各二级项目组和项目中心充分发挥了主动性和创造精神,通力配合、严格把关,评审委员会严肃认真、审慎负责,使立项工作有条不紊、科学规范地顺利进行。②

国家《清史》主体类"委托项目"与"招标项目"在数量上基本上是对半(委托项目 82,招标项目 74),通过委托与招标形式、以项目化管理进行修史,恐怕也是国家清史编纂委员会的一项创举。现在看来,这种方式是最科学、最合理也是最切实可行的。因为对一些学术功底深厚、最适宜担任纂修任务的专家学者,不可能采取"公开招标"形式,古代史馆对纂修者皆是"礼聘",要想把学术一流的清史专家吸引到国家《清史》纂修队伍,唯有采取"礼聘""委托"一途。故在整个立项过程中,首重委托,次取招标。其程序,首先在各项目组内进行专家摸底,通过委托方式进行第一批、第二批委托项目,然后进行项目公开招标;其次,采取招标与委托并行方式推进项目立项;第三,对于委托、招标项目先在各二级项目组内酝酿、初评,确定参评项目及主持人,然后提交编委会;最后,由编委会组织评审专家(一般由 20-25 人组

① 戴逸:《在清史传记试写样稿研讨会上的讲话》,中华文史网 www.historychina.net/ 2004-06-02。
② 马大正:《国家清史纂修工程 2004 年度工作总结》,载《清史编纂通讯》,2005 年第 1 期。

成)分阶段集中对各二级项目组提交的评审材料进行审定,确立委托、招标各项目中标主持人。

国家《清史》项目层级称谓。国家《清史》分一、二、三、四级项目。一级项目,即《清史》;二级项目,即通纪、典志、史表、传记、图录、基础类、辅助类,如典志组即称二级项目组;三级项目,即各二级项目组下设之项目,如二级传记项目中,《太祖太宗朝》即为三级项目。《通纪》9 个项目、《图录》15 个项目全为三级项目。四级项目,即某些"三级项目"比较大,再析出若干项目,如《典志·礼乐志》析出《礼篇》《乐篇》,《典志·礼乐志·礼篇》与《典志·礼乐志·乐篇》即为四级项目。国家《清史》层级项目最多者为《邦交志》,析出 3 个三级项目、6 个四级项目;其次为《民族志》,析出 1 个三级项目、7 个四级项目,再次为《文学艺术志》,析出 5 个四级项目。

通纪项目立项。《通纪》在整个《清史》中举足轻重,故多以委托形式谨慎选择项目主持人。《清史·通纪》共 8 卷,第八卷析出第八卷(上)、第八卷(下),故《清史·通纪》共设 9 个项目。项目立项时间主要集中在 2004 年,全年度完成 9 个项目中的 8 个,剩余一个是第七卷《图强》(从洋务运动兴起至甲午战争失败),该项目立项最迟,由于一时找不到合适人选,至 2005 年 1 月编委会最后决定让华东师范大学思勉人文高等研究院年富力强的学者杨国强教授担任。

典志项目立项。2004 年 3 月,典志组第一批 6 个委托项目(《天文历法志》《地理志》《法律志》《农业志》《灾赈志》《水利志》)立项。4 月,修订完成《清史典志编纂细则》《清史典志编纂细则说明》和《清史典志招标计划书和相关说明》。同时,就典志纂修问题,向台湾学者陈捷先、冯明珠等征求咨询意见。5 月,第二批 15 个委托项目《生态环境志》《民族志·蒙古族》《兵志上》《兵志下》《边政志》《台湾志》《邦交志·日本篇》《财政金融志上·财政篇》《漕运盐政钱法志·漕运篇》《宗教志》《宗教志·基督教篇》《宗教志·伊斯兰教篇》《礼俗志·民俗篇》《教育志》《朴学志》立项。2005 年上半年,典志组通过招投标完成《人口志》《交通志·驿递篇》《财政金融志下

·厘金篇》《西学志》等 8 个项目立项工作。7 月,完成《对外贸易志》《文学艺术志·书画篇》《香港志》《澳门志》立项工作。10 月,《京师志》被批准立项。《宗教志·伊斯兰教篇》《宗教志·基督教篇》均更换主持人。2006 年 1月,《交通志·航运篇》立项;11 月,《交通志》更换主持人,由中国社会科学院近代史研究所郑起东教授担任;12 月,《典志·邦交志(下)·俄国篇》立项,至 2006 年 12 月,全部完成典志组 23 个项目的立项工作。2007—2008年,《礼乐志·礼篇》等 7 个项目因各种原因相继更换了主持人。

史表项目立项。2004 年 3 月,由史表组负责人吴建雍主持,召开首批委托项目论证会,对首批委托项目进行论证,月底落实首批委托项目主持人人选,即《大学士年表》(香港大学吕元骢教授)、《军机大臣年表》、《总理各国事务衙门大臣年表》、《清末内阁表》(新疆社科院吴福环研究员)、《议政王大臣表》(中国人民大学乌云毕力格教授)、《诸臣封爵世表》(北京大学房德邻教授)、《文祸表》(北京师范大学陈其泰教授)、《教案表》(聊城大学赵树好教授),首批项目委托人皆为本领域权威专家。4 月,与台湾学者商讨史表编纂合作事宜,并完成《中外约章表》《藩部封爵世表》《四大活佛表》《册封使表》《驻外使领表》立项工作;拟定《清史史表招标计划书和相关说明》。5月,通过公开招标,完成《提督表》《学政表》《布政使表》《按察使表》立项工作;通过委托方式,完成《清帝世系表》《皇子表》《皇女表》《清季报刊表》《教案表》《史事表》(下),至 2005 年 12 月,完成史表组 23 个主体类项目立项工作。

传记项目立项。2004 年,第一批《太祖太宗朝人物传记》、《道光朝人物传记》等 4 个委托项目立项。2005 年完成《康熙朝》(上)、《类传·妇女》、《类传·文苑》等 17 个项目立项工作。2006 年 12 月,完成《类传·农民领袖》和《类传·循吏、忠烈、孝义》等 7 个项目立项工作。至此,传记组完成全部传记项目共 28 个。2006 年 12 月,《太祖太宗朝》更换项目主持人,由北京社会科学院阎崇年更换为东北师范大学历史文化学院刁书仁教授担任。2007 年,编委会决定增加《诸艺》,分成甲、乙两编,甲编专记武艺、摔跤、射箭、棋艺、文房名家,乙编专记医药、饮食、服饰、曲艺、戏剧、美术、工艺名家,甲编项目负责人由暨南大学马明达先生担任,乙编项目负责人由中国社科院助理研究员张文涛担任。传记 30 个项目全部立项。

《清史·图录》搜集项目立项。从 2004 年 7 月至 2005 年 12 月,通过"立项"方式,与国家图书馆、国家图书馆分馆、故宫博物院图书馆、中国第一历史档案馆、北京大学图书馆、上海图书馆、内蒙古博物馆、苏州大学图书馆、大连图书馆、辽宁省图书馆、天津图书馆、天津档案馆、辽宁图书馆、甘肃博物馆、陕西历史博物馆、旅顺博物馆、四川省档案馆、广东省档案馆、伊犁文保所、扬州大学图书馆、安徽大学、台湾等单位或个人开展图片搜集工作。先后与上述单位或个人共鉴定了 23 项清史图像征集和数据库建设项目,其中,图像征集项目 22 个,包括图书馆 10 家、档案馆 3 家、博物馆 7 家、台湾学者 2 家,图像建设项目 1 家即安徽大学计算机学院图片数据库计算机平台项目,2005 年以前所设 23 个项目主要是制作"清史图像数据库",为清史图录编纂作基础工作。

《清史·图录》项目立项。图录数据库建成后,图录组及时进行主体类图录立项。2007 年 9 月,《清史·图录》三级项目立项启动,10 月,按照舆图卷、生产卷、财贸卷、政制卷、军制卷、科教卷、文艺卷、社会卷、民族卷、建筑卷、宗教卷、肖像卷、综合卷 13 大类共立 15 项(科教卷析出"科学技术篇",综合卷分上、下卷)清史主体类图录项目。实际上,清史图录项目(加上图片搜集项目、数据库建设项目 23 个、安徽大学计算机学院《清史图录编纂业务平台》项目)总计为 39 项。

至 2005 年 12 月,主体类项目基本完成三、四级项目立项工作,后又陆续进行一些小规模结构调整或更换主持人事项。基础类与辅助类项目,主要是根据"工程"纂修、珍贵文化遗产保护、抢救之需要,由项目主持人提出申请报告,编委会组织专家评审,择优立项;随时申报,分阶段评审;立项数量大概占申报数量四分之一;申报与立项时间陆陆续续,持续至 2011 年。至 2011 年 12 月,国家清史纂修工程共立项目 382 项,其中,主体工程项目共立

163 项(含分项目),包括通纪 12 项、典志 82 项、史表 23 项、传记 31 项、图录 15 项、考异 2 项;基础工程类项目共立 123 项,包括档案类 34 项、文献类 71 项、编译类 18 项;辅助工程类项目共立 96 项,包括网络建设类 9 项、出版类 50 项。

第七章　国家《清史》纂修经过(下)

国家《清史》纂修前后历时十二年,既有前期之体裁体例讨论、清史项目立项,还有中期之史料搜集、学术研究、史实考异、资料长编编纂、初稿撰写和阶段性成果评估修改以及后期之审改合成。继承与创新,反复探索;修改与打磨,备尝艰辛。述国家《清史》纂修(下)。

第一节　国家《清史》纂修第三阶段——初稿撰写和阶段性成果评估阶段

2005 年至 2009 年大抵为国家《清史》初稿撰写与阶段性验收、评估修改阶段。实际上,2004 年下半年,自第一批委托项目下达后,国家《清史》部分项目就已经进入实质性纂修阶段。修史重在质量。戴逸先生对此非常重视,他一再告诫同事们:"我们这部《清史》最重要的是质量问题,成败利钝就在质量,这是我们的生命线。质量搞不上去不仅是每个人的事情,而是集体的荣誉、我们国家的荣誉! 自担任这个任务以后,我一天到晚就在想这个问题,怎么样提高质量,要不然我们对不起国家!"①

一、编委会工作指导

完善管理制度。"工程"启动伊始,工作可谓千头万绪,面对如此庞大的修史工程、千余人的修史队伍、复杂的修史工序、交叉的修史流程、匮乏的修史经验、十年的修史期限,如何有效管理、提高效率、提高质量是摆在编委会面前亟待解决的现实问题。2004年编委会成立后,为实现规范管理,相继制定了《国家清史编纂委员会章程》《国家清史编纂委员会工作条例》《国家清史纂修工程项目管理办法》《国家清史纂修工程项目经费管理办法》《国家清史纂修工程项目招标实施办法》等一系列管理规章制度。如《国家清史编纂委员会工作报告制度》要求"各部门应于每月1号上报当月工作计划,5号上报上月工作进展情况……秘书组汇总后上报主任办公会议备案"②。如《国家清史编纂委员会专职人员出勤考核暂行办法》规定:"凡在工作日之内请假两天以上者,每天扣除考勤津贴的10%;请假六天以上且影响工作者,由部门负责人根据情况扣发当月考绩津贴的30%~50%;连续请假两个月以上的,停发全部津贴。"③随后几年,编委会根据编纂工作需要陆续制定完善各级各类管理规章制度。

网络利用。利用现代网络技术是清史纂修之必要手段。为便于加强编委会与二、三、四级项目组及撰写专家的沟通与联系,及时发布编纂信息,编委会于2004年3月28日正式开通"中华文史网",该网主要栏目有清史纂修、清史研究、中华文史、清史数字图书馆、文化社区、专家介绍、新闻中心、信息公告等。6月,"国家清史纂修工程项目网络管理系统(试运行版)"投入使用,项目管理更加科学化、快捷化。2005年5月,编委会委托东方瑞道

① 戴逸:《在〈清史·传记〉样稿研讨会上的讲话》,《涓水集》,北京:北京出版社,第102页。
② 国家清史编纂委员会秘书组编:《清史编纂通讯》(内部资料),2004年,第1期,第3页。
③ 《清史编纂通讯》,2004年第1期,第4页。

公司开发"国家清史纂修工程内部网络工作平台",使清史项目申报、指导意见下发、成果上传、成果评估等管理流程更为通畅。后来,散居全国各地的纂修人员所利用之大量档案史料和纂修信息,大多是借助中华文史网获得的,"仅从 2008 年 1 月至 2009 年 5 月,清史纂修人员在网上阅览档案图像的人数就达 211544 人次"①。

项目管理。众人修史,做到步调一致实属万难。早在 2004 年初戴逸先生就明确指出:"宁可前紧后松,也不要前松后紧。作为集体工程,每一卷必须按时完成,否则就有可能耽误整个工程的进展。"②后来的事实,正合乎其言。为加强项目管理,2004 年 7 月,戴逸先生要求项目管理中心及各二级项目组认真执行项目责任制:"项目立项之后,一定要管理好。这些项目纷繁复杂、多种多样,既有主体工程,也有基础工程和辅助工程,形式、内容互不相同、各具特点,因此,项目中心在管理中一定要有明确的人员分工;所有工作人员对整个项目都要熟悉,包括项目的名称、项目的大小、项目的负责人、项目的成员、项目的进度、项目完成的时间、质量要求以及经费等方面的情况,都要一清二楚、了然于胸,毫不含糊。……那个项目出问题,我就要找负责这个项目的同志。"③

经费管理。对于经费管理,戴逸先生在 2004 年 3 月曾有明确要求:"一是对国家的大笔款项,我们一定要持负责、慎重的态度,一定要管理、使用好这笔经费,否则就对不起国家。我的主导思想是必须尽一切努力严格掌握、合理分配好国家的资金。一个根本原则是我们一定要替国家管好钱。"④每个项目该多少经费? 均有项目评审委员会和编委会项目管理中心决定;经费管理,由项目管理中心和"领导小组"财务处负责;国家审计署对经费使用进行定期检查。

① 邹爱莲:《目前清史工程中档案的利用》,载《清史研究》,2010 年第 1 期。
② 《清史编纂通讯》,2004 年第 3 期,第 3 页。
③ 《戴逸主任在编委会项目中心工作会议上的讲话》,载《清史编纂通讯》,2004 年第 5 期,第 1—2 页。
④ 《戴逸主任在编委会项目中心工作会议上的讲话》,载《清史编纂通讯》,2004 年第 5 期,第 2—3 页。

史料供应。修史未动,史料先行。梁启超《中国历史研究法》云:我国"旧史纪、志两门,取材十之九出档案"①。章学诚《文史通义》云:"抑今古史书,岂有外于文书档案而为凿空之文欤!"②清代档案与文献,浩如烟海,是国家《清史》纂修最基本的利用史料。为此,编委会专门成立档案组、文献组、编译组,为三、四级项目撰稿人提供清代档案、文献史料。2005 年 3 月,档案组整理《清代军机处雍正朝、乾隆朝录副奏折》《清代直隶(顺天府)、山东雨雪收成分数折片单》《清代军机处电报档》3 个项目完成结项,该项目"立项时间为 2004 年 4 月,是清史纂修工程首批档案类立项项目,分别于 2004 年 10 月和 12 月如期完成全部工作内容,成为清史纂修工程首批完成结项的项目"③。该项目完成后,迅速进行数字档案库的安装与测试,纂修者通过特制配置的"密钥"通过中华文史网可以全部浏览到档案扫描内容。以后,档案组、文献组、编译组通过上述方式陆续为各级撰稿人提供了大量翔实的清代档案、文献史料。

成立编审组。为适应阶段性成果评估需要,经过长期酝酿和认真筹备,2006 年 3 月,编委会特成立编审组,编审组专家由中国人民大学戴逸、李文海、成崇德、王思治教授和北京师范大学龚书铎教授以及青年学者吴效马、杨剑利、李岚、陈铮组成(清史办戏称之为"四老四少")。编审组是编委会的核心,主要是辅助主任、副主任进行审稿、定稿工作,从政治方向、学术质量、体例结构、文字表述 4 个方面进行学术把关。

撰写指导。国家《清史》纂修实行"层层联系人学术指导制度"。各撰稿人接受三、四级项目主持人学术指导,三、四级项目组均接受二级项目组联系专家学术指导,二级项目组接受编审组学术指导,编审组解决不了的学术问题提交编委会,编委会解决不了的学术问题提交编委会主任戴逸最后定夺。2004 年,编委会委托专家分别撰写传记、典志、史表"样稿",并发给

① 梁启超:《历史研究法》(第四章,说史料),上海:上海古籍出版社,1998 年,第 50 页。
② 章学诚:《文史通义》(外篇一),上海:上海书店,1988 年,第 47 页。
③ 《三个档案类项目完成结项》,载《清史编纂通讯》,2005 年第 2 期,第 3 页。

各三、四级项目组进行讨论,征集修改意见。同时着手制定"《清史》编纂总则例"(初稿),要求各二级项目组根据"总则例"(初稿),制定"《清史·通纪》编纂则例""《清史·典志》编纂则例""《清史·传记》编纂则例""《清史·史表》编纂则例""《清史·图录》则例"等初稿。2005 年、2006 年、2007年陆续修改,至 2007 年 4 月完成"《清史》编纂总则例",对文字、语体与词汇、标点、格式、引文、数字用法、历史纪年、人名称谓、地名、注释、考异 11 大类内容均作详细规定。如在"语体与词汇"方面,"总则例"规定如下:

1.使用精炼的现代汉语书面语。

行文要求准确、明快,语法规范,逻辑严谨。为避免产生歧义或误解,不使用非通用的、不稳定的生僻词汇或生造词汇。

2.特殊用语。

(1)帝王行为用语。清代通行的帝王行为用语,行文中如无妥切的替代语词,可酌情沿用,但要摒弃封建专制色彩浓厚的词语。示例:

可沿用的词语:上谕、召见、笃念旧臣、垂帘听政、特命御前大臣等。

摒弃的词语:圣驾临幸、龙驭上宾、扈跸、起銮、大渐、梓宫等。

(2)历史人物(包括帝、后)的生死,一般用"生"、"卒"。示例:

三十年一月十四日(1850 年 2 月 25 日)道光帝卒。不作"道光帝崩"。

婉贵太妃卒,年九十二。不作"婉贵太妃薨"。

(3)反清事件用词。凡已通用者,宜照用。难以定性或尚有争议者,采用中性词。示例:

可沿用者:如川陕楚白莲教起义、金田起义、太平天国农民战争等。

尚未定性的反清事件采用中性词:如反清起事、××起事等。

(4)凡谕旨、奏疏及其他文献中"盗匪""盗贼""野番""逆首""外夷"之类,如系引用,则依原文;如系叙述,必要时须加引号,以示区分。示例:

(上谕)"广西各属盗匪充斥,先往窜扰修仁、荔浦两县,其令股匪徒复又阑入迁江县城"。若转述则作"盗匪充斥"。

(奏折)"前此失事,皆由船只炮位,事事效颦外夷"。若转述则作:"外夷"。

(5)凡引文中歧视少数民族之名称,应改为现代名称。示例:

"猺民"改为"瑶民"。

"猢民"改为"回民"。

(6)清朝曾经存在或出现过的地方政权名称仍可沿用。示例:

南明政权、台湾郑氏政权、喀尔喀蒙古、准噶尔蒙古部等。①

主体类项目阶段性成果评估指导。编委会把 2005 年确定为"阶段性成果评估年"。2004 年 12 月,为迎接即将到来的阶段性成果评估,编委会责成项目中心制定《清史工程项目成果评估办法》,历经数次修改,于 2005 年 6 月形成《国家清史纂修工程阶段性成果评估工作细则(试行)》,对评估指导思想、评估任务、评估程序以及史实、文风、行文规范诸多评估标准作了详细规定。"明确了清史质量高低的关键和基础在于三、四级课题组,质量保证的主要责任单位是二级课题组,终审权在首席专家、编委会主任的指导原则。"②评估专家队伍主要有二级项目组成员和外聘评估专家组成。实际上,早在 2004 年 11 月,部分主体类项目还在立项阶段,第一批委托项目已开始陆续提交少量的阶段性成果;2005 年 4 月,编委会召开"清史工程主体类项目阶段性成果评估工作座谈会"。会上,除对典志组、传记组、史表组提交的

---

① 《〈清史〉编纂总则例》,国家清史编纂委员会编《清史编纂手册》(内部资料),2008 年 9 月,第 37—38 页,以下简称《清史编纂手册》。

② 《国家清史编纂委员会 2005 年度工作总结》,载《清史编纂通讯》,2006 年第 1 期,第 10 页。

阶段性成果进行评估外,还进一步讨论并完善了《国家清史纂修工程阶段性成果评估工作细则(试行)》《关于主体类项目阶段性成果评估问题的补充意见(讨论稿)》《国家清史纂修工作项目阶段性成果学术质量评估办法(征求意见稿)》等评估制度,明确指出:"评估工作不能流于形式,评估专家要对项目全面评判,提出中肯甚至尖锐的意见;强调一切从实际出发,找出项目成果中存在的问题,并提出改进意见;要充分发挥二级项目组专家和外聘评估专家的独立性、主动性、创造性和积极性;对于成果涉及的重大学术疑难问题,要通过专家学术研讨会等形式研究解决。"①二级项目组与三级、四级项目组如在学术问题上发生重大分歧,属于重大原则性问题者,提请主任、副主任仲裁;属于非重大原则性问题者,由二级项目组负责人灵活处理。

解决纂修过程中重大学术问题。有清一代近三百年,史事记载多有歧义,诸如太后下嫁、雍正篡位、袁世凯告密、光绪之死之类尤为大众所瞩目。此类问题若得不到有效解决,通纪、典志、史表、传记、图录各部分在表述时必然会出现各说其是、五花八门之弊。国家《清史》在此类问题上尽管可以仿效古人"疑者传疑""或曰"等手段简单处理,但"学术创新""学术突破"亦为国家《清史》追求目的之一。基于此,编委会在要求各项目组加大"考异"力度的同时,采取"集体攻关"方式解决重大学术问题。如关于光绪之死,编委会即联合中央电视台、清西陵文物管理处、北京市公安局法医检验鉴定中心、中国原子能科学研究院多家单位对光绪帝服饰、头发重新尸检,最终得出"砒霜中毒死亡"的统一结论②。此外,为整部书稿观点统一起见,编委会经过科研攻关、集体商讨,历经6年制订出《关于清史纂修中重大学术问题表述的意见》,如"关于清与明之间的战争性质"问题。《意见》明确指出:"坚持中华民族各民族平等的原则,无论对汉对满,以及历史上中国境内的各少数民族,一视同仁,用同一个标准评判历史是非功过……南明抗清,如

---

① 《编委会召开清史工程主体类项目阶段性成果评估工作座谈会》,载《清史编纂通讯》,2005年第2期,第3页。

② 邢宏伟:《光绪帝死于砒霜中毒》,载《紫禁城》,2008-12-01。

江阴、嘉定等处士民,誓死不降,他们的精神可歌可泣。而清朝强制施行其政策,大肆杀戮士民,应当否定。"①关于"太后下嫁"问题,在目前尚未找到"铁证"之前,疑者传疑。关于"贰臣"问题,《意见》指出:"实事求是地表述原明官员、将士降清的事实,降清的原因(包括主观动机),降清的经过,降清后的所作所为……概言之:功则功之,罪则罪之。"②对于"太平天国的历史定位和洪秀全评价"问题,《意见》指出:"太平天国运动及其领导的历史进步性应充分肯定,落后性不可忽视……拜上帝会不是邪教。"③关于"雍正篡位"问题,《意见》指出:"胤禛继位确实存在很多疑点。但胤禛在诸皇子争夺储位的斗争中,表面上是一个富贵闲人,实则韬光养晦,暗中积极积聚力量,终于形成了内依隆科多,外恃年羹尧的强大集团。在康熙病重弥留之际,胤禛终于依靠这个集团的实力,一举取得皇位。"④《意见》对其他重大学术问题,亦给予详细的指导意见,以便各撰稿人参照执行。

2007 年,项目成果"超期问题"突出后,戴逸先生于是年初明确指出:"我们正式动手纂修时间才二年左右,就发生严重超期,再过些时候超期就会越来越多,不可收拾。而且,一个项目超期会影响其他项目。互相仿效、互相影响,发生多米诺骨牌效应。如果不加注意,不想方法扭转,会产生严重问题,说得危言耸听一点,整个清史工程就会你拖我延,出现雪崩之势。"⑤为此,编委会要求各项目组正确处理好质量与进度的关系,在保证质量基础上,第一,逐个排查全部项目,逐个分析,逐个解决;第二,加强二级项目组联系人的责任,尊重作者,关心作者,和作者交朋友;第三,启动经济机制,对严重超期者,暂停发放学术津贴,甚至撤销项目;第四,增加新的力量,物色一些年轻优秀的学术力量,组织一支预备队;第五,实施各级项目责任追究制,

①　国家清史编纂委员会编:《关于清史纂修中重大学术问题表述的意见》(内部资料),2009 年,第3—4页。
②　国家清史编纂委员会编:《关于清史纂修中重大学术问题表述的意见》,2009 年,第6页。
③　同上书,第13—14页。
④　同上书,第30页。
⑤　戴逸:《关于解决项目超期的问题》,载《清史编纂通讯》,2007年第3期,第6页。

谁延期谁负责。

二、《通纪》撰写与初评估经过

《通纪》为国家《清史》之初篇、核心、总纲,纲举而目张,故《通纪》质量好坏,攸关整部《清史》,诚如戴逸先生所言:"通纪写得好坏,在某种意义上决定我们整个清史的面貌和质量。"①正因为此,戴逸先生对通纪倾注的心血远比其他部件大得多。

确立通纪总设计。章节体《通纪》为国家《清史》首创,具体该怎样写,无先例可循。尽管戴逸先生撰写《贯穿〈清史〉的一条主线》长文,对《通纪》各部分内容要旨进行了详细阐述②,但与《清史》其他部件相比,通纪之"大纲"最为"难产"。从 2005 年初到 2007 年底,先后召开 8 次通纪专题学术研讨会,至 2008 年才初步定下《清史·通纪提纲》(第五稿):第一卷:创业,共4章(满族兴起与后金国的建立、后金的巩固、皇太极即位与后金国的发展、更改国号与战争扩大);第二卷:入关,共7章(清朝入关、体制初创与新的社会问题、清初的北方与江南、清初的东南与西南、明清之际的北疆与青藏、统一南中国、明清之际的思想变动);第三卷:统一,共6章(保卫边疆与巩固统一、经济的恢复、加强皇权与尊崇儒学、康乾之际的皇位更迭、雍正时期的改革、康雍之际的边疆);第四卷:鼎盛,共6章(乾隆朝的政治、盛世的经济与社会、中华民族疆域的奠定、乾隆朝文化思想、盛世下的社会矛盾、西来新对手的进逼);第五卷:中衰,共7章(皇权交接与嘉道政治、人口环境与社会、行政困局及整治努力、变乱四起与朝廷的应对、中衰时期的学术和思想、中西矛盾的逐渐激化、鸦片战争与清朝的衰落);第六卷:危局,共5章(咸丰初年的统治危机、军事对峙、太平天国的统治、英法联军入侵、同治初年的政治

① 戴逸:《在〈通纪·洋务运动〉学术研讨会上的讲话》,载《清史编纂通讯》,2006 年第 15 期,第6 页。

② 戴逸:《贯穿〈清史〉的一条主线》,载《社会科学战线》,2005 年第 5 期。

和军事);第七卷:图强,共6章(万国梯航成创局、外国势力冲击下的中国社会、纷至沓来的危机、中法战争、洋务运动的深化、甲午中日战争);第八卷:救亡,共4章(甲午战争后的社会变动、戊戌变法、义和团的兴起与发展、八国联军侵华);第九卷:覆灭,共7章(20世纪初列强在华竞争、清末新政、新政的地方实践和晚清政局、新兴社会力量的出现与思想文化的进步、革命运动的勃兴、预备立项、辛亥革命的爆发和清朝灭亡)。很明显,通纪就是围绕清朝的兴、盛、衰、亡,揭示整个清朝的历史发展规律。

完善细则。《通纪》由于"纂修大纲"反复修改耗时较多,故《清史通纪编纂则例》制定较晚,至2008年才初具规模。"则例"共分通纪定位与总则、篇目结构与分工、撰写凡例与书法3大部分,如第二部分"通纪定位与总则"即有如下规定:

(5)根据《清史·目录》(第六稿)中"通纪"部件设计,通纪共分八卷,每卷35万字。

(6)各卷内容设计,应在准确把握本卷所述历史特点的基础上,全面反映政治、经济、军事、文化、外交等方面的变化情况。篇章设计严谨合理,层次分明,大事不漏,小事不录。

(7)记述史事应客观准确、富有逻辑性,反对主观推断,无据臆想。

(8)对重大史事、人物应有评价、分析,历史评价应实事求是,不溢美,不苛求,不空发议论;分析应论从史出,全面深刻,言之有据,言之有理。

(9)通纪撰写提倡学术创新,各卷在撰写中,应多方法、多角度地反映、解释历史,反对哗众取宠,生搬硬套。

(10)各卷表述应观点明确,深入浅出,详略得当,文字应简明流畅、生动活泼,不艰深晦涩,不生造概念、名词。

(11)通纪撰写采用章节体,各卷分三级目录,卷为第一级,章为第二级,章以下设目"一、二、三……";但也不宜多设标题层次,否则太过冗碎,叙事割裂,有失行云流水、一气呵成的叙事史优点。

(12)通纪各卷撰写应有资料长编,长编是对本卷所涉史事、人物资料的搜集、考辨、整理、排比、分类,各卷应广泛搜集海内外各类相关文献、档案史料,去伪存真、去粗存精,以为撰写基础。①

分工撰写。与典志、史表、传记不同,通纪体裁以章节体为主,主要表述清兴清亡历史发展大规律。关于如何写好通纪,戴逸先生在 2007 年 4 月具体提出四点建议:"第一,体例要统一规范,大体按照四级编写(篇、章、节、目),如果确实需要有所突破,可考虑三级或五级;第二,事件选择既要精炼又要全面,要求大事不漏,在典志、传记容纳不了的许多重要事件要在通纪中有所体现;第三,史实要准确,切忌出现硬伤,对历史的评价要符合辩证唯物主义和历史唯物主义;第四,文字要通顺,用简约的白话文书写,在行文中可以用注释,但尽量少用,不要写成注重考据的著作。"②各三级项目组领受任务后,首先组织自己的学术团队,各团队 3~5 人不等。团队组建好后,即按照分工开始撰写。我结合历期《清史编纂通讯》,大抵可知《通纪》纂修步骤:第一步,搜集史料。大量搜集史料是撰写本卷之基础,尤其是档案史料以及国内外最新研究成果,必须详细占有并加以初步的研究与分析。第二步,撰写本卷"大纲"。一般由项目主持人根据本卷主要内容,按照重点突出、层次分明原则,撰写出各章、目名称,同时初步制定本卷工作计划。第三步,组内讨论"大纲"。"大纲"初稿完成后,一般是在本组内进行学术研讨,字斟句酌,反复修改。第四步,提交并修改"大纲"。组内形成统一意见后,把"大纲"提交编委会,由编委会组织专题讨论会,提出修改意见。据通纪第六卷主持人夏江涛所言:"会上,我们主持人是靶子,人家是万箭齐发射你的,对我们的提纲评头论足,什么样的观点都有。……就我这一卷而言,提

---

① 《清史通纪编纂则例》,载《清史编纂手册》,2008 年,第 56—57 页。
② 《清史纂修通纪大纲工作会议在京召开》,载《清史编纂通讯》,2007 年第 6 期,第 7 页。

纲至少改了二十稿。"①第五步,编写资料长编。把本卷史料按年代顺序进行整理、分类、排比,做成资料长编。第六步,史事考异。对本卷存在学术异见之史事进行发隐抉微、钩沉考逸,以求学术创新。第七步,撰写初稿。各撰稿人按照修改后之"大纲"章目以及《清史通纪编纂则例》要求,分段撰写。通纪与典志、史表、传记不同,通纪要旨在于以一个时期重大历史事件表述一个时期历史发展规律,故必须谨慎处理"述"与"论"关系,"轻论重述、寓论于述、阐幽发微"为基本原则,尽量少发议论、以事论理。通纪阶段性成果写好后交本项目主持人修改,一般要反复修改多次。第八步,阶段性成果修改。由主持人把阶段性成果(初稿)最后进行修改,然后上报二级通纪组接受初稿审查,通纪组组织专家对初稿进行初评估并提出修改意见,修改意见反馈给三级项目组后,各撰稿人根据通纪组专家修改意见再次进行初稿修改,完成阶段性成果送审稿。

解决重点问题。在通纪纂修过程中,遇到的主要问题:一是撰写纲要"难定"问题;二是项目"阶段性任务超期"问题;三是"学术观点不统一"问题;四是上下卷之间"如何衔接"问题;五是文风"不一致"问题,六是部分稿件"像学术论文而不是史书"问题。对于这些问题,通纪组主要依靠召开专题学术研讨会逐项解决。2005年6月,通纪组召集各项目主持人,就各卷之内容设计、难点与重点、研究资料等集中交流、研讨。12月,召开通纪撰写大纲工作会议,各项目主持人就各卷的研究思路、内容框架、书写风格等问题进行交流、讨论。2006年3月,通纪组在京召开《清史·通纪》专题学术研讨会,具体商讨第四卷、第五卷撰写提纲,会议对撰写提纲提出许多修改意见。7月,在京召开《通纪》第六卷撰写提纲讨论会,围绕当前社会上否定太平天国及拜上帝教、否定农民战争思潮,重点解决太平天国诸多重大史实论断问题。11月,在北京召开《通纪》洋务运动专题学术研讨会,重点讨论《通纪》

---

① 杨丽琼:《熬夜写作已成常态——夏春涛研究员谈纂修〈清史·通纪〉艰辛之路》,人民网 edu. china.com.cn,2013-05-06。

第七卷撰写提纲,提出诸多修改意见。12月,在北京召开《通纪》第八卷戊戌变法专题学术研讨会。持续召开专题学术研讨会,目的在于及时解决《通纪》所涉及的重大学术问题,如第八卷戊戌变法研讨会,在会上,第八卷主持人茅海建先生认为:"戊戌变法是一个突发事件,不是历史发展的逻辑结果。"①针对这一观点,华东师范大学谢俊美教授明确表示:"你讲戊戌变法的产生是没有逻辑的,我觉得不敢苟同。"②北京大学王晓秋教授表示:"戊戌变法还是甲午战争后历史发展的必然,这就是说中华民族的危机到了越来越尖锐的地步,危机意识、忧患意识发展到了变革意识,这是一个历史逻辑的发展。"③中国社科院杨天石教授认为:"《天朝的崩溃》等都是成一家之言,是小茅一家的看法,你怎么说,我都不反对。但是,清史通纪应该是成一代之言,是这一代人、这一代历史学家对清史的看法。"④中国社科院姜涛教授指出:"我们的通纪不是个人的学术专著,应该尽量客观描述,怎么去理解那是读者的问题。"⑤戴逸先生亦认为:"我从另一方面考虑,戊戌变法虽然是一次不成熟的改革运动,但它也是当时社会的需要和必然……特别是有了甲午战争失败的刺激,人心激愤,人心思变。"⑥众多专家的意见实际上否定和纠正了茅先生的结论。通纪在学术观点上鼓励创新,但要看如何创新,标新立异不一定就是创新,必须让充足而使人信服的史料来说话。

阶段性成果评估。由于通纪有自己的特殊性,"大纲"问题讨论来讨论去,影响了项目负责人的纂修速度,故至 2007 年 12 月,通纪组才第一次收到第九卷提交的 80 万字初稿。2008 年上半年,通纪阶段性成果评估正式开始。由于通纪初稿审稿主要由戴逸、李文海、王思治、龚书铎等核心专家具

---

① 茅海建:《在〈通纪戊戌变法〉学术研讨会上的讲话》,载《清史编纂通讯》,2006 年第 16 期,第 32 页。

② 《清史编纂通讯》,2006 年第 16 期,第 38-39 页。

③ 《清史编纂通讯》,2006 年第 16 期,第 41 页。

④ 《清史编纂通讯》,2006 年第 16 期,第 45 页。

⑤ 《清史编纂通讯》,2006 年第 16 期,第 46 页。

⑥ 《清史编纂通讯》,2006 年第 16 期,第 28—29 页。

体负责,故阶段性成果评估侧重点是增舍章目与修改标题文字、统一学术观点、理清叙述主体、册繁就简减肥瘦身、增补遗漏、突出重点、消除硬伤、精炼文字诸方面。评估后仍交三级项目主持人修改。三级项目组修改后,正式向二级项目组提交《通纪》阶段性成果送审稿。

三、《典志》撰写与初评估经过

确立典志总篇目。国家《清史典志总篇目》在数量上远超《清史稿·典志》,但是,数量并非愈多愈好。到底数量多少适宜? 哪些应取? 哪些宜舍? 谁先谁后?"体裁体例讨论阶段"可谓众说纷纭,如《天文志》,不少人就主张放弃。《清史典志总篇目》从 2004 年开始酝酿初稿,左右权衡,反复平衡,至 2006 年初始整理出"初定稿",4 月,又向瞿林东、陈其泰、孙达人、来新夏、李文海等二十余位史学名家征求意见,确立《清史典志总篇目》(修订稿)。后又经反复讨论,才于 2007 年确定天文历法、地理、生态环境、户籍人口、民族、华侨、职官、礼乐、邦交、法律、教育、科举、兵志、边政、农业、手工业、商业、对外贸易、交通、工矿、财政金融、灾赈、漕运盐政钱法、宗族、教门会党、民俗、京师、城市、香港、澳门、台湾、租借、朴学、思潮、西学、文学艺术、宗教、科学技术、水利、医药卫生、艺文,共计 40 个志。[①] 为纂修需要,项目组又把 40 志析成 81 个项目。

撰写样稿。为便于各三、四级项目撰好典志,典志组于 2005 年至 2006 年,遴选专家撰写 7 篇"样稿":《农业志·垦政》《漕运盐政钱法志·盐政篇·盐法考成》《法律志·律学》《水利志·灵渠》《民族志·回族及西北少数民族篇·土族》《思想文化志·切问斋文钞》《财政金融志·厘金篇·沿革》,附上试写初稿,专家修改稿、评审意见书、试写修订稿[②],装订成册,发给

---

① 国家清史编纂委员会典志组:《清史典志总篇目(修订稿)》(内部资料),2006 年 4 月。
② 国家清史编纂委员会典志组:《清史典志样稿(讨论稿)》(内部资料),2006 年 4 月。

各三、四级项目组,作为典志撰写的模板。

完善细则。为各志撰写统一体例,典志组从 2004 年至 2006 年用三年时间四易其稿,完成《清史典志编纂细则》,共有 18 个方面,如"编纂原则"规定如下:

编纂原则是事以类从、依时叙事。

"事以类从,依时叙事",就是把某个领域、某个范畴的性质相同或相近的历史事件或历史现象归并为一类,每类按时间顺序叙述。

类别设置力求周全,能够涵盖所记对象的内容,不应有重大遗漏,同时要突出重点,抓着关键,切忌面面俱到。类与类之间要层次分明,切忌条理混杂。分类方法没有绝对统一的规定,应从所记对象的实际出发,量体裁衣,设计适合本志本篇的分类结构。

叙事以编年为经,以记事为纬,前后通贯,重在因革变化,切忌细事大写,详略失体。叙事应力求揭示出制度性规定下实际运行状态,切忌大篇幅铺叙政书类史料。[1]

分工撰写。典志各三、四级项目组分领任务后,即开始各自撰写。首先是筹建学术团队,一般是物色国内本领域的专家,职称一般是教授,少数有副教授,门下博士优秀者一般可作助手使用,团队成员 3~10 人不等(成员少者,后来一般都出现"延期"现象)。透过历年《清史编纂通讯》,我大致看到三级典志纂修步骤:第一步,本项目学术史调研。三级项目主持人对本项目相关的学术史包括《清史稿·典志》研究等文献资料进行调研,掌握最新学术前沿动态。第二步,初步搜集相关资料。主要是与本项目相关的各种档案资料、《清实录》、清代文献等,力求对本志基本史料、重点、难点有一大概了解。第三步,制订本志撰写大纲。在了解史料基础上,再通过学术研讨,

---

[1] 《清史典志编纂细则》,载《清史编纂手册》,2008 年,第 60 页。

由主持人撰写并修定本志撰写大纲（或称之为"概述"，或称之为"总述"，或称之为"绪论"，或称之为"提纲"），再由项目主持人呈报二级典志组，征求意见。第四步，作者拟定各篇"分大纲"。本志"大纲"得到二级典志组同意后，三级项目主持人要求各作者分撰"提纲"，提纲提交主持人，经过反复商榷、讨论，最后由主持人确定"分大纲"。第五步，编写资料长编、考异。各作者按照时间或地区顺序对史料进行排列，先把所搜集到的史料逐条做成卡片输入电脑，然后全面搜集、挖掘更多史料，包括各种所能搜集到的清代档案、清代文集、地方志资料、外国文献等等，丰富资料长编，做到重大事件、重要人物一条不漏。遇到歧义之处，开展考异，考异部分编入资料长编。史料搜集、整理最为耗时耗力，最感艰辛。第六步，撰写试写稿（或叫样稿）。作者按照《清史·典志纂修则例》和典志组提供的样稿，以时为经，以事为纬，小心翼翼撰写一两篇样稿，样稿撰好后交本项目主持人。第七步，制订三级典志纂修凡例。与其他四大项目组不同，典志三级项目组还根据"清史典志纂修则例"进一步制定本志"则例"或"细则"，或"凡例"，以便内部结构、行文统一，如《地理志》即有《〈清史·地理志〉正文编纂则例》和《新编〈清史·地理志〉编纂凡例》①。第八步，组内互评、互改样稿。一是本项目小组内互评、互改样稿，一是与其他典志组互评、互改样稿。典志组还创办了自己的"内部通讯"，互通情报，互相切磋，互相学习。第九步，撰写阶段性正文初稿。作者按照组内互评、互改意见进行修改，完成阶段性正文初稿，然后呈交本项目主持人，由本项目主持人最后再反复修改，作为第一阶段成果初稿上交二级典志组。第十步，按照二级典志组修改意见再次修改。二级典志组收到部分阶段性成果初稿后，会组织组内专家和外聘专家对其进行评估，并提出修改意见。三、四级项目组接到反馈意见后，再组织组内作者进行修改，然后，由本项目主持人分批向二级典志组正式上交阶段性成果送审稿。

---

① 华林甫：《新修清史〈地理志〉的学术理论与编纂实践》，载《清史研究》，2008 年第 3 期。

　　阶段性成果评估。典志组在反复修改、反复征求意见基础上,于2007年制定《典志阶段性成果评估办法》,规定阶段性成果评审、验收六条标准,主要包括"是否反映现有研究水平;是否利用了最基本和最重要的史料;是否符合志书的体例;文字风格是否统一;是否符合有关'则例''细则'和'凡例'等要求和规范;对错别字和硬伤的要求等。总之,要体现志书'便于检索'的工具书特点,内容要起到'为后世所鉴观'的作用"。① 评审专家对阶段性成果不是单单评估,更主要是修改,如赫治清教授评审《农业志》,在《农业志·农政篇》第二章《垦政》第一节《清初垦政及其成效》稿件(作者已经是五易其稿)中有"清廷推行垦荒,不仅需要上述的措施,而且必须依靠各级官员着力贯彻。制定考成制度,便是为使垦田工作顺利进行所提供的一项重要政治保证。顺治二年(1645),留明侯提出……"此段文字,"顺治二年"以前几句,明显为当代学术论文表述语,且文字不够精练、典雅,故赫治清先生把此段文字全部删除,直接修改为"顺治二年(1645),留明侯提出……"既直截了当,又符合文风。对于典志阶段性成果评估,典志组组长郭成康教授有段精彩表述:"做好评议,面面俱到的浮泛而论很容易,甚至较深入的有见解的评议也不难,真正难的是自己要殚精竭虑,反复斟酌,核查档案文献,有根据地指出成果存在的要害则比较难;如果在指出问题之后又能提出如何改进的建议则真正称得上难乎其难。"②此话可谓一语中的,他要求典志组评审专家一定从"评审态度"上认真对待,严把质量关。

　　在典志验收、评估过程中,典志纂修所存在的主要问题也呈现出来:一是项目"阶段性任务超期"问题;二是典志结构(即典志总篇目)"难定"问题;三是"学术观点不统一"问题;四是"像学术论文而不是史志"问题;五是文风"不一致"问题;六是各志之间内容重复问题。为保证典志纂修质量、推进三级、四级项目组典志纂修进度,典志组在扬州、上海、北京等地多次召开

---

① 《清史典志民族志纂修工作会议在京召开》,载《清史编纂通讯》,2008年第4期,第1页。
② 郭成康:《关于典志编纂情况的工作汇报》,载《清史编纂通讯》,2006年第16期,第16页。

专题学术座谈会,尤其是 2006 年 4 月在北京举行的"蟹岛会议"最为关键,100 余位典志修撰专家参会,该会希望通过专题讨论制定出《清史典志》施工蓝图,"与会专家围绕《清史典志总篇目》《清史典志通用样稿》等材料进行了充分讨论,并听取了史学史、史学理论、历史编纂学、中国历史和世界历史等领域专家对《清史典志总篇目》的通讯评议意见。同时,还认真探讨了典志编纂中遇到的问题和困难,相互交流和总结工作经验"①。此外,典志组针对各项目组所存在的突出问题,采取更换主持人、增加项目组学术力量、实施项目责任制、现场座谈会指导等多种手段,逐项解决。

四、《史表》编纂与初评估经过

章学诚《文史通义》云:"通古之史,不可无人表也。"②史表创自《史记》,《汉书》继之。作为一种修史体裁,史表言简意赅,既可提一书之纲要,补传记之不足,又可把纷繁复杂之史实条理化,以一统多、以简驭繁,一目了然,便于检索。但是,中国自古就是"用表者多,制表者寡",《汉书》以降,千年正史无表,直到欧阳修纂修《新唐书》,史表再现。北宋以降,正史纂修,史表相沿不绝。

确立史表总目。国家《清史》之史表,那些表应设? 那些表应舍? 在体裁体例讨论阶段即众说纷纭、莫衷一是。史表组及戴逸等折中众说,至 2004 年确定史表篇目,计 13 卷、31 表,依次为:第七十卷,史事年表(上);第七十一卷,史事年表(下);第七十二卷,清帝世系表、皇子暨宗室封爵世表、皇女表;第七十三卷,诸臣封爵世表、藩部封爵世表、四大活佛世表;第七十四卷,议政王大臣表、大学士年表、军机大臣年表、总理各国事务大臣年表、清末新设职官年表;第七十五卷,部院大臣表;第七十六卷,总督表、巡抚表、驻防将

---

① 郭成康:《关于典志编纂情况的工作汇报》,载《清史编纂通讯》,2006 年第 16 期,第 16 页。

② 章学诚:《文史通义》(外篇二,亳州志人物表例议上),上海:上海书店,1988 年,第 84 页。

军都统大臣表;第七十七卷,提督表、学政表、布政使表、按察使表;第七十八卷,中外约章表;第七十九卷,册封使表、驻外使领表、外国驻华使领表;第八十卷,历科进士表;第八十一卷,学校书院表、报刊表;第八十二卷,文祸表、教案表。其中,"人表"23 个,"事表"8 个,既有传承,又有创新。

撰写样稿。《清史·史表》有 31 表,为便于各制表人模仿学习,史表组于 2004 年 9 月先找专家编制史表样稿(或称"正表样稿""样表格式初稿"),是年 11 月召开全体参编人员工作会议,对史表样稿进行学术研讨。2005 年初,参编人员每人要求撰写一年的正表"样稿",交本项目主持人;是年 2 月,对每人"一年式样稿"进行讨论、修改、完善。随后,向二级史表组提交"史表样稿",由二级史表组下发各三、四级项目组遵照执行。

完善细则。31 个史表,内容不同,属性各异,编纂难度较大。为统一和规范史表编纂体例、格式、写法、属辞和结稿标准,史表组于 2004 年 2 月即着手讨论制定《清史·史表编纂细则》,经过多次征询专家意见和反复修改,至 2007 年年初形成《清史·史表编纂则例》(试行稿),发给各三、四级项目组,作为史表编纂的准则。则例分"史表类别划分、总体结构、收录范围、体例设置、属词划一、书写规则、考异、资料汇编、学术标准和最终成果要求、其他"共 10 个部分,每个部分都有详细的规定,如"史表之学术标准和最终成果要求"规定:

(一)史表在学术质量上要求充分体现如下四字标准:

(1)"准":即史料要准确,史实要准确,叙事要准确,文字和技术处理要准确。

(2)"全":在各表界定的范围内,所当收录之人物要齐全,所当记述之事件要完整,所当查阅之重要档案文献要全面。

(3)"简":在利用了最基本的中外文档案资料和反映了新的为学界认同的相关学术成果基础上,和《钦定八旗通志·表》《清史稿·表》、钱实甫《清代职官年表》、魏秀梅《清季职官表》、章伯锋

《清代各地驻防将军都统大臣等年表》等史表成果相比,和各种专题编年史、大事记相比,在体式结构上要推陈出新,在学术信息点上要考订、匡正、补遗,并按本则例规定,在核心信息点上较既有成果有适当的扩充。

(二)史表最终成果的送审稿应达到如下要求:

(1)齐、清、定,凡例、表文、注本、考异相互配套。

(2)严格遵循《清史·史表编纂则例》和在此则例规范下的本表凡例。

(3)条目完整,史料准确,剪裁得当,核心信息点齐全,各种讹误包括技术性误差不超过万分之一。

(4)文字简明,书写划一。①

分工制表。各项目组分领任务后,首先组织自己的学术团队,一般由3~5人构成。我综合历年《清史编纂通讯》,大抵可看出史表编制步骤:第一步,学术史研究。对《清史稿·表》、钱实甫《清代职官年表》、魏秀梅《清季职官表》、章伯锋《清代各地驻防将军都统大臣等年表》等前人所制史表进行研究,同时收集与本表史学内容有关的史料,做到对本表有一大概性了解。第二步,制定本表《工作计划》、《凡例细则》,编制《样稿初稿》。按照《清史·史表编纂则例》分别制定更加细化的《凡例细则》,同时试制"一年"的史表样稿,供学术讨论。第三步,搜集资料。搜集最齐全的史料是制表的基础,也是最耗时耗力的过程。在搜集整理史料过程中对一些史界存有歧义问题,进行必要的史实考订。第四步,编制资料长编。按照时间先后顺序,以类相从,编制资料长编。第五步,编制正表初稿。按照《清史·史表编纂则例》和本表《凡例细则》,开始试制正表初稿。正表初稿完成后,交本项目主持人审阅、修改。第六步,组内讨论修改。项目组一般采用工作例会方式,在组内对初稿正文、考异内容进行研讨,有时还聘请外部专家对正表初

---

① 国家清史编纂委员会编:《清史编纂手册》,2008年,第99页。

稿进行评议,最大限度地消灭硬伤、讹误,同时拾遗补缺,丰富史表内容。第七步,阶段性成果修改。由项目主持人把阶段性部分成果(包括正表初稿、资料长编、考异)上报二级史表组,接受史表组专家评估和修改意见,反馈后,按照史表组专家修改意见再进行修改,完成阶段性成果送审稿。

阶段性成果评估。史表组阶段性成果评估始于 2005 年 3 月,主要对第一、二、三批立项项目第一阶段成果(主要是工作计划、编纂大纲、样稿、凡例)进行检查、验收、评估。6 月,根据《国家清史纂修工程主体类项目阶段性成果评估办法(试行)》,制定《清史史表类项目阶段性成果评估办法与流程(初稿)》。史表阶段性成果评估按照"四字"原则:全、准、简、新。入表的人头要全,一个不能缺;入表的史实要准,一条不能错。评估分 3 个层次,第一个层次是三、四级项目组自评与自查,要求把讹误和失范减少到最低程度;第二个层次是二级项目组组织组内专家评审和专职审校员联合评审;第三个层次是网络互审,即三、四级项目组专家互相审查左邻右舍之史表。在史表阶段性验收评估过程中,发现史表主要存在以下问题:一是项目"阶段性任务超期"问题;二是史表字数"严重膨胀"问题;三是"学术观点不统一"问题。

史表看似简单,实则繁富,"各史表共收录人物约 72000 余人,收录事件或案件约 10000 余起。每一个人或每一件事,又需要数条乃至十数条史料加以印证和支持。所以,入表人物或事件的信息点虽然简约,但大量细致繁琐的资料发掘与考订功夫,在表文之外。舍此不能达到'准、全、简、新'四字标准,不能成为一套权威性的工具书"①。针对史表纂修过程中出现的问题,史表组采取一系列措施进行纠正:对于"阶段性任务超期"问题,史表组采取督催、要求超期项目组增加人员等方式解决;对于"学术观点不统一"问题,史表组一般通过评估修改意见要求三、四级项目组加以参照修改;对于史表字数"严重膨胀"问题,要求各三、四级项目组下决心"减肥瘦身"。另外,不

---

① 程歗:《关于史表编纂情况的工作汇报》,载《清史编纂通讯》,2006 年第 16 期,第 24 页。

同问题采取不同方式解决。按照《清史目录》原计划，史表 13 卷，每卷 40 万字。但具体到纂修时，发现史表每卷情况不尽一致，如部院大臣、将军都统、总督、巡抚、提学布按、历科进士 9 种表，均非所规定之 40 万字所能容纳，尤其是《历科进士表》要收录有清一代 28000 余名进士，每人信息量平均仅有 14 字，怎么写？如"王鼎，字幼赵，号省崖，陕西蒲城县人，嘉庆元年（1796）进士"，这应该是最基本的信息点，但字数（连带字符）也有 28 个。所以，如果再加上必要的主考官、副考官介绍，《历科进士表》最简略字数也在 80 万以上，字数膨胀，卷数也不得不跟着增加。编委会从实际出发，决定从大《清史》中删除《历科进士表》，与《清人著述总目》一样作为《清史》附录，另列出版，这应该说是明智的决断。

五、《传记》撰写与初评估经过

纵观历代正史，无表、无图，甚至无志，皆可成史，就是无传不成史。纪传体实际上就是"传记体"，只是"大传"与"小传""类传""汇传"之区别而已，最小的传就是"表"，最大的传就是"本纪"。传记在纪传体史书各部件中最生动、最赋有活力、最能体现以人为本，故历代正史皆重视传记，国家《清史》亦然。

确立清史传记大名单。2004 年 3 月，由传记组负责人潘振平主持，在北京和敬府宾馆召开清史传记样稿撰写研讨会，商讨《清史传记编纂细则》（初稿）和传记大名单；4 月，参照《清史列传》《清史稿》《国史列传》等清代人物传记，讨论确定 22 卷 3000 个清史人物大名单（第一稿）；拟定《清史传记招标计划书和相关说明》；6 月，提交清史传记公开招标项目，修订完成《清史传记编纂细则》，修改清史传记大名单（第七稿），共收录 3203 人。2005 年至 2008 年，在纂修过程中，又陆续增加、减少、调整部分传记人物。

试写样稿。传记样稿始于 2004 年 3 月，由传记组组织部分国内一流专家撰写若干篇传文，发给各三、四级项目组，一是作为传记撰写模仿样本，二是通过样稿向各三、四级项目征求传记纂修意见,三是通过样稿进一步完善《清史·传记撰写则例》。初称"样稿",继称"试写样稿",再称"传文试写稿",反映当时样稿撰述人如履薄冰之心态。8月底,完成《代善》《倭仁》等20篇传文试写稿。接着通过改写、重写、删节、润色文字、统一体例对传文试写稿进行反复商讨、修改,于2005年4月完成传文试写稿发给三、四级项目组。"传文试写稿"整整用了一年的时间。

完善则例。为统一传记纂修规范,传记组于2004年下半年即着手制定《清史传记编写则例》,2005年1月至4月,传记组在长春、大连、沈阳、内蒙古、武夷山等地连续召开传记编纂研讨会,讨论修改《清史·传记编纂细则》,经过反复修改,至2006年年底完成《清史传记撰写则例》(修订稿),则例共有撰写要求、传主定位、传文的叙述主体、传主自然情况的记述、传主事迹的记述、语言文字、引文、时间地名的表示、数字用法、标点、注释、资料长编、文稿规格14个部分,每部分都有丰富的内容,如"语言文字"规定:

(1)使用现代汉语书面语言,要求准确、规范、简练、流畅,力求典雅、生动。

(2)注意避免三种倾向:一是文言倾向,行文、句法、词汇等,文言色彩过浓。不宜为追求省字、典雅以致文字不规范,不通顺流畅。二是口语倾向,文字过"白",不讲求语言修饰,满篇"大白话",如"打败了""好极了""了解工作情况""好好向他学习""乌纱帽被摘掉了"等。三是半文半白,忽而用文言,忽而用白话,很不协调。文白相间这种现象往往是照抄原始资料造成的,所以,使用原始资料,要作必要的文字变动与修饰。

(3)词汇。词汇使用要准确规范,既要体现历史感,又要反映时代精神;既要避免使用过于陈旧生僻、已不流行的词汇,也要慎用现代色彩过于强烈的词汇。不使用美化清朝的词汇,更不使用污蔑和敌视农民领袖和少数民族以及其他封建色彩浓厚的词汇,例如:在涉及清朝统治者与农民起义、少数民族关系时,不能表现出"大清"立场,以清朝为我方,写清朝方面,常用"清廷""大军""大清""讨伐""剿平"等词汇,而写另一方则用"不法""肆虐""逃窜""归我""来降"等词汇。至于带有侮辱蔑视农民起义和少数民族的词汇,如"贼""匪""寇""夷""生番""野苗"等,行文中更不能使用……

(4)对表示人物相互关系,以及身份、职业的称谓要规范,不用别称、俗称。像清代官职的别称、俗称名目繁多,不宜直书,如布政使不称"藩司""方伯",按察使不称"臬司""臬使""臬台",总督不称"制军""部堂",大学士不称"中堂"等。

(5)注意古今不同的名称。许多事物名称,在清代以后发生了变化,例如少数民族名称,现代与清代有很大不同。尤其像西南不少民族,在清代统称"苗",新疆维吾尔人称"回",而且许多少数民族还有自称,用时应注意辨识……

(6)术语。术语为专门用语,有严格规定的意义。例如,官职的变动,在清代就有许多专门用语,这些专门用语,有些已不流行,如除、褫、躬任、召京、特简、特旨道、请旨缺,使用资料时,要明白其意思,不要理解错误。有些至今仍沿用,用时应注意。如授:即授予某种官职。遇有从高品级改任低品级、而地位职权并不降低时,如提督为从一品、巡抚为正二品,任命提督为巡抚,则用"改任"。升、迁、擢:用于由低级官职晋升高级官职,如尚书升大学士、副将升总兵等。调、改:用于由甲署改任乙署同等官职,如:左都御史改任尚书、郎中改任御史等。转:用于在同一官署内,转任同品级而地位略高的官职,如御史转给事中。补:用于因某种原因如丁忧、回避等,开缺离职后复职,如"服满,补××职务"。太师、太傅、太保、少师、少傅、少保是大臣的荣誉衔,用"加""赠",不可用"任"或上述关于官职变动的术语。大将军、经略、某些参赞大臣,是遇重大军事行动临时任命派遣,也不可用上述官职变动的术语。

(7)使用规范的简体字,以国家颁布《简化字总表》(1986年新版)为准,禁用自造的或不规范的简体字。[①]

分头撰写。三级项目组在接到立项通知后,首先就是组织团队,团队成员有3~6人不等,一般都是教授、硕士生或博士生导师,极个别是副教授。三级项目主持人与各撰稿人签订合同任务书,然后在三级项目主持人指导下分头撰写。国家《清史》传记撰写大致有下列步骤:第一步,传主学术史研究。撰稿人每准备写一篇传记前先作如下工作:查阅《清史列传》《国史列传》《清史稿》有关传主的史料,做到心中有底;查阅民国至当代学者对传主的研究资料(期刊论文和著作著述),占领学术制高点;查阅各种《碑传集》《清代人物撰稿》各种《清史传包》《清国史馆撰稿》(一般从台北故宫博物院复印),做到心中有数。通过上述学术史研究,对传主有一梗概性了解。第二步,搜集、查阅史料。要求做到"全面撒网,重点捕鱼",重要事迹史料一件不漏,充分占有史料是写好传记的基础。史料搜集,以清代档案、文献为主,民国以后史料与《清史稿》一般不予采用,强调用第一手原始史料。在史料搜集方面,搜集《实录》《东华路》有关"传主"史料,作为史料基干;搜集所能看到的各种档案史料(军机处录副奏折、上谕档、内阁档、军机处随手挡、起居注、清代各种方略、满文档、宫中档、热河档、清代官员履历全编等各种中央级档案以及地方级清代档案等);搜集清代文献(包括清代文人笔记、各种文集、书信、奏牍以及外国文献资料等);搜集地方志资料(包括县志、府志、省志、当代地方文史资料、宗谱、家谱、年谱、族谱、神道碑、墓志铭、行状、小传、家传、事略、墓表等各种关于传主的资料);按照北京清史编纂委员会提供的最新档案、文献资料作最后史料补充。通过上述五大类资料搜集,做到史料占有全面、翔实。第三步,编纂"传主资料长编"。编纂资料长编,即把收集到的传主史料按照年代顺序,一年一年排列好,重复部分剔除,记载不

---

① 国家清史编纂委员会编:《清史编纂手册》,2008年,第69—71页。

同之处"并列"排比;资料长编字数按要求是正文的 3~5 倍,实际上,每篇资料长编字数一般都在正文字数 5~8 倍左右;资料长编每一句话后都必须注明详细、规范的文献出处。第四步,史迹考异。通过"互证""佐证""旁证"对有"歧见"部分或传主"重大事件"进行学术研究和史实考证,竭力得出最符合史实的结论,争取学术突破、学术创新。搜集资料、编纂资料长编、考异所用时间最多,远远超过"撰写初稿"时间。第五步,撰写初稿。完全抛开《清史稿》,一切皆以"资料长编"为基础,对照《清史·传记编纂则例》,自撰初稿,初稿为"史文",切忌写成"论文",所撰稿件内容与《清史稿》传记内容迥然不同。把资料长编研究透彻,根据传主当时历史大背景,弄明白哪些史料是传主重要事迹、次要事迹、无用事迹,哪些史料能够表现传主的历史贡献、个性特点。通过资料长编研究,给传主作历史定位。历史定位基本原则是"取其大,舍其小",即主要看传主在清代重大历史事件中的表现及对中国历史的影响,以区分传主人品高低、忠奸。撰写草稿。撰稿人按照撰写规范和甲级人物、乙级人物、丙级人物、丁级人物分配字数,撰写出草稿。第六步,反复修改。对照资料长编,反复修改,反复阅读,看一看、望一望,重要事迹是否遗漏? 格式是否规范? 文字是否符合典雅的现代文? 行文是否流畅? 人物表现是否鲜活? 人物特色是否彰显? 感觉基本成熟了,交三级项目主持人。三级项目主持人从更高角度提出修改意见,撰稿者根据三级项目主持人修改意见再次修改,做出传记修改稿。传记修改稿再发给三级项目组各成员或有关专家,进行学术咨询,征求修改意见,在此基础上完成传记第一稿。第七步,撰稿人在此基础上修改成第二稿,交三级项目负责人,项目负责人最后进行通稿,修改后成为送审稿。

　　整个传记组完成送审稿的时间不尽一致,有的项目 2007 年即完成全部送审稿,有的项目至 2012 年 10 月才完成送审稿。其中原因,有的是因为中途更换项目主持人,有的是因为项目立项时间较晚,有的是因为项目主持人身体有病撰写速度较慢,等等。

　　开展传记阶段性成果评估。2005 年 8 月,各三、四级项目组陆续上传阶段性成果,传记组根据《清史纂修工程主体类项目阶段性成果评估办法》,及时制定《清史传记项目阶段性成果评估办法》。从 2005 年第四季度起,传记组即开始进行阶段性成果评估工作。传记组阶段性成果评估共分两个层次,第一个层次是三、四级项目组自评与自查,要求从四个方面入手:"第一,资料搜集是否完备? 第二,人物定位是否妥当? 撰文观点是否正确? 第三,撰文结构是否合理? 详略是否得当? 第四,文字是否准确、简洁、流畅? 第二个层次是二级项目组组织专家(由二级项目专家和外聘专家组成)进行评估,其评估六条标准如次:1.观点是否正确,对传主在清代历史中的定位与认识是否准确? 2.是否充分利用了已刊各类官方档案? 是否发掘和利用了新材料? 其官方文献包括历朝上谕档、实录、满汉文朱批奏折、军机处录副奏折、宫中档等;私家文献包括年谱、书信、日记、碑传文、家传、地方志文献等。3.传文与旧传记相比,是否有突破和提高? 是否经过较为充分的研究? 是否纠正了旧传记中的讹误? 是否充分吸收了既有研究成果? 这些研究成果是否在注释和资料长编中反映出来? 4.传文结构是否合理? 剪裁是否得当? 5.体例是否符合《清史传记编写则例》的要求? 应统一体例,包括引文、注释、标点。6.文字表达是否准确、规范、简洁、顺畅? 逻辑是否清晰? 传文引文、注释是否合乎要求? 资料出处是否准确?

随着阶段性成果的评估,传记纂修过程中的一些问题逐渐暴露出来:一是类似编年履历或论文式问题;二是文风"不一致"问题;三是项目"阶段性任务超期"问题;四是传主个性特色不够突出问题;五是皇帝大传怎么写问题。对于第一、第二、第三个问题,传记组一般是提出修改意见后,让三、四级项目组进行修改;对于第四个问题,传记组要求作者在撰写时既要记"行"又要记"言",既要有"骨骼"又要有"灵魂",把传主个性彰显出来;对于皇帝大传问题,传记组于 2008 年 7 月在大连单独召开"清代皇帝传记撰写研讨会",通过充分酝酿,形成"皇帝传八条",要求首记姓名、字、号、谥号、生卒年以及家庭、婚姻、受教育情况等继位背景,次记他一生用人行政、关乎国家安危、国计民生、历史进程之大事,勾画出他施政轨迹,反映其时代特征,切忌事无巨细、面面俱到,同时应根据每个皇帝的不同特点而突出其个性。

六、《图录》编纂与初评估经过

中国自古有重"图"传统,图、书并重,故曰"图书"。中国古代二十四史,因受印刷技术等诸多因素制约,皆未收录图像内容,国家《清史·图录》为国史首创,有开启"图像史学"之功。

清史图录定位。2007 年 9 月,在图录立项评审会议上,戴逸先生就图录性质即作出明确定位:"大清史的组成部分——图录,其性质不是过去史书中附属于正文的图片,不是零散和不成体统的,而是要自成体系、自为主体。当然图录也不是完全独立的,应当是清史主体工程之一,因此文字部分应该力求简明扼要,字数不宜多,以免出现与其他主体部分矛盾或者不一致的地方。"[1]图录尽管被设计为国家《清史》五大部件之一,但由于受清代图像历史遗存所限制,决定图录不可能独立、完整、系统地表述清史,即《清史·图录》不是"图说清史",而是应编成反映清代疆域、政治、经济、军事、生产、文化、外交、社会、民族、宗教、建筑等专门事物和人物活动的多卷本的权威性历史图片集。因此,图录组及戴逸先生认为:《图录》史学功能之定位,就是"以图证史""以图补史""以图明史"。[2] 所谓以图证史,就是用文献以外的图像史料表述历史事实,印证其存在的真实性;所谓以图补史,就是通过形象的图片补充文献史料的缺漏或表述不全面之处,丰富对历史事实的描述;所谓以图明史,就是利用生动、形象的图片、明晰文字表述模糊或今人难以理解的历史细节,增强对历史事实深度探求。概括而言,《图录》在新修《清史》中的基本定位是:"利用历史图片,构建新编《清史》重要组成部件;发挥以图证史、以图补史、以图明史的作用,增强《清史》的说服力,增加《清史》

---

① 刘潞:《关于〈图录〉研讨会缘起及编纂三原则》,载《清史编纂通讯》,2008 年第 12 期,第 1—2 页。
② 戴逸:《在〈图录〉组图片征集会议上的讲话》,载《涓水集》,北京出版社,2009 年,第 109 页。

的可读性。"①

清史图录总目录设计。清史图录总目录,因无经验可循,加之受搜集图片限制,总目录一直确定不下来。从 2004 年至 2008 年,经过十几次易稿方确定总目录。2004 年,图录组最初设想《图录》分为自然类、政治军事类、经济类、文化类、社会类 5 个部分,这与戴逸先生所设计《清史目录》(第六稿)之 12 卷《清史·图录》有出入。2005 年,图录组正式向编委会提出《清史·图录各卷框架设计(初稿)》,计列舆图、生产、财贸、仪典、政事、军事、文化(拟分上下册)、民俗、建筑、宗教、肖像,共 11 卷,基本接近戴逸先生所设计《清史目录》(第六稿)。2006 年,在广泛征求专家学者意见基础上,图录组形成《清史图录 11 卷框架设计》(建议稿),修改为舆图、生产、财贸、政事、军事、科教、文艺、社会、建筑、宗教、肖像 11 卷。2007 年,清史图录主体类项目立项时,又增加"民族卷",增为 12 卷。2008 年,再次对总目录进行修改,改"政事"为"政制",改"军事"为"军制",增加"综合卷上""综合卷下"。总目录最终定格为舆图、生产、财贸、政制、军制、科教、文艺、社会、民族、建筑、宗教、肖像、综合类 12 卷。

搜集国内外清史图片。清史图片,"除纪实性绘画、老照片以外,其他有历史价值的器物图片,如服饰、匾联以及文书契约档案、古籍善本、碑帖拓片、风俗舆图等图片,还有建筑园林等历史文化遗迹图片等等,都是研究清朝历史重要的第一手原始资料。这些宝贵的图片资料数量上虽多,但收藏分散,国内国外、公私都有收藏,搜集齐全很不容易"②。2004 年开始,图录组在国内各大图书馆、博物馆展开图片搜集与整理。2005 年初,图录组开始对国外清史图录进行大规模的摸底调查,主要针对英国、日本、美国、俄罗斯、法国、德国、意大利、梵蒂冈、荷兰、澳大利亚等国。3 月,图录组与编译组联合召开"清史图录编纂海外图片征集咨询会"。图录组成员宋家钰研究员

---

① 卜修跃:《〈清史·图录〉编纂概述》,载《清史研究》,2009 年第 1 期。
② 朱诚如:《历史的另外一种诠释》,载《光明日报》,2005-11-06。

指出:"要加大在海外宣传清史纂修工程的力度,并请中国驻外使领馆协助沟通与各国政要、学术界的联系。"①为保证海外资料搜集,编委会在美、日、俄、英、德建立 5 个临时工作站。为保证图片制作标准规范,图录组还制定了《清史图录图像数据库图片电子文件命名原则、技术规格及表格填写说明》和《清史图录数据库图片表格制作原则》。图录组和各项目负责人对所搜集到的图片,另外以 Excel 表格格式分别标注图片之名称、出处、图片说明等内容。

建立清史图像资料信息库。按照编委会最初设想,在图录编纂之前,至少要搜集 10 万张图片作为图片数据库,再从中选取 1 万张列入《清史》。2004 年 2 月,成立图录二级项目组,讨论"图录大纲"及"编写总则",同时开始物色三级项目图片搜集联系人选;至 3 月,制定《图录编写总则》,启动生产、艺术、宗教、建筑、肖像 5 卷三级项目工作;继续修改《图录方案》。4 月,召开首次图片资料征集专家咨询会,对北京故宫、沈阳故宫、承德避暑山庄、东陵、西陵、圆明园、颐和园、国家博物馆、国家图书馆、北大图书馆等单位文物资料进行摸底调查。5 月,图录组购置专用设备,在故宫、上海等地图书馆和博物馆开始搜集图片。6 月,开始图片扫描、编排等图录数据库建设。至 2008 年,前期 23 个图片搜集项目完成结项,由安徽大学计算机学院开发设计的图片数据库建成,共收图片近 20 万张、相应电子著录文档约 2000 万字,并按照舆图、生产、财贸、仪典、政事、军事、文化、民俗、建筑、宗教、肖像 11 大类进行类别区分。2009 年至 2012 年,又陆续收集图片 3 万余张,图片数据库总计收录 23 万余张。

制定细则。《图录》为国家《清史》首创,收录与编纂均无先例,故《清史图录则例》数易其稿,至 2007 年 8 月始定稿。"则例"共分总则、图片的遴选与认证、文字结构与撰写要点、标识、其他共计 5 大部分,如"图片的遴选与认证"即规定如下:

① 《图录组召开清史图录编纂海外图片征集咨询会》,载《清史编纂通讯》,2005 年第 2 期,第 2 页。

（1）历史权威性为图片甄选入卷的首要原则，艺术性次之。

（2）图像中遇到一图多属现象，以证史优先。

（3）建筑主题图片以 19 世纪后期至 20 世纪初所拍的照片为首选，如有当今所拍的照片，可考虑作为附图编入。

（4）同一时期、同类主题的图片，至少预选 3 幅，最后定稿前应做到三图取一。①

分工搜集、编辑图录。国家《清史·图录》分工编辑大抵可分前期、中期、后期三个阶段，前期主要是 23 个搜集、整理图片以及图片数据库建设项目阶段，中期主要是 15 个图片主体类项目编辑阶段，后期是图片阶段性成果验收评估阶段。三个阶段大抵有以下步骤逐步完成：第一步，制订方案。前期各项目组接受搜集、整理图片任务后，由项目负责人自行组织团队，共同制订本项目详细工作方案，同时购买仪器设备，因图像所占磁盘空间较大，一般购买最先进的电脑、数码相机、扫描仪、DVD 刻录机和 DVD 刻录光盘，以便将扫描图片储存光盘中。第二步，文献准备。并非所有清代图片都搜集，而主要选择那些具有历史价值、有代表性并且是纪实性的图画、照片，尤其是能反映清代历史面貌、与清代重大历史事件关系密切的图片，是一个精挑细选的过程。第三步，图像扫描与拍照。"清史数据库所收图片均要求为电子文件。所有文件一律使用真彩色模式，包括原始图像为拓片、黑白照片或黑白线图的图像。扫描的尺寸、精度、颜色、亮度、黑白对比度、分辨率等参数如下：原大尺寸，即该图片的原始大小，不得缩小或放大；24 位真彩色；350dpi 英寸像素；图像四周应当留有适当空白。"②第四步，扫描图像存储。清史编纂委员会图录组规定数码相机拍摄的图像应达到的技术指标为："使用 500 万像素以上的数码相机，用最精细模式拍摄；平面图像应当颜色准确、线条清晰，不得有枕形或梯形失真；如果图像过大，如某些舆图，应

① 《清史图录则例》，载《清史编纂手册》，2008 年，第 102—103 页。
② 吴利薇：《清史纂修工程与清史图录数据库建设》，载《图书馆学刊》，2006 年第 4 期。

在全图外加拍分区域图片,以保证各个细节的清晰可辨;JPEG 格式存储。"①
为拍摄最佳效果,项目组成员往往对一些图片多次拍照,以便把最佳效果图
交给编委会。图片拍好后,再以 TIFF 格式存贮在电脑中或刻录在光盘上。
第五步,图片信息制作。图片制作后,以 Excel 格式制作图片信息,包括图片
之名称、出处、年代、大小、作者、收藏者、图片说明等内容。第六步,图片搜
集项目阶段性验收评估。23 个图片搜集项目在结项前,按照工作流程,"首
先提交项目联系人初审,通过查阅图片、文字说明和直接改正成果中的错
误,分别就图片的历史价值、制作标准性、文字填写的规范性进行评估,撰写
评估报告书;再由组内全体人员共同进行抽查复审,最后由组长签字,向项
目中心提交全部电子表格和不少于 10 张图片的样图。在最后结项前,项目
联系人要最终核定进入数据库的项目图片,保证图表符合数据库建设的规
范和要求,并请相关专家对该项目提交的图片进行审定"②。第七步,图录三
级项目组编辑。从 2007 年开始,图录类 15 个主体类项目陆续立项。2008
年年底,各图录三级项目组基本完成"图录大纲",并提交部分阶段性成果。
2009 年,图录组在北京香山饭店召开《清史图录》大纲研讨会,明确了各卷
图录大纲。此后,各三级项目组按照项目要求,从 20 余万张图像数据库中
调取项目所需的图片及文字说明,然后对照《清史图录纂修则例》,进行图片
精选和文字说明。图录"往往被人们认为,只要收集一些图片按史编排起
来,再附上简单文字说明就可以了。其实根本不是那么简单。图录组的同
志们和参加三级项目的主持人都有这样的感觉:兹事看着容易,一写起来果
真不容易……图录编纂的'水'很深"③。第八步,组内评估修改。对一些不
太符合要求的图片进行更换,对一些文字说明进行修改,在组内反复讨论、
修改,感觉基本可以后,再由三级项目主持人提交二级图录项目组,审查合

① 吴利薇:《清史纂修工程与清史图录数据库建设》,载《图书馆学刊》,2006 年第 4 期。
② 卞修跃:《图录组 2006 年度工作总结》,载《清史编纂通讯》,2007 年第 1 期,第 43 页。
③ 卞修跃:《图录组 2011 年度工作总结》,载《清史编纂通讯》,2012 年第 1 期,第 32 页。

格的成果进入数据库。

阶段性成果评估。2005 年 6 月,图录组根据《国家清史纂修工程主体类项目阶段性成果评估办法(试行)》,拟定《清史·图片征集专项项目成果评估办法》。2009 年,又制定《清史·图录三级项目阶段成果审核办法》。与《清史》其他部件不同,《图录》阶段性成果验收、评估实际上分为两次,一次为 2007 年"图像搜集项目阶段性评估",一次为 2008 年开始的"主体类工程图录三级项目阶段性成果评估"。

两次阶段性评估,图录组反映出来的共性问题是:一是"说明文字膨胀"问题,二是"图像资料类别不均衡"问题,三是图像版权问题,四是图像分类"难产"问题。每一个问题都很让人纠结,针对"说明文字膨胀问题",《清史·图录》原计划以图为主,文字初定为 100 万字。按照入库图像文字说明以及数百个"目之序文",最终选择 1 万张图像加上"目之序文",文字字数恐怕至少在 400 万字左右。整个《清史》都需要"消肿",《图录》自然不得例外。所以,《图录》首先进行文字"消肿",力求做到"准、简、达""真、精、新""略背景、省过程、去评论",只介绍图片,不说明图片内之人和事,以《端布图》为例,原文字说明为:

> 端布是手工染布的一道工序。布匹在染坊内洗染后,送到端房加工。端布用"端布石",因其形似元宝,所以也叫"元宝石",重约数百斤。踩石头的人成为"端匠"。端匠端布时双手扶支架,双脚踩在端布石元宝形的两端。石下压着枣木研布辊,辊下的石台上铺着染成的布匹,端匠左右晃踩,木辊来回滚动,布匹便现出平而亮的光彩。

"消肿"修改后变为:

> 端布是手工染布的一道工序。端匠用重约数百斤的"端布石"

将布压得平整光亮。端布石因其形似元宝,又叫"元宝石"。①

关于"图像资料类别不均衡"问题,主要是生产类、工业类等部分搜集的图像相对较少,要求以后加强薄弱环节图片征集。关于"图像版权问题",图像主要储存于各大图书馆、博物馆,在图像征集拍摄阶段,编委会已经付出数目不菲的项目经费,以后图书馆、博物馆每张还要 800 元左右的版权费,编委会为此还要额外增加近千万元投入。编委会呼吁政府干预,希望解决此部分额外开资;关于图像分类"难产"问题,由于《清史·图录》属国史首创,无经验可循,加之受搜集图像限制,不好分类。先是分 4 大类,后是分 11 大类、10 大类、8 大类,每一次分类,图录组人员就把陆续搜集的十几万张图像进行调整,结果,弄得图录组人员疲惫不堪,甚至到了无所适从的地步,直到 2008 年,才最终确定分 13 个大类。

整个《图录》编制过程,二级《图录》项目组最为辛苦。为保证质量,有些二级项目组负责人主动代为查找资料,甚至为其打好文字底稿,"有一个极端的例子,某项目主持人提交的草稿比较粗糙,在图片筛选、编排逻辑、文字撰写等方面存在很大的缺欠,最多也只能算是个半成品……项目联系人逐条提出初审意见,并代选了 200 多张图片,还代写了相当部分的说明文字。可以说,该项目最后能够进入一审,完全是项目联系人不舍不弃、代行编纂的结果"②。

七、国家《清史》主体类三、四级项目结项程序

主体类三、四级项目通过二级项目组(即 5 大组)阶段性成果验收、评估通过后,还要通过编审组验收、评估,编审组评估通过后,才予以结项。

---

① 周苏琴:《关于图片文字说明中存在的问题及改写实例》,载《清史编纂通讯》,2008 年第 12 期,第 17 页。
② 卞修跃:《图录组 2011 年度工作总结》,载《清史编纂通讯》,2012 年第 1 期,第 34 页。

二级项目组通过阶段性成果评估，把评估合格之成果作为送审稿，统一上交项目中心，书稿必须达到"齐、清、定"，附有《专家评审意见书》《项目学术评定书》。项目中心根据编审组需要，分批报送编审组。送审稿进入编审组后，首先，编审组根据书稿内容，由编审组专家（也有外聘专家）进行审读阅稿。每个项目组书稿，至少有一位主审、1~2 位副主审共同审阅。其次，审读书稿主要任务是严把质量关，决不允许有政治性错误，学术水平达不到要求者坚决不予通过。需要作重大修改者，应提出具体、明确的修改意见，退二级项目组组织修改，直至达标为止。第三，主审、副主审共同填写《审稿单》，具体写明对书稿的评审意见，对于认为可以通过者，还必须注明其通过的根据和理由，并由主审、副主审签名，以明确责任。第四，对于可以定稿的书稿，连同评审意见，一并交主任或主管副主任，请予复查或抽查。经复查或抽查合格者，即由主任或副主任作出通过验收的正式批示。最后，三、四级项目组主持人凭借《审稿单》及主任、副主任验收批件，到项目中心办理结项手续。

第二节　国家《清史》主要纂修人

国家《清史》纂修队伍，阵容强大，据编委会透漏：整个《清史》工程"共立项 353 个，参与专家及有关人员 1828 人。其中《清史》主体类编纂项目共立项 160 个，分布在全国 25 个省区市（含台港澳）的 60 多个高等院校、科研院所以及档案馆、博物馆，参与专家学者达 800 人之多。这些人中，既有自然科学领域的院士，也有社会科学领域的知名专家，基本吸收了老中青三代清史及相关领域的专家学者"①。

---

① 国家清史编纂委员会：《清史纂修不断取得新进展》，载《清史研究》，2010 年第 1 期，第 128 页。

一、《通纪》主要纂修人

根据编委会《人民日报》公布名单①,《通纪》各项目主持人如下:

序号	通纪名称	主持人	主持人工作单位
1	通纪·第一卷	刘小萌　研究员	中国社会科学院近代史研究所
2	通纪·第二卷	赵世瑜　教授	北京师范大学历史学院
3	通纪·第三卷	常建华　教授	南开大学历史学院
4	通纪·第四卷	杨念群　教授	中国人民大学清史研究所
5	通纪·第五卷	黄兴涛　教授	中国人民大学清史研究所
6	通纪·第六卷	夏春涛　研究员	中国社会科学院中国特色社会主义理论体系研究中心
7	通纪·第七卷	杨国强　教授	华东师范大学思勉人文高等研究院
		关　捷　教授	大连民族学院东北少数民族研究院
8	通纪·第八卷(上)	茅海建　教授	北京大学历史学系
9	通纪·第八卷(下)	章开沅　教授	华中师范大学历史文化学院

除上述人员外,对《通纪》作出重大贡献者尚有编审组成员戴逸教授(中国人民大学清史研究所)、李文海教授(中国人民大学清史研究所)、王思治教授(中国人民大学清史研究所)、龚书铎教授(北京师范大学历史学院)、王晓秋教授(北京大学历史系)、王俊义教授(中国社会科学出版社)、杨天石教授(中国社科院近代史研究所)、谢俊美教授(华东师范大学历史系)、刘桂生教授(清华大学历史系)、王汝丰教授(中国人民大学历史系)、张永江教授(中国人民大学历史系),等等。

---

① 国家清史编纂委员会:《〈清史〉编纂项目和现任主持人、单位名单》,载《人民日报》,2010-01-29。以下《典志》《传记》《史表》《图录》《其他》各表纂修者均转引自《人民日报》2010年1月29日公布名单。

二、《典志》主要纂修人

根据编委会《人民日报》公布名单,《典志》各项目主持人如下:

序号	典志名称	主持人	主持人工作单位
1	天文历法志	席泽宗　院士 王荣彬　研究员	北京市科学技术委员会
2	地理志(上、下卷)	邹逸麟　教授	复旦大学历史地理研究中心
3	地理志(上、下卷)·蒙古统部	白拉都格其　教授	内蒙古大学蒙古学学院
4	生态环境志	朱士光　教授	陕西师范大学历史地理研究所
5	户籍人口志	葛剑雄　教授	复旦大学历史地理研究中心
6	民族志	郝时远　研究员	中国社会科学院民族学与人类学研究所
7	民族志·满族篇	刘小萌　研究员	中国社会科学院近代史研究所
8	民族志·东北少数民族篇	刘厚生　教授	东北师范大学东北民族与疆域研究中心
9	民族志·蒙古族篇	齐木德道尔吉　教授	内蒙古大学蒙古学研究中心
10	民族志·藏族篇	周伟洲　教授	陕西师范大学西北民族研究中心
11	民族志·维吾尔族篇	苗普生　研究员	新疆维吾尔自治区社会科学院历史研究所
12	民族志·回族篇	杨建新　教授	兰州大学西北少数民族研究中心
13	民族志·南方少数民族篇	方　铁　教授	云南大学西南边疆少数民族研究中心
14	华侨志	庄国土　教授	厦门大学南洋研究院

15	职官志	杜家骥　教授	南开大学历史学院
16	职官志·选举篇	陈生玺　教授	南开大学历史学院
17	礼乐志·礼篇	王德权　教授	台湾政治大学历史系
18	礼乐志·乐篇	陈万鼐　教授	台湾师范大学音乐研究所
19	邦交志（上）	陈尚胜　教授	山东大学历史文化学院
20	邦交志（下）	陈捷先　教授	台湾大学历史系
		王晓秋　教授	北京大学历史学系
21	邦交志（下）·政策体制篇	吴春梅　教授	安徽大学历史系
22	邦交志（下）·日本篇	王晓秋　教授	北京大学历史学系
23	邦交志（下）·法国篇	陈三井　研究员	台北"中央研究院"近代史研究所
24	邦交志（下）·美国篇	孙同勋　教授	台湾大学历史系
25	邦交志（下）·德国篇	周惠民　教授	台湾政治大学历史系
26	邦交志（下）·英国篇	高鸿志　教授	安徽大学历史系
27	邦交志（下）·俄国篇	宿丰林　研究员	黑龙江省社会科学院俄罗斯研究所
28	法律志	张晋藩　教授	中国政法大学法律史研究中心
		林乾　教授	中国人民大学清史研究所
29	教育志	桑兵　教授	中山大学近代中国研究中心

30	科举志	李世愉　研究员	中国社会科学院历史研究所
31	科举志·科场案	李国荣　研究馆员	中国第一历史档案馆编辑研究部
32	兵志	张一文　研究员 刘　庆　研究员	中国人民解放军军事科学院战争理论和战略研究部
33	边政志	厉　声　研究员	中国社会科学院中国边疆史地研究中心
34	农业志	郭松义　研究员	中国社会科学院历史研究所
35	手工业志	李伯重　教授	清华大学人文学院
36	商业志	王玉茹　教授	南开大学经济研究所
37	商业志·商人篇	燕红忠　副教授	山西大学晋商学研究所
38	商业志·流通篇	龚　关　副教授	南开大学经济学系
39	对外贸易志	陈争平　教授	清华大学人文学院
40	交通志	郑起东　研究员	中国社会科学院近代史研究所
41	交通志·航运篇	沈祖炜　研究员	上海社会科学院经济研究所
42	交通志·驿递篇	马楚坚　教授	香港大学中文系
43	工矿志·矿业篇	朱荫贵　教授	复旦大学历史系
44	工矿志·工业篇	张忠民　研究员	上海社会科学院经济研究所
45	财政金融志(上)	陈支平　教授	厦门大学国学研究院
46	财政金融志（下）·海关篇	戴一峰　教授	厦门大学人文学院
47	财政金融志（下）·厘金篇	周育民　教授	上海师范大学人文学院
48	财政金融志（下）·金融篇	叶世昌　教授	复旦大学经济学院
49	灾赈志	夏明方　教授	中国人民大学清史研究所

50	漕运盐政钱法志·漕运篇	江太新 研究员	中国社会科学院经济研究所
51	漕运盐政钱法志·盐政篇	陈 锋 教授	武汉大学历史学院
52	漕运盐政钱法志·钱法篇	戴建兵 教授	河北师范大学历史文化学院
53	宗族志附保甲	冯尔康 教授	南开大学历史学院
54	教门会党志·教门篇	马西沙 研究员	中国社会科学院世界宗教研究所
55	教门会党志·会党篇	秦宝琦 教授	中国人民大学清史研究所
56	民俗志	刘志琴 研究员	中国社会科学院近代史研究所
57	京师志	吴建雍 研究员	北京市社会科学院历史所
58	城市志	何一民 教授	四川大学城市研究所
59	香港志	赵令扬 教授	香港大学中文系
60	澳门志	吴志良 教授	澳门基金会
61	台湾志	陈孔立 教授	厦门大学台湾研究院
62	租界志	费成康 研究员	上海社会科学院法学研究所
63	朴学志	祁龙威 教授	扬州大学社会发展学院
64	思潮志	周积明 教授	湖北大学历史文化学院
65	西学志	熊月之 研究员	上海社会科学院历史研究所
66	文学艺术志·诗词篇	朱则杰 教授	浙江大学国际文化学系

续表

67	文学艺术志·散文篇	曹 虹 教授	南京大学古典文献研究所
68	文学艺术志·小说篇	石昌渝 研究员	中国社会科学院文学研究所
69	文学艺术志·戏曲篇	丁汝芹 研究员	北京市艺术研究所
70	文学艺术志·书画篇	任道斌 教授	中国美术学院国际教育学院
71	宗教志·佛教篇（附藏传佛教）	魏道儒 研究员	中国社会科学院世界宗教研究所
72	宗教志·道教篇	王 卡 研究员	中国社会科学院世界宗教研究所
73	宗教志·基督宗教篇	胡卫清 教授	山东大学历史文化学院
74	宗教志·伊斯兰教篇	秦惠彬 研究员	中国社会科学院世界宗教研究所
75	科学技术志	韩 琦 研究员	中国科学院自然科学史研究所
76	水利志	谭徐明 研究员	中国水利水电科学研究院
77	医药卫生志	李经纬 研究员	中国中医研究院中国医史文献研究所
78	医药卫生志·医事制度 卫生防疫	梁 峻 研究员	中国中医研究院中国医史文献研究所
79	医药卫生志·中医药 西医传入	郑金生 研究员	中国中医研究院中国医史文献研究所
80	艺文志	杜泽逊 教授	山东大学文史哲研究院

除上述人员外,对《典志》作出较大贡献者还有郭永康教授(中国人民大

学清史研究所)、萧国亮教授(北京大学经济学院)、林乾教授(中国政法大学法律史学研究中心)、祁美琴教授(中国人民大学清史研究所)、姜涛教授(中国社科院近代史研究所)、魏坚教授(中国人民大学历史学院)、赫治清教授(中国社会科学院)、周源教授(中国人民大学)、牛润珍教授(中国人民大学历史学院)、华林甫教授(中国人民大学清史研究所)等。

三、《传记》主要纂修人

根据编委会《人民日报》公布名单,《传记》各项目主持人如下:

序号	传记名称	主持人	主持人工作单位
1	太祖太宗朝	刁书仁 教授	东北师范大学历史文化学院
2	顺治朝 康熙朝	张玉兴 研究员	辽宁社会科学院历史所
3	康熙朝(上)	刘凤云 教授	中国人民大学清史研究所
4	康熙朝(下)	杨珍 研究员	中国社会科学院历史研究所
5	雍正朝 乾隆朝	罗冬阳 教授	东北师范大学明清史研究所
6	乾隆朝(上)	白新良 教授	南开大学历史学院
7	乾隆朝(下)	林延清 教授	南开大学历史学院
8	嘉庆朝	谢景芳 教授	辽宁师范大学历史文化旅游学院
9	嘉庆朝 道光朝	孙文范 研究员	吉林省社会科学院《东北史地》杂志社
10	道光朝	杨国桢 教授	厦门大学历史研究所
11	咸丰朝	朱东安 研究员	中国社会科学院近代史研究所
12	同治朝	行龙 教授	山西大学中国社会史研究中心
13	光绪朝(上)	沈渭滨 教授	复旦大学历史系
14	光绪朝(下)	苑书义 教授	河北师范大学历史文化学院
15	光绪朝 宣统朝	虞和平 研究员	中国社会科学院近代史研究所

续表

16	类传·遗民	南炳文 教授	南开大学历史学院
17	类传·忠烈、循吏、孝义	范金民 教授	南京大学历史系
18	类传·学术	李 帆 教授	北京师范大学历史学院
19	类传·文苑	蒋 寅 研究员	中国社会科学院文学研究所
20	类传·工商人物	朱 英 教授	华中师范大学中国近代史研究所
21	类传·科技	郭世荣 教授	内蒙古师范大学科学技术史研究院
22	类传·民族	王希隆 教授	兰州大学历史文化学院
23	类传·宗教	金 泽 研究员	中国社会科学院世界宗教研究所
24	类传·华侨	高伟浓 教授	暨南大学华侨华人研究院
25	农民领袖	刘 平 教授	山东大学历史文化学院
26	类传·革命党人	王 杰 研究员	广东省社会科学院历史与孙中山研究所
27	类传·妇女	吴春梅 教授	安徽大学历史系
28	类传·外籍人士	何兆武 教授 刘桂生 教授	清华大学历史系
29	类传·诸艺(甲篇)	马明达 教授	暨南大学华侨华人研究院
30	类传·诸艺(乙篇)	张文涛 助理研究员	中国社会科学院世界历史研究所

除上述人员外,对《传记》作出重要贡献者还有潘振平教授(三联书店总编辑)、李治亭教授(吉林省社科院历史研究所)、赫治清教授(中国社会科学院)、王思治教授(中国人民大学清史研究所)、林乾教授(中国政法大学法律史学研究中心)、赵珍教授(中国人民大学清史研究所)、马忠文教授(中国人民大学清史研究所)、孔祥吉教授(中国人民大学清史研究所)、罗明教授(中国人民大学清史研究所)、杨东梁教授(中国人民大学清史研究

所)、张捷夫教授(中国社科院清史研究室)等等。

四、《史表》主要纂修人

根据编委会《人民日报》公布名单,《史表》各项目主持人如下:

序号	史表名称	主持人	主持人工作单位
1	史事年表(上)	林铁钧　教授	中国人民大学清史研究所
2	史事年表(下)	林敦奎　教授	中国人民大学清史研究所
3	清帝世系表 皇子宗室封爵世表 皇女表	唐益年　研究馆员	中国第一历史档案馆
4	诸臣封爵世表	房德邻　教授	北京大学历史学系
5	藩部封爵世表 四大活佛世表	赵云田　研究员	中国社会科学院近代史研究所
6	议政王大臣表	乌云毕力格　教授	中国人民大学国学院
7	大学士年表	吕元骢　教授	香港大学历史系
8	军机大臣年表 总理各国事务衙门大臣年表 清末内阁年表	吴福环　研究员	新疆维吾尔自治区社会科学院
9	部院大臣表	冀满红　教授	暨南大学历史系
10	总督表　巡抚表	张哲郎　教授	台湾政治大学历史系
11	驻防将军都统大臣表	曹永年　教授	内蒙古师范大学历史系
12	提督表	冀满红　教授	暨南大学历史系
13	学政表	关晓红　教授	中山大学历史系
14	布政使表	乔治忠　教授	南开大学历史学院

续表

15	按察使表	艾永明　教授	苏州大学法学院
16	中外约章表	郭卫东　教授	北京大学历史学系
17	册封使表　驻外使领表	秦国经　研究馆员	中国第一历史档案馆
18	外国驻华使领表	林金水　教授	福建师范大学社会历史学院
19	历科进士表	吴宣德　教授	华东师范大学古籍研究所
20	学校　书院表	邓洪波　教授	湖南大学岳麓书院
21	报刊表	方汉奇　教授	中国人民大学新闻学院
22	文祸表	陈其泰　教授	北京师范大学史学研究所
23	教案表	赵树好　教授	聊城大学历史文化学院
		黎仁凯　教授	河北大学历史系

除上述人员外,对《史表》作出重大贡献者还有程歗教授(中国人民大学政治思想文化研究所)、郝秉键教授(中央财经大学)、徐兆仁教授(中国人民大学历史系)、王开玺教授(北京师范大学历史学院中国近代史研究中心),等等。

五、《图录》主要纂修人

根据编委会《人民日报》公布名单,《图录》各项目主持人如下:

序号	图录名称	主持人	主持人工作单位
1	舆图卷	李孝聪　教授	北京大学历史学系
2	生产卷	史建云　研究员	中国社会科学院近代史研究所
3	财贸卷	封越健　研究员	中国社会科学院经济研究所
4	政制卷	张小林　研究员	中国社会科学院近代史研究所

5	军制卷	李 斌 副研究馆员	中国人民革命军事博物馆
6	科教卷	姜广辉 教授	湖南大学岳麓书院
7	科教卷·科学技术篇	石云里 教授	中国科学技术大学科技史与科技考古系
8	文艺卷	尚 刚 教授	清华大学美术学院
9	社会卷	李长莉 研究员	中国社会科学院近代史研究所
10	民族卷	何星亮 研究员	中国社会科学院民族学与人类学研究所
11	建筑卷	方 拥 教授	北京大学建筑学研究中心
12	宗教卷	张 总 研究员	中国社会科学院世界宗教研究所
13	肖像卷	陈振江 教授	南开大学历史学院
14	综合卷(上)	丁 超 讲师	中国人民大学清史研究所
15	综合卷(下)	迟云飞 教授	首都师范大学历史学院

除上述人员外,对《图录》作出重大贡献者还有朱诚如教授(故宫博物院)、刘潞研究员(故宫博物院)、卞修跃教授(中国社会科学院近代史研究所)、于庆祥(故宫博物院紫禁城出版社)、周苏琴研究馆员(故宫博物院)、王汝丰教授(中国人民大学清史研究所),等等。

六、其他主要纂修人

序号	图录名称	主持人	主持人工作单位
1	清人著述总目	杜泽逊 教授	山东大学文史哲研究院
2	清史考异(上)	王戎笙 研究员	中国社会科学院历史研究所
3	清史考异(下)	郭毅生 教授	中央民族大学历史系

以上人员,仅为二级项目组主要成员和三级、四级项目组主持人。实际

稿进行"通读""通改",即古代所谓之"总阅""总纂"。与古代所不同者,国家《清史》"总纂"之人,以戴逸先生为主,次者为编委会副主任,再次者为刘仲华等学术助手,最后是数位报社老编辑。正如编委会副主任朱诚如所言:"认真审阅一遍,捋一遍,最后一个阶段,请二三十位老编辑坐下来,请他们把这 3500 万字的初稿,文字上有哪些错别字,有哪些不通顺的地方,都要认真地再捋一遍。"①三审的总体思路就是"分类审改,整体合成",重点是对"各卷之间重复的、矛盾和遗漏的内容以及不协调的行文风格进行审改"②。

以此可知,整个国家《清史》纂修过程,参与者人数逐渐减少,初稿撰写参与者 1800 余人,一审参与者 100 余人,二审 60 余人,三审(即整改合成阶段,加上编辑校对)数十人,整体呈金字塔形。

审改组织机构:1.二级项目组为审改工作的责任单位。二级项目组下设审改小组,成员主要由二级项目组联系专家和外聘专家组成。2.审改小组应客观、公正地审改初稿,由主审专家负责对初稿进行修改。审改专家须认真审读,核实史料来源以及是否运用新的史料;缜密思考,纠正出内容与史实等方面可能存在的错误缺漏;删削冗长多余的叙述、议论及印证;调整学术观点的矛盾乖舛之处;对初稿逻辑、文字及撰写则例方面存在的问题进行修正、纠正或润色。主审专家如需对书稿内容和观点作重大修改,审改小组应提出具体、明确的意见,报二级项目组组长研究决定。审改小组完成工作后,须填写并签署《审稿意见书》。编审组通过抽查方式对一审、二审稿件进行审阅,提出综合性评价和具体修改意见。

实施阶段:二级项目组负责的一审、二审截止到 2011 年 3 月。

总纂合成:编委会主任、副主任负责全部项目成果总纂合成,为期 12 个月,截止到 2012 年 3 月。编委会负责的全部项目成果编辑加工,为期 6 个月,截止到 2012 年 9 月;印制工作为期 3 个月,于 2012 年年底前结束。

---

① 朱诚如:《在审改启动会议上的总结》,载《清史编纂通讯》,2009 年第 7 期,第 22 页。
② 朱诚如:《国家清史编纂委员会 2011 年工作总结》,载《清史编纂通讯》,2012 年第 1 期,第15 页。

二、国家《清史》审改合成之经过

2009 年 6 月,国家《清史》审改工作全面启动时,主体类项目可以进入审改阶段的只有 144 个,尚有 17 个主体类项目没有进行阶段性评估(即没有完成初稿),也就是说,在 2009 年至 2010 年,审改工作与阶段性成果评估工作是同时进行的。此外,一审告一段落,马上进入二审,如此,2009 年至 2010 年,阶段性成果评估、一审、二审工作是交叉、滚动进行。

最先进入审改程序的二级项目是传记组。2009 年 4 月,传记组组长潘振平即拟定好《清史传记审改工作初步计划》,29 日,又召开本组会议,商讨"初步计划"。5 月,传记组在北京九华山庄召开传记审改工作启动大会,对审改工作细节问题进一步深入讨论。6 月,传记组制定《清史传记审改细则》,是年底,传记组依托本组 7 位联系专家就地转化为审改专家小组开始第一批传记审改。第二个进入审改程序的二级项目是典志组。2009 年 5 月,典志组在北京神州数码大厦召开会议,研讨《清史典志审改办法》。典志组与传记组不一样,郭永康组长因长年劳累,多次住院,故审改小组成员并不局限于原来的二级典志组成员,而是外聘数十位史学界专家参与典志稿审改。2009 年下半年,史表组、通纪组陆续进入审改工作阶段。最晚进入一审阶段的是图录组,2010 年 12 月有 4 个项目(《舆图卷》《文艺卷》《肖像卷》《建筑卷》)才进入一审。

在审改过程中,发现稿件出现的问题较多,而最突出者就是"严重超期"问题。尽管戴逸、李文海等编审组以及各审改专家们拼命工作,但至 2010 年 10 月,初稿、一审、二审都没有如期完成既定任务。即是说,到 2012 年 12 月,编委会无法按期向国家提交保质保量的终审稿。为此,编委会于 2010 年 10 月专门召开了国家清史编纂委员会第七次全体会议。会上,戴逸向编委会全体成员汇报了纂修情况,并主动承担了全部责任。朱诚如代表编委会作了自我批评。面对"初稿严重超期""部分稿子质量不高""观点前后不一""内容相互重复""文字风格各异""参与人长期精神疲劳"诸多问题,李文海教授一再鼓励大家,勇敢面对问题,接受挑战,"评论(审改)的人,不要只考虑人情,不要怕得罪人,提意见是为了书稿质量;听意见的人,要有点气度;站得高一点,正确的意见就接受,有些问题也可以坚持,一起商量,取得共识,把稿子改好……学术乃天下之公器,书稿总有一天要面向社会,面向读者,接受广大读者的检验和评论。有些问题我们自己挑刺,自己改正,多么主动。如果把问题掩盖着,掖着藏着,最后让别人指出来,那就悔之晚矣"。"大家不使劲,戴逸同志是神仙也没有办法。千斤重担,大家用力,每个人分担几十斤,毫不费力。大家不使劲,一个人挑,非压趴下不可。"①

实际上,造成大面积"超期"问题的原因是综合性的,既有主观原因又有客观原因,主观上,诚如蔡武部长所指出的那样:"在管理上还缺乏相应的经验和能力,对一些项目的纂修人员、纂修进度、纂修的实际质量和问题还缺乏深入仔细的把握,对一些问题的处理和解决还不够及时有效,规章制度不够健全、决策仓促、不善于组织协调、有些责任不落实、部分执行不得力、工作拖沓、人浮于事、相互推诿、作风浮漂的问题还一定程度的存在。"②客观上,有些项目主持人年龄过大身体不好、兼职修史时间难以保证、对修《清史》困难估计不足等。

编委会自我批评也好,学界指责也罢,但人们还忽略一个重要原因,就是"创新导致超期"问题。"创新"是当今时代的主题,各撰稿人拼命想创新、拼命想超过《清史稿》、拼命挖掘史料、拼命想表现质量,有些搞不清楚的问题拼命想搞清楚,结果导致挖得过深、写的过细,稿件字数严重"肥胖",时间大量被耽误。如《议政王大臣表》,《清史稿》纂修之初体裁体例商榷阶段,也有人提议《议政王大臣表》不易纂修,主张放弃,故《清史稿》无该表。

---

① 《国家清史编纂委员会第七次全体会议专家发言》,载《清史编纂通讯》,2010年第10期,第22—23页。

② 李文海:《在国家清史编纂委员会第七次全体会议上的发言》,载《清史编纂通讯》,2010年第10期,第20页。

而国家清史编委会对其难度估计不足,开始设想可能有 160 余个议政王大臣,故决定立《议政王大臣表》,该项目主持人中国人民大学的乌云毕力格教授及他的团队就拼命地挖掘史料,从满文档案中多挖出 240 余个议政王大臣。既然名字挖出来了,每位议政王大臣的信息点就得写完备。关键是清初不少议政王大臣史料奇缺,在信息点上,有些是"有头无尾",有些是"有尾无头",为了保证质量、为了创新,三级项目组成员没别的办法,唯有再去拼命挖掘史料,结果,信息点多了,创新有了,字数也跟着"肿胀"了,规定的撰写时间不够了。《议政王大臣表》如此,《历科进士表》更是如此。搞过史学研究的人都知道:撰写一篇史学论文并不难,最浪费时间的就是"学术突破"。再如国家《清史·道光朝人物传记·余步云》,写余步云传记并不难,难就难在学术创新。从民国至今,所有关于余步云的著作或论文,"出生年月"皆注明"生年不详"。为了学术创新,撰稿人就拼命查找余步云的出生日期,数百部现当代著作里查不到,数百篇学术论文里查不到,清宣宗实录里查不到,上谕档查不到,军机处录副奏折里查不到,《鸦片战争档案史料》里查不到,《筹办夷务始末》里查不到,百余本清代文人笔记里查不到。查不到,不甘心,亲自跑到四川广安市余步云的老家去查,在一本光绪年间刻本的地方志史料中查到了。为了"乾隆三十九年生"这七个字,整整用掉三个月时间。二级史表组组长程歗先生曾感慨而言:"在某一个环节上摁住了稿件质量,就放跑了时间。"①

第七次编纂委会全体会议以后,编委会从多方面进行工作改进,如改变主任办公会议议事方式、简化事务性审批程序、调整甚至取消个别麻烦较大的项目、增加审改专家、减少文件流转环节等,从而极大地提高了审改效率。至 2011 年 12 月,进入一审项目 102 个,完成一审项目 50 个;进入二审项目 19 个,完成二审项目 9 个。

实际上,一审、二审主要是审改专家对稿件进行"瘦身减肥""消灭硬

①　卞修跃:《史表组 2011 年度工作总结》,载《清史编纂通讯》,2012 年第 1 期,第 30 页。

伤""文字润色"工作,但在一审、二审过程中,审改专家与原作者之间出现的"学术辩难"问题陡然浮出水面。如典志组,有 7 个项目因质量不高,典志组只好痛下决心另起炉灶,推倒重来。个别项目出现原作者与主审专家争执问题,"有的作者不满意,把主审专家改的又都改回来,有的作者批示'以此为准',关上了继续沟通商量的大门,使审改工作陷于停顿,有的甚至要求撤换主审专家。"①"有一位审改专家花很久时间写了几万字的质询稿,向作者提出一百多个问题,而原作者答复这些学术问题写了 18 万字,质疑、问难、求证、解释,这当然是好事,但花费近两年的审改时间,进度当然就大大推迟了。"②图录组也遇到同样窘情,"我们有一卷,利用星期天在楼里座谈(即辩论),从早上 9 点到晚上 9 点,辩论激烈,整整开了一天,期间只吃了一顿饭!会后,一审专家和主持人还分别提出书面资料,为自己的学术观点提出辩护"③。

修史有程序,学术无长官。在修史过程中,专家之间发生激烈的学术辩论是正常的,也是不可避免的。在修史过程中,质量与进度天然就是一对矛盾。

在 2011 年审改过程中,对一些突出问题还进行针对性解决,如对于《教案表》,主持人赵树好教授因劳累过度而中途病逝。编委会即决定三种方案:一是由史表组负责继续修改,一是暂时停下,一是取消《教案表》。对于《历科进士表》,因内容人物太多,印刷之后容量过大,与大清史不协调,故编委会只好"壮士断腕"决定从清史中删除该表,把该表放在《清史研究丛书》中单独出版。

对于一些问题较多、"拖后腿"的项目采取增加"第二主持人"方式,以推进该项目进程。如通纪组增补关捷教授为《通纪(第七卷)》第二主持人;典志组增补林乾教授为《法律志》第二主持人;史表组增补冀满红教授为《部

---

① 郭永康:《典志组 2011 年度工作总结》,载《清史编纂通讯》,2012 年第 1 期,第 24 页。

② 戴逸:《清史工程后期工作策划》,载《清史编纂通讯》,2011 年第 5 期,第 10 页。

③ 卞修跃:《史表组 2011 年度工作总结》,载《清史编纂通讯》,2012 年第 1 期,第 35 页。

院大臣表》第二主持人,增补李峰教授为《督抚表》第二主持人,增补黎仁凯教授为《教案表》第二主持人;图录组增补张会芳为《生产卷》第二主持人,等等。

经过反复打磨、仔细推敲、学术争鸣、史料核实、书写规范,一审、二审工作对保证清史质量起到至关重要的作用,"比如通纪第二卷,一共约35万字,审改专家提出大大小小约2000条意见,包括引文、注释、标点符号等细节"①。仅通纪第八卷40万字稿,就减少掉5万字。通纪组如此,典志组、传记组、史表组、图录组大抵如此,审改工作基本上达到了"消灭硬伤""减肥瘦身""文字润色"等基本要求。

2012年至2014年为国家《清史》审改合成阶段。行百里者半九十,最后路程最艰巨。2012年春,三审合成工作正式启动,计划至2013年底结束。整个2012年,二审、三审交叉进行,任务异常繁重。三审重点主要还是内容质量,通过"通读"对比审读,重点审查全书之重复、矛盾、遗漏、学术规范、卷篇设置、卷篇排列、注释规范、引文规范、标点规范等问题。

2012年2月,原中共中央政治局常委李岚清同志得知清史纂修遇到实际困难后,在扬州关心地对扬州大学党政领导说:"清史工程是一件很不容易的事,原来计划十年时间,看来不够,真正完成还需要一段时间……请代向戴逸教授和清史工程的全体同志问好!"②是年底,鉴于一审、二审审改速度远超预期,戴逸先生从实际出发,从保证《清史》质量出发,向中央作自我检讨并提出延期二年(2014年底2015年初)结项的申请,获中央批准。

2012年上半年,编委会召开档案组、文献组、编译组工作总结会;8月,编委会召开史表组、图录组工作总结会,"十年总结会"即古代所谓的"散馆",各组总结会后,除留下极少部分人继续进行二审、三审、校对工作外,大部分人因完成了自己的修史任务而离开国家《清史》编委会。截至2013年1

---

① 戴逸:《在国家清史编纂委员会第八次全体会议上的讲话》,载《清史编纂通讯》,2011年第8期,第17页。

② 《李岚清同志关注清史编纂工程》,载《清史编纂通讯》,2012年第2期,第1页。

月,"主体类需要审改的项目 146 个,已经提交全部最终成果的有 139 个,占
95%;进入一审已完成合同签署的项目有 128 个,占 88%,完成一审进入验收
的项目有 85 个,占 58%;完成一审验收的项目有 56 个,占 38%;进入二审已
完成合同签署的项目有 42 个,占 29%;完成二审的项目 24 个,占 16%"①。

目前(2013 年 12 月),国家《清史》编委会以及通纪组、典志组、传记组
近百人仍在坚守阵地,做着二审、三审以及出版前的文字润色、校对等工作。
国家《清史》纂修前后用时 12 年,预计于 2015 年初正式出版面世。

三、国家《清史》纂修之艰难

写文章容易,写百年一遇的文章难;写史书容易,写正史难。从编委会
成员到二、三、四级项目组成员,再到各撰稿人,自接受国家《清史》纂修任务
后,很快就从当初的兴奋与喜悦变成现实中的责任与压力,既要保证质量,
又要按时交付阶段性成果,各项目组真的是立马进入纂修《清史》的快车道。
"炎暑无间讨论修订,劳作不遑!"②通纪(第六卷)项目主持人中国社科院夏
春涛研究员记述其 2005 年情景:"数年来,为如期交稿及书稿质量,内心一
直有一种焦灼感,精神压力很大。熬夜写作已成常态……身体大受影响,有
一年多时间患精神性脱发,头发脱落三分之一,形象不堪。"③

郭成康为典志组组长,2007 年,他说过一段意味深长的话:"修史之难,
莫出于志,其中蕴含的古人写志何等辛酸甘苦,到现在我们才慢慢品出一点
味道!"④《典志·医药卫生志·中医药篇》项目负责人郑金生研究员说:"我
虽然从事医史近 30 年,但写志则是第一次,故而战战兢兢,努力学习。"⑤山

---

① 杨倩:《整合资源减人增效清史纂修工作进展顺利》,文化部网站,www.ccnt.gov.cn/2013-01-09。

② 戴逸:《致程歗》,载戴逸:《涓水集》,北京:北京出版社,2009 年,第 297 页。

③ 杨丽琼:《熬夜写作已成常态——夏春涛研究员谈纂修〈清史·通纪〉艰辛之路》,人民网 edu. china.com.cn,2013-05-06。

④ 《典志组 2006 年度工作总结》,载《清史编纂通讯》,2007 年第 1、2 期(合刊),第 39 页。

⑤ 浦树柔:《浮躁之世编纂传世〈清史〉》,载《瞭望新闻周刊》,2007-04-02。

东大学杜泽逊教授为编纂《典志·艺文志》动用各种社会关系到全国各大图书馆抄录清代书目卡片,"最后卡片总数目达到一百三十万条,一百三十万条有好几顿重"①。

方汉奇先生被称为中国新闻史学界泰斗,自领受《清史·报刊表》纂修任务后,寒暑无间,加紧编纂,据其弟子陈昌凤透露:"去年(2006 年)他患重感冒引起慢性支气管炎,一个多月不能躺下睡觉,晚上只能在躺椅上半卧,当时他正赶《清史》纂修工程中编修《报刊表》的任务,他病中一天也没有停止《报刊表》的工作。"②

《传记·乾隆朝(上)》项目主持人白新良教授自云:"2005 年 12 月至 2006 年上半年,工作最紧张,终于受到报应,当年 7 月,入院手术,切除右肾。出院之后,虽然身体颇弱,但因任务在身,也不敢歇息,至 2006 年 12 月,又呈交 19 篇传稿。虽未按原计划完成任务,但已经是尽了最大努力了!"③

《典志·朴学志》项目主持人祁龙威教授接受"朴学志"纂修任务时已 82 岁,耆年硕儒,本来可以颐养天年,但他还是兢兢业业完成自己的纂修任务。其《修纂〈清史·朴学志〉日记》则记录自己纂修过程所经历的酸辣苦甜:2004 年 7 月 5 日,"《清史朴学志》立项已获准,斯事体大,衰年末学,不胜此任,当努力为之"。9 月 10 日,"续写前作,日数百字不间断"。9 月 16 日,"感冒甚剧,坚持续写前作"。12 月 28 日,"专款专用,公私分明,节约"。2005 年 1 月 14 日,"与汉云讨论,治清朴学必读清朴学家原著,采铜于山"。2 月 28 日,"除夕,始写《朴学志·概述》第二段,论述乾嘉惠戴之学"。4 月 4 日,"(在香港)始写《朴学志·概述》第三段"。2006 年 1 月 21 日,"朱家生(项目成员)来,催其交稿"。10 月 1 日(元旦),"始读王筠《说文解字句读》"。2007 年 1 月 1 日,"与文和商改《辑佚》新稿"。2 月 26 日(春节),

---

① 杜泽逊:《〈清人著述总目〉的现状与未来》,载《山东图书馆季刊》,2010 年第 5 期。
② 陈昌凤:《我的导师方汉奇先生》,人民网 people.com.cn/,2007-09-07。
③ 白新良:《清史传记纂修第二次会议上的发言》,载《清史编纂通讯》,2008 年第 5、6 期(合刊),第 61 页。

"整个春节期间读顾炎武《音论》"。11月19日,"三年成《小学篇》,按计划毕工。学术浅陋,勉强完篇"。2008年2月7日(春节),"始检陆德明《经典释文》"。2009年4月28日,"病后续写前作,重理思路"。12月17日,"老妻突发胆绞痛,术除胆结石,本人修史工作暂中止"。2010年3月24日,"与连生整理全志(送审稿)……老弩负重,力竭汗喘,勉强完卷。经验只有二条:一曰虚心。自知学术浅陋,惟有边学边写。二曰刻苦。做到夜以继日,不畏寒暑"①。从日记来看,祁先生尽管年事已高,但不论是有病期间还是在香港外地,不论是元旦还是除夕,一直在勤勤恳恳坚持纂修《朴学志》。

我相信,其他纂修人也一定有"纂修日记"。很可惜,目前公布于世者仅有祁先生"纂修日记"一文!2008年,国家清史编委会委员李治亭先生在"清史传记纂修第二次会议"上流露:"几年来,大家辛苦备至,艰辛备尝,但是我们的进取精神不衰不败。有的说'搞了几年传记,头发白了许多!'有人说'修清史不运动,浑身多长不少肉'。有的说'有人在医院献血,我们在为清史卖命!'有的说'我们是清史的农民工,给钱干活,晚给钱也得干!'白新良教授动过大手术,还在日夜兼程,大干传记;谢景芳教授动了两次心脏手术,辞官不做,奋战传记!这是什么精神?这是拼命三郎精神!听到这些话,看到他们的行动,真令人感泣!"②

我在2004年至2007年厦门大学读博士期间,正赶上导师杨国桢教授撰写《清史·道光朝人物传记》,为专心撰写传稿,他经常是六七天不下楼,每天只睡4个多小时,其他社会活动能推辞就推辞。有一次,导师让我去帮他搬书,导师住七楼,我搬着书往上跑,导师拿着书在后边跟,等我爬到六楼,一转眼不见导师,赶紧往楼下跑,看到导师正坐在四楼的楼梯上,脸色发白,胸脯起伏剧烈,大口喘气,我问是否要打"120",导师摆摆手,过了一阵才缓缓对我吐出一句话:"他妈的,这个《清史》,让老子少活十年!"

---

① 祁龙威:《修纂〈清史朴学志〉日记》,载《清史研究》,2012年第1期。
② 李治亭:《清史传记纂修第二次会议上的发言》,载《清史编纂通讯》,2008年第5、6期(合刊),第54页。

专家们的压力前所未有,戴逸先生的话极具代表性:"承乏《清史》重任,如挟山过海,心有余而力不足,时怀覆冰之念。桑榆已晚,犹欲老骥奋蹄,与青年才俊,逐队争先,不亦难乎?"①"我心里常想起古代的一个传说故事,干将莫邪夫妇俩想炼一对非常锋利的宝剑,但老炼不好,最终夫妇俩舍身跳进火炉,炼成宝剑。我不敢和他们相比,但非常敬佩向往这种敬业蹈火精神,这种精神会永远激励我为清史编纂鞠躬尽瘁。"②"这是一条艰难、辛勤、曲折的路程,甘苦自知,一言难尽!"③

中国科学院席泽宗院士是我国科学技术史学界泰斗,中国最著名的天文史学家。国家《清史》工程启动后,鉴于《天文历法志》纂修非天文史专家莫属,故首先想到的就是席泽宗院士。据席院士《自叙年谱》载:2003年(76岁)9月20日,"接国家清史编纂委员会典志组通知,《清史·天文历法志》由我组织班子,3~5人编写,35万字,5~6年完成"。2004年2月28日,"在张自忠路和敬公主府宾馆参加清史典志组第一批委托项目主持人座谈会,打响《清史》正式撰写工作的第一炮"。2005年9月16日,"榴云(妻子)病逝"。2007年3月31日,"清代天文史料长编70万字,通过验收。"是年7月16日,国际天文学联合会把小行星1997LF4正式命名为"席泽宗星"。④ 而此时的席泽宗院士正带着他的同事王荣彬、王玉民、徐泽林编纂《清史·天文历法志》。2008年12月29日,因操劳过度患脑出血不幸病逝。

隗瀛涛先生曾任四川大学副校长、四川省文史馆馆长,中国地方史、近代城市史重要开拓者之一,被史学界誉为"西南王"。"2005年,国家大型文化工程《清史》编纂委员会决定设立《城市志》项目,首先就想到邀请隗瀛涛领衔编纂。尽管当时已经75岁,隗瀛涛一点也没有推辞,毅然决定担任项

① 戴逸:《致祁龙威》,载《涓水集》,北京:北京出版社,2009年,第271页。
② 浦树柔,刘巍:《戴逸:〈清史〉编纂六年间》,载《瞭望新闻周刊》,2009年,第3期。
③ 戴逸:《在国家清史编纂委员会第七次全体会议上的讲话》,载《清史编纂通讯》,2010年第10期,第13页。
④ 席泽宗:《自叙年谱》,载《中国科技史杂志》,2008年第2期。

目负责人,承担起《清史·城市志》的编纂领导工作。近两年中,隗瀛涛带领他的学生们埋头苦干,整理出了许多资料,拉出了编辑大纲,正当他们干得正欢时,可怕的病魔袭击了隗瀛涛。"①2007 年 1 月 16 日,带着为自己参编《城市志》尚未完成的遗憾离开人世,年仅 77 岁。

编审组专家"四老"之一龚书铎教授在国家《清史》编纂最艰难的 2011年不幸病逝,"在戴先生、李先生等人眼中,龚先生学识渊博、淡泊名利、正直诚信、爱人以德、律己甚严,这么一位至交的离世,令他们痛惜;作为后辈的学人,则深切怀念龚先生虚怀若谷、诲人不倦、让人如沐春风的教泽,无法接受先生遽归道山的事实"②。

编审组专家"四老"之一王思治先生,与戴逸先生一样,于国家《清史》有奠基之功,编委会副主任朱诚如回忆:"从 2002 年国家清史纂修工程启动至今,我与王思治先生共事已十载,王先生学养深厚,做事认真,为人坦诚。工程启动之初,我兼任传记组组长。王先生因主持过《清代人物传稿》,对编撰人物传记有着丰富的经验,他毫无保留地支持我、指导我,从选定传主,制定大纲,几近是手把手地教我。因此,我一直以先生为最尊敬的师长、前辈、导师。清史工程启动已十年,先生则十年如一日,兢兢业业,即使他的身体每况愈下,但仍拄着拐杖,坚持参加相关会议,坚持撰写、审定书稿,直到生命的最后一刻。其事业心、责任心,感动着国家清史纂修工程的每一位专家。"③戴逸先生评价他:"是一位好同事、好老师、好同志,在学术界享有崇高的威望。近十年来,王思治教授协助从事清史编纂工作,鞠躬尽瘁,是清史编纂委员会中的一员主将。"④

编审组专家"四老"之一李文海先生,作为编委会副主任、戴逸主要助手,更是为清史操碎了心,自始至终,从组织管理,到学术指导,到审改稿件,

---

① 周波:《清史未编完,"西南王"走了》,载《成都日报》,2007-01-16。
② 中国人民大学清史研究所:《送龚书铎先生远行》,清史所网站,www.iqh.net.cn/ 2011-11-10。
③ 朱诚如:《著名历史学家王思治:勇于创新的史家》,载《中国社会科学报》,2012-06-11。
④ 清史所:《著名历史学家王思治教授追思会举行》,人大新闻网,news1.ruc.edu.cn/2012-03-30。

到协调关系,时时处处给专家们打气助威。2008年,他告诉大家:"大家担心做了十年后,回头一看,问题很多。担心公布到社会上后,受到不断地批评、责难,大家对此深深担忧、焦虑。我觉得,这一点不想也不对,但也不能过于悲观。过于悲观,于事无补。我们要看到光明的一面,才能有助于我们树立信心。"①2011年12月,戴逸先生对其病重前的工作状况有过表述:"李文海同志作为审改专家,年已耄耋,而且身患疾病,动过大手术,现在还承担其他工作,十分忙碌。难得的是他全身心投入,审改稿件上写得密密麻麻,勤奋敬业,用谦虚的态度和语气和作者进行商量,三个月就完成了40万字的一审工作,时间和审改质量极佳,树立了一个标杆。如果大多数都是这样的作者和审改专家,成果就能有望成为传世之作。"②

龚书铎与戴逸为学术至交,王思治与李文海皆为戴逸终身战友,龚书铎先生病逝于2011年11月9日,王思治先生病逝于2012年3月13日,李文海先生病逝于2013年6月7日,他们都是闻名中外的史学大家,都是为修国家《清史》呕心沥血,出师未捷身先死,编审组"四老"实为国家《清史》"四大擎天柱",陡折"三柱",戴逸先生何以承受?恐怕只有"以哀思撑精神,以独木撑大夏"可以形容之!

---

① 李文海:《清史传记纂修第二次会议上的发言》,载《清史编纂通讯》,2008年第5、6期(合刊),第35页。

② 戴逸:《清史工程后期工作策划》,载《清史编纂通讯》,2011年第5期,第9页。

第八章　国家《清史》刍议

国家《清史》纂修工程是新中国成立以来与马列著作编译工程、大百科全书编纂工程、夏商周断代研究工程并驾齐驱之四大文化建设工程之一；与《中华大典》编纂工程、《儒藏》编纂工程、《中国民族民间文艺集成志书》编纂工程成为国家"十一五"期间启动的四大文化建设工程之一。作为中国21世纪初标志性文化工程，国家《清史》备受国人期盼、世人瞩目。述国家《清史》刍议。①

第一节　国家《清史》之学术价值

史书水平之高低，不外乎史学观点与学术水平两大端。国家《清史》在政治观、历史观、天道观、经济观等史学观点上全面超越《清史稿》与台湾版

---

① 注：截至我撰写之时（2013年12月），国家《清史》目前尚未出版，笔者无法对国家《清史》作具体内容的详细评论，只能依据国家《清史总篇目》、纂修过程、《通纪》样稿和审改稿、《典志》样稿和审改稿、《史表》样稿和审改稿、《传记》样稿和审改稿等一些零散资料进行"刍议"，故"刍议"肯定多有不妥、不当之处。

《清史》毋庸置疑,故其最大特色在于学术价值的诸多创新。2009年戴逸先生曾言:"六年来,我们一直都是摸着石头过河,因为我们没有现成的经验可以借鉴,上次大规模的编史,是民国初年,百年以前我们没有赶上,不知道他们是怎么编的,程序怎么进行,怎样组织,这些我们都不知道,心里没有底,实际上我们是边想、边干、边学,自己选择路径,自己开辟路程。"[①]正是"摸着石头过河""自己开辟路程"铸就了国家《清史》的诸多创新。

一、体裁之创新

姚永朴《史学研究法》云:"史之为法,大端有二:一曰体;二曰例。必明乎体,乃能辨类,必审乎例,乃能属辞,二者如鸟有两翼,车有两轮,未可缺一也。"[②]国家《清史》,创新之处为数甚巨,尤以史体创新最为显著。

国家《清史》有通纪、典志、史表、传记、图录五部分组成,《通纪》为章节体,其他部分为纪传体,《史表》中又有编年体《史事年表》,就史体而言,国家《清史》之体裁实际上是以纪传体为主,同时涵盖古代之编年体和现当代之章节体,故曰"新综合体"。

自上世纪20年代"史学革命"以来,梁启超等皆猛烈批评正史为"帝王将相之家谱",史学应该反映历史发展规律和历史发展大趋势。传统《本纪》主要是编年体之皇帝大传,其缺点在于"大事难贯""规律难求",不能反映历史发展大规律、大趋势,必须扬弃。而最能反映"历史发展规律"之体裁即章节体,故以反映清代"兴、盛、衰、亡"为主线之《通纪》代替《本纪》,是史学发展之必然趋势和时代要求。

正史体裁创新是时代的要求而不是某些史家的主观愿望。前有清代皇帝,后有民国总统,当今修《清史》,正好站在时代变革的门槛上,不是当代史

---

① 戴逸:《关于审改工作的讲话》,载《清史编纂通讯》,2009年第7期,第3页。
② 姚永朴:《史学研究法·史法》,载《民国丛书》(第一编)073,上海:上海书店,1989年,第17页。

学家想去变换史体,而是时代要求史学家不得不去创新史体! 百余年来,正史"帝王将相之家谱"历遭诟病,改弦易张乃大势所趋。然而,既然是创新就意味着风险。2007 年 9 月,"国家清史通纪学术研讨会"在承德举行,来自全国各地近百位史学家参会,可谓"群贤毕至,少长咸集",专家们对"《通纪》大纲"进行了猛烈批评,主要原因恐怕就是怎么看"《清史·通纪》大纲"就是不顺眼、"眼生"。大家看惯了纪传体之本纪,猛然在《通纪》里找不到"皇上"、看不出"有多少位皇帝",情感上不适应。在某些专家看来,最好的办法还是回到原来的"皇帝本纪"。而如此一来,国家《清史》岂不又回到"帝王将相的家谱"。创新,无经验;创新,有风险;创新,得有一个人们适应、熟悉、接受的过程。实际上,如果单单观感"《清史·通纪》大纲",得出的结论肯定是不全面的,因为国家《清史》是一部通纪、典志、传记、史表、图录之合成体。国家《清史》修成后,如果你想看清代皇帝的资料,可以到传记里,那里有各位皇帝的"大传";如果你想查找"按时间先后顺序发生的历史事件",可以看后面的史表,那里有《史事年表》,可以做到各取所需。客观而言,编委会所设立之"通纪"弥补了纪传体"大势难贯、规律难求"之缺点,吸取了章节体"总结历史发展规律"之优点,把纪传体、编年体、章节体有机糅合在一起,是目前所能设想出来的最理想表述形式。

"新综合体"的出现在中国史学发展史上实为划时代之大事,是当代史学家为中国民族特色史学所做出的重大贡献之一,自此以降,中国民族特色史体将不再为编年体、纪传体、纪事本末体三大史体,而一变为编年体、纪传体、纪事本末体、章节体、新综合体五大史体,国家《清史》之"史体革命"将在中国民族特色史学发展史上增加浓墨重彩的一笔。

二、体例之创新

司马迁为中国历史之父,梁启超称其为中国历史学之"造物主"。自《史记》出,纪、志、表、传四大部件成为后世正史所遵循的基本体例,该体例包举万端、规模宏大,而且点线交织、纲目井然,故郑樵《通志》赞其:"百代以下,史官不能易其法,学者不能易其书。六经之后,惟有此书。"①章学诚《文史通义》赞其:"夫史迁绝学,《春秋》之后一人而已。其范围千古、牢笼百家者,惟创例发凡,卓见绝识。"②自《汉书》至《清史稿》,二千余年,莫不因循。历史巧合的是:一千年前郑樵所谓"百代以下,史官不能易其法"之言却真的得以应验。司马迁卒于公元前68年,距今约2100年,若以20年为一代人计,至今正好是"百代"。纪、志、表、传史学大体例终于在"百代以下易其法"为"通纪、典志、史表、传记、图录"。

纪之体例创新。历代之《本纪》为皇帝大传,置于史书之首,以示尊贵。国家《清史》之《通纪》则完全"把皇帝拉下马",用9卷《通纪》篇幅来反映有清一代创业、入关、统一、鼎盛、中衰、危局、图强、救亡、覆灭整个历史发展过程。其体例依次为卷、章、节、目,"节"用一、二、三等,"目"用1.2.3.等。国家《清史》变《本纪》为《通纪》,变"人"之《本纪》为"事"之《通纪》,完成了对古代《本纪》形式与内容的彻底改造。

志之体例创新。"志"为一代典章制度,不可或缺。郑樵曾喻"志"之作用:"夫史者,国之大典也,而当职之人不知留意于宪章,徒相尚于言语,正犹当家之妇不事餐飧,专鼓唇舌,纵然得胜,岂能肥家?"③"二十四史"及《清史稿》中,列"志"最多者为《清史稿》,有16志,而国家《清史》增至40志,所列《生态环境志》《人口志》《民族志》《法律志》《农业志》《手工业志》《商业志》《对外贸易志》《财政金融志》《边政志》《澳门志》《香港志》《租界志》《华侨志》《近代事业交通志》《宗教志》《会党教门志》《教育志》《城市志》《灾赈志》《朴学志》《西学志》《思潮志》《诗文小说志》《戏曲书画志》《建筑志》《医药卫生志》皆为前代正史所未有。

表之体例创新。顾炎武曰:"作史无表,则立传不得不多;传愈多,文愈

① 郑樵:《通志》总叙,北京:中华书局,1987年影印本。
② 章学诚:《文史通义》(内篇五·申郑),上海:上海书店,1988年,第46页。
③ 郑樵:《二十略》(总序),北京:中华书局,1992年,第4页。

繁,而事迹或反遗漏而不举"①,故赵翼云:"凡列侯将相三公九卿功名表著者,既为立传,此外大臣无功无过者,传之不胜传,而又不容尽没,则于表载之。作史体裁,莫大于是。"②中国自古就是"用表人多、制表人寡"。唐、宋、元、明所修 16 部正史皆无表,主要原因就是史表不好做、做出来又不好看。其他正史,即使有表,也只有"人表",无"事表"。国家《清史》史表组一直把"不求最好,但求超越"作为修史目标,不但继承发展了古史各种"人表",还增加《报刊表》《学校书院表》《中外约章表》《文祸表》等各种"事表"。戴逸先生对国家《清史·史表》之特点概括有四:"一是立表之多,超越前史。既有人表,也有事表,内含丰富,反映了清代历史的复杂性和新变化;二是作表时利用了原始档案资料和注重史实的考订,使表文信息更加精确;三是与既有史表成果相比照,有继承,有补正,有创新;四是表格设计具有新意,既便于检索,也节省篇幅。"③此言一点不虚。

传之体例创新。自古"无传不成史"。国家《清史·传记》全面超越《清史稿》,首先,把皇帝"拉下神坛",置入传记,与臣工传并列;其次,增加很多传记门类,收录许多《清史稿》所不载人物,如《工商人物传》《科技人物传》《民族人物传》《宗教人物传》《华侨人物传》《农民领袖传》《革命党人传》《外籍人士传》《诸艺传》,皆为《清史稿》体例所未有;第三,改变古史传记史观,如《清史稿·文苑传》循"自古小说戏曲家不入流"之例,只记诗词家,而国家《清史·文苑传》除诗词散文家外,还有李玉、李渔、蒲松龄、洪升、孔尚任、曹雪芹、吴敬梓等戏剧小说家,还有柳敬亭、金德辉、程长庚、谭鑫培、杨月楼等戏曲家,还有王时敏、朱耷、石涛、包世臣、吴昌硕等书画家。再如《妇女传》,古代社会强调"女子无才便是德",《列女传》主要记载一朝一代之贞女、烈女、贞妇、烈妇,而国家《清史·妇女传》则彻底颠覆古代歧视妇女之偏

① 顾炎武:《作史不立表志》,陈垣《日知录校注》卷 26,合肥:安徽大学出版社,2007 年,第 1447 页。
② 赵翼著,王树民校证:《廿二史札记校证》(上册),北京:中华书局,1984 年,第 4 页。
③ 《清史史表纂修工作会议在京召开》,载《清史编纂通讯》,2006 年第 6 期,第 1 页。

见，改为"有才、有影响之女方入史"，记载对象如富察氏、李香君、陈沅、孝庄太后、董鄂氏、孔四贞、柳如是、顾横波、席佩兰、严润珠、顾太清、王照圆、洪宣娇、秋瑾等皆为"才女"或对清代社会有较大影响之妇女人物。

图之体例创新。中国自古重图录，先秦既有"河图洛书""左图右史"之说，只是竹简木牍易书不易图，丝织帛布画图易腐烂，不具备大规模编纂"史图"之条件，故二十四史均无图。然《后汉书》有言："显表纪世，图录豫设。"①戴逸先生在清史纂修之初就指出："编纂清史图录是一项创新，没有前人的经验可以参照借鉴，因此要靠我们自己摸索、探讨。这就是一门学问，涉及整体设计、科学分类、真伪鉴别、严格保管、贴切的文字说明等一系列问题。"②《图录》为我国古代史家"可望而不可及"之体例，至国家《清史》，中国史家二千年来之宿愿得以实现，可谓开"正史图像史学"之先河。

三、凡例之创新

众人修史，发凡起例至为重要，若各行其是，必致纲纪大乱。司马迁著《太史公书》、班固著《汉书》虽有"纂述要旨"，但不是凡例。可以设想，"二十四史"在编纂之前大都有凡例，然而，皆未留下只言片语。中国历史上，最早留下详细纂修凡例者为司马光《资治通鉴》纂修凡例，该著首篇有"前例"1卷。③正史有凡例，始自《清史稿》，故朱师辙云："众手修史，自《晋书》以降至于明，讨论日密，虽有枝节之论例，而无画一之条文，有之，自清史馆始。"④

实际上，《清史稿》纂修凡例也是不全面的，仅有夏孙桐起草之《清史列传书法画一条例》《清史循吏编辑大意》《拟清史忠义传办法说帖》《清史本纪书例》，典志、史表均无凡例。相比之下，国家《清史》纂修凡例则丰富得

---

① 范晔：《后汉书》卷29，北京：中华书局，1965年，第1025页。
② 戴逸：《在编委会图录组图片征集会议上的讲话》，载《清史编纂通讯》，2004年第7期，第7页。
③ 注：《资治通鉴》清代以前也被视为"正史"，清乾隆年间才把编年体史书全部请出"正史"之列。
④ 朱师辙：《清史述闻》（卷4），上海：三联书店，1957年，第65页。

多,一是有总凡例,即《〈清史〉编纂总则例》;二是分凡例,即《〈清史·通纪〉编纂则例》《〈清史·典志〉编纂细则》《〈清史·传记〉撰写则例》《〈清史·史表〉编纂则例》《〈清史·图录〉则例》;三是次分凡例,即三级项目组根据纂修需要在《〈清史〉编纂总则例》和二级项目组分凡例原则下又制定三级纂修凡例,如典志二级项目组制定有《〈清史·典志〉编纂细则》,典志《地理志》三级项目组又制定有《新编〈清史·地理志〉编纂凡例》。从总凡例,到分凡例,再到次分凡例,皆为国家《清史》所创新。

如前所述,创新即意味着风险。以"引文"格式为例,《〈清史〉编纂总则例》要求:"引文必须加引号""引用典籍文献要注意选择版本""若转述大意,则不加引号"等6条注意事项。但是,"二十四史"均无"引文"。国家《清史》出版后,大家一看到"引文",肯定会感觉与"二十四史"格格不入、不舒服、不适应。古人没有知识产权意识,故不需要"引文",当今则不同,国家有《知识产权保护法》,引文必须注明详细出处。以后的中国正史,恐怕都须有"引文"。在正史"引文"方面,国家《清史》就成为第一个吃螃蟹者,招致非议恐在所难免。

四、史观之创新

实事求是的唯物史观。古人修史,以"春秋大义"为总指导思想,修史目的即为统治者提供资治通鉴,故"二十四史"皆以帝王将相为中心谱写历史,一切反对封建统治者皆为"贼""寇"。国家《清史》在《〈清史〉编纂总则例》及其分则例中虽未明确表述为"以唯物史观为指导思想",但诚如编委会副主任马大正先生所言:"史观就是历史唯物主义和辩证唯物主义,修清史的指导思想说白了也就是实事求是。"①在《关于清史纂修中重大学术问题表述的意见》中,实事求是的唯物史观体现得十分清楚,如关于"明清之际的降

---

① 秦文:《专访重修清史专家马大正:曹雪芹和努尔哈赤都重要》,载《新京报》,2004-11-09。

臣(贰臣)"，《意见》明确指出："实事求是地表述原明官员、将士降清的事实……应以对中国历史的发展、对国家大一统、对中华民族的凝聚是否有利为旨归，作为衡量是非价值的标准。概言之则为：功则功之，罪则罪之。"又如关于"反抗清朝统治的武装活动的表述"，《意见》明确指出："凡是反抗统治阶级的剥削、压迫而爆发的武装斗争都称为'起义'，或'反清起义''反清活动'……清代的'三藩'、阿睦尔撒纳、张格尔的反清武装活动的性质应属于'叛乱'。"《意见》对其他具有争议的人和事都有明确的指导意见，如称太平天国、义和团为"运动"，甚至对慈禧、曾国藩、李鸿章、袁世凯评价争议较大的人物，也要求"功过皆有，应实事求是地予以记述"①。清朝覆亡至今已有百年，当今所修《清史》为隔代修史而非易代修史，当代人没有为大清王朝歌功颂德的任何私愿，也没有诋毁满清王室的任何情结，纵观整个通纪、典志、史表、传记之初稿、一审稿、二审稿，所有纂修者不约而同遵循"实事求是的唯物史观"来记录历史，不论对任何人、任何事，功则功之，罪则罪之，实事求是，客观公正。

具有世界眼光。与其他史书相比，国家《清史》更强调"世界眼光"。北京大学王晓秋教授早在 2002 年就指出："过去搞中国史最大的一个缺陷就是就中国论中国，眼光不够开阔，这次的新清史不同于此前的二十五史的一大特色就是'世界的眼光'。"②2003 年，李岚清副总理也特意指示："要把清史放到世界历史的范畴中去分析、研究和评价……要用世界的眼光，实事求是地认真研究，还历史以本来面目。"③所谓"世界眼光"，就是用外国史料来研究中国历史，就是强调清朝与世界的互动关系(外国对中国的冲击、中国对外部冲击的回应等)，为此，编委会着意成立编译组，翻译外国史料。2007年，戴逸先生对编译组同志说："用世界眼光、世界史料来研究中国，以前没有这样的规模，以前外国人来一个人写一本游记。现在不是一个人，而是成

---

① 国家清史纂修委员会：《关于清史纂修中重大学术问题表述的意见》(内部资料)，第6—20 页。
② 王大庆：《清史编纂暨编译工作座谈会综述》，载《世界历史》，2003 年第6 期。
③ 李岚清：《在清史编纂工作座谈会上的讲话》，载《清史编纂手册》(内部资料)，2008 年，第15 页。

批成批的人、几百个人写的书。我觉得这种学问将来会有所发展,能够让我们的后代看到当时的外国人是怎样看中国的,中国人自己是怎么看中国的,有很大的差别。写史学史的时候加上一笔,用外国史料来研究中国,这是很有开拓性的工作,将来可能会成为一门学科。"①国家《清史》大部件,典志单列有《对外贸易志》《邦交志》《澳门志》《香港志》《租界志》《西学志》,史表单列有《总理各国事务大臣表》《中外约章表》《驻外使节表》《外国驻华使节表》,传记单列有《外交使节传》《华侨传》《外籍人士传》,图录单列有《外贸图》《宗教图》等等,皆极具"世界眼光"。纵观国家《清史》样稿,不论是《通纪》还是《典志》《史表》《传记》《图录》,每一部分都非常重视清史与世界史的互动,基本上是在世界历史大背景下动态记述清朝的发展历史。

五、史料占有更丰富

清代档案之利用。《清史稿》编纂时,绝大部分清代档案均未利用,一则,清代各种中央级、地方级官方档案浩如烟海(约有 2000 余万件),当时尚未整理;二则,中后期时局动荡,撰稿人不允许调档查看。台湾版《清史》主要是《清史稿》修改,利用档案较少,而国家《清史》利用各种档案则要多得多。在国家《清史》工程启动前,中国第一历史档案馆(以下简称"一史档")自 1925 年至 2003 年,"共编辑出版各种各类档案史料书目 165 部,总计1240 册,约 4 亿字,累计公布档案达 64 万件"②。其中就有大家所熟知之《清代档案史料丛编》《军机处上谕档》《起居注册》《清代官员履历全编》《军机处随手登记档》《清政府镇压太平天国档案史料》《清代农民战争史资料选编》《鸦片战争档案史料》《第二次鸦片战争》《中日战争》《义和团档案汇编》《筹办夷务始末》《清代外交史料》《清代江河洪涝档案史料丛书》《清

---

① 戴逸:《在编译工作会议上讲话纪要》,载《涓水集》,北京:北京出版社,2009 年,第 243—244 页。
② 李国荣:《编纂清代档案,服务清史工程》,载《历史档案》,2004 年第 1 期。

代地震档案史料》《清代粤港澳商贸档案全集》《清代文字狱档》《清代密档珍集》《满文老档》《康熙朝满文朱批谕折》等；上世纪50年代至今，台湾亦出版各类清代档案数万件，诸如《宫中档奏折》《清代起居注册》《海防档》《旧满洲档》《刘铭传抚台前后档案》《袁世凯奏折专辑》等。

国家《清史》工程启动后，自2004年至2012年，共立43个档案整理项目，先后整理各种档案206万件，约10多亿字，整理档案之字数相当于"一史档"前80年整理字数的二倍半。其中，中央级档案184万件、地方级档案22万件(包括少数民族档案4.3万余件、满文档案1.6万余件、藏文档案1.5万余件、蒙文档案2.4万余件、各省市县档案12万余件)，仅《清代军机处嘉庆朝录副奏折》就完成录副奏折、录副夹片档案67017条，《清代军机处道光朝录副奏折(第一期)》就完成录副奏折、录副夹片档案50000条。此外，国家《清史》各撰稿人自觉利用档案史料，据第一历史档案馆刘若房副研究馆员统计："自2004年4月至2006年5月，为修清史前来我馆查档的人数已达99人，近2千人次。"①若说国家《清史》主要是在清代档案基础上纂修起来的，诚不为过。

国内文献之利用。国家清史编纂委员会极重视各种清代文献，特成立文献组，收集、整理各种清代文人笔记、文集、私家奏议、地方志、碑传集、宗谱、族谱、年谱等文献资料。国家《清史》利用地方文献之多，远超"二十四史"。

国外文献之利用。国家《清史》纂修之初就明确提出"新编《清史》要有世界眼光"，要充分占有外文文献。为此，编委会特成立编译组，主要目的即搜集、翻译、整理外国与清代有关的档案史料和文献史料。从2004年至2012年，编委会与俄罗斯、日本、英国、法国、德国、荷兰、意大利、澳大利亚、梵蒂冈、美国、韩国、朝鲜、西班牙、葡萄牙等国档案馆、图书馆以及外国学者那里搜集各种档案史料等文献。与韩国的高丽大学和汉城大学、日本东京

---

① 刘若房：《明清档案为清史纂修工程服务》，载《历史档案》，2006年，第4期。

外国语大学和筑波大学、美国的国会图书馆和哈佛大学燕京图书馆以及罗马梵蒂冈图书馆等高校和图书馆、博物馆建立了密切的联系,如"通过 2008 年与罗马梵蒂冈图书馆合作项目,编译项目组已复制该馆所藏 16—19 世纪的中文文献 274 种,拍摄了 44265 张照片,约 8 万页"①。

国内民间人士积极为国家《清史》捐赠史料。如 2004 年,广东大埔县退休干部何永年得知清史工程启动后,向编委会捐赠所藏之《何如璋传》(俞政著)、《何如璋家书》(1-4 卷)、《梅州文史·何如璋专辑》;山东惠民县农民孙成德自费进京,向编委会捐赠家藏之嘉庆、道光、宣统、民国年间田契、执照原件(其中包括户部执照);首都师范大学退休教师谢承仁先生向编委会捐赠各种档案 1280 件,内容涉及光宣年间清政府筹款、警政、吏治、灾赈、地方治安等政府档案。

国外学者积极支持国家《清史》纂修工程。国家《清史》纂修工程受到海外学者的高度重视和大力支持,如哈佛大学孔飞力教授欣闻"工程"启动,即于 2003 年 7 月致函戴逸先生表示:"我们自当尽力给予最大的支持,如果需要从哈佛—燕京图书馆或美国的图书馆收取任何需要的资料,我们愿意为中国同仁复制提供,我们将会竭诚合作。我的老师费正清一再教导我们,要向中国的学者们学习。际遇这一重大项目,使我们可以效奉师表,实为莫大的荣幸。"②又如澳大利亚画家沈嘉蔚女士得知国家"工程"启动,即于 2004 年 2 月及时告知澳大利亚莫理循档案一事:"莫理循涉入中国清末民初政治极深,而此公又笔头勤,做事一丝不苟,所以他的档案(核心部分是 44 年的日记)对于研究清末民初历史的专家来说,是一份尚未开发的丰富矿藏。……今后,我愿意为您充当一个沟通的角色。"③2005 年 3 月,澳大利亚海伦夫人向编委会捐赠"莫理循文件"(主要是日记、往来书信)以及骆惠敏

---

① 成崇德:《在国家清史编纂委员会第七次全体会议上的报告》,载《清史编纂通讯》,2010 年第 10 期,第 7 页。

② 《哈佛大学孔飞力教授来信》,载《清史编纂通讯》,2004 年第 2 期,第 18 页。

③ 《沈嘉蔚女士来信》,载《清史编纂通讯》,2004 年第 2 期,第 20—23 页。

和海伦工作文稿等档案共计 149 箱。

概言之,国家《清史》史料占有之丰富,远超《清史稿》,远超"二十四史",远超近现代以来国家《清史》以外之所有清史著述。"三远超"毫不夸张。

六、史实记载更准确

"史实准确率"是判断一部史书质量高低的最重要标尺。国家《清史》十分注重纠正《清史稿》史实舛错等学术错误。国家《清史》编纂委员会在纂修之时从台湾购回数百部《清史稿校注》,要求每位项目主持人人手一套,《清史稿校注》所纠正错误,国家《清史》绝不能再次出现。仅此一项,国家《清史》比《清史稿》就少了将近 6 万余条"旧硬伤"。至于新增硬伤,由于大量档案和地方志文献的利用,新增硬伤大大降低,国家《清史》编纂委员会要求各项目硬伤率不得超过总字数的万分之三。据编委会初步统计,在国家《清史》纂修过程中,各项目组共进行大大小小的考异 4 万余条,也就是说至少又消灭掉 4 万余条新增硬伤。比如《清史稿·穆彰阿传》中有:"穆彰阿,郭佳氏,满洲镶蓝旗人",台湾版《清史稿校注》就没有校注出"郭佳氏"之错误。国家《清史》在纂修时考异如下:

> 按:《清史稿》及以前所有记穆彰阿书籍皆称穆彰阿姓氏为"郭佳氏",均误。穆氏姓应为"郭尔佳氏"。"郭佳氏"与"郭尔佳氏"为满洲两个不同的姓氏。1989 年沈阳书社影印本《八旗满洲氏族通谱》载:"郭佳氏,满洲一姓,其氏族散处于苏完等地方,镶红旗人。"(《八旗满洲氏族通谱》第 641 页);"郭尔佳氏,满洲一姓,其氏族散处于长白山等地,镶蓝旗人。"(《八旗满洲氏族通谱》第 606 页)。穆本人自号:"长白",又是"镶蓝旗人",故穆彰阿姓氏应为"郭尔佳氏"。

可以预见,3500 万字之国家《清史》出版后,一些疏漏肯定在所难免,但亦可肯定的是,国家《清史》史实准确率比所有"二十四史"都要高。就"史实准确率"而言,《清史稿》与国家《清史》不可同日而语。

七、内容之创新

通纪内容之创新。戴逸先生在 2005 年就明确指出:"《通纪》首先要翔实、准确,但仅仅这些还不够,还要力求创新。"①章节体《通纪》的内容创新主要体现在新史料尤其是档案史料和外国文献的发掘与利用。

一是纲目内容的创新。从《清史·通纪》纲目来看,不少"目"都具有创新性,如第二卷(入关)之目:"北方各地的权力争夺""生态变化与华北的社会危机""清初京城的骚动""华北的教门、教民与反清活动""华北官绅的地方保护及与清合作""满家洞抗清势力与榆园军""大同之变与山西骚乱""江南社会关系与士绅势力""清初东亚的海上贸易""喀尔喀三汗部的形成""喀尔喀蒙古与西藏的关系""藤吉斯事件""蒙古—卫拉特法典""和卓黑山派、白山派势力的斗争""帕竹政权与格鲁派""甘丹颇章政权""历法之争""不同的气节观""遗民与贰臣"等,令人耳目一新。再如第七卷(图强)之目:"万国梯航成创局""开设同文馆之争""丁戊奇荒""华北的教门、教民与反清活动""日本吞并琉球""山西和北宁之战""《中法会订越南条约》"等,颇为新颖。

二是具体内容的创新。大量利用档案史料增加新内容是《清史·通纪》的最大亮点。如第二卷第一章《清朝入关》中增有多尔衮致李自成农民军(农民军当时还在陕西)的罕见信函:"大清国皇帝致书于西据明地之诸帅:朕与公等山河远隔,但闻战胜攻取之名,不能悉知称号,故书中不及,幸毋以此而介意也。兹者致书,欲与诸公协谋同力,并取中原,倘混一区宇,富贵共

---

① 戴逸:《涓水集》,北京:北京出版社,2009 年,第 171 页。

之矣,不知尊意何如耳? 惟速驰书,使倾怀以告,是诚至愿也。"①此类内容,史料极为罕见。

典志内容之创新。《清史·典志》创新之处为最多,如第一志《天文历法志》即有 4 篇"机构与设备篇""历法篇""宇宙理论与天象观测篇""古籍整理与民间天文历法篇",其记载内容比"二十四史"及《清史稿·典志》之天文志更为科学。

如《典志·礼乐志·乐篇》。据编委会副主任成崇德教授介绍:该志"是由台北故宫博物院的陈万鼐先生来做。陈万鼐先生今年(2008 年)81 岁,在完成《清史稿·礼乐志》的整理后,本来打算收山颐养,后来接受国家清史编纂委员会的盛情邀约,主持了清史《礼乐志》之乐篇的编纂。在接受任务后的两年期间,他几乎废寝忘食。在充分肯定《清史稿》的《礼乐志》及撰写人张尔田的基础上,其新修清史的《礼乐志》中的乐篇,较《清史稿》可望更胜一筹。至于进度,陈老先生说,《礼乐志》之乐篇初稿,已经全部完成了,稿子的底本已厚一尺,今后的几年时间里,将专注于修改、润色"②。

又如《民族志》,在国史中第一次真正把国内各民族一律平等看待。清代 55 个民族,撒拉族是西北地区一个很小的民族,我们平时都注意不到他,而由方铁先生撰写的《民族志》则详细记载撒拉族的族源、特点、人口分布、社会状况。撒拉族如此,其他少数民族大抵如此。

又如杜泽逊教授所主持之《艺文志》,其分类方法彻底打破传统经、史、子、集"四分法",而是创新为经、史、子、集、西学、丛书"六分法"。

又如《边政志》。《边政志》本来就属于创新典志项目,该志所增之《海洋篇》,于我国当今国家海洋战略更具现实意义,"鉴戒价值"更高。

史表内容之创新。万斯同论史表:"表立而后,纪、传可省,读史而不读

---

① 国家清史编纂委员会:《清史·通纪·第二卷》(一审清样稿)(内部资料),2011 年,第 2 页。
② 朱诚如:《在编委会〈清史传记〉纂修第二次会议上的发言》,载《清史编纂通讯》,2008 年第 5、6 期(合刊),第 17 页。

史表,非深于史者也。"①国家《清史·史表》共 13 卷,计 31 表,其中,人表 23,事表 8,史表之要素强调全、简、准、新,表格设计可谓独具匠心,体现清代社会历史的复杂性和多样性。就史表内容创新而言:一是在国史中首次增"事表",而且一增就是 8 个,分别为《史事年表》(上)、《史事年表》(下)、《中外约章表》、《官学表》、《书院与学堂表》、《报刊表》、《文祸表》、《教案表》。《中外约章表》收录自康熙二十八年(1689)至宣统三年(1911)与外国列强所签订的重要约章 700 种;《官学表》收录自崇德元年至宣统三年间京师和各省、府、州、厅、县各级官学约 1500 所;《书院与学堂表》拟从有清一代 55300 余所书院、学堂和学校中选取最具代表性之 3500 所入表;《报刊表》收录自顺治元年至宣统三年在国内或境外(包括港澳台)发行之各类报刊如《邸抄》、《京报》、《东西洋考每月统计传》共计 2000 种;《文祸表》收录有清一代因文字作品而获罪之文字狱 160 余起;《教案表》收录晚清各地教案 1200 余起。② 二是有些"人表"亦属国史首创,如《清帝世系表》《四大活佛世表》《驻外使领表》《外国驻华使领表》等。《清帝世系表》以一页纸形式把清史十二帝之年号、庙号、谥号、名字、行次、生年、生母、出生地、即位时间、即位年龄、在位年数、后、子、女、卒年、享年、死亡地点、陵寝名称、陵寝所在地、入葬时间 20 个信息点全部概括进去,短小精湛且一目了然,实为表中精品。③《四大活佛世表》实为 4 表,即清代达赖喇嘛、班禅额尔德尼、哲布尊巴丹和章嘉四大活佛,计 18 人。《驻外使领表》记录清代派驻各国的历任使臣和领事约 280 人次;《外国驻华使领表》则收录各国派往中国的历任公使、领事暨部分总领事、副领事等约 4000 人。三是"表格设计具有新意,既便于检索,也节省篇幅"④。四是在国史中首次增《史事年表》。国家《清史》设《史事年表》,而且置《史事年表》于所有表格之首,以编年体形式记录有清一代

---

① 转引自郝秉键:《〈清史·史表〉编纂概要》,载《清史研究》,2008 年第 2 期,第 110 页。
② 国家清史编纂委员会:《清史·史表编目与编纂则例》(内部资料),2006 年 12 月,第 5—7 页。
③ 国家清史编纂委员会史表组:《清史·史表表文选编》(内部资料),2006 年 5 月,第 114 页。
④ 《清史史表纂修工作会议在京召开》,载《光明日报》,2006-06-05。

重大史事,全文约220万字。此表实为一部编年体清史。《史事年表》的增设,使国家《清史》之纪传体、章节体、编年体有机结合起来。《清史》有《史事年表》始自萧一山《清代通史》,但"萧"表比较粗糙,而国家《清史》之《史事年表》则是人民大学清史研究所在《清史编年》(编撰耗时20年)的基础上精选而成,表的质量更高。如记录天命元年事,仅有四条:努尔哈赤建立后金,金人杀明朝越界兵民,征服东海等部,辽东大水。[①] 四件事中,有重大政治事件,有重大外交事件,有重要军事事件,有重要经济事件,明显看出是纂表人精挑细选之后的结果。

此外,国家《清史·史表》编纂不但纠正了前人史表诸多错误,在一定程度上提升了史表的编纂水平,同时为国家培养了一批编纂史表的专门人才。

传记内容之创新。国家《清史·传记》3200人大名单是综合《清史稿·传记》《清史列传》《国史列传》《碑传集》《清代人物传包》《清代人物撰稿》等清代人物传记著述精选而来,因此,人物遴选自然就超越《清史稿·传记》以及上述著作。如《工商人物传》之晋商亢嗣鼎、乔贵发(附乔致庸)、徽商汪应庚、汪廷璋、盐商江春、鲍志道、长芦盐商查日乾、张霖、滇商吴尚贤、行商潘振承、伍国莹、药业胡光墉、矿业胡恩燮、缫丝陈启源、航运唐廷枢、钱庄王炽、席正甫等,《科技人物传》之数学家李善兰、黄宗宪、华蘅芳、吴佳善、舆地家图理琛、著名工匠雷发达、第司·桑吉嘉措、仪器制造家齐彦槐、徐寿、物理家郑复光、发明家龚振麟、丁拱辰、丁守存等等,均为上述著作所不载。工商人物、科技人物如此,少数民族人物、宗教人物、华侨人物、农民领袖、革命党人、妇女人物等类传大抵如此。

图录内容之创新。《图录》为国家《清史》创新体例。图录组于2004年即开始筹建清史图像数据库,十年之间,搜集整理23万张清代图片,选择精华图片1万张编入《清史·图录》。以此故,国家《清史·图录》其创新点突出如下:一、正史图录首创之功。在图录方面,国家《清史》完成了二千年来

---

① 国家清史编纂委员会史表组:《清史·史表表文选编》(内部资料),2006年5月,第29页。

史家以图修史之夙愿。尽管目前国家《清史·图录》可能还存在这样或那样的问题,但可以肯定,《图录》这种史学形式将会永远在正史中继承下去。二、图录修纂形式创新。图录组所探索之"先建图像数据库再编纂清史图录""以项目化管理建设图录""图片附精练说明文字"等图录编纂形式,丰富了图录编纂方法,提高了图录编纂水平。三、开启图像史学。图像史学形式早已存在,画报、纪录片、图画集,自近代以来流传不衰,但以丰富之图片表述一朝之历史,自国家《清史》始。图像史学是一门融合图书馆学、博物馆学、史学、文物鉴赏学等交叉学科,国家《清史》纂修过程所创立之《清史图录编纂则例》《清史图录审改则例》等基础理论,极大丰富了中国图像史学理论内容与体系。四、培养一批图像修史人才。以前,国内博物馆、图书馆不乏图像专家学者,清史图像专著不时涌现,但真正反映朝盛朝衰之图史,鲜有出现。五、图录观念创新。图录组编纂过程中逐渐凝练之"以图明史、以图补史、以图证史"等史图观念,注定将被后人奉为修史圭臬。

八、纂修方式之创新

参与面广。国家《清史》纂修参与面之广,为"二十四史"所未有,亦为新中国成立以来所未有,"全国 29 个省、市、自治区及港澳台地区都有学者参加,基本邀集了大部分顶尖级清史专家,其中包括了政治史、军事史、边疆史、民族史、科技史、经济史、文学史、文化史等各方面专家,可说是专家云集,盛况空前"[①]。总共有 3000 余位专家学者参与国家《清史》工程,其中,参与主体类项目 1800 余位,参与基础类与辅助类项目 1200 余位。又如港澳台清史专家,"编委会希望港澳台专家能够参与清史工程……2005 年 6 月,编委会专门成立港澳台项目小组,负责上述三个地区项目的评审立项工作。2005 年,港澳台项目小组召开三次评审会议,先后有 10 个项目通过评审,并

---

① 郑明:《清史纂修纪实(二)》,载《社会科学战线》,2007 年第 5 期。

交主任办公会议决审立项。至今(2006年2月),港澳台地区共有14位学者
(其中有一项是图录类项目《台湾地区清代图片》)成为清史工程项目主持
人。这项工作的开展,不但为清史纂修遴选了合适的项目主持人,而且使清
史纂修成为中华民族文化建设之盛事"①。

2006年,成崇德教授代表戴逸至台湾诚邀台湾师范大学著名音乐史家
陈万鼐先生出山担任《典志·礼乐志·乐篇》项目主持人,"老先生讲了参加
修史的三个条件:其一,晚年能有幸参加国家修史,是一生最大的幸事,不知
戴逸先生是否看得上他。其二,要看看参加修史者的水平,如果水平较低,
将拒绝参加。其三,如果主持和参加者水平太高,自己不够格,也不参加。
这位先生看完典志组制订的凡例、编纂细则和个别大纲、试写稿后,惊叹大
陆人才济济、藏龙卧虎,惊叹祖国国富民强,繁荣昌盛,表示毕余生所有力量
修好乐志"②。

学者修史。众所周知,国家《清史》所有经费由国家提供,但与往代纂修
国史不同,此次纂修《清史》突出"国家出钱、专家修史"。至于中央政府在
纂修过程中起什么作用? 施加什么影响? 编委会副主任马大正先生曾经在
美国学术交流时有明确而朴实的表白:"坦率地说,政府在我们的学术研究
上提供了非常宽松的环境。政府之所以支持清史纂修工作,无非是出于几
个原因,一是改革开放30年来,中国具有支持重大学术研究的经济实力。
20世纪80年代的时候就曾有撰写清史的想法,但没做成,其中既有学术的
原因,也有经费的问题,现在则在经费和学术上都具备了一定的条件。二是
中国具有易代修史、盛世修史的传统。学术文化建设也是体现政府政绩的
一个方面,可以体现当代中国社会处在和谐稳定、向上发展的状态。三是中
国目前面临很多问题,其中也包括了清朝给我们当代人留下的很多历史包
袱,今天要解决现实中的历史包袱的时候,就要了解历史上发生过什么事

① 《国家清史编纂委员会2005年度工作总结》,载《清史编纂通讯》,2006年第1期,第8页。
② 浦树柔:《十年之功修〈清史〉》,载《瞭望新闻周刊》,2006-01-02。

情,这些事情是怎样发生的。清朝很多事情,跟今天的现实有某种联系,要妥善解决,首先要弄清历史真相。众所周知,20 世纪 50 年代以来,中国面临着诸多的边界问题,这些问题要想找到有效的解决办法,一个必需的途径就是要了解这些问题形成的来龙去脉。当然,仅仅了解历史也是不够的,还要认真研究现实中的诸如地缘政治、国际政治等诸多因素,但以史为鉴功能的发挥是不可缺少的一个方面。清史纂修工程得以启动,政府给予了比较大的支持。至今,政府在项目的创造及组织结构方面扮演了较为突出的角色。至于主要学术问题,一般说来由参与学者决定。"①

政府服务。国家《清史》纂修,在政府与编委会关系上有一突出特点——政府服务。第一,国家提供资金服务;第二,编委会之外有一个"国家清史编纂领导小组";第三,"领导小组"通过"上通下达"只提供后勤保障,学术问题由专家负责。这比古代宰相担任总裁之"史馆"修史制度要好得多。

或曰:"司马迁私人修史好,秉笔直录。"但我以为:司马迁纂《史记》不是私人修史而是官方修史,司马迁父亲司马谈就是汉朝的太史令,司马迁继承父亲太史令之职位继续纂修国史,故《史记》原名《太史公书》,是司马谈、司马迁两代人共同完成的历史巨著;班固纂《汉书》亦如此,是班彪、班固、班昭两辈人共同完成的《汉书》。唐代以后,设馆修史重要原因之一就是:大型国史,单单依靠个人力量是远远不够的。

或曰:"唐代以后设馆修史好,管理方便。"但笔者以为:设馆修史好,但不适宜于当今。须知,古代国史馆,从总裁到总纂、协纂、编修、收掌、校对,都是中央政府的"官员",往往还是考中进士、进过翰林院的官员,临时抽调参与纂修正史,散馆后他们还是官员。当今社会,能撇开高校、科研机构的清史专家学者而让"中央政府官员"去修《清史》吗? 不可能。

"国家清史编纂领导小组"只管服务,只管支持,只管后勤,学术问题一

---

① 马大正:《清史纂修简述》,载《社会科学战线》,2009 年第 11 期。

概交给专家学者去处理,这种纂修方式本身不就是一种创新吗? 而且,这种纂修方式可能还会成为未来中国纂修正史的主流方式。

第二节 国家《清史》纂修工程之附属贡献

古代修史,史成而资料无存。早在国家《清史》工程启动之初,编委会就决定在 5 大主体类项目组之外,再设立档案组、文献组和编译组,以丰富、翔实之档案、文献资料保证清史质量。自 2004 年至 2012 年,"工程"建设成果除 3500 万字之大《清史》外,还有数十亿字之清代档案整理资料、清代文献整理资料、340 余册之海外清史编译资料、22 万幅清代图片、1.3 亿字清史资料长编。这些资料,不但对保证与提升《清史》质量有重大意义,而且对抢救与保护我国历史文化遗产同样具有重大意义。与历代正史纂修相比,"整理与保存大量清代档案、文献资料"实为国家《清史》纂修之另外一大创新。

档案组建设之成效。据 2004 年档案组调查,全国中央级清代档案有1000 万件、地方级清代档案有 1000 万件,两项合计是 2000 万件。编委会原计划通过立项要整理完成中央级档案 200~300 万件、地方级档案 50~100 万件,至 2012 年,因经费紧张、时间紧张、人员匮乏诸多原因,中央级档案只整理完成 206 万件、地方级档案 22 万件,尽管没有达到预期目的,但档案组已经是竭蹶力尽、倾其所能、硕果累累、不愧当代、不愧后人了。

文献组建设之成效。档案之外,编委会高度重视清代文献资料的整理,专门成立文献组整理各种清代文集、日记、诗集等文献资料。"自 2003 年至2012 年 6 月,文献组共组织立项清代文献整理项目 10 项,立项项目字数高达十几亿。"[1]至 2012 年初,与中华书局、商务印书馆、中国人民大学出版社、

---

[1] 《清史纂修工程十年文献工作总结》,载《清史编纂通讯》,2012 年第 4 期,第 21 页。

广陵书社、上海古籍出版社、大象出版社等二十余家出版单位合作"累计出版成果 36 种、1674 册,总字数约 10 亿之多"①。对于文献组文献整理之功,文化部部长孙家正同志给予高度评价,他在 2010 年讲到:"档案文献资料整理对于修史意义重大……已整理各种文集、诗集、日记、笔记、谱牒等约 8 亿字,其中包括规模宏大、史料价值高、底本收藏分散、编辑校勘难度较大而为学术界所瞩目的 2800 万字的《李鸿章全集》、1400 万字的《梁启超全集》、850 万字的《康有为全集》、100 册的《清代稿钞本》、95 册的《清代缙绅录集成》等,这些努力既为清史纂修提供了重要资料,也为抢救和保存中华民族珍贵的历史文化遗产做出了贡献。"②2010 年底,"《清代诗文集丛刊》编纂工作已基本结束,共收录清代作者 4000 余人的诗文集 7000 余种,总字数在 4 亿字左右"③。

编译组建设之成效。2003 年初,编委会就为编译组定下基调:"要有世界眼光,要把清史放到世界历史的范畴中去分析、研究和评价。既要着眼中国历史的发展,又要联系世界历史的发展进程。"④为此,编译组与美国、日本、英国、德国、法国等 20 余国家和地区的高校、科研机构、图书馆、博物馆、档案馆及近百位清史学者建立了经常性联系,至 2012 年 6 月,翻译《泰晤士报》《海外清史研究文编》等海外清史资料 340 余册,近 500 万字,拍摄图片 8000 余张。

截止 2013 年 9 月,据国家清史编委会项目中心统计:共出版各类图书 171 种 2374 册,其中,《清代中南海档案》《清代军机处满文熬茶档》《清代军机处电报档汇编》等档案丛刊 14 种、457 册;《恽毓鼎澄斋日记》《清代科举人物家传资料汇编》《清代稿钞本》等文献丛刊 41 种、1746 册;《清代理学

① 《清史纂修工程十年文献工作总结》,载《清史编纂通讯》,2012 年第 4 期,第 24 页。
② 孙家正:《在〈清代诗文集汇编〉出版座谈会上的讲话》,载《清史编纂通讯》,2010 年第 1 期,第 3 页。
③ 陈桦:《文献整理与清史编纂》,载《清史研究》,2010 年第 1 期。
④ 李岚清:《统一思想,团结协助,努力把清史编纂工作做好》,载《清史编纂体裁体例讨论集》,北京:中国人民大学出版社,2005 年,第 4 页。

史》《清诗考证》《清代文献辨伪学研究》等研究丛刊 29 种、34 册;《亲历晚清四十五年:李提摩太在华回忆录》《美国政府解密档案:美国驻中国广州领事馆领事报告(1870—1906)》《19 世纪俄中关系:资料与文献第 1 卷(1803—1807)》等编译丛刊 58 种、105 册;《帝国掠影——英国访华使团画笔下的清代中国》《"满铁"旧影——旅顺博物馆藏"满铁"老照片》《皇舆遐览——北京大学图书馆藏清代彩绘地图》等图录丛刊 10 种、10 册;《清代典章制度辞典》工具书丛刊 1 种,1 册;《1945—2005 年台湾地区清史论著目录》《1971—2006 年美国清史论著目录》清史论著目录系列 2 种,2 册;《清史译丛》11 种,11 册;《盛宣怀档案资料选编之四:汉冶萍公司(三)》等其他 5 种,8 册,[①]总字数超过 40 亿。这是国家清史纂修工程留给后人的一笔宝贵文化遗产。

第三节 国家《清史》能否成为国家正史

戴逸先生认为:"我们只想修一部高质量的史书,至于是否被列为正史,对我们并不重要。"[②]然而,国家《清史》毕竟绕不开自身"定位"问题。国家《清史》能否成为正史,应由其自身质量来决定。

一、国家《清史》与"二十四史"之比较

我国正史之得名,始自南朝梁阮孝绪之《正史削繁》,至《隋书·经籍志》把《史记》《汉书》列为正史。隋唐至明清,以纪传体、编年体纂述之国史

① 国家清史编委会出版中心:《国家清史编纂委员会已出版图书目录》,中华文史网,2013-10-29。
② 戴逸:《在台北清史纂修座谈会上的讲话》,载《涓水集》,北京:北京出版社,2009 年,第 75 页。

均称之为"正史",如《春秋》《资治通鉴》等。清乾隆四年(1739)钦定"二十四史","凡未经宸断者,则悉不烂登。盖正史体尊,义与经配"①,故当今世人所知之"二十四史"乃乾隆朝所规定。国家《清史》未来能否入正史?关键看其质量。质量如何确定?通过与"二十四史"比较确定,通过与《清史稿》比较确定。因此,在探讨国家《清史》质量之前,很有必要把国家《清史》与"二十四史"在志数、表数、图数、字数和纂修年数等基本参数作一简要比较:

国家《清史》与"二十四史"比较简表

序号	书名	志数	表数	传数	图数	字数(万)	纂修年数
★	国家清史	41	31	17	10000	3500	12
24	明史	14	5	19	0	280	17
23	元史	14	6	15	0	161	11 个月
22	金史	13	3	14	0	93	11 个月
21	辽史	9	8	13	0	29	11 个月
20	宋史	15	2	20	0	500	2.5
19	新五代史	0	0	6	0	29	19
18	旧五代史	10	0	4	0	79	1.5
17	新唐书	13	4	23	0	169	17
16	旧唐书	11	0	21	0	200	4
15	北史	0	0	18	0	110	16
14	南史	0	0	10	0	67	16
13	隋书	10	0	16	0	70	8
12	周书	0	0	6	0	26	8

① 永瑢:《四库全书总目》卷45《史部·正史类》(小序),北京:中华书局,1965 年。

续表

11	北齐书	0	0	10	0	21	8
10	魏书	10	0	24	0	99	4
9	陈书	0	0	8	0	16	7
8	梁书	0	0	12	0	29	7
7	南齐书	8	0	11	0	29	10
6	宋书	8	0	8	0	81	1
5	晋书	10	0	14	0	115	8
4	三国志	0	0	55	0	37	15
3	后汉书	8	0	17	0	89	13
2	汉书	10	8	14	0	74	20
1	史记	8	10	69	0	53	13

从上表可知，"二十四史"中，有9史没有"志"（《后汉书》8志为后人增补）。有16史无"表"。"二十四史"均无"图"。字数最多者为《宋史》，约500万字；字数最少者为《陈书》，16万字；字数超过100万者有7史，字数少于30万字者亦有7史。纂修完成时间最长者为《汉书》，20年；《宋书》《辽史》《金史》《元史》4史纂修时间均不超过1年。

以史表为例，史表自司马迁《史记》开创，《汉书》继之，《后汉书》以降，千余年间，国史无"表"，直到北宋欧阳修纂《新唐书》才重新出现，但也仅有4表（宰相、方镇、宗室世系、宰相世系），《宋史》仅仅有2表（宰辅、宗室世系），即使体例备受推崇之《明史》，亦仅有6表，可见"制表"难度之大。

从前人对"二十四史"综合评价来看，人们对"前四史"、《隋书》、《新唐书》、《明史》7部正史的评价较高，而对剩余17部正史的评价皆一般。

《史记》被后人誉为"史家之绝唱，无韵之离骚"，尽管如是，《史记》面世后,亦同样遭受班固等人抨击"是非颇谬于圣人,论大道则先黄老而后六经,序游侠则退处士而进奸雄,述货殖则崇势利而羞贫贱"①。

《汉书》虽被尊为中国史学"万世不祧之宗",但其封建史学思想过于浓厚,谶纬神学、阴阳五行充斥其间,宋代郑樵甚至指责"班固者,浮华之士也,全无学术,专事剽窃"②。

《三国志》为陈寿所作。陈寿原为蜀国官员,为史学大家谯周弟子,入晋后,为西晋著作郎。因官场不得意,乃专心著史,在王沈《魏书》、鱼豢《魏略》、韦昭《吴书》基础上,加进蜀国史实而成魏、蜀、吴三书分别流行于世。《三国志》整体质量并非后人想象之高,曲笔之处在在皆有,如对于司马昭、司马师、司马炎篡夺曹魏政权一事,《三国志》即记载为"禅让",陈寿如此记载,与自身为西晋官员不无关系。《三国志》既尊西晋为正统,就必"尊魏抑汉(蜀国)",故赵翼论《三国志》"于司马氏最多迴护"③。后来还传出陈寿收受贿赂之事,据《晋书》记载:"丁仪、丁廙有盛名于魏,寿谓其子曰:可觅千斛米见与,当为尊公作佳传。丁不与之,竟不为立传。寿父为马谡参军,谡为诸葛亮所诛,寿父亦坐被髡,诸葛瞻又轻寿。寿为亮立传,谓亮将略非长,无应敌之才;言瞻惟工书,名过其实。议者以此少之。"④《三国志》仅仅有《本纪》和《列传》,既无志,又无表,更无图,拿现在标准评价,无论如何都算不得"正史"。《三国志》之所以成为"正史"并备受后人推崇,在某种程度上确实沾光《三国演义》。

《后汉书》乃范晔官场失意之时、集十三家《后汉书》之成果草草编纂而成,无表,无志(后人补志),整体质量称不得"上上之作",只是跻身"前四史"而名声大噪而已。

《晋书》在"二十四史"中属上乘之作,但仍然存在史实错误较多、迷信

---

① 班固:《汉书》卷62《司马迁传》,北京:中华书局,1990年。
② 郑樵:《通志》总序,北京:中华书局,1987年。
③ 赵翼:《廿二史札记》(卷6),北京:中华书局,1984年,第122页。
④ 《晋书》卷82《陈寿传》,北京:中华书局,1974年,第2137页。

色彩较重、叙事繁琐等弊端,故南宋学者叶适论《晋书》"成败得失之际,十亦得七、八"①。言外之意,《晋书》有十之二三不尽如人意。

《南齐书》《梁书》《陈书》《周书》《南史》《北史》为唐代所修"八史"之六,纂修仓促,极为简略,无表、无志,仅有纪、传,整体质量,堪称一般。

《旧唐书》为五代后晋之刘昫所纂,实际纂修人为张昭远、贾纬、赵熙、王伸、吕琦、尹拙、崔棁、郑受益、李为先,刘昫只是"窃名"而已。《旧唐书》成于五代纷乱时期,唐代史料收录不全,故该著有"漏载、繁芜、失实"诸弊,如宋代曾公亮所言:"纪次无法,详略适中,文采不明,事实零落……诚不可以垂劝诫,示永久,甚可叹也。"②正是因《旧唐书》有诸多错误,宋代才有《新唐书》重修"唐史"。

《新唐书》为宋代欧阳修等人在《旧唐书》基础上删繁就简、增补唐宋文人笔记小说内容而成,故有重大事实漏载、不实史实窜入正史等不足,如西天取经之唐僧为唐代一名家,《旧唐书》有该人传记,《新唐书》则予删除,实在不应该。

《旧五代史》,"二十四史"之《旧五代史》原稿亡佚,今人所见之《旧五代史》为清人从《永乐大典》中辑佚而出,"重新编完的《旧五代史》虽然还是150卷,但已被清朝史官篡改,不是《旧五代史》的原貌"③。其质量肯定大打折扣。

《新五代史》,欧阳修《新五代史》成,宋人吴缜即撰《五代史纂误》,指出《新五代史》有200余处错误,"凡二百余事,皆欧阳永叔《新五代史》抵牾舛讹也"④。

《宋史》,赵翼在《廿二史札记》中指出:《宋史》有"宋史各传回护处""宋史各传错谬处""宋史列传有遗漏者""宋史排次失当处""史家一人两

① 叶适:《习学记言序目》,北京:中华书局,1977年,第439页。
② 欧阳修:《新唐书》《曾公亮〈进唐书表〉》,载《二十四史全译·新唐书·全译出版说明》,北京:汉语大词典出版社,2004年。
③ 李君惠:《论"二十四史"中的书、史、记、志》,载《文史杂志》,2012年第5期,第18页。
④ 吴缜:《五代史纂谬》,《五代史书汇编》(第一册),杭州:杭州出版社,2004年,第584页。

传""赵良嗣不应入奸臣传"等诸多弊端,"《宋史》繁芜"为后世史家所公认。

《辽史》《金史》内容失之简约,史实舛错之处较多,亦为史家所公认。

《元史》成于明初,纂修时间仅仅6个月,史料搜集不全,错误甚多,整体质量堪称"下乘",如梁启超论《元史》:"元史之不堪,更甚于元修之史。盖明洪武元年宋景濂之奉敕撰《元史》,二月开局,八月成书,二次重修,亦仅阅六月,潦草一至于此。"[①]

《明史》在"二十四史"中评价较高,但《明史》纂修时间90余年,修了改,改了修,凡对清室不利处大多删除,史实篡改严重,则众所周知。

以上可知,所谓的"正史",并不像人们想象的那样神圣,每部正史,多多少少都有不尽如人意处。

国家《清史》在两个方面永远无法超越"二十四史"。一方面,在"文言风格"上无法超越。当代人及未来人不可能再回到文言时代;另一方面,史料价值永远高不过"二十四史"。古代修史,史成而档案史料无存。因档案史料无存,"二十四史"之史料价值就显得弥足珍贵。当今纂修《清史》,情况正好相反,是史成而档案史料仍存,而且还新整理出数十亿字之档案、文献史料。与清代原始档案相比,国家《清史》说到底毕竟还是第二手资料。时代不同,时势使然。

因此,当今学者不应对国家《清史》过分苛求、过高要求,国家《清史》虽然没有《本纪》,但《通纪》《皇帝传记》《史事年表》加起来远胜《本纪》。《通纪》以外,国家《清史》在典志、史表、传记、图录、字数、修史人员数量等方面均超过"二十四史"。

平心而论,国家《清史》集《清史稿》、台湾版《清史》和数十部私家《清史》成果于一身,又有近代以来百年清史研究新成果作铺垫、丰富之清代档案作基础,其史料之丰富、史实之准确、内容之翔实、体例之完备,《史记》以下之"二十五史"(包括赵氏《清史稿》、柯氏《新元史》)皆无法与之相比肩,

---

① 梁启超:《中国近三百年学术史》,北京:东方出版社,2004年,第308页。

可以肯定,未来的国家《清史》,其整体质量超过"二十四史"之绝大多数则当之无愧。

二、国家《清史》与《清史稿》之比较

(一)通纪之比较

《清史稿》与国家《清史·通纪》比较表

《清史稿·本纪》	太祖本纪、太宗本纪、世祖本纪、圣祖本纪、世宗本纪、高宗本纪、仁宗本纪、宣宗本纪、文宗本纪、穆宗本纪、德宗本纪、宣统皇帝,共12帝之《本纪》。
《清史·通纪》	国家《清史》与《清史稿·本纪》相对应部分实际有四: 一、《通纪》,约300余万字。 二、《清史·传记·皇帝》,即努尔哈赤传、皇太极传、福临传、玄烨传、胤禛传、弘历传、颙琰传、旻宁传、奕詝传、载淳传、载湉传、溥仪传。 三、《清史·史表·史事年表》。220余万字。 四、《清史·图录》之"皇帝肖像""皇宫生活图""皇帝与重大国事图"等。

《清史稿·本纪》是按照传统《本纪》撰述方式,以《清实录》为蓝本,以编年体纪录各朝代史事,一如记载陈年流水账簿,大事、小事、公事、私事混杂其间。且,历代《清实录》篡改之处、隐讳之处极多,《清史稿·本纪》也跟着错误。

国家《清史》反映"清帝"方面超越《清史稿·本纪》有五:一、在字数上是远超《清史稿》,记载内容更翔实、更丰富;二、在史实错误率上,远远低于《清史稿》,纠正了《清史稿本纪》所有的史实错误,记载内容更科学、更准确;三、国家《清史·通纪》不再是"爱新觉罗皇族一家之谱牒",而是反映有清一代兴盛衰亡历史发展大规律;四、反映皇帝事迹之体裁扩大至四种,即章节体、传记体、编年体和图录体;五、国家《清史》有历朝皇帝图像,更生动、更形象。

（二）典志之比较

《清史稿·典志》与国家《清史·典志》比较表

序号	《清史稿·典志》（共16志）	《清史·典志》（共41志）	备注
1	天文志、时宪志	天文历法志	
2	地理志	地理志	
3	×	生态环境志	
4	×	户籍人口志	
5	×	民族志	
6	×	华侨志	
7	职官志	职官志	
8	礼志、乐志、舆服志	礼乐志	
9	邦交志	邦交志	
10	刑法志	法律志	
11	×	教育志	
12	选举志	科举志	
13	兵志	兵志	
14	×	边政志	
15	×	农业志	
16	×	手工业志	
17	×	商业志	
18	×	对外贸易志	
19	交通志	交通志	
20	×	工矿志	
21	×	财政金融志	
22	灾异志	灾赈志	
23	食货志	漕运盐政钱法志	

续表

24	×	宗族志	
25	×	教门会党志	
26	×	民俗志	
27	×	京师志	
28	×	城市志	
29	×	香港志	
30	×	澳门志	
31	×	台湾志	
32	×	租界志	
33	×	朴学志	
34	×	思潮志	
35	×	西学志	
36	×	文学艺术志	
37	×	宗教志	
38	×	科学技术志	
39	河渠志	水利志	
40	×	医药卫生志	
41	艺文志	艺文志	

从上表可知：一是国家《清史·典志》比《清史稿·典志》志目更多。足足多出 28 个志，合《清史稿》之《天文志》《时宪志》为"天文历法志"，合《礼志》《乐志》为《礼乐志》，舍弃《舆服志》，或增或舍或合，比《清史稿·典志》更加合理。二是国家《清史·典志》比《清史稿·典志》内容更丰富。如国家《水利志》即包括治河防洪篇（黄河、淮河、长江、海河南系诸河、永定河）、灌溉排水篇（各省灌溉排水治理情况）、运河篇（通惠河、北运河、南运河、山

东运河、淮扬及江南运河、灵渠)、海塘篇(江苏、浙江、福建、广东四省海塘),
而《清史稿·河渠志》仅记载黄河、运河、淮河、永定河、海塘、河渠6个部分,
内容比国家《清史·典志·水利志》少得多。三是纠正了《清史稿·典志》
的诸多学术错误。总之,国家《清史·典志》质量和水平要比《清史稿·典
志》的质量和水平高出许多。

(三)史表之比较

《清史稿·史表》与国家《清史·史表》比较表

序号	《清史稿·史表》10类15表	《清史·史表》23类31表	备注
1	×	史事年表(上、下)	
2	皇子世表、外戚表	清帝世系表(皇子宗室封爵世表)	
3	公主表	皇女表	
4	诸臣封爵世表	诸臣封爵世表	
5	藩部世表	藩部封爵世表(四大活佛世表)	
6	×	议政王大臣年表	
7	大学士年表	大学士年表	
8	军机大臣年表	军机大臣年表(总理各国事务大臣年表、清末内阁年表)	
9	部院大臣年表	部院大臣年表	
10	疆臣年表(各省总督表、河督漕督表、各省巡抚表、各边将军都统大臣表)	总督表(巡抚表)	
11	×	驻防将军都统大臣表	
12	×	提督表	
13	×	学政表	
14	×	布政使表	
15	×	按察使表	

续表

16	交聘年表	中外约章表	
17	×	册封使表(驻外使领表)	
18	×	外国驻华使领表	
19	×	历科进士表	
20	×	书院表	
21	×	报刊表	
22	×	文祸表	
23	×	教案表	

从上表来看,国家《清史·史表》比《清史稿·史表》多出 18 表,即《史事年表》(上)、《史事年表》(下)、《清帝世系表》、《四大活佛世系表》、《议政王大臣年表》、《总理各国事务大臣年表》、《清末内阁年表》、《提督表》、《学政表》、《布政使表》、《按察使表》、《中外约章表》、《外国驻华使领表》、《历科进士表》①、《书院表》、《报刊表》、《文祸表》、《教案表》。从《清史稿》和国家《清史》纂修经过来看,国家《清史》所增设的 18 个新表,大部分是清史馆当初想做而没能做到的难制之表,如《议政王大臣年表》《提督表》《学政表》《按察使表》《布政使表》《外国驻华使领表》等,清史馆当年也努力做过,最后做不出来而作罢。仅此一点,国家《清史·史表》与《清史稿·史表》质量,孰优孰劣,则不言自明!

此外,就史表所涵盖之信息点而言,国家《清史·史表》要比《清史稿·史表》丰富精准得多,诚如史表组组长程歗先生所言:"史表组每位专家都有一股热情,要想超越前人,要创新,就在每个表里增加很多信息点,好像如果不加入这些,就不能表明我们这一代人应有的历史责任感。"②

---

① 注:国家《清史·史表·历科进士表》不是没做出来,而是做出来了,内容太大无法容纳而单独另本出版,与清史馆《议政王大臣年表》等最后没做出来,不属于同一性质问题。

② 程歗:《国家清史编纂委员会委员发言》,载《清史编纂通讯》,2010 年第 10 期,第 42 页。

（四）传记之比较

《清史稿·传记》与国家《清史·传记》比较表

序号	《清史稿·传记》15 类	《清史·传记》21 类	备注
1	×	皇帝传记	
2	后妃传记	后妃传记	
3	诸王传记	王公传记	
4	臣工汇传	臣工汇传	
5	遗逸类传	遗民类传	
6	忠义类传	忠烈类传	
7	循吏类传	循吏类传	
8	孝义列传	孝义类传	
9	儒林类传	学术类传	
10	文苑类传	文苑类传	
11	×	工商人物类传	
12	畴人类传	科技人物类传	
13	×	民族人物类传	
14	×	宗教人物类传	
15	×	华侨人物类传	
16	×	农民领袖类传	
17	×	革命党人类传	
18	列女类传	妇女类传	
19	×	外籍人士类传	
20	艺术类传	诸艺类传	
21	土司类传、藩部类传、属国类传	×	

就传记而言，国家《清史·传记》与《清史稿·传记》相比，可谓"四长一

短"。"四长"就是四个方面超越《清史稿》：一是观念上超过《清史稿》。既不站清朝立场,亦不站民国立场,而是立足史料,更客观、公允、实事求是评价清代历史人物的功过是非。二是史料来源超越《清史稿》。大量利用国内外原始档案、清代文献资料,这是《清史稿》所无法比拟的。三是内容上超越《清史稿》。国家《清史·传记》内容更充实、更丰富多彩,信息量远超《清史稿》。四是入传人物精准度超越《清史稿》。《清史稿·传记》入传人物 4700 余人,国家《清史·传记》入传人物 3100 余人,虽然数量上少 1600 余人,但更精准。减少的人物主要是事迹不显、不应该入传之皇子、忠义、节义、列女、贞女、烈女、烈妇之类,仅《列女传》一项,数量就减少 550 位。"一短"即文风没有《清史稿》流畅、一致。

《传记》内容创新的另一方面是传文创新。比较《清史·传记》《清史稿·传记》,不难发现,尽管都是记载同一位历史人物,但内容迥异,比如,《清史稿·传记》对传主的出生年月一般是付之阙如,而《清史·传记》则大都通过档案史料和地方志文献给查找出来。因此,《清史·传记》比《清史稿·传记》内容更全面、更准确、更丰富。

（五）图录之比较

《图录》部分没有可比性,《清史稿》无图录,国家《清史·图录》全是创新。

综合以上五个方面之比较,国家《清史》总体质量远胜《清史稿》。台湾版《清史》仅为《清史稿》简易修改版,故国家《清史》质量自然亦远超台湾版《清史》。

三、国家《清史》能否成为国家正史

国家《清史》是否能成为国家正史？我所说,不算;某些人所说,不算;甚至十几个、几十个专家所说,也不算。欲成为国家正史,须具备两个基本条件:一是自身质量在同时代水平较高,此为根本;一是得到中央政府公开认定,此为形式。

在商榷"正史"之前,首先应弄明白一个学术问题,即正史是属于"中国封建史学"范畴还是属于"中国特色史学"范畴? 当下学界,有不少专家学者认为"正史是中国封建史学""《清史稿》是封建正史终结之史"……专家学者尚且对"正史"存此偏见,更罔论一般读者对"正史"之看法。中国"正史"是最具中国民族特色的史学形式,除日本、朝鲜仿效中国偶编"正史"外,西方国家皆无正史。我们说"古埃及""古希腊""古巴比伦",但从不说"古中国",个中原因就在于"四大文明古国"之中,其他三大文明均中断了,唯有中华文明一脉相传,直至今日。中华文明之所以一脉相传、生生不息,原因就在于中国拥有自己绵延不绝的中华传统文化,而绵延不绝的中国"正史"正是传承绵延不绝之中华民族文化的最重要载体之一。天乾地坤,朝盛朝衰,历史长河川流不息,纵观中国历史,朝廷可以亡而中华传统文化不亡,江山可以改而中国易代修史传统不改。古代中国有正史,当代中国有正史,未来中国同样有正史,正是正史保持了中华民族传统文化、中国民族特色史学的连续性,这是不以个人主观意志为转移的历史发展大趋势。因此,那些认为"正史是中国封建史学""《清史稿》是封建正史终结之史"的观点是根本错误的,是伪命题、伪结论,是个别专家学者缺乏深思熟虑、误导大众的随意言论。

国家《清史》编委会及其参纂人员为保证国家《清史》质量基本上已经尽了最大努力。相对于《清史稿》和台湾版《清史》,国家《清史》最讲求质量,戴逸先生在多次场合反复告诫各撰稿人:"质量重于泰山,质量等于生命。我们编《清史》关键不在于数量,而在于质量。我最担心的就是质量问题,哪怕少一点,但是做得很精,这就是好书;做得很多,但是很庞杂,不算好书。保证质量,一个就是要用心收集文献,另外还要选。选就是要有眼光,就看得出功力,用我们时代的眼光去选择。"①副主任朱诚如在多种场合亦一

---

① 戴逸:《谈桐城派》,戴逸《涓水集》,北京:北京出版社,2009 年,第 390 页。

再强调："清史工程将来的命运如何,说到底还是由质量来决定!"①

纂修国史,数百年才遇一次,国家《清史》撰稿人都是带着强烈的历史使命感、社会责任感和民族自豪感,甚至是不惜牺牲个人健康、不惜牺牲个人生命去纂修《清史》,诚如一位青年学者所言:"非常荣幸,我能参与修清史,真是祖上积德!"编委会委员李治亭言:"我们是在直接为党和国家的事业而奋斗,而不是为个人的荣誉而辛苦。"②作为国家《清史》撰稿人总代表,戴逸先生所言"鞠躬尽瘁,死而后已"不是一时豪言,而是用自己的生命在演绎国家《清史》。

它如《地理志》。二十四史中,16 部有《地理志》,《清史稿》亦有《地理志》,全面超越《清史稿·地理志》并非易事。国家《清史》之《地理志》由复旦大学邹逸麟教授负责,邹先生"收集了上百种的文献和档案,抄录了 300余万字的资料做成长编,从中提炼相关内容撰写正文,他们要求做到'无一字无来历,无一字不讲究'。往往正文只有两三行,其他内容全是注脚,遇到不明确或前人错误之处,必欲考证清楚之后才下笔"③。

在阶段性成果验收评估阶段,为保证质量,"估计有 40%的稿件是要打回去重写和修改"④,以致有三级项目主持人私下抱怨:"没有任何一个国家社科项目像咱清史这样到期不给结项,反而反反复复要求修改。"⑤

为保证质量,编委会有时不得不痛下决心更换项目主持人。据典志组组长郭成康介绍,仅 2007 年,"典志类项目如《兵志》《商业志》等 7 个项目更换了主持人。原主持人因事、因病主动请辞的有 3 项,主持人因病去世的有

---

① 朱诚如:《在编委会〈清史传记〉纂修第二次会议上的发言》,载《清史编纂通讯》,2008 年第 5、6期(合刊),第 17 页。
② 李治亭:《清史传记纂修第二次会议上的发言》,载《清史编纂通讯》,2008 年第 5、6 期(合刊),第 55 页。
③ 朱诚如:《在编委会〈清史传记〉纂修第二次会议上的发言》,载《清史编纂通讯》,2008 年第 5、6期(合刊),第 19 页。
④ 浦树柔,刘巍:《戴逸:〈清史〉编纂六年间》,载《瞭望周刊》,2009 年,第 3 期。
⑤ 卞修跃:《图录组 2011 年度工作总结》,载《清史编纂通讯》,2012 年第 1 期,第 36 页。

1项,质量达不到既定标准而进行调整或重新立项的有3项。编纂中途更换主持人,这是我们所不愿看到的。一方面我们应当认真地总结教训;另一方面为了最大限度避免质量不合格的项目,还必须下定决心作果断地调整。但是,不能不说,调整的过程中困难重重,耗费了我们大量的时间和精力"①。以"阎崇年事件"(非"无锡事件")为例:阎崇年先生为北京社会科学院著名清史专家、北京满学会会长,国家清史纂修工程启动伊始,编委会便以委托方式把《清史·传记·太祖太宗朝》托付于阎先生,但阎先生因忙于"百家讲坛"及其他工作,无法全身心投入清史纂修,按项目合同要求,必须按时提交阶段性成果。2006年,阎先生所提交稿件,质量一般,有些内容与《清史稿》《清史列传》重复。二级项目组要求重写,而阎先生又没时间和精力修改。2006年年底至2007年年初,编委会为慎重起见,多次内部协商,但为保证《清史》质量,最终还是痛下决心终止与阎先生的项目合同,另选项目主持人。国家《清史》在纂修过程中,更换项目主持人不是个案,典志组、传记组、史表组、图录组均有中途更换项目主持人现象,或因主持人中途病逝,或因主持人年老体衰实在无法胜任高强度纂修任务,但没有一件如"阎崇年事件"影响之大。一是阎先生主讲"百家讲坛"名望较大;二是2007年更换主持人,给接任者留下的时间已为数不多,继任者压力更大;三是受"阎崇年事件"影响,中央审计署决定所有项目主持人津贴暂时只发一半,②对其他项目主持人工作积极性是一个不小的打击。

国家《清史》整体质量超越《清史稿》与台湾版《清史》,论述详见本文"国家《清史》与《清史稿》质量之比较"一目;国家《清史》质量基本达到21世纪初中国清史研究最高学术水平,论述详见本文"国家《清史》之学术价

① 朱诚如:《在编委会〈清史传记〉纂修第二次会议上的发言》,《清史编纂通讯》,2008年第5、6期(合刊),第20页。

② 注:据清史项目中心介绍:"这一变化的起因与'阎崇年事件'有关。中央审计署针对'阎崇年事件'中项目经费使用问题提出了明确的整改意见,编委会办公会议据此形成相关文件,做出两条规定:一是项目主持人津贴由全额发放变为半额发放;二是评审通过的项目,才能恢复全额津贴的发放。"《清史编纂通讯》,2008年第5、6期(合刊),第41页。

值"一节。史著质量之高低,"史实准确率"为第一评价标尺。国家《清史》
"史实准确率"实际超过"二十四史",《清史稿校注》所纠正之6万余条史实
错误,国家《清史》均已接受;清亡至今百年,清史研究成果数十万计,皆为国
家《清史》所采用;国家《清史》纂修者多达1800位,历经12个寒暑春秋。十
二年纂修即十二年考证,其最新研究成果又不知凡几,平心而论,"二十四
史"有哪一部在"史实准确率"上能与国家《清史》相比拟?

我以为,戴逸先生的另外一个建议非常得好,就是国家《清史》正式出版
后,名为《清史》(第一稿),让全社会给《清史》(第一稿)提意见,然后编委会
再修改成定稿。我进一步建言:《清史》(第一稿)公开出版后,编委会暂时
不要解散,接受所有专家和群众的广泛评论,目的是进一步征求修改意见。
但征求意见期限不能无限期拖延,以三年为限,两年以后,编委会再用一年
做出国家《清史》最终稿,如此,国家《清史》则"全民修史";如此,国家《清
史》之总体质量有望成为"《史记》之下、'二十三史'之上"之传世之作。

根据上述三个方面,未来之国家《清史》自身质量肯定能够满足正史的
第一个基本条件要求。

2010年,正当编委会及参纂人员进入攻坚克难、为各种问题而忙得不可
开交之际,中国社会科学院《中国社会科学报》发表署名"封铭"的文章《慎
启学术大工程》,影射"国家《清史》工程"为"豆腐渣工程"[①],在学术界及社
会上引起极大负面效应,也搞得参与《清史》纂修者人人自危。我不知道上
层学术界门户之争水有多深,但我知道客观存在的一个历史和现实问
题——文人相轻。大至一个社会、小至一个单位,都有干活者,都有旁观者,
都有活干不好而说风凉话极为在行者,甚至还有极少数捣乱者。而只有那
些脚踏实地、勤勤恳恳、任劳任怨、敢于任事、不畏艰险、勇于创新的人才是
一个民族的脊梁、一个单位的脊梁。一些人站着说话不腰疼,不在其任,不
知任事之艰;不参与修史,不知修史之难。当然,社会也不乏正直之士站出

---

① 封铭:《慎启学术大工程》,载《中国社会科学报》,2010-07-15。

来说公道话,诚如中国社科院商传研究员 2010 年所言:"以前对清史工程不太乐观,最近因为看到一些清史工程的成果,看法有一些变化。……如《书画志》,亮点不少,是已见过的同类领域中的最好成果,已经能够代表当今学术的水准。"①中国社科院资深编审庄建平先生亦言:"自从 2008 年参与到清史工程中以来,对清史工程形成了基本的认识,对社会上、尤其是学术界一些对清史的怀疑者散布的流言蜚语有了自己的判断。清史启动之初,就有一个声音,由谁来承担清史的编撰,具体说,就是由中国社科院还是由中国人民大学来承担这一工程。今天看,清史这个工程只有中国人民大学清史研究所牵头能够完成,只有清史所能够组织一个强大的团队。"②

至于能否成为正史的第二个基本条件,即得到"中央政府的公开认可"。我以为:即使当今中央政府因受各种因素干扰而暂时不予公开认可,若干年后,中央政府出于正史《中华民国史》纂修之需要,也会追认当今国家《清史》为正史,斯可断言。

《史记》面世一百年后才被世人所公认,六百年后才被追认为正史;《三国志》无志、无表,面世后六百年间,一直以《魏书》《蜀书》《吴书》单本行世,直到司马光才把三书合为《三国志》。对任何一部正史的出现,世人都会有一个逐步认识、逐步适应、逐步接受的过程。但我坚信:历史是最公正的裁判!

有人担心:3000 万字之国家《清史》,几人能买得起? 几人能读得完? 我以为此种担心虽有一定道理,但不免过于忧天。试想:当今世人,有几人通读《清史稿》? 有几人能通读清代档案? 有几人能通读《四库全书》? 史著之价值在于史料之保存和史实之殷鉴,当今时代,早已过了凭个人之力通读史籍之时代,一般民众,根据目录,各取所需,即可。至于几人能买得起国家《清史》,当代已步入电子时代,"二十四史"有电子版,国家《清史》定稿后

① 商传:《在清史纂修座谈会上的讲话》,载《清史编纂通讯》,2010 年第 12 期,第 3 页。
② 庄建平:《在清史纂修座谈会上的发言》,载《清史编纂通讯》,2010 年第 12 期,第 3—4 页。

早晚会有电子版，以此而言，人人买得起，人人读得起。

　　当今学术界有厚古薄今、文人相轻之通病，新闻界有标新立异、猎奇娱众之通弊，网络界又有跟踪追风、盲目起哄之积习。可以预见，国家《清史》正式面世后，各种评论将纷繁呈现，各种批评亦会纷至沓来。"文人相轻"乃中国历史文化传统，欲达"文人相亲"非一朝一夕之功。无名小报记者、网络操作者又会乘机捕风捉影、推波助澜，抬高身价，肆意妄谈。中央政府不应受少数人评论之干扰，否认 1800 余位中国当代清史专家 12 年辛勤劳动之成果，应该理直气壮地做出客观、公正的评判和抉择。至于国外专家学者承认不承认国家《清史》为正史，暂搁不管，因为中国历朝历代正史从未征求过任何外国政府或外国学者的意见，不需要、没必要、也没先例得到任何外国政府或学者的认可。中国正史是中国人的正史，不是外国人的正史！

　　国家《清史》之意义，不在乎其是否能成为中国 21 世纪初标志性文化建设工程，不在乎其是否成为质量较高的传世之作，其重大意义在于它保持了中国传统史学的连续性，保持了中国传统文化的连续性，给世人提供了一部截至目前质量最高的清代百科全书式清代通史。可以预见，国家《清史》在中国民族史学发展史上是一座重要的里程碑。正史是最具中国民族特色、民族气派的史学，国家《清史》的诞生，标志着近现代中国民族特色史学的完全建立，预示着中国民族特色史学以中华民族特有的史学风格、史学气派正式屹立于世界史林，也预示着中国史学以自己的独特魅力傲视全球史学新世纪的到来。

　　概言之：国家《清史》不但可以成为国家正史，而且终将成为国家正史。

四、《清史稿》《新元史》措置之商榷

　　国家《清史》最终稿面世后，还有一桩无法回避的历史遗留问题，即怎样对待《清史稿》与《新元史》。以我一孔之见，可以仿《旧唐书》《新唐书》《旧五代史》《新五代史》之成例，改《清史稿》为《旧清史》，改"国家《清史》"为

《新清史》。未来之《旧清史》是否吸纳台湾版《清史·革命党人传》之合理内核有待学界商榷,但确立《旧清史》则是实事求是对待史学前贤劳动成果的正确态度。若《旧清史》《新清史》得以确立,未来专家学者研究清史,欲参考《清史稿》则看《旧清史》,欲参考"国家《清史》"则看《新清史》,欲参考原始档案、文献则看清代档案、文献。普通读者,各随其愿,各取所需。在大众眼里,《旧唐书》《新唐书》《旧五代史》《新五代史》皆为国家正史,质量高下似乎不分彼此,但在唐史、五代史专家眼中,《新唐书》《新五代史》史料价值远远高于《旧唐书》《旧五代史》。

此外,柯劭忞《新元史》值得认真对待。《新元史》共 257 卷(包括本纪 26 卷、表 7 卷、志 70 卷、列传 154 卷),完成于民国九年(1920),是柯劭忞集三十年之功力撰写完成的一部历史学巨著。实际上,柯劭忞《新元史》是在明修《元史》和魏源重修《元史新编》基础上,吸收《元朝秘史》、欧洲人所编《蒙古史》和清代著述《元史译文证补》《蒙兀儿史记》等众多元史研究最新成果、斟酌损益加工而成,质量远高于《元史》。早在光绪三十四年(1908),翰林院编修袁励准即上奏朝廷,请求将魏源所重修之《元史新编》列入正史,[①]因时局动荡,未获朝廷允准,但手抄本为柯劭忞所得。柯劭忞早年即有志于重修《元史》,在得到魏氏《元史新编》之前,已完成《元史·本纪》部分,魏氏手稿大大加快柯氏纂修《新元史》进程,十三年后即民国九年(1920),《新元史》重修告竣,次年得到中华民国大总统徐世昌的公开承认。按照正史成例,《新元史》符合正史条件,除非否定徐世昌是中华民国大总统,除非否认《新元史》质量低于《元史》,否则无法措置《新元史》。

中国正史系列增加《新元史》并不多余,当今政府也没必要推翻民国政府当初所正式颁布的国家决定。中国中央政府如果正式宣布《旧清史》《新清史》为正史,那么,中国正史系列将统一成为"二十七史",彻底结束"二十

---

① 《清德宗实录》载:"翰林院编修袁励准奏、呈进故江南高邮州知州魏源重修元史。得旨:著南书房会同国史馆详阅具奏。"《清德宗实录》卷 596,光绪三十四年九月辛卯。

四史""二十五史""二十六史"之纷乱说法,"二十七史"将彻底取代"二十四史"成为中国民族特色史学的主体而盛名于世。

国家《清史》题外话

修史项目成果是文化产品,是为国家"软科学""软实力"产品,它不像工科项目成果那么明显,比如原子弹爆炸、卫星上天、三峡大坝建成,可以让世人真真切切看得见、摸得着、感觉到它的成功。而史书撰写完成后,水平高低,质量好坏,没有一把科学衡量的标尺,评论者水平有高低、层次有差别、角度有不同、阅读有富寡、理解有深浅,评论结果肯定是千差万别,所谓"百人修史,万人评论""众口难调,百口莫辩"者,修史是也。好比厨师买菜、洗菜、拼盘、调料、做菜,辛辛苦苦把菜做好,恭恭敬敬端到餐桌上,吃饭者一筷子下去,是咸? 是淡? 是辣? 是甜? 立马即知。要想做到"符合亿万人口味之菜",不啻天方夜谭! 然而,美食者根据个人所好、所感随意评论菜品之际,又有多少人去关心厨师背后劳作之辛苦呢!

想当年,原子弹成功爆炸,举国欢庆;氢弹成功爆炸,举国欢庆;卫星成功上天,举国欢庆,并由此诞生"两弹一星"精神,作为中华民族精神之一部分永载史册。当代国家《清史》纂修工程实为当代史学家一次史学"大会战",其成果即为国家《清史》。为纂修国家《清史》,有多少人为之病? 有多少人为之忧? 有多少人为之呕心沥血? 有多少人为之殚精竭虑? 自然科学取得重大成果,我们可以举国欢呼,人文社会科学取得重大成果,不是同样值得国人骄傲吗? 国家《清史》出,中国当代民族特色史学成,中国当代史学真正屹立世界史学之林之日则不远。国家《清史》纂修过程中,涌现多少史学"邓稼先",涌现多少史学"王进喜",世人又有几人知! 倘若得不到"国家清史精神"反遭世人横批竖讥,则与当代史家、当代史学、当代人文社会科学不公平矣!

孙家正同志多年主持文化部工作,又曾身兼国家清史纂修领导小组组长,与国家《清史》纂修人接触最多,2010年卸任时,曾对编委会成员说过一段意味深长的话:"文化看似柔弱,实则坚强。当历史的尘埃落定,有许多喧嚣一时的东西都烟消云散,唯有文化以物质或非物质的形态长留人间。它是我们精神的一种慰藉,是我们民族身份的一种凭证,也是我们走向未来的自信所在。"①像纂修《清史》这样的文化、精神工程项目又好比投资大学的"大师"培养。投资文化、精神项目远没有投资经济项目效果明显,拿钱盖座雄伟的楼房或修建宽广的马路,看得见,摸得着,而投资"文化"、投资"科研"、投资"大师"建设,看不见,摸不着。但是,中国著名教育家蔡元培说过一句名言:"大学者,大师之谓也,非大厦也。"目前,国内经济建设项目,投资几亿、十多亿、数十亿者比比皆是,国家《清史》纂修经费不过八个多亿,为什么会成为那么多人的"眼中钉"? 须知,一幢大楼、一条马路的寿命可能就是所谓的"百年大计",而国家《清史》工程建设成果不但惠及当代还将惠及"千秋万代"! 在美国,一个哈佛大学的年度科研经费,基本等于中国所有"985"大学年度科研经费的总和! 一个哈佛大学的年度科研经费比中国所有地方本科高校年度科研经费的总和还要多!

爱因斯坦的《相对论》,极大地推动了原子科学的发展;邓小平的改革开放政策,解决十几亿人的温饱、推动中华民族走向复兴之路。自然科学与社会科学,孰轻孰重? 同等重要! 一个不重视科学研究的国家,是一个没有竞争力的国家;一个不重视人文社科研究的民族,注定是一个迷失"灵魂"的民族!

① 孙家正:《在〈清代诗文集汇编〉出版座谈会上的讲话》,载《清史编纂通讯》,2010年第1期,第3页。

第九章　近现代中国民族特色史学及其若干理论

近现代中国民族特色史学是近现代以来形成的以爱国主义为主旨,既区别于西方史学又区别于中国古代史学,而具有近现代中国民族显著特色的中国史学。"大一统"国家观是近现代中国民族特色史学理论体系的基石,"易代修史"正统论、"纪传国史"统领论和"鉴戒史观"经世论是近现代民族特色史学的三大支柱,近现代民族特色史学具有连续性、人文性、科学性、时代性、多元性、创新性等诸多特点,并呈现二律背反的辩证发展过程。作为中国民族特色史学,它不但具有自身独立的发展阶段,而且具有自身的特色正史、特色史理、特色体裁、特色体例、特色笔法、特色史观、特色史才、特色功能等。述近现代中国民族特色史学及其若干理论。

第一节　近现代中国民族特色史学之萌发

中国史学,自古及今自成体系,并以其民族特色而有别于外国史学。钱穆《中国历史研究法》云:"中国为世界上历史最完备之国家。论其特点,一、绵历悠久,继承因袭永不间断。二、史体详备,各种史料均得收容。包括地域之广,与其活动民族分量之多,而益形成中国史之繁富,并世各民族,莫能与比。我民族文化之唯一足以自骄者,正在其历史。"①瞿林东先生亦云:"中国是一个绝无仅有的史学大国。"②近代以来,在民族独立、民族解放和民族复兴伟大历史进程中,中国史学从批判、否定自身传统史学到重视、肯定民族史学,逐渐实现着史学的民族觉醒。

一、近代以来中国史学发展的"九大变局"

自鸦片战争以来,中国传统史学在国内外多种因素的刺激和影响下,在内容及形式诸方面皆发生了巨大变化,概括起来可有"九大变局":

一变,在历史观上从唯心史观发展到唯物史观。鸦片战争至今,短短一百七十余年,中国史观凡三变:从封建唯心史观一变为资产阶级进化论史观,从资产阶级进化论史观再变为马克思主义唯物史观,中国史观在历史剧变中完成了从唯心史观到唯物史观的根本性变革。近代以前,从孔子《春秋》确立"春秋大义""英雄创造历史"始,至梁启超 1902 年《新史学》确立进化史观终,我国史学固守封建唯心史观长达二千五百余年;从梁启超 1902 年《新史学》确立资产阶级进化论史观至李大钊 1924 年《史学要论》确立马克思主义唯物史观,只有短短的 22 年,史观变革呈现出短期"突变"的历史发展特征。"梁启超是中国资产阶级史学的开创者",③李大钊是马克思主义史学的拓荒者。进化论史观与唯物史观皆从属于革命史观,从唯心史观到唯物史观,人们对历史的总看法在史学的迭次批判中实现了从"英雄创造历史"向"人民创造历史"的嬗变。

二变,在政治观上从忠君思想发展到爱国主义。春秋大义与秉笔直录

---

① 钱穆:《中国历史研究法》,北京:三联书店,2001 年,第 156 页。
② 瞿林东:《中国史学的遗产、传统和当前发展趋势》,载《当代中国史研究》,2004 年第 1 期,第 13 页。
③ 尹达:《中国史学发展史》,郑州:中州古籍出版社,1985 年,第 432 页。

是贯穿于封建史学的一对矛盾，封建史学一方面强调秉笔直录，同时又强调为尊者讳、为亲者讳、为贤者讳，作史当注重春秋大义。自《汉书》倡言"皇家帝世，德臣列辟，功臣百王，荣镜宇宙，尊无与抗"①封建正统思想，后世史家皆奉"忠君爱国"为修史圭臬，处处体现出忠君爱国的最高政治观，尤以唐代设馆修史后封建正统思想体现得最为明显。明末清初，思想家王夫之、顾炎武、黄宗羲等虽然对封建专制思想进行猛烈抨击，但史学真正大规模反封建思潮则发生在鸦片战争之后"经世致用"史学派的异军崛起。从魏源、龚自珍始，史学家更重视史学的经世致用功能，逐渐淡化封建正统思想。康有为以其《礼运注》《人类公理》，由今文经学步入历史进化论，至梁启超发起"史学革命"，中国史家政治观完成了从忠君爱国到爱国主义的根本变革。清朝覆亡，忠君爱国政治观亦随之寿终正寝。进入共和时代，取代"忠君爱国"的是追求民族觉醒、民族独立、民族解放、民族复兴的政治观，爱国主义成为近代以来贯彻中国民族史学发展的一条主线。

三变，在史学体裁上从"三大古史体"发展到"三大新史体"。清代以前，《史记》《汉书》《元史》等纪传体史书，《春秋》《左传》《资治通鉴》等编年体史书皆为正史，清乾隆皇帝始定《史记》等纪传体史书为正史，尽管如此，传记体、编年体、纪事本末体仍不失为中国古代"三大史体"。近代以来，随着西学东输，章节体传入中国。作为外来物种，章节体显现出强大生命力，大有淹没"中国古代三大史体"之势。迨至近现代，史学界纂修《清史》，从《清史稿》到台湾版《清史》再到国家《清史》，选来选去，争来论去，左右比较，内外辩论，最终还是选择以纪传体为主的新综合体，说明具有中国民族特色的"三大古史体"仍然具有章节体不可代替的顽强生命力。近代以来一百七十余年，中国史体完成了从"三大古史体"向纪传、编年、章节"三大新史体"的根本转变。

四变，在历史文风上从古典文言文发展到标准白话文。自《春秋》《左

---

① 范晔：《后汉书》卷40《班固传》，北京：中华书局，1965年，第1360页。

传》《史记》至《资治通鉴》《史通》《明史》，历史著作皆为文言文。文言文有"言文脱节、格式束缚、思想束缚、不利史学传播"诸多缺陷。提倡以通俗语言表达历史，始自司马迁，其《史记》即以西汉通俗书面语载人载事；韩愈等"唐宋八大家"倡导"古文运动"，实则反对骈体文、提倡散文，导致唐代"变文"、宋代"话本"流行于世。尽管如是，清代中期以前，史学著作仍难脱文言窠臼。至清末黄遵宪、裘廷梁倡导"通俗文言文"，史学文风为之一变，进入"新文体"历史阶段，诚如裘廷梁所言：白话有"省日力、除骄气、免枉读、保圣教、便幼学、炼心力、少弃才、便贫民"等八益①。"五四运动"后，胡适、李大钊、鲁迅等文化界领袖发起"文学革命"，文言文逐渐退出历史舞台，取而代之者为"不登大雅之堂"之白话文。自此以降，中国历史著作皆以白话文作为书面语言。从"通俗文言文"到"白话文"再到"现代汉语标准书面语"，中国史学在近代完成了自身语言风格的根本变革。目前，史学"文风革命"远未完成历史任务。古人作史，讲求文风，所谓"言之无文，其行不远""文不雅驯，荐绅先生难言之"②。当代史著，以标准语言叙述标准历史，格式化强，语言僵硬，难见古史绝唱、离骚文采，回归"文史一家"尚待来日。

五变，在史学笔法上从春秋笔法发展到按实而录。中国先秦史学最讲求"秉笔直书"，董狐直笔，南史抗节，谓之古代良史。至孔子著《春秋》，"笔则笔、削则削，子夏之徒不能赞一词"③，微言大义之春秋笔法逐渐代替秉笔直录而成为后世著史之主流笔法。自《汉书》至《清史稿》，但凡涉及皇家之短，皆以含蓄、晦涩之词掩盖之，微而显、志而晦、尽而不汙、婉而成章，寓褒贬于曲笔之中，如皇帝逃跑则云"出狩"之类者皆如是，故章学诚抨击中国封建史学"唐后史学绝，而著作无专家"④。迨至近代，共和肇兴，封建皇帝失去

---

① 裘廷梁：《论白话为维新之本》，载郭绍虞、罗根泽主编：《中国近代文论选》，北京：人民文学出版社，1959年，第176—180页。

② 司马迁：《史记》卷47《孔子世家》，上海：上海辞书出版社，2001年，第282页。

③ 司马迁：《史记》卷1《五帝本纪》赞，上海：上海辞书出版社，2001年，第13页。

④ 章学诚：《文史通义·答客问上》，载严杰：《文史通义全译》，贵阳：贵州人民出版社，1997年，第639页。

往日之至尊,民国史家,对历代帝王将相及皇权政治,皆予猛烈批判;当代史家作史,于民国及以前之史,亦按实而录,如国家《清史》纂修,品评清代人、事,其修史笔法遵循的基本原则即"实事求是,功则功之,罪则罪之"①。

六变,在史学内容上从帝王将相史发展到民史。近代以前,不论是纪传体史书,还是编年体、纪事本末体、通鉴体史书,主要为帝王将相史,诚如梁启超所言:"民史之著,盛于西国,而中土几绝。中土二千年来,若正史,若载记,若传记,若纪事本末,若诏令奏议,强半皆君史也……君史之敝极于今日。"②与梁启超同时代学者汪荣宝亦指出:"历史有种种之方面,若政治,若法律,若宗教,若产业,若学术技能,无一非人间社会之产物,即无一非历史之要素。"③现当代,民史大放异彩,各种与民史相关的经济史、社会史、法律史、宗教史、音乐史、戏剧史、民俗史、文学史、教育史、农民运动史、灾荒史等等层出不穷,仅国家《清史》即单列《生态环境志》《人口志》《民族志》《礼乐志》《法律志》《教育志》《边政志》《农业志》《手工业志》《商业志》《对外贸易志》《近代工矿志》《财政金融志》《灾赈志》《宗族志》《教门会党志》《城市志》《民俗志》《华侨志》《思潮志》《宗教志》《科学技术志》《医药卫生志》等30余门与民史密切相关的典志,中国民史呈现出前所未有的发达态势。

七变,在史学理论上从史学评论发展到现代史学理论。中国古代史学理论,从刘知几《史通》、石介《唐鉴》、孙甫《唐史论断》、范祖禹《唐鉴》,到章学诚《文史通义》,中国古史重史评,故《四库全书总目》单列"史评"类。西方历史哲学兴起于十八世纪欧洲文艺复兴时期,传入我国则在二百年后的"五四运动",李大钊《史学要论》首次把历史理论从"历史记述"中剥离出来,成为史学的一个分支学科,李大钊指出:"今日的历史学,即历史科学,亦

---

① 国家清史编纂委员会:《关于清史纂修中重大学术问题表述的意见》(内部资料),2009年,第6页。

② 梁启超:《续译〈列国岁计政要〉叙》,吴松《饮冰室文集点校》(第一集),昆明:云南教育出版社,2007年,第151页。

③ 汪荣宝:《史学概论》,转引自胡逢祥《中国近代史学思潮与流派》,上海:华东师范大学出版社,1991年,第180页。

可称之历史理论"①,并预言:"历史科学的系统,其完成亦须经相当的岁月,亦须赖多数学者奋勉的努力……历史科学终有完全成立的一日"②。李大钊之后,又有朱希祖之史学理论以及李思纯、何炳松、向达、梁启超等人之西方史学理论译著,中国近代史学理论在西方历史理论的推动下逐步建立,直至当今,诸多《史学概论》《史学通论》《史学导论》《中国史学史》相继问世,中国史学理论逐渐形成自身的理论体系——中国史学发展史。

八变,在史学研究法上从传统考据发展到现代研究法。我国古代历史研究法主要体现在"史考"方面,史考、史注、史疏、史解构成"中国古代四大历史研究法",这一优秀传统一直延续至近代、当代。我国第一部史著《春秋》出,即有《左传》《公羊》《谷梁》"春秋三传"跟踪前贤;《史记》出,即有《史记注疏》《史记集解》踵事增华;《三国志》出,即有《裴注三国志》蹑踪其后;《资治通鉴》面世,随之有《胡注资治通鉴》宏富增辉。中国古代史学研究法至清代发展至顶峰,不但出现了独具特色的乾嘉考据史学,还出现了钱大昕《廿二史考异》、赵翼《廿二史札记》、王鸣盛《十七史商榷》"清代三大史考"。迨至近代,中国古代历史研究法一变为现代历史研究法。所谓历史研究法,即运用历史资料研究历史人物与历史事件进而揭示历史发展规律并得出科学历史结论的方法。近代中国史学研究法首推梁启超《中国历史研究法》和《中国历史研究法补编》,梁启超《中国历史研究法》与姚永朴《史学研究法》、李泰芬《史学研究法大纲》、何炳松《历史研究法》、杨鸿烈《历史研究法》、陆懋德《史学方法大纲》、钱穆《中国历史研究法》、傅斯年《史学方法导论》、吕思勉《历史研究法》合称"中国近代九大历史研究法"。与梁氏、何氏、钱氏同时代还有王国维"二重论证法"、陈寅恪"以诗证史"研究法,尤其是陈氏"以诗证史"法,首开中国特色历史研究法,并为中国历史研究法开拓无限空间与领域,"以图证史""以词证史""以文证史""以报证史""以(文)

---

① 李守常:《史学要论》,石家庄:河北教育出版社,2000年,第14页。

② 李守常:《史学要论》,石家庄:河北教育出版社,2000年,第20页。

物证史""以印证史""以外国文献证史"等等陆续在杨鸿烈《历史研究法》、漆侠《历史研究法》、赵光贤《中国历史研究法》、吴泽《中国历史研究法》著述中体现出来,最终形成中国现当代历史考据法、历史比较法、历史统计法、计量史学法、阶级分析法、案例分析法、实证法、互证法、文物文献双重论证法等多元性中国历史研究法体系。

九变,在史学发展趋势上从西史为用发展到中史回归。近代是中国人全面向西方人学习的时代,当代则是中国人逐步回归寻找自我的年代,哲学、文学及其他学科皆如此,史学亦不例外。近代以来,伴随西学东输,中国史学在史学观、史学体裁诸方面皆深深刻有西方史学之烙印,一如现代学者所指出者:"用西方的模式来笼罩中国的经验,用西方的观点来加工中国的材料,用西方的话语来描述和归纳中国的思想和历史特征,用西方的程序来对中国的历史重新编码。"①改革开放以来,随着我国史学的民族觉醒,史学界更多立足"中国经验"在中西史学交流中描述中国历史,体现出中国史学的理性回归。这一点,不但中国学者甚至西方的一些学者也意识到"应根据中国人自己的经验而非西方人的想法去构建中国历史"②。当今中国史学,在摆脱西方史学光环和中国古代史学桎梏基础上,实现了自身的理性发展,更具世界眼光,更具民族气派。

二、近现代中国民族特色史学概念的提出

在中国史学的近代化与现代化发展进程中,近现代中国民族史学呈现出既不同于西方史学又有别于中国传统史学的特质,近现代中国民族特色史学日渐凸现,具有中国民族特色的史学基本理论亦逐渐形成。

中国史学理论的创新与发展一直就是我国史学界努力的重点方向之

---

① 邓欢:《"中心观"的摒弃与多元化观点的树立》,载《九江学院学报》,2012年第3期,第70页。
② (美)柯文著:《在中国发现历史——中国中心观在美国的兴起》,林同奇译,北京:中华书局,2002年,第10页。

一。近现代以来,有从"国史批判"角度进行创新者,如梁启超、章太炎、邓实、瞿林东、吴怀祺等人的研究成果;有从"近现代史学发展史"角度进行创新者,如尹达、瞿林东、仓修良、陈其泰、马金科、乔治忠、高国抗等人的研究成果;有从"中西史学理论比较"角度展开创新者,如何兆武、陈启能、张广智、郭小凌等人的研究成果。众多史学理论家的研究成果极大地推动了近现代中国史学理论的发展,但也存在些许的遗憾,主要体现在:对中国传统民族史学批评过多而肯定过少,尤其对中国传统民族史学的核心部分"正史"批评过多;在中国史学理论的遮蔽下没有构建中国民族特色史学的总体架构和理论体系。

中国史学要屹立于世界史学之林,就必须有自己的民族特色。中国史学要想在世界史学之林树立自己的旗帜,就必须彰显中国史学的民族特色。建立具有民族气派、民族特色的中国史学日益成为史学界有识之士的共识,诚如瞿林东先生所言:"中国史学进一步走向世界,要在两个方面作出新的努力。一个方面是要有新的世界眼光,一个方面是要更加自觉地彰显中国史学的民族特色。这两个方面的结合,将会推进中国史学的发展并使其以更大的步伐迈向世界。"[1]"应继承马克思主义史学的遗产和中国古代的史学遗产,同时借鉴西方一些有益的成果,在此基础上形成中国气派,才能和外国学者对话。否则,只能是亦步亦趋地跟在别人后面……在中外史学交流中,中国学者不能失去自我。"[2]

章开沅先生论及中国史学的前途认为:"特别是近现代史,被视为没有自己的理论思想,没有自己的独立思考,没有自己的研究特色,没有形成中国风格。所谓跟国际接轨,如果简单地接轨到某一个国家的史学,以人家的史学潮流为潮流,那是很可悲的事情……中国史学要寻找自己,要走自己的

---

[1]　瞿林东:《世界眼光与中国特色》,载《江淮学刊》,2007年第1期,第147页。
[2]　瞿林东:《中国史学的遗产、传统和当前发展趋势》,载《当代中国史研究》,2004年第1期,第26页。

路。"①吴怀祺先生亦认为："从思维研究入手，可以从深层次上认识中国民族史学的特点。"②

第二节　近现代中国民族特色史学之内涵与外延

与中国古代史学和外国史学相比，近现代中国史学最具中国史学民族特色，既具有中国古代史学、外国史学的优秀内容与形式，又具有超越中国古代史学、外国史学的时代特征，具有自身丰富的内涵与外延。

一、近现代中国民族特色史学之内涵

近现代中国民族特色史学是近现代以来形成的以爱国主义为主旨、以唯物史观为指导、以档案文献史料为基础、以正史为主体、以专史为辅体，既注重史学考据又注重史学理论，既区别于中国古代史学又区别于西方史学而更具近现代中国民族气派、民族风格和世界眼光的中国民族特色史学。

爱国主义是近现代中国民族特色史学的一条主线，鸦片战争至今 170 余年，不同时期的史家均围绕民族觉醒、民族自强、民族独立、民族解放、民族复兴这一民族大义展开史学撰述和史学研究，它超越不同时期史家之历史观、政治观而成为中国近代所有史家共同遵守、自觉践行、至高无上的史学价值判断。

历代正史，皆为史家所看重，近现代亦然。正史是中国史学之主体，正史是中国民族特色史学而不是封建史学，正史最具中国史学民族特色。正

---

① 章开沅：《走自己的路——中国史学的前途》，载《暨南学报》，2005 年第 3 期，第 101 页。
② 吴怀祺：《历史思维与民族史学》，载《史学史研究》，2011 年第 1 期，第 1 页。

史《清史》和《新元史》《中华民国史》是近现代中国史家必须完成的历史任务。明初所修《元史》，时间不足一年，错谬百出，需要整修，这一历史任务终为魏源、柯劭忞等史家所完成。正史《清史》从 1914 年开始撰写，至今已有百年，在中国正史纂修史上历时最久、难度最巨，对中国未来史学的影响为最大。不管当世人怎样看待国家《清史》，后世人评价当今史学，仍会以国家《清史》为第一，这不以个人意志为转移，中国历史传统使然，中国传统文化使然。

正史以外各史可以概括为"专史"。近现代，中国专史所取得的历史成就远远超越古代史家，数量之多亦超越任何外国史学，这是当代史学家值得骄傲与自豪之处。

中国史学与近现代中国民族特色史学之关系：近现代中国民族特色史学是中国史学的一个组成部分，确切讲是近现代中国史学的一个有机组成部分，是近现代中国史学的核心组成部分。

二、近现代中国民族特色史学之外延

基于近现代中国民族特色史学之内涵，近现代中国民族特色史学之外延相应即有二大部分构成：正史与专史。

正史就是《新元史》《清史》和《中华民国史》，三史之中，尤以《清史》最为显学。正史是近现代中国民族特色史学的主体，它体现出近现代中国民族特色史学的主体性和唯一性。

封建唯心史观主导下的《清史稿》。民国伊始，北洋政府循历代为前朝修史成例，于 1914 年设馆纂修清史，至 1928 年由赵尔巽、柯劭忞、缪荃孙、夏孙桐、王树枏、马其昶、姚永朴等修成《清史稿》。对于《清史稿》，馆长赵尔巽临终前曾有言："今兹史稿之刊，未臻完整，夫何待言？然此急就之章……

用为后来修正之根据,盖此稿乃大辂椎轮之先导,并非视为成书也。"①

　　资产阶级进化史观主导下的台湾版《清史》。1961 年,由张其昀、萧一山、彭国栋、方豪、李宗侗、宋晞、杨家骆、蒋复璁、黎东方等人依托台湾国防研究院重修成 8 册 550 卷本《清史》,该著尽管在《清史稿》的基础上进行了一定规模的史观纠正和查缺补漏,但由于重修时间不足一年,部分编修者根本无暇详细考证与专心撰写,其质量自不待言,总负责人张其昀亦承认:"完成理想中之新清史,则寄厚望于后来之作家。"②

　　马克思主义唯物史观主导下的国家《清史》。由于北洋民国政府和台湾地方政府所修成的《清史》都是"半成品",重修大型《清史》的任务就历史地落在当代中国史学家肩上。2002 年 8 月,党中央、国务院决定重新纂修《清史》,并于 12 月 12 日正式启动了国家大型《清史》工程。目前,国家《清史》工程在中央政府支持下、在戴逸先生领导下正在顺利开展,我们期待着中国新的正史之诞生。

　　正史以外之史学可以统归"专史"。专史是近现代中国民族特色史学的重要内容,体现出中国近现代民族特色史学的丰富性和多样性。近代以来,别史中,有张树、朱右曾、杨宽、许倬云、李泰棻等人的《周史》,有马元材、林剑鸣、王蘧常等人的《秦史》,有梁廷枏、吴兰修的《南汉史》,有吴广成、周春、李蔚、李锡厚、林瑞翰的《西夏史》,有魏源、陆心源、李文田、高宝铨、邵远平、柯劭忞、郑天挺、杨钟贤、汪祖辉等人的《元史》,有郑天挺、萧一山、戴逸等人的《清史》,有文砥、李新、孙嘉会、朱汉国、刘宪文、吴贯因、刘炳荣、马大中等人的《中华民国史》,等等。编年史中,有王云度等人的《秦史编年》,有清国史馆的《清实录》,有王先谦等人的《东华续录》,有人大清史研究所的《清史编年》,有任念祖、何智霖、戴华山、郭凤明等人的《中华民国史事纪要》,有当代中国研究所的《中华人民共和国大事编年》,等等。在纪事本末

---

①　赵尔巽:《清史稿发刊缀词》,载《逸经》第 5 期,第 282 页。
②　张其昀:《清史序言》,载台湾版《清史》,台北:国防研究院与中国文化研究所出版,1961 年。

史上,有近代以来的各种《方略》《纪略》,有魏源的《圣武记》,有文庆、宝鉴等人的《筹办夷务始末》,有梁启超的《戊戌政变纪事本末》,有黄鸿寿、南炳文等人的《清史纪事本末》,魏宏运等人的《民国史纪事本末》,等等。在章节体上,自梁启超以章节体著史以来,章节体发展最为迅猛,相继出现章节体之《先秦史》《秦史》《秦汉史》《三国魏晋南北朝史》《隋唐史》《五代十国史》《宋史》《辽史》《金史》《南宋史》《元史》《明史》《清史》《中华民国史》等等。至于各种经济史、军事史、文化史、社会史、民族史等专史,更是百舸争流、千船竞发,迭出不穷,精彩纷呈。

第三节　近现代中国民族特色史学之理论基础

但凡世界每种学说皆有自身之理论基石,如康德学说之自在之物、黑格尔辩证法之绝对精神,近现代中国民族特色史学同样具有自身的理论基石、理论支柱和逻辑基础。

一、近现代中国民族特色史学理论体系之基石——"大一统"国家观

"大一统"国家观是中国政治永远不变的追求,是中国文化永远不变的追求,更是中国历史学永远不变的追求,它是中国政治观与中国历史观最大交集处,也是中国历史观与西方历史观最显著不同处。它滥觞于"炎黄文化",形成于"儒家文化",书出于《公羊传》,实践于秦"法令一统",定型于汉"罢黜百家、独尊儒术"。从孔子之"一匡天下"①,到孟子之天下"定于一"②,

---

① 《论语·宪问》,载《黄侃手批白文十三经·论语》,上海:上海古籍出版社,1983年,第27页。
② 《孟子·梁惠王上》,广州:广州出版社,2001年,第8页。

再到荀子之"一制度"①,在中国人古老的观念中,"国家"就有了特殊的三层含义,一是"国",二是"制度",三是"家";天下一统的"国"是基础,秩序稳定的"制度"是保障,和谐相处的"家"是目的。秦汉以降,二千余年,天下一统,根深蒂固,华夷共祖,绵延不绝,"大一统"国家观成为维系中华民族大统一、大和谐的历史文化纽带。

埃及文明、两河流域文明、印度文明、中华文明与克里特文明是世界五大古典文明,五大古典文明之中,只有中华文明成为唯一具有独立起源而又延续至今的文明,其中重要因素就是政治上的大一统与历史文化的大一统。在中国传统文化"大一统"思想流传过程中,历史学担当了传承"大一统"思想的最重要载体。

二、近现代中国民族特色史学之三大支柱——"易代修史"正统论、"纪传国史"统领论、"鉴戒史观"经世论

新朝为胜朝修史是中国民族特色史学的一个优良传统,也是中国民族史学的最大特色。从《史记》《汉书》到《明史》《清史》,伴随朝盛朝衰,二十五史绵延不绝。易代修史皆为正史,体现出中国民族特色史学的正统观。与西方史论相比,正统论是极富中国民族特色的历史观念。正统论之于政治,得法统,取人心,聚民气,固统治;正统论之于史学,得动机,明义例,辨是非,寓褒贬。正统论决定史书之政治观和历史观,诚如学者所指出的那样:"正统观念是中国传统史学中最深层的历史观念之一,对中国史学的内容和形式诸方面均有着深刻的影响。作为一种普遍的历史观念,正统史观直接左右着史家作史的动机、史料取舍的标准、史事褒贬的态度和洞察历史的见识,制约着史学的社会功能,从而也就在很大的程度上影响着史学发展的趋

---

① 《荀子·王制》,贵阳:贵州人民出版社,1992年,第67页。

向和态度。"①

正史为中国史之纲,专史则为中国史之目,纲举目张,方显中国史学之民族特色。《四库全书》论史学:"首曰正史,大纲也。"②瞿林东先生曾言:二十四史是中国古代史学的主体。近现代,正史《清史》就是中国近现代史学的主体。作为主体史学,正史在所有史学形式中居统领地位,这是不以任何史家主观好恶而改变的客观存在。白寿彝先生曾言:"二十四史,固然给我们留下了大量的历史资料,还给我们留下了不少的思想资料,留下了观察历史的方法,留下了写历史的方法,留下了许多专门知识。"③反观百年《清史》纂修史,就体裁体例而言,《清史稿》取"纪传体",台湾版《清史》取"纪传体",当今的国家大型《清史》依然以"纪传体"为主,这绝不是纂修者的主观臆断,而是中国民族特色史学发展规律使然。与西方文化尚"自然"不同,中国文化尚"人",以人为主之纪传体最能体现以人为本。纪传体实际上是传记体,根据人物不同的身份并冠以不同的名号,便出现了最高传记——本纪、最低传记——表,秦始皇本纪可视为"秦始皇大传",一类之事汇为一体便是志,是事的汇传,公主表可以扩大为公主传,公主传可以浓缩为公主表,皆以事迹富寡而定。因此,以人为主并贯以事的纪传体表述历史最为生动。以纪传体为主体史裁的"新综合体"纂修《清史》,保持了中国史学主体的连续性,保持了中国民族特色史学的连续性,保持了中国传统民族文化的连续性。

"鉴戒史观"经世论是贯穿于中国古代史学的基本思想,也是贯穿于近现代中国史学的基本思想。它源于《尚书》"我不可不监于有夏,亦不可不监于有殷"④,从《史记》"志古之道,所以自镜"⑤,到《隋书》"鉴前代成败事,以

---

① 钱茂伟:《民族精神的华章:史学与传统文化》,北京:北京图书出版社,2004年,第12页。
② 《四库全书总目》(卷45),载《史部总叙》,北京:中华书局,1965年。
③ 白寿彝:《史学遗产六讲》,北京:北京出版社,2004年,第38页。
④ 《尚书·召诰》,广州:广州出版社,2001年,第159页。
⑤ 《史记·高祖功臣侯者年表序》,北京:中华书局,1959年,第878页。

为元龟"①,再到《清史稿》"以与往代二十四史,同昭鉴于无穷"②。在二十四史中,鉴诫史观几乎无处不在。鉴诫史观运用于史学撰述之目的在于经世致用,反言之,经世致用体现出中国史家最基本的修史目的。经世致用既包含以史为鉴、古为今用的历史自觉,亦包含彰善惮恶、资治通鉴的忧患意识,即司马光所概括的"鉴前世之兴衰,考当今之得失,嘉善矜恶,取是舍非,足以懋稽古之盛德,跻无前之至治"③。迨至近代,在民族危亡之关键时期,魏源、贺长龄愤而作《皇朝经世文编》,继魏、贺之后,张鹏飞作《皇朝经世文补编》,饶玉成、葛士濬、盛康分别作《皇朝经世文续编》,陈忠倚作《皇朝经世文三编》,邵之棠作《皇朝经世文统编》,何良栋作《皇朝经世文四编》,"求是斋"辑《皇朝经世文五编》,麦仲华作《皇朝经世文新编》。当代纂修国家《清史》目的亦在经世致用,毛泽东曾言:"清朝是一个很有代表性的朝代,可以说是集封建社会之大成,了解清代历史,可以了解中国封建社会的特点,而我们从新民主主义社会转向社会主义社会,不研究中国的过去,不了解中国的特点是搞不好的。"④

三、近现代中国民族特色史学之逻辑基础——中国近现代史学发展的二律背反

近现代以来,围绕历史学诸范畴而生发的争论愈发激烈,概括而言,可有以下明显的二律背反:

史学科学性与史学非完全科学性。正题:历史学是一门科学;反题:历史学不是一门真正意义上的科学。

史学的科学性是一个近代以来中外学者争论不休的问题。马克思认

---

① 《贞观政要·杜谗邪第二十三》,北京:时代文艺出版社,2001年,第379页。
② 中华民国史料研究中心:《中华民国史事纪要》,民国三年(1914),第279页。
③ 司马光:《资治通鉴·进书表》,北京:中华书局,1956年,第9608页。
④ 曾志:《田家英的收藏情结》,载《中国政协》,2009年第9期。

为：只有历史学才是真正的科学。绝大多数学者亦坚信：历史发展具有规律性，历史学是一门科学。但是，不少学者反对这种观点，如梁启超早年曾认为历史是有规律的，而他晚年（1924 年）在南京讲演《文化史研究当中的几个问题》则认为：当初讲历史是有规律的，现在看来这是错误的，自然科学是有规律的，人文是没有规律的。目前，世界历史学界对历史学科学性的认识依然存在较大争议，"美国学者对历史是否科学的看法大概是对半的，不统一的"①。现当代中国史学界更有部分学者对历史学的科学性问题持怀疑论态度。其实，现代科学可以简分为自然科学和人文科学，物理学固然是科学，历史学一样也是科学，不论是物理学还是历史学追求的都是阶段性的相对真理。历史发展既有规律又不完全符合规律，历史学既具有科学性又不完全具有科学性。

秉笔直书与春秋笔法。正题：历史撰述应该书法无隐、秉笔直书；反题：历史撰述应该注重义理、服务社会。

提到修史，国人无不希望纂修者书法无隐、秉笔直书，然而，自古以来，南史抗节，左丘失明，司马迁腐刑，崔浩遭诛，魏收夭绝……"古来唯闻以直笔见诛，不闻以曲词获罪。"②"秉笔直书"修史只是国人的一种美好奢望。早在战国时代，"秉笔直书"与"春秋笔法"就是一对结伴而生的孪生兄弟。《左传》曰："《春秋》之称，微而显，志而晦，婉而成章，尽而不汙，惩恶而劝善。非圣人，谁能修之。"③这是《左传》对孔子倡导的"为尊者讳、为贤者讳、为亲者讳""笔则笔、削则削"等"微言大义"的最早诠释，可视为"春秋笔法"之嚆矢。唐宋以降，史家修史逐渐把"秉笔直书"寓于"春秋笔法"之中。近代更是如此，《清史稿》即以"褒贬自现"代替"直言实录"，如记述雍正帝之"刻薄寡恩"，在本纪中虽然不见一词，但在众多列传事迹中则明确地反映出

---

① 吕庙君：《思想自由独立思考大胆质疑——"史学近代化"国际学术研讨会概述》，载《南开学报》，2009 年第 1 期。

② 刘知几：《史通通释·曲笔》（卷七），上海：上海古籍出版社，2009 年，第 196 页。

③ 《左传·成公十四年》，贵阳：贵州人民出版社，1990 年，第 689 页。

来。读史者不能囿于本纪表面之文,而应到列传中去窥视史家的真实意图。

正史与专史。正题:正史应得到肯定和保持,使中国史学传统具有连续性;反题:历代正史是帝王将相的家谱,应予以批判和扬弃。

二十四史是中国古代史学的主体,正是这一原因,近代以来,正史成为"史学革命"被批判的首选对象,一如"新文化运动"首先打倒"孔家店"一般。中国正史尽管存在封建传统观念、种族主义、正统论、唯心史观、轻视科技、突出政治史等众多缺陷。但是,人们也发现:以纪传体为史体的中国正史犹如千年大树,砍是砍不倒的。学者们可以高唱"打倒孔家店",但儒家道德伦理仍为当今中国老百姓之日常行为规范。反观 20 世纪初中国"史学革命",在欧洲列强船坚炮利和物竞天择《进化论》强烈刺激下,炮轰正史成为历史潮流,从梁启超的"二十四史非史也,二十四姓之家谱而已"[①],到邓实、黄炎培的"中国无史"[②],实践证明:"中国无史论"只是国人的一种愤言。在梁启超等发起的"史学革命"轰轰烈烈之时,国粹派亦云集北京,紧锣密鼓地开始纂修《清史稿》。

通史与断代史。正题:通史易于展现历史发展规律;反题:断代史最能表现一朝一代之历史全貌。

近代社会,各种简体本通史大量出现,各种简体本断代史亦大量出现,折射出中国古代"主通派"与"主断派"的近代化和现代化发展历程。章学诚、梁启超等皆主张通史,以便贯通古今典章制度发展源流。实际上,近代史籍可谓"通中有断,断中有通",夏曾佑著《中国古代史》是通史,萧一山著《清代通史》实际上为清朝断代史。辩证地看,通史与断代史各有其长,亦各有其短,不宜厚此薄彼,古代史学家对此已多有表述。

官修与私撰。正题:国史纂修应该由政府来主导;反题:历史纂修应该由历史学家独立完成。

---

① 梁启超:《中国之旧史》,吴松《饮冰室文集点校》,昆明:云南教育出版社,2001 年,第 1629 页。
② 俞旦初:《爱国主义与中国近代史学》,北京:中国社会科学出版社,1996 年,第 24—28 页。

欧美国家主要是私人修史。中国古代,孔子著《春秋》、司马迁纂《史记》、班固修《汉书》备受世人称道。在国人心目中,只有私人纂修史书才会保持史学的独立性。自唐代设馆修史,政府对史书纂修的控制愈加严格,唐太宗甚至亲自操刀纂修《晋书》,清朝政府对"实录"篡改严重,国家设馆修史尤为近代学者所诟病。史书到底应该官修还是私撰?平心而论,诸如国史之类的重大史学纂修工程,离开了政府的支持几乎是不可能完成的。官修有官修的益处,私撰有私撰的长处,纵观"清史"纂修,不论是《清史稿》、台湾版《清史》,还是当前的国家大型《清史》,都是在政府的支持下完成的。

纪传体与章节体。正题:纪传体是中国最有特色的历史体裁;反题:章节体是最先进的历史体裁。

古代中国,纪传体、编年体、纪事本末体为三大史体。迨至近代,章节体以其西方新面孔而逐渐成为中国当代主流史体。然而,欲纂修大型《清史》等国史,仍非纪传体莫属。纪传体实际上是"冠以名号"的传记体,章节体实际上为"冠以事号"的编年体。纪传体长于撰述大型国史,章节体长于撰述微型专门史,互有长短,各有利弊。

史学考据与史学理论。正题:历史学即是史料学;反题:史学是探讨历史发展规律的一门科学。

中国史学重考据,在传统史学中,刘知几、章学诚等史家的史学理论只是异类,作为史学附庸而归入"史评类"。近代以来,从乾嘉学派到桐城学派,从顾颉刚到胡适,皆重考据,最有代表性的观点莫过傅斯年的"近代的历史学只是史料学"[①]。然而,随着西方各种史学理论尤其是马克思主义唯物史观的输入,史学规律、史学方法、史学评论等史学理论逐渐发展成为中国史学的重要组成部分,史学理论脱离传统的"末节史评"而上升为史学的"统领史理",这是近现代中国民族特色史学发展的一大变局。实践证明,尘封的史料只有与

---

① 傅斯年:《历史语言研究所工作之旨趣》,载欧阳哲生:《傅斯年全集》(第3卷),长沙:湖南教育出版社,2003年,第3页。

史理相结合才赋有鲜活的生命力,史学考据与史学理论同样重要,史料考据是历史研究之基础,史学理论是历史研究之升华,二者不可偏废。

精英史学与大众史学。正题:史学是研究未知历史问题的高深学问;反题:史学应该贴近民众。

近代以来,中国史学既有甲骨文、铭文、朴学等史学研究的高深学问,也有历朝通俗演义等大众史学。实际上,无论近代中国还是近代世界,史学都有两个不同的发展方向。一是史学家曲高和寡埋首故纸堆潜心探究未知历史领域的高深学问;二是史学家应肩负向大众普及历史知识的责任,除了研究高深晦涩难懂的学术问题外,还应推广史学,实现史学服务社会、普惠百姓的治史功能。目前,国外史学界越来越重视大众史学,从一个侧面反映:精英史学不可少,大众史学亦同样重要。

应该说,以上所举8个二律背反仅为中国近现代史学二律背反之一部分,不论正题还是反题,都是成立的。任何固执一端的争论都是形而上学。中国近现代史学之所以会出现相互矛盾的二律背反,是史学界在不同时期对中国民族史学的不同认知和自觉反思。没有斗争就没有发展,没有争论就没有进步,二律背反是近现代中国民族特色史学的思辨基础,是中国近现代历史学的辩证法,正题与反题既相互斗争又相互依存,二者殊途同归于中国民族特色史学理论之中,正是中国近现代历史学的二律背反推动了近现代中国民族特色史学的发展。

第四节　近现代中国民族特色史学理论之主要内容

有别于中国古代史学和西方史学,近现代中国民族特色史学具有自己的基本特征、发展阶段、史学革命、特色正史、特色体裁、特色体例、特色史观、特色史理、特色史法、特色史馆、特色史家、特色史料、特色史籍、特色功能,等等。

一、近现代中国民族特色史学之基本特征

近现代中国民族特色史学可谓开数千年中国史学之变局,在近代化与现代化转型过程中呈现出自身的连续性、人文性、科学性、时代性、多元性和创新性。

1.连续性。中华文明史有多长,中国史学就有多长。中国正史,从《史记》到《隋书》再到《清史》,二十五史连绵不绝;编年体从《左传》到《资治通鉴》再到《中华人民共和国大事编年》,从未中断。就历史撰述的内容而言,从甲骨卜辞到当代史料,史籍之丰富浩如烟海,撰述之翔实博古通今,实为世界文明史所罕见。

2.人文性。众所周知,在世界三大思想源中,西方文化尚“自然”,印度文化尚“心”,中国文化尚“人”。历史学是主流思想的集中体现,中国文化尚“人”,即中国文化最重视人与天、人与人、人与社会的“人的社会价值”,而“人的社会价值”实质上就是人本主义。中国民族史学向有人本主义传统,纪传体就是以人物为中心、以人带事的史学体裁。西方古代史学是“以事言史、以事带史”,而中国古代史学是“以人言史,以人带史”。中国二十四史中,人物传记所占分量都是最大的,也是史书最具活力、最具魅力的部分。以唐朝为分水岭,唐以前,史书中“天道”尚有一定分量,经唐代史家之猛烈批判和洗刷,“天道”日渐式微,近代以来,“天道”基本淡出史学视野,探讨人与自然、人与社会、人与人、中国人与西方人、中国政体与西方政体、中国制度与西方制度等“人道”内容成为近代史学的关注重点。人文性是中国史学与西方史学重大差异之一。

3.科学性。与西方史学相比,以纪、志、表、传为内容的纪传体史书本身就具有科学性,中国近代史学在反省古史过程中使自身更具科学性。在史学体裁上,近现代增加“史图”,纪、志、表、传、图使传统的纪传体愈加完整,

新增之章节体以及改进后之《通纪》更注重历史发展规律之描述;在史学体例上,史书纂修书法条例日臻完善;在历史观上,进化论与马克思主义唯物史观的输入,使中国史学拥有更加先进的史学指导思想;在史学内容上,近代史学比以往史学更加重视"科技史""社会史";在历史分期上,中国近代史学更是突破传统"朝代分野"的藩篱,构建了原始社会、奴隶社会、封建社会、资本主义社会和社会主义有发展规律的科学历史;在历史研究方法上,近代史学亦在"乾嘉考据学"基础上,步入更为科学的现代历史研究法。

4.时代性。与古代史学相比,近代与现代中国史学更注重反映时代内容。鸦片战争后,史学界一面批判封建旧制度,一面利用西方科技改造传统旧史学;《天演论》传入中国后,史学界群起构建进化论的资产阶级新史学,并发起了影响深远的"史学革命";马克思主义传入中国后,史学界迅速建立了以唯物史观为基础的现当代中国史学体系。中国史学发展变化之大、节奏之快,从来没有近现代时期如此猛烈。历史学本身就是社会发展的一面镜子。

5.多元性。中国近现代史学从中国古代史学脱胎而来,固有基因加上西方史学的影响因子,使近现代中国民族史学表现出更为纷繁复杂的多元性。纪传体、编年体、章节体等史体多元化;封建史观、资产阶级史观、马克思主义唯物史观等历史观多元化;政治史、经济史、科技史、社会史等史学内容多元化;考据法、实证法、阶级分析法等史学研究方法多元化。就是一部"清史",还有《清史稿》、台湾版《清史》、国家大型《清史》与三十余家私著《清史》多元化。

6.创新性。近现代中国史学既有继承性更有创新性。章节体是中国史学对西方史学的融合,而在纪传体基础上发展而来的"新综合体"则是对中国传统史学体裁的创新;符合国际史学规范和学术要求的史学撰述范式是对传统史学体例的创新;典雅现代文和标准白话文是对传统史学语言风格的创新;重视社会史、经济史、科技史等民史是对传统史学偏重政治史的创新;注重各国历史的专门研究是对传统史学"藩属"的创新;夏商周断代工程和《清史》工程是对传统史学政府修史的创新。

二、近现代中国民族特色史学之发展阶段

近现代中国民族特色史学大体可划分为四个发展阶段：

第一阶段（鸦片战争—清末）封建史学没落阶段。鸦片战争是中国历史发展的一个重要分水岭，也是中国史学发展的一个重要分水岭。鸦片战争前，《明史》《清实录》《四库全书》等标志性历史文化典籍使封建史学达到历史极盛。鸦片战争后，封建史学的根基发生了根本性动摇，封建史学亦进入没落时期。相反，这一时期，新史学代表性人物如龚自珍、魏源、夏燮、梁廷枏、徐继畬、姚莹、何秋涛等，他们摆脱乾嘉考据之束缚转向"经世致用"，并利用今文经学之变易思想倡导兴利除弊等史学变革，首开研究当代、研究外国史学之新风气。

第二阶段（清末—民国）资产阶级新史学发展阶段。有破就有立，封建史学的没落孕育着资产阶级史学的诞生。这一阶段可以细分为资产阶级史学启蒙和创立两个时期。启蒙时期的代表人物有严复、王韬、黄遵宪、康有为等，严复翻译《天演论》极大推动了资产阶级进化论在中国的传播，康有为之《大同书》以其"三世说"进一步丰富了历史进化论观点。创立时期的代表人物有梁启超、章太炎、夏曾佑、王国维、陈寅恪、陈垣、顾颉刚、胡适、黄炎培、邓实、傅斯年、萧一山等，他们不但发起了针对封建史学的"史学革命"，而且在历史撰述与史学理论方面颇多建树，尤以梁启超的"史学革命"、王国维的"二重证据法"、陈寅恪的"以诗证史"、顾颉刚的"层累地造成中国古史"、傅斯年的"历史学即史料学"、胡适的"大胆地假设，小心地求证"影响最为深远。

第三阶段（民国—文革）马克思主义中国史学的产生与曲折发展阶段。这一阶段又可细分为马克思主义中国史学的萌芽时期、产生时期和曲折发展时期。萌芽时期的代表人物有马君武、李大钊、朱执信、刘师培、邓初民、

陈翰笙、李著等人,他们把马克思主义唯物史观传入中国;产生时期的代表人物有郭沫若、吕振羽、翦伯赞、范文澜、侯外庐、邓拓、吴玉章、尹达、吴泽、胡绳等,他们以唯物史观构建马克思主义中国史学体系并诞生了新中国史学的"五朵金花";曲折发展时期主要是"文革"十年,这一时期,马克思主义中国史学扭曲为"阶级斗争史学",史学基本丧失自身的科学性和学科性,蜕变为政治斗争的附庸。

第四阶段(改革开放至今)中国特色社会主义史学初级阶段。"文革"后,中国民族史学重新焕发青春。在经历过向西方史学学习和阶级斗争史学等长达一个半世纪的摸索和阵痛之后,中国民族史学也进入了一个理性发展和快速发展的新阶段,以马克思主义唯物史观为指导思想的中国特色社会主义史学逐渐形成。在史学理论、史学体裁、史学内容诸方面,既吸收中国古代封建史学、中国近代资产阶级史学、西方史学等科学合理的核心内容,又赋有中国特色社会主义史学的时代内涵,走出了一条独立发展的道路。中国历朝断代史、外国专门史大踏步向纵深发展,中国社会史、经济史、敦煌学、灾荒史、海洋史等专门史大放异彩,甲骨文发现与夏商周断代工程将对我国"三代"古史研究产生深远影响,白寿彝主编之多卷本《中国通史》成为当代史学的一个重要发展里程碑,瞿林东等中国民族史学理论逐步构建,而戴逸主持的国家《清史》将成为近现代中国民族特色史学最具标志性文化成果。

近现代中国民族特色史学的阶段性发展是宏观性的:第一,每一阶段的发展不是孤立的,上下阶段有着密切的继承关系,上一阶段为下一阶段之基础,下一阶段为上一阶段之发展;第二,每一阶段都由自己的后续发展,如民国初年封建史学性的《清史稿》,现当代仍有台湾版《清史》及其他资产阶级史学等;第三,近现代中国民族特色史学阶段性发展是开放性的,有中国特色社会主义史学的初级阶段,未来还会有中国特色社会主义史学的中级阶段和高级阶段,国家大型《中华民国史》等历史学任务都会在中级阶段或高级阶段来完成。

三、近代中国民族史学之"史学革命"与"革命史学"

不同于中国古代史学和外国史学,20世纪初爆发了一场中国"史学革命",20世纪六七十年代又爆发一场中国"革命史学",成为中国史学发展史上的特有现象。

鸦片战争后,中国遭受数千年未有之大变局,救亡图存成为时代主旋律,中国政治、经济、军事、文化、社会全面向近代化转型发展。"当甲午战争失败迅速加深的民族危机及其带来的政治危机严重之时,变革旧史学,建立新史学,也成为史学发展的当务之急。"①20世纪初,"史学革命"应运而生。作为上世纪思想文化革命的启蒙者,梁启超成为"史学革命"的旗手,他在《新史学》中大声疾呼:"今日欲提倡民族主义,使我四万万同胞强立于此优胜劣败之世界乎,则本国史学一科,实为无老无幼、无男无女、无智无愚、无贤无不孝所皆当从事,视之如渴饮饥食,一刻不容缓者也。然遍览乙库中数十万卷之著录,其资格可以养吾所欲,给吾所求者,殆无一焉。呜呼,史学革命不起,则吾国遂不可救。悠悠万事,惟此为大!"②有立必有破,梁启超把批判矛头对准传统旧史学,认为旧史学有六弊:"一曰知有朝廷而不知有国家……二曰知有个人而不知有群体……三曰知有陈迹而不知有今务……四曰知有事实而不知有理想……缘此四敝,复生二病:其一,能铺叙而不能别裁……其二,能因袭而不能创作。合此六弊,其所贻读者之恶果,厥有三端:一是"难读",二是"难别择",三是"无感触","虽尽读全史,而曾无有足以激励其爱国之心,团结其合群之力,以应今日之时势而立于万国者。"③

梁启超倡导史学革命,倡立新史学,学界闻风而动。陈黻宸指出:悠悠

---

① 刘丽娜:《20世纪初期中国史学的转型》,中国社会科学院2003年博士论文。
② 吴松:《饮冰室文集点校》(第三集)《新史学》,昆明:云南教育出版社,2001年,第1631页。
③ 吴松:《饮冰室文集点校》(第三集)《新史学》,昆明:云南教育出版社,2001年,第1629—1631页。

旧史,"是一家之史,非全国之史也。一时之史,非万世之史也⋯⋯以是为史,谓之无史可也"①。刘师培著《新史篇》,提出"中国之所谓历史者,大约记一家一姓之事耳⋯⋯所存之史,则并其所谓一家一姓之事者,亦文过饰非,隐恶扬善,而逢君之恶"②。曾鲲化编著《中国历史》,把批判矛头对准旧史家,"祖毒民贼民者之门阀,而抹煞人间社会一切活泼文化之现状者,则历代史家实尸其咎"③。

"史学革命"倡立"新史学",注重"民史"。自1903年至1906年,短短数年,有数十部历史教科书相继问世,其中较有代表者为曾鲲化之《中国历史》、夏曾佑之《最新中学中国历史教科书》、刘师培之《中国历史教科书》,尤以夏曾佑《最新中学中国历史教科书》影响为最大。

尽管"史学革命"对中国传统史学矫枉过正,甚至提出"中国无史"愤世激言,但其于中国近现代史学发轫之功、肇造之绩则应予肯定。

上世纪六七十年代文化大革命期间,极左思想空前膨胀,中国史学逐渐偏离正常学术发展轨道,出现了基于阶级分析说、阶级斗争说、厚今薄古说的"文革史学""斗争史学""革命史学",史学沦为阶级斗争之附庸。

"文革"革命史学具有三大特征:"一是阶级斗争史观成为'文革史学'的理论标尺;二是大搞批林批孔、评法批儒等运动,影射史学极端化,史学成为政治斗争的工具;三是经典著作教条化,并被滥用到极点。文革史学以阶级斗争、政治需要为标准划定研究领域和重点,除政治斗争史、农民战争史以外,经济史、文化史、社会史等丰富的史学领域极少涉猎。"④

对于"文革"革命史学,中国史学界不应回避,它毕竟是中国当代史学发展史上客观存在的一个阶段,况且,"文革"导火索即来自史学领域吴晗《海瑞罢官》与姚文元《评新编历史剧〈海瑞罢官〉》,它是特殊年代产生的特殊

---

① 陈黻宸:《私史》,载《新民丛报》,1902-10-31。
② 刘师培:《新史篇》,载《警钟日报》,1904-08-02。
③ 曾鲲化:《中国历史》首篇,上海:东新译社,1903年。
④ 张轶新:《试论文革史学》,载《传承》,2010年第5期。

史学,一如刘泽华教授所言:"严肃的、负责的史学家们不应回避这段历史,文革史学是中国史学一笔巨大的遗产,不能弃而不顾。"①"文革"革命史学最大贡献就是昭示后人切莫再步极左思想之覆辙、史学丧失自我而成为政治之附庸,中国史学要健康科学发展,就必须保持史学自尊,保持史学理性。

四、近现代中国民族史学之特色正史——正史为中国史学主体论

正史为中国史学之主体,由国家主导之易代修史皆为正史。朱熹曾告弟子读史秘诀:"《通鉴》(《资治通鉴》)难看,不如看《史记》《汉书》。……盖正史每一事关涉处多,读之使人心地欢洽,便记得起。"②朱子之言,很能代表古人对正史的态度。清代《四库全书》把"正史"列为诸史之首,"今总括群书,分十五类,首曰《正史》,大纲也"③。其次才是编年、别史、杂史、诏令奏议、传记、史钞、载记、时令、地理、职官、政书、目录、史评。"纲"者,统领也。当代学者瞿林东先生亦认为"正史是中国史学的主体……二十四史是中国统一多民族国家的卓越史篇,是中华文明连续发展的历史记录,这是世界文明史所仅见的伟大的文明创造"④。

正史为读史、研史登堂入室之门径。自古及今,民众有一惯例,欲了解先秦历史,必先读《史记》;欲了解明朝历史,必先读《明史》。正史多为易代修史,主要立足于国家档案文献,故正史具有权威性和先导性。野史多为私家著述,当代人记载当代史,受史料局限,看问题相对比较片面,其权威性远不及正史。"二十四史"中虽然有不少曲笔、忌讳、失真之处,但不应以偏概全而全盘否定正史。历代皆有历史之谜,史家纂修正史,不可能事事都得出准确的结论。任何史书均有瑕疵,相比较而言,正史史实失真率为最低。正

---

① 祝晓风:《用人生叩问历史——访历史学家刘泽华教授》,载《人物》,1996年第6期。
② (宋)黎清德:《朱子语类》卷十一,北京:中华书局,1988年,第196页。
③ 《四库全书总目》(卷45),《史部总叙》,北京:中华书局,1965年。
④ 瞿林东:《二十四史——中国古代史学的主体》,载《南开学报》,2009年第6期,第39页。

史之价值,首先是保存史料,从纪、志、表、传四大方面全面保存一朝一代丰富之史料;其次是为后世提供历史殷鉴,诚如司马迁二千余年前所言"述往事,思来者";第三是统一观点,历史事件,众所纷纭,如果各执一端,历史岂不成"乱史",总得有一权威说法,正史具有官方档案权威;最后是保持中国传统文化、中国传统史学的连续性,在某种程度上,"二十四史"加上清史、中华民国史及当代史就代表中国历史的主体,它记载的是我们祖先的足迹,承载的是历史悠久的中国传统文化。

百余年来,北洋民国政府、南京民国政府、台湾地方政府以及中华人民共和国中央政府皆致力于《清史》纂修,其意正在于此。

五、近现代中国民族史学之特色史理——实事求是史理论

史理为中国近现代中国民族特色史学五大基本要素(史理、史料、史籍、史家和史法)之一,是关于历史学发展过程及其规律的理论概括。近代以来,中国史学界扬弃旧史学思想,构建新史学理论,完成了从零散到系统、从实录思想到求真思想的历史转型。

中国古代史学理论不发达。二千余年来,堪称中国史学理论专著者仅有汉代刘向《别录》、南北朝刘勰《文心雕龙》、唐代刘知几《史通》、宋代郑樵《通志》、清代章学诚《文史通义》等十多部"史评"著作,中国古代史评著作作为史学附庸,狗尾续貂于正史、编年、别史、杂史之后,位列诸史之末端,以至于梁启超感慨中国古代史学家仅有"刘知几、郑樵、章学诚"三人而已。

迨至近代,"史学革命"起,史学理论犹如一把犀利宝剑,成为刺破封建史学的先锋利器。当代史学,史学理论不但从诸史中独立出来上升为史学二级学科,而且以其"理论统领、史观先导"而雄踞诸史之首。

中国近现代史学理论著作,自梁启超《中国史叙论》和《新史学》、邓实《史学通论》、李大钊《史学要论》和《史学思想史讲义》至当今各种《史学理论》《史学概论》《史学通论》《史学导论》《史学发展史》《史学史》不下百部,

涌现出梁启超、邓实、王国维、李大钊、何炳松、陈寅恪、陈垣、杨鸿烈、吕思勉、柳诒徵、胡适、杜维运、顾颉刚、钱穆、傅斯年、范文澜、翦伯赞、郭沫若、齐思和、周谷城、尹达、刘节、白寿彝、吴泽、瞿林东、戴逸、葛剑雄、朱杰勤、余英时、朱本源、何兆武、龚书铎、于沛、杨翼骧、陈其泰、吴怀祺、徐殿才、刘家和、罗炳良、胡逢祥、高国抗、张海鹏、张越等等一大批史学理论家,从史学发展规律、历史观、史著评论、史家评论、史学批判、史学特征、史学功能、史学研究法、史学主体、史著编纂、中西史学比较、古今史学比较等方面初步构建了具有中国民族特色的史学理论体系。

中国近现代民族特色史学理论体系,历经"史学革命""革命史学"之洗礼,理论愈加成熟,表述愈加理性,内容愈加科学,求真、求实、求是即实事求是的唯物史观成为当代史学理论的核心。

六、近现代中国民族史学之特色体裁——史体各有优劣论

与中国古代史学和外国史学相比,近现代中国民族特色史学在史学体裁上具有鲜明的自身特点,概言之:既有继承又有创新。

在纪传体方面,国家大型《清史》既继承了古代纪传体"纪、志、表、传"核心体系,同时更"本纪"为编年体的"通纪",增加"图录"。纪传体是一种具有中国民族特色的史学体裁,是史学形式,它本身不具有阶级属性,纪传体不是封建史学,封建史观才是封建史学。以纪传体为主的"新综合体"是近现代中国民族特色史学体裁的最显著特点。

在章节体方面,与古代史学相比,章节体的移植与运用是近现代中国史学体裁最大变化。如果说纪传体、编年体和纪事本末体为中国古代史学之三大史体,近现代中国史学之三大史体应为纪传体、章节体和编年体。近代以来,章节体自传入中国后也有一个"中国本土化"的变化过程,表现在"章节体与纪传体的结合""章节体与纲目体的结合""章节体与编年体的结合",等等。

在编年体方面,近现代以来的编年体史书与古代编年体史书在内容与形式上均有较大的区别。内容的不同,一是反映不同的"时代内容",二是更富有"贯通内容",如介绍某一制度,往往会有前后相关的源流介绍;三是拥有更多"精细内容",古代编年史往往以"年"记事,近现代编年史则能精确到"年、月、日"。形式的不同,一是编年体与章节体相结合,使标题更为醒目;二是编年体与纲目体相结合,使层次更为清晰。

在纪事本末体方面,当今有些学者认为:纪事本末体是古代的一种史体,已经逐渐被人们忘记了。实际上,近代以来尤其是现当代,纪事本末体史学比以往任何时期都要发达,与古代不同的是:古代史籍名称注明"本末""始末"字样,而现当代往往不再注明。但凡完整记载或介绍"某一历史事件"整个过程的著作、论文实际上都是纪事本末体。

编年体、纪传体、纪事本末体,各有所长,亦各有所短,并存于世,不可偏废,刘勰、刘知几、郑樵、章学诚、梁启超等史学先贤多有论述。章节体、新综合体同样既有所长又有已短,未来中国史学,五大史体加上"论文史体"齐头并进,互为表里、互相补充,相得益彰,此为未来中国史体发展之大势。

七、近现代中国民族史学之特色体例——史学体例精细论

在史书体例上,近现代中国史学体例逐渐走向多元化发展,不同的史学成果体例各有不同,不论是"撰写要求"还是"凡例",基本上是"一书一体例"。纂修正史有正史的条例,撰述杂史有杂史的条例,撰写史学论文有论文的规范。

在史学笔法方面,变古代的"秉笔直书、书法无隐"为近现代的"按实而录,褒贬自现",近现代史学更关注"史料的考证",更愿意"让史料自己去说话"。

在史学语言方面,与古代史学相比,一是变古代的文言文为"典雅现代文"和"标准白话文";二是文学色彩较淡,古代"文史哲不分家"局面被打

破,史学与文学成为两个不同的学科;三是增加更多"世界语言"和"时代语言",使史学语言更为丰富。

在本纪方面,与古代史学相比,一是对清代帝王有褒有贬,相对比较客观,不像古代"为尊者讳"那么明显;二是对历代帝王的研究更加深入,评价更为客观中允;三是"本纪"二字退出历史舞台,代之而起的是各自的皇帝大传,国家《清史》中则变"本纪"为"通纪",更利于把握清代盛衰变化大趋势。

在人物传记方面,与古代史学相比,近现代对历史人物的研究内容更为宽泛,人物传记的史学作品更多。

在典志方面,一是内容更为丰富,经济史、社会史、科技史、农民运动史等等所取得成就都为中国古史所不及;二是关于外国史的研究成果较多,远超古史"属国传",近现代中国史学的"国际视野"更为宽阔。

在图表方面,与古代史学相比,近现代中国史学,不论是史学论著还是史学论文,更加注重图、表的史学表现力。

八、近现代中国民族史学之特色史馆——中国大史馆论

中国有史官制度,唐代以后又有史馆制度,这是古代西方国家不成有过的史学制度,是中国史学与西方史学重要区别之一。

由政府设馆修纂国史是唐代以来中国史学的一大特色。与过去国家设史馆纂修国史相比,近现代设馆修史又呈现出新的特点,具体表现在:一是当今的政府既沿袭了古代政府支持修史的优良传统,又抛弃了古代修史派员监修的不良现象。《清史稿》、台湾版《清史》、国家大型《清史》在纂修过程中,政府都没有选派要员监修史书,"直笔"与"曲笔"与中央政府基本无涉,国史质量主要则取决于史家"史识"与"水平"之高低;二是古代国家设馆修史,修史人员比较集中,近现代修史人员比较分散。《清史稿》纂修者主要分散在各地,台湾版《清史》与国家大型《清史》的纂修者主要分散在各高等院校、科研院所、图书馆与文博单位,高等院校、科研院所成为新时期国家

修史的"大史馆";三是修史工具更加先进。古代修史工具比较单一,主要依靠文化典籍,现当代除《清史稿》外,台湾版《清史》与国家大型《清史》都利用了电脑等现代科学技术;四是参考文献更加丰富。《清史稿》纂修时,已经参考了各朝实录、起居注、圣训、国史列传、清史列传、内外大臣奏疏、军机处档案、各种方略、东华录、外省采访书籍、京师大学堂及各省图书馆书籍、各种清人笔记,等等。台湾版《清史》参考文献超越《清史稿》的一倍以上。国家大型《清史》参考文献更是经过百年的积累,公府档案、私家杂乘,但凡事关清史的重要文献几乎网罗殆尽。

九、近现代中国民族史学之特色功能——史学经世论

中国是一个重视传统文化的国度,文化是民族的灵魂,历史是文化的核心,与外国史学和中国古代史学相比,近现代中国史学的社会功能富有更多的民族特色和时代特色:一是文化继承与传播功能的转变。中国历史博大精深,欲了解中华民族五千年优秀传统文化,舍弃历史学习别无他途。近现代以来,中国传统文化的传播呈现向大众、向国外"双向"传播的特点,中国传统文化日益为世人所重视,历史学功不可没。二是借鉴功能的转变。古代史学借鉴功能主要体现在"政治鉴戒",受众对象主要是政府官吏与社会精英,近现代,随着史学服务对象的下移和史学的大众化,史学的"道德垂训"社会功能明显上升,受众对象覆盖社会各个阶层;三是教育功能的转变。古代中国,史学的教育功能主要是"稽理"①"明道"②,即通过历史学习,达到明善恶、辨是非。近现代,史学教育功能除了明善恶、辨是非以外,还有通过历史的研习,树立正确的人生观,提高个人文化素质,掌握民族精神,提升民族意识,激发爱国主义情感。四是经济功能的转变。在中国历史上,历史学

---

① 班固:《汉书·司马迁传》,北京:中华书局,1999年,第2068页。
② 章学诚:《文史通义·答客问上》,载严杰、武秀成:《文史通义全译》,贵阳:贵州人民出版社,1997年,第640页。

从来没有象当今社会与制造业、旅游业、影视业等工艺技术和文化产业结合的如此紧密,许多企业从历史文化中汲取创造灵感,培育企业文化,打造企业品牌;地方政府更注重打"历史文化牌",以促进区域经济发展。五是学科建设功能的转变。近现代以来,随着现代学科的精细化发展,历史学与不同的学科相结合形成了种类繁多的政治史、经济史、文学史、哲学史、军事史、宗教史、体育史、艺术史、教育史、法律史、金融史等等,史学成为各门新兴学科产生与发展的基础。

十、近现代中国民族史学之特色史家——当代史家超越古代史家论

史家,是指在历史学领域卓有建树或做出特殊贡献的学者。历史学家既包括史著的编撰者也包括史料的整理者、史学的研究者,近现代史家既包括近代史学家亦包括现当代史学家。

人们一提起近现代史学家,仿佛就是魏源、赵尔巽、柯劭忞、章太炎、梁启超、孟森、吕振羽、王国维、陈寅恪、陈垣、吕思勉、邓之诚、顾颉刚、胡适、萧一山、李大钊、王韬、傅斯年、李仲侗等。其实,不论是中国正史(指《新元史》《清史》),还是各种专史,当代史学家尤其是改革开放以来的史学家,他们为中国历史学所做出的杰出贡献皆超越近代史学家,更超越古代史学家,因此,应对当代史学家给予更多地关注。

中国当代史学家群体及历史工作者总数,超越古代,超越世界各国。中国在商周时期即有"太史",甲骨文中有"史""册"之字,西周即有太史、小史、内史、外史、御史五种史官。先秦时期,所谓"左史记事、右史记言",古代史官制度愈加完备,有太史、中史、内史、外史、左史、右史诸多称谓。清代以前,先秦、秦汉、三国魏晋南北朝、隋唐、五代十国、宋元、明清,历朝历代,真正能称得上史学家者皆寥寥可数。秦朝短短 14 年,著名史家几乎没有;西汉加东汉有 411 年,著名史家也就是陆贾、司马谈、司马迁、刘向、刘歆、班彪、班固几位;大唐 289 年,著名史学家仅有姚思廉、姚察、李百药、令狐德

棻、魏征、房玄龄、颜师古、孔颖达、许敬宗、李延寿、敬播、赵宏智、褚遂良、于志宁、李淳风、李安期、陆元仕、刘知几、杜佑诸人；有清一代276年，著名史家也仅有黄宗羲、顾炎武、王夫之、万斯同、王鸿绪、阮元、朱彝尊、唐鉴、江藩、顾祖禹、纪昀、洪亮吉、王伯祥、梅文鼎、谢启昆、吴任臣、赵翼、钱大昕、魏源、王鸣盛、章学诚等80余位。

中国当代史学承继近代史学，故中国当代史学之祖当崇陈寅恪。陈先生虽无史学名著存世，但高山仰止，景行景止，后人仅能望其项背。新中国成立后，近代著名史家梁启超、王国维者相继谢世，陈寅恪与陈垣称史界"南北二陈"。范文澜、翦伯赞、郭沫若、何干之、吕思勉、岑仲勉、郑天挺、尹达、吴晗、傅衣凌、陈梦家、胡绳、罗尔纲、郑师渠、商鸿逵为新中国第一代史学家，他们所创立之马克思主义史学为中国当代史学奠定了发展基础。当代中国，党史学家如王建民、张静如、朱汉国、邵维正、李君如、高新民、杨钦良、范荣祥等不下10000人；中华民国史学家如文砥、李新、孙嘉会、朱汉国、刘宪文、吴贯因、刘炳荣、马大中、任念祖、何智霖、戴华山、郭凤明等近千位；中国近代史学家如李鼎声、林增平、李侃、徐中约、陈旭麓、庄练、茅家琦、蒋孟引、夏东元、陈书麟、戚其章、廖一中、侯宜杰、金冲及等近2500位；清史学家如戴逸、王思治、冯尔康、李文海、陈翰笙、王戎笙、冯明珠、陈捷先、章开沅、蔡美彪等近2000余位；明史学家如谷应泰、杨国桢、李焯然、李国章、姜胜利、陈梧桐、龚书铎、李洵、汤纲、许大龄、王天有、赵毅、李广廉、黄云眉、王毓铨、南炳文、李小林、樊树志等500余位；元史学家如周良霄、汪辉祖、陈邦瞻、韩儒林、杨钟贤、洪钧、李峑、白玉林、曾濂、邵远平、袁冀、刘晓、陈高华、叶新民、陈宽田、史为民等300余位；宋辽金史学家如蒙文通、陈乐素、张荫麟、郦家驹、吴广成、周春、李蔚、李锡厚、胡绍曦、贾大泉、朱瑞熙、丁则良、徐规、宋晞、程光裕、漆侠、陈振、陈智超、梁太基、王曾瑜、吴泰、张希清、邓小南等500余位；隋唐史学家如金宝祥、胡如雷、刘进宝、史念海、胡戟、刘后滨、孟宪实、姜伯勤、郭锋、章群、黄永年、李斌城、胡宝华、杨国宜、杜文玉、李树桐等800余位；三国魏晋南北朝史学家如何兹全、周远廉、张大可、唐长孺、韩国磐、周一良、马植杰、金富轼、李伯钦、高恩源、王仲荦、胡守为、林瑞翰、郑钦仁等 300 余位;秦汉史学家如马非百、张传玺、吴荣曾、杨树达、朱绍侯、张荣芳、邢义田、廖伯源、马元材、林剑鸣、王蘧常、田余庆等近 500 位;先秦史学家如李学勤、杨宽、金景芳、许倬云、童书业、赵光贤、晁福林、王玉哲、朱凤瀚、杜正胜、高敏、熊铁基、周天游、袁祖亮、王子今、张家洲等 500 余人;中国通史学家如吕思勉、周谷城、白寿彝、何炳松、蔡美彪、齐涛、纪江红、张海鹏、刘志敏等 200 余位;史学理论如白寿彝、瞿林东、龚书铎、何兆武、杨翼骧、陈其泰、吴怀祺、李振宏、朱杰勤、于沛、熊月之、宁可、姜义华等 300 余位。至于外国史、宗教史、经济史、教育史、民族史、社会史、军事史、文化史、新闻史、法律史、文学史、哲学史、科技史、音乐史、美术史、戏剧史、数学史、化学史、物理学史、天文史、生物史、建筑史、生态环境史、水利史、服装史、饮食史、农史、畜牧业史、手工业史、现代工业史、工商史、外贸史、金融史、敦煌学、海洋学、医学、文献学、博物馆学、考古学等专史专家至少在 20000 人以上。

目前,中国各高等院校史学和考古学人员、高校各专业专门史研究人员、社科院等科研院所史学研究人员、地方史志及党史机构研究人员、博物院和图书馆史学研究人员、社会各行业史学工作者,加上外国高校中国史研究者,总人数当在 50000 人左右,纵观中国历史,历朝历代,史学工作者之多,绝无仅有;横观世界,超过中国史学工作者总数之国家,亦绝无仅有。就史学家及史学工作者群体而言,我们没有厚古薄今的任何理由;就当代史学家及史学工作者所取得的历史学成就而言,我们更没有厚古薄今的丝毫理由。

十一、近现代中国民族史家之爱国主义史情——史家六长论

古人论史才,刘知几有"才、学、识"史家三长,章学诚增之以"德"。近现代中国史学家普遍具有强烈的爱国主义思想感情,这是与古代史学家和

外国史学家最显著的不同之处。这种强烈的爱国主义思想感情不但是史学家积极治史的动机,而且自觉地把爱国主义情感作为自身治史的指导思想,激情融入史学内容与史学语言之中,从而使整个近现代中国民族史学具有浓厚的民族意识和强烈的爱国主义感情色彩。因此,近现代史学家就具有了古代史学家所未广泛具备的"史情"。

史情,即史家具有的自觉而强烈的爱国主义思想感情。它高于一般意义上的历史观、政治观,是中国民族特色史学"国家观"的原子核,它是近现代中国民族史家群体在帝国主义入侵中国、中国人民追求民族独立、民族解放和民族复兴这一特定历史阶段所具有的特殊的史学觉悟和民族大义,它超越封建主义、资本主义和马克思主义而成为近现代中国民族史家共同拥有、共同遵守和自觉践行的最高史学法则。

爱国主义是近现代中国民族特色史学的一条主线,也是近现代中国民族特色史学的一条红线。近现代中国民族特色史学的爱国主义在不同阶段表现出不同的形式,清末封建史学没落阶段表现出的是经世致用的爱国主义,清末民初资产阶级史学阶段表现出的是民族独立的爱国主义,马克思在史学传播和发展阶段表现出的是民族自强的爱国主义,中国特色社会主义史学初级阶段表现出的是民族复兴的爱国主义。

爱国主义"史情"不同于刘知几"史识"。刘知几论"史家三才",史识最为重要。但是,他在《史通》中并未给"史识"一个明确的概念,只是在与礼部尚书郑惟忠的一次对话中表达出来,郑问:"自古文士多,史才少,何耶?"对曰:"史有三长:才、学、识,世罕兼之,故史者少。"①然而,从《史通》之"品藻""直书""曲笔""鉴识""探赜"诸篇中还是可以明确它的含义,史识主要包括分析历史事件、评价历史人物和撰写史书的态度、观点,主要是辨善恶、明是非、寓褒贬。由此可知,刘知几"史识"的道德标准是儒家思想的价值观念。

---

① 欧阳修:《新唐书》卷132《刘知几传》,乌鲁木齐:新疆青少年出版社,1997年,第995页。

爱国主义"史情"不同于章学诚"史德"。章学诚在其《文史通义》中明确指出:"能具史识者,必知史德;德者何? 谓著书者之心术也。……盖欲为良史者,当慎辨于天人之际,尽其天而不益以人也。"①在章学诚看来,史家应以客观的态度尊重史实,而不能将主观的成分掺杂到客观的史实之中去,只有这样才能达到"著书者之心术"。因此,"史德"即要求治史者端正治史态度。

章学诚在《文史通义》中还兼论"史法",即史学家应具有一定的"史学理论"基础。基于此,近现代史学家即具备"史家六长",即史才、史学、史识、史德、史法、史情。

十二、近现代中国民族史学之特色史料——史料源头活水论

近代史料学在中国史学发展史中最为发达,不但出现"历史学即史料学"之观点,而且在与史观派论争中出现了史料派,成为近现代中国民族特色史学发展史上的一种独特现象。

史料,是指可以据以为历史研究或历史讨论中作为根据的材料。史料在形式上可分档案史料、书籍史料等文书史料和历史遗迹史料、考古发现史料等实物史料;在价值上又可分为第一手史料和第二手史料。学者治史,贵在掌握第一手原始史料,贵在文献与实物双重论证,史料为治史之基础。

人们一般把"历史学即史料学"学说之鼻祖归于傅斯年,实际上可能是国学大师陈寅恪。陈氏先后在日本、德国、瑞士、法国、美国、英国诸国留学17年,遍读各国之书,成为当时中国最博学之人,一生治学,最重"新史料之发现与运用",其在王国维遗书序言中概括王氏学术内容和治学方法云:"一曰取地下之实物与纸上之遗文互相释证。二曰取异族之故书与吾国之旧籍

---

① 章学诚:《文史通史·史德》,载《文史通义全译》,贵阳:贵州人民出版社,1997年,第255页。

互相补正。三曰取外来之观念与固有之材料互相参证。"①陈氏概言,实为己照。据陈氏弟子陈守实载:"师于史之见解,谓整理史料,随人观玩,史之能事已毕。"②冯芳萍亦认为:"在陈寅恪看来,注重材料的第一性,对任何时代的历史研究者来说都是应该遵循的一项基本原则。"③

中国近现代史料之丰富,远超古代,世界各国更无法与中国相比肩。近现代及当代史料荦荦大端有六:一是档案史料。当代中国史学研究,可资利用之档案有明史档案、清史档案、中华民国史档案和中华人民共和国史档案。仅清史档案,中央级档案有 1000 万件、地方级档案又 1000 万件。二是文献史料。文献史料粗分为二:中国文献和外国文献,中外学者之文集、全集、类书、丛书、论说、信札、日记、传记、专记、诗词、报刊、小说等皆为文献史料,数量之多,不可胜计。三是地方志史料。中国自古有地方纂修史志传统,明清之际,省有省志,府有府志、州有州志,县有县志,乡有乡土志;当代中国,省有省志,市有市志,县有县志,乡镇有乡镇志,而且数年一重修。史志外,还有地方通史、地方专史(如地方性《教育志》《文化志》《文学史》《曲艺史》之类)。四是谱牒史料。明清谱牒学发达,族有宗谱,家有家谱,姓氏有姓氏谱,个人有碑传、墓志铭、神道碑、行状、传记。当代社会,传统谱牒虽日渐式微,但科技发达、电脑普及,所存个体史料则不知凡几。五是实物史料。实物史料有二,即地下发掘之文物和地上保存之"非遗"。六是口述史料。当代人著当代史,多借助口述史料,中国有十多亿人,便有十多亿口述史,诸种史料,以口述史料为最多。总之,近代至今,中国史料到底有多少?只能以浩若繁星、不可胜计概括之。

史料学不等于历史学。史料与史理、史籍、史家和史法为历史学五大基本要素,史料之于史理,史论结合、论由史出;史料之于史籍,史料为史籍之

---

① 陈寅恪:《王静安先生遗书序》,载《金明馆丛稿二编》,北京:三联书店,2001 年,第 24 页。

② 陈守实:《学术日录》,载《中国文化研究集刊》第 1 辑,上海:复旦大学出版社,1984 年,第 422 页。

③ 冯芳萍:《论陈寅恪对史料的把握和运用》,载《韶关学院学报》,2006 年第 11 期。

建材、史籍为史料之大厦;史料之于史家,史料为史家之病号、史家为史料之良医;史料之于史法,史料为史法之收藏师,史法为史料之鉴定师。史料不为史理、史家、史籍、史法所利用,是为"死史料";反之,离开史料,史理、史家、史籍、史法皆为无本之木、无源之水,故史料为史学之源头活水。

十三、近现代中国民族史学之特色史籍——史籍为史学精华论

史籍为世人读史、学史登堂入室之门径。近代以来,史籍整理与研究日益成为一门玄学,史籍学著作亦不时涌现,如吕思勉《吕著史学与史籍》、柴德赓《史籍举要》、张舜徽《中国古代史籍举要》、张志哲《中国史籍概论》等,吕叔湘先生评价柴德赓《史籍举要》云:"有志于史学的人,手持一编,费力省而得益多,登堂入室,左右逢源。"①

史籍不同于史料,如档案类史料、实物类史料皆称不得史籍,文物史料中之甲骨文、金铭文则属于史籍,史料范畴比史籍宽泛得多。史料又不同于《艺文志》,《艺文志》古人分甲、乙、丙、丁四大类,南北朝李洄之后又区别为经、史、子、集四部,"经、子、集"三部皆不属于史籍,当代编纂有各种大型丛书如《道藏》《汉典》《汉籍》《儒藏》《佛典》等皆不属史籍。史籍是各个时期史家所撰写的历史著作或历史论述,为各时期历史学所取得成果之精华。

《隋书·经籍志·史部》分史籍为 13 大类,《四库全书·史部》分 15 大类,即正史、编年、别史、杂史、诏令奏议、传记、史钞、载记、时令、地理、职官、政书、目录、史评。古人区分正史、别史、杂史、野史、霸史、稗史等等,实没有多少实际价值。近现代中国史籍,大致可分正史与专史二大类,专史又约略可分甲骨金铭、简牍、编年、章节、纪事本末、典志、传记、方志、史理、论文 10 个二级类别。

正史类。近现代正史,即《清史稿》、《新元史》、国家《清史》,皆以纪传

---

① 柴德赓:《史籍举要》瞿林东序,北京:北京出版社,2002 年,第 3 页。

体或新综合体记载一朝一代之历史,为近现代中国民族史学之主体。

甲骨金铭类。古人把甲骨金铭归入"金石学"。孔子以前,史籍不全,当今学界研究夏商周三代之史,主要借助甲骨文、金铭文,故甲骨金铭可视为"三代"之史籍。

简牍类。古代史家不注重简牍,而当今之史学,随着大量简牍出土,简牍日益成为先秦重要文献。纸张发明之后,中国史籍为纸质史籍,纸张出现以前,木牍、竹简可视为为先秦简牍史籍,故当今有简牍学。

编年类。近代以来,中国编年史层出不穷,如《秦史编年》《清实录》《东华续录》《清史编年、《中华民国史事纪要》《中华人民共和国大事编年》等,书目较多。

章节类。近代以来,中国章节体史籍最为发达,相继涌现《先秦史》《秦史》《三国魏晋南北朝史》《隋唐史》《宋史》《辽史》《金史》《南宋史》《元史》《明史》《清史》《中华民国史》等,此外以章节体编著的专门史亦不胜枚举。

纪事本末类。近代以来,纪事本末史籍远胜古代,如《圣武记》《筹办夷务始末》《戊戌政变纪事本末》《清史纪事本末》《民国史纪事本末》等,但凡专记某一重大历史事件之史学专著、史学论文、史学报告皆可视为当代纪事本末体史籍。

典志类。近代以来,中国各种专门史如"宗教史""教育史""经济史""法律史"等等皆为典志体史籍。《四库全书》之诏令奏议、史钞、载记、时令、地理、职官、政书7种史籍可归入当今典志类。

传记类。近代以来,诸如《秦始皇大传》《努尔哈赤传》《年谱》等史籍,上至皇帝、总统,下至教育家、科学家、艺术家,甚至小商小贩、凡夫俗子,皆有人为之作传,总总而生,林林而群。

方志类。地方志为地方性史籍。省志、市志、县志、乡志、镇志、村志以及宗谱、族谱、家谱等等皆为方志类史籍。

史理类。近代以来,中国所有"史学理论""史学概论""历史研究法""史学评论""史学考论"等历史著述皆可统归史理类史籍。

论文类。与古代史学不同,近现代以来,中国史学论文发达,数量之多,不可胜计,成为史学成果的重要组成部分,可视为"短小精湛"之史籍。与历史学研究相关的研究报告、调研报告之类亦可归入论文类,可视为"大论文"史籍。

十四、近现代中国民族史学之特色对象——百科皆史论

古代人文学说,经、史、子、集四鼎柱立、四峰对峙。至明清,学者倡导"六经皆史"。至近现代,但凡历史所涉之人与事、天地之万事万物皆为历史学研究对象,故可谓"百科皆史"。

孔子著"六经"——《诗经》《书经》《礼经》《乐经》《易经》《春秋经》,"六经"之中,似乎只有《春秋经》为史;"春秋三传"——《左传》《公羊传》《谷梁传》,"三传"之中,似乎只有《左传》为史。古代一直是"文史不分家",而古代之"经"属于当今"哲学"范畴,但古代史家于正史中又位列"儒林传"而不入"文苑传",古代实为"文史哲不分家"。清代著名学者章学诚著《文史通义》,提倡"六经皆史说"[①]和"经、史、子、集皆史说",堪称中国古代史学对象之总概括。《文史通义》云:"愚之所见,以为盈天地之间,凡涉著作之林,皆是史学,六经特圣人取六种之史以垂训者耳。子、集诸家,其源皆出于史。"[②]章氏之说,绝非"泛历史主义",实乃真知灼见、高人高论。

其实,早在章氏"六经皆史说"之前,明代学者既持有此论,如明代中期思想家王阳明认为:"以事言谓之史,以道言谓之经,事即道,道即事。《春秋》亦经,《五经》亦史,《易》是包牺氏之史,《书》是尧舜以下史,《礼》、《乐》

---

① 章学诚:《文史通义·答客问上》,载严杰:《文史通义全译》,贵阳:贵州人民出版社,1997年,第640页。

② 章学诚:《文史通义·报孙渊如书》,载仓修良编:《文史通义新编新注》,杭州:浙江古籍出版社,2005年,第721页。

是三代史。"①明末思想家李贽亦主张："经、史一物也,《春秋》,一时之史也,《诗经》《书经》,二帝三王以来之史也,而《易经》则又示人以经之所自出……故谓六经皆史可也。"②以此可知,"六经皆史说"本非章学诚所发明,实为明代思想家已有之论断。

近代以来,随着近代学科的发达,史学研究对象愈加细微,但凡当代一级学科、二级学科皆可为专史,哲学、经济学、法律、教育、文学、史学、数学、物理、化学、工学、农学、医学、军事、管理 13 大类 110 余个一级学科皆有史。龚自珍云:"史之外无有文字焉"③,古代为学,今日为史;今日为学,明日为史;当代为学,未来为史。当代哲学、文学、计算机科学、天文学,即为未来之哲学史、文学史、计算机科学史、天文史,其他学科皆然,故历史上所有人与事、天地万物皆为史学研究之对象,若谓"百科皆史",实不为过。

十五、近现代中国民族特色史学之地方史——国史与地方史志互为表里论

正史、方志、家谱为中国传统史学"三大支柱"。中国地方志、地方史、家谱发达,这是中国史学不同于西方史学的特征之一;近代至今,地方史、地方志比古代发达,这是近现代中国史学不同于古代中国史学的特点之一。

近代史家与古代史家对地方史志重要性的认识有所不同。《隋书·经籍志》称《越绝书》为杂史,称《华阳国志》为霸史、伪史。杂史也罢,霸史、伪史也罢,皆含贬低之意。至清代章学诚始有进步:"方志乃一方之全史""志属信史"。④ 但是,在章氏看来,地方史志仍然是国史之附庸,地方史志修纂

---

① 王阳明:《传习录》,于民雄《传习录全译》,贵阳:贵州人民出版社,1998 年,第 23—24 页。
② 李贽:《焚书·经史相为表里篇》,张建业《李贽全集注》(第二册),北京:社会科学文献出版社,2010 年,第 199 页。
③ 龚自珍:《古史钩沉论二》,《龚自珍全集》,上海:上海人民出版社,1975 年,第 21 页。
④ 章学诚:《文史通义》,转引自张显辉《简述清代方志三学派及方志学的创立》,载《浙江方志》,2000 年第 6 期,第 5 页。

之目的在于为国史修纂"采择"之用。迨至近代，地方史志的学术研究价值日益彰显，史学界对地方史志的重要性日益重视，梁启超以为"我国乡乡家家皆有谱，实可谓史界之瑰宝"[①]；顾颉刚指出"我国历史资料浩如烟海，但尚有二个金矿未曾开发，一为方志，一为族谱"[②]。国史迷案之破解、国史遗漏之补充，皆赖地方史志以佐证。当今国家《清史》纂修，所引用史料，国史部分与地方史部分实为对半，即为明证。地方志、地方史、家谱为中国地方史志"三大支柱"，中国地方史志约略三大类：

一为地方志。西汉《越绝书》为中国最早地方志史书，而以"志"书名者，首推东晋常璩所撰《华阳国志》。隋唐以降，修纂地方志成为地方政府行为。唐制，各州郡每三年编一次图经（即地方志），后改为五年。宋袭唐制，并成立专门机构——九域图志局。元朝首创一统志，明、清因袭不变，中国地方志系列（从乡俗志至县志、州志、府志、省志、一统志）形成。清制，每隔六十年重修一统志，即每隔六十年重修一次地方志作为一统志之底料。民国十八年（1929年），国民政府内政部颁布《修志事例概要》22条，后又颁布《地方志纂修方法》9条，规定省志30年一修，市、县15年一修。当代中国政府则规定每隔20年一修地方志。据不完全统计，当今中国各种方志9000余部，其中，明代及明代以前之方志1100余部，清代方志3400余部，其余则为民国及当代中国所修。而实际数目应远远超出9000部，按全国1500县计，依上述方志纂修制度，明清两朝，仅县志就应该有6000余部，今所存明清省志、府志、州志、县志、乡俗志仅有4500余部，说明至少遗失1500余部，除自然遗失外，清修《四库全书》销毁不少明代地方志，这是我们所知道的；历代战火、"文革"损失多少，则是我们所不知道的。

二为家谱。国有史，方有志，家有谱，谱学为中国史学重要组成部分。宗谱、族谱、家谱、房谱、支谱、统谱、世谱、渊源录、会谱、大成谱、年谱、谱牒、

---

① 梁启超：《中国近三百年学术史》，上海：三联书店，2006年，第293页。
② 朱士嘉：《中国地方志综录》序，上海：上海商务印书馆，1931年。

家乘、家传、家牒、墓志铭、神道碑、行状等皆为"谱学"之内容。中国到底有多少部家谱？恐怕是谁个也说不清道不明的事情。从《世本》开始，秦朝有家谱，汉朝有家谱，一直到今天，人们还在不停地修谱、补谱、续谱，历朝历代，可谓族族修谱、姓姓修谱、家家修谱，修了断，断了修，再断再修，前赴后继，以至于今，其数量之多，何可胜计？诚如欧阳宗书先生所言："在中华民族的历史上，恐怕没有一种书像家谱那样影响面之大、影响时间之久远了……上至皇帝天子，下至庶民百姓，从满腹经纶的文人学士，到目不识丁的乡野村夫，无论老幼都对家谱怀有一种崇敬心理……连续不断地续修家谱，几乎成了古代宗法社会中一种全民性的文化运动。"①

三为地方史。地方史为近现代中国地方史学之一大特色。古代地方社会，志多，谱多，史少。当今社会，地方通史如《北京通史》《东北通史》《台湾通史》《新疆简史》等，地方断代史如《四川近代史》《武汉近百年史》《民国山东史》《福建革命史》等，地方专史如《广东经济发展史》、《景德镇瓷业史》、《常熟文学史》等，地方史书及文史资料如雨后春笋般大量涌现，发展势头，猛不可遏。

当代之史，有世界之史，有国家之史，有地方之史，有家庭之史，有个人之史。国史不全，当求方志，国史不明，则问方志。地方史志具有地方性、资料性、连续性、时代性、真实性、独特性、百科性之特征，兼有资政、教化、存史、致用之功能，对国史又有奠基、补史、辩误、佐证之特殊功效。对地方政府与一般民众，地方史志具有国史无法替代之作用，对史家及史学工作者，读史、研史、考证，地方史志须臾不可或缺。国史与地方史志互为表里，相辅相成，地方史志为国史之塔基，国史为地方史志之塔顶。就当代中国史籍数量而言，个人之史为最多，家庭之史次之，地方之史再次之，国家之史又次之，世界之史为最少，俨然一史学金字塔。

---

① 欧阳宗书:《中国家谱》，北京:新华出版社，1993 年，第 1 页。

十六、近现代中国民族特色史学之大众史学——精英史学 与大众史学一体化发展论

当代中国,尽管史学精英不愿承认存在经院史学并轻视大众史学①,但精英史学与大众史学之分野客观存在,这是近现代中国民族特色史学不同于古代史学和外国史学的重要特征之一。

精英史学,又称学院史学,概指高等院校、科研院所"史学精英"撰写的史学。大众史学,又称通俗史学,是具有"通俗易懂,文字生动活泼,语言简练,选题广泛,同时集知识、趣味和科学性于一体,很容易为多种不同层次文化水平的读者所接受和喜爱"的史学,②主要有口述史学、影视史学、应用史学和历史通俗读物等等。

近代梁启超提倡"重民史",实际上有两个目标指向,一是史学内容应反映社会与民众之史实,二是史学形式应走向大众化,以史学启民智、开风气、救国家、兴民族。蔡东藩《历代通俗演义》、黎东方《细说中国史》堪称近代中国大众史学之先行者。"文革"时期,举国疯狂,历史学亦跟着疯狂,历史为民众所滥用;上世纪80年代,由历史影视剧带动民众出现"历史热";本世纪初,又出现《百家讲坛》民众"历史热"……媒体大众史学以外,现当代大众史学作品更是汗牛充栋、比肩继踵,几近泛滥成灾,以致严谨的历史学家斥之为"媚俗""亵渎历史"。

当代中国,史学已非历史家之史学,而是大众化史学。古今历史学受众不同,古代社会,普通民众被剥夺受教育权力,历史学为少数文化人所垄断;而近代以来尤其是当代,人人接受文化教育,人人为文化人,故人人为历史

① 注:本文所谓之大众史学,盖指史家及史学工作者所著之史,不包括小说家依托历史杜撰之文。
② 罗义:《大众史学:检验和实现史学社会功能的一个重要方面》,载《中国史研究动态》,1989 年第1 期。

学人,人人为自己历史学家。民众需要物质生活,亦需要精神生活,"文史哲"为民众第一精神食粮,中国"文史哲"为中国民众第一精神食粮,史学家无法剥夺民众喜史、爱史之权利,更无法剥夺民众评史、论史之话语权。一般民众没有史学家拥有那么多专业史学知识,偶或曲解历史、误判历史在所难免,亦属正常,不必大惊小怪,任其自然发展可尔。

事实上,不论你怎样地轻视、批评、指责、贬低大众史学,大众史学仍将如海浪潮涌,一波接着一波,一浪高过一浪。司马迁为中国史学之父,《史记》在今人看来为精英史学,实为当世之大众史学;陈寅恪为一代国学大师,一生著述既有《寒柳堂集》《金明馆丛稿》学术著作,又有《柳如是别传》大众史学。当代史学成果,既要有阳春白雪,也要有下里巴人,美国历史协会主席贝克尔曾告诫他的同仁:"如果我们老是顽固不化,普通人就会不理睬我们,把我们那些深奥的著作束之高阁,动也不动……我们要去指导它。"①精英史学家为中国史学之脊梁,亦为中国史学的领导者。精英史学为中国基础史学,大众史学为中国应用史学,精英史学与大众史学犹如未来中国史学之"双翼",只有比翼双飞,中国史学才会一飞冲天。因此,真正的史学家不应曲高和寡、卓尔不群,而应亲民、近民、惠民,要有民心、民责、民用之史识,既要重视史学的学术研究价值,也要重视史学的普世济民功能,民众好评的史家,即是良史,民众好评的史书,即是好书,尊重民众,即是尊重史学;真正的史学家面对方兴未艾之大众史学,不应逃避现实,在坚守精英史学阵地的同时,应躬身践行,引导、指导并构建思想健康、学术完整、内容丰富、多姿多彩、赋有中国民族气派、民族特色的中国当代大众史学。

---

① 何兆武:《历史理论与史学理论——近现代西方史学著作选》,商务印书馆,1999年,第582页。

十七、近现代中国民族特色史学的国际化——中国史与世界史相得益彰论

古代中国史极少有"世界"内容,偶有《属国传》,亦仅载东亚、东南亚所谓的"藩属国"。鸦片战争至民国,外国列强入侵中国,对中国社会产生全面影响,中国亦全面融入世界,近现代中国许多重大事迹,离开世界大背景就说不清、道不明,这是近现代中国民族史学区别于中国古代史学和外国史学的重要特征之一。

中国近代史就是一部反帝、反封建史。近现代中国史学,不管是"新历史考证史学"还是马克思主义史学,受西方史学影响极大。然而,不可否认的是,中国史学家学习西方史学有余而西方史学家了解中国史学不足。西方人总是拿有色眼镜看待中国史学、中国史家甚至中国历史,"西方优越论""(中国历史进程)冲击—反应论"充斥其间,"中国历史、中国史学往往受到外国学者的误解,甚至是歧视"[①],费正清主编之《剑桥中国史》系列丛书,其史实、史论错误,在在皆有;他如英国学者艾兹赫德《世界历史中的中国》载唐朝之史:"原本干旱的西北关陇地区变成小米、玉米的高产区,见证帝国的辉煌。"[②]玉米至明代才传入中国,唐代中国哪里有什么玉米!英国学者贝克尔在 2006 年 12 月 30 日的《泰晤士报》上发表"Outrage as China lays claim to Genghis Khan",竟然认为元朝、清朝都不是中国的王朝,表现出极为浅薄、粗陋的史识。以贝克尔推理,西周、秦朝、晋朝、隋朝、唐朝、五代十国、北宋同时期之辽朝、南宋同时期之金朝、元朝、清朝,但凡汉族以外民族所建立之王朝皆不入中国史,岂不滑天下之大稽!

当代中外史学交流,尚处于中国史学家与外国汉学家之间学术交流阶

---

① 瞿林东:《前提与路径》,载《北京师范大学学报》(社会科学版),2006 年第 5 期,第 76 页。
② 《中国史学界误区:关注帝王将相忽略世界》,载《文汇读书周报》,2009-09-26。

段,远没有达到西方人熟悉中国史学之程度。中国史学要实现屹立世界史林、傲视世界史学之目标,必须走中国史与世界史一体化发展之路。其一,要提高中国史学品格。中国史学只有独树一帜、开门别派,创建中国民族特色史学,才具备与世界史学对话的资格。其二,应加强史学内容之贯通。近现代中国史撇不开近现代世界史,近现代世界史同样绕不开近现代中国史,当代史更是如此。其三,应克服语言、政治、意识形态等制约因素大力开展中外史学交流。中外史学家应携手共同探讨全球史、国别史、中国史、史家、史著、史学理论等全球共同关心的史学重大问题。

十八、近现代中国民族特色史学之弊端——当代中国史学八病论

纵观近现代中国史学的发展,中国史学的命运与国家的命运戚戚相关。从封建史学,到向西方学习建立资产阶级史学,再到中国特色社会主义史学,中国史学在经历了一个半世纪的探索之后,终于走向了中国民族特色史学独立发展的道路,这是中国历史学发展的应然与必然。

梁启超先生当年所论中国旧史学"四弊""二病""三难",经过近百年的发展,当代史学大抵予以克服,兹为当代史家可告慰先贤处。然而,现当代中国史学又新生八病:一病,史学成果多而标志性史学成果少;二病,史家多而大师少;三病,史学理论长足进步而民族史学理论特色不显;四病,读史者众而历史学历遭冷落;五病,当代史成果多而缺直录精神;六病,史学成果因袭多而史学流派少;七病,史学格式西方化而日渐僵化;八病,史学语言呆板而缺乏文采。

当代史学之众多不足亦预示着当代中国史学蕴含有巨大发展潜力,克服当代史学七病八病,当代中国史学才会大踏步前进,中国史学才会实现中国民族特色史学的真正崛起,才会迎来中国民族特色史学傲视全球史学的自信时代。

十九、中华民族的伟大复兴与中国民族特色史学的发展——近现代中国民族特色史学螺旋式发展论

近现代中国民族特色史学发展过程呈现"螺旋式"。鸦片战争至今一百七十余年,中国民族史学连续否定封建旧史学、否定资产阶级新史学、否定史料史学和革命史学,否定之否定之后,曲折而螺旋式地建立了以唯物史观为指导、更高层次的中国民族特色史学。

20世纪初,梁启超、邓实等资产阶级史学家批判封建旧史学,构建以历史进化论为基础的资产阶级新史学,实现近现代中国民族史学的第一次否定。

李大钊等高举马克思主义,批判、否定封建史学和资产阶级史学,构建以唯物史观为基础的中国马克思主义新史学,实现近现代中国民族史学的第二次否定。

李大钊等倡导马克思主义史学之际,即遭到胡适、傅斯年等资产阶级史学家的抵制。胡适以实证主义对抗马克思主义,[1]傅斯年则以"近代的历史学只是史料学"与马克思主义史学相抗衡,"我们反对疏通,我们只是要把材料整理好,则事实自然明显了,一份材料出一分货,十分材料出十分货"[2]。傅斯年反对李大钊等马克思主义唯物史观,"不说是偏见,至少有些成见"[3],故"历史学即史料学"在喧嚣一阵后便日渐式微,究其原因,"近代的历史学只是史料学"之命题虽有其合理处,但总体上失之偏颇。傅斯年强调史料重要,其另外一意在于反对唯物史观,其所谓"不以空论为学问,亦不以史观为

---

[1] 注:胡适并未说过"历史是一个百依百顺的女孩子,任你怎样地擦抹和装饰"。胡适原话出自其《实证主义》:"实在是我们自己改造过的实在。这个实在里面含有无数人造的分子,实在是一个很服从的女孩子,他百依百顺的由我们替他涂抹起来,装扮起来。"此话针对詹姆士的实证主义,而不是针对中国历史学。

[2] 傅斯年:《历史语言研究所工作的旨趣》,载《中央研究院历史语言研究所集刊》,1928年第1期。

[3] 桑兵:《傅斯年"史学只是史料学"再析》,载《近代史研究》,2007年第5期。

急图,乃纯就史料以探史实也"①,即针对唯物史观。傅氏之"历史学即史料学"实则为借助"乾嘉考据学"对抗马克思主义史学,其自言"返明清之际之风气,扩大其范围,认定大题目,能利用乾嘉朴学之精诣,而不从其作茧自缚之处"②。事实上,傅氏观点不但与马克思主义史学相抵触,而且与梁启超等资产阶级史学家所提倡之"历史者,叙述人群进化之现象而求得其公理、公例者也"(即探求历史发展规律)③相悖论,资产阶级史料史学与马克思主义史学之间的斗争,饶了一个大弯又回到中国古代"秉笔直录"与"春秋笔法"二律背反的传统角逐。新中国成立后,马克思主义史学获得长足进步,尤其途径"文革"革命史学的曲折发展,中国史学发展更趋理性。改革开放以来,中国史学迎来了自身的春天,实事求是的唯物史观与注重史料考证相结合、中国古代史学与现当代史学相结合、中国史学与西方史学相结合、求真求实与注重历史发展规律相结合,"四大结合"催生了现当代中国民族特色史学,中国近现代史学在批判"史料史学"扬弃"革命史学"之后,完成了近现代中国民族史学的第三次否定,即否定之否定。否定之否定后的中国史学,即为现当代中国民族特色史学。

史学具有强烈的时代感,任何一种史学都是社会发展的时代映像,21世纪的中国是中华民族全面走向民族强盛、民族复兴的时代。鸦片战争以前,中国以其"四大发明"领跑世界二千余年,放眼世界,历史上没有哪一个国家、哪一个民族能像中华民族具有如此强大的创新精神和顽强的生命力,历史上没有哪一个国家、哪一个民族能像中华民族为世界文明做出如此巨大的历史贡献。香港大学杜维运先生曾言:"中国史学与西方史学是世界史学中的最大遗产"④,而西方史学是欧洲各国史学的总和,就国别而言,中国古代史学实为世界各国古代最发达之史学。18世纪下半叶至20世纪上半叶

① 欧阳哲生:《傅斯年全集》第3卷,长沙:湖南教育出版社,2003年,第335页。
② 欧阳哲生:《傅斯年全集》第7卷,第100页。
③ 梁启超:《新史学》,载《饮冰室文集点校》,昆明:云南教育出版社,2001年,第1633页。
④ 杜维运:《中国史学与西方史学之分歧》,载《学术月刊》,2008年第1期,第120页。

150 余年间,中国落后于西方世界,中国史学亦随之落后于西方史学。但是,伏尔泰曾经说过:"如果说有些历史具有确实可靠性,那就是中国人的历史。……其他民族虚构寓意神话,而中国人则手中拿着毛笔和测天仪撰写他们的历史,其朴实无华,在亚洲其他地方尚无先例。"①21 世纪的中国是中华民族全面走向民族强盛、民族复兴的时代,也是中国史学全面走向史学振兴、史学复兴的时代。中国向来有"盛世出史典、乱世出史才"之传统,可以预见,至 21 世纪末,随着中华民族盛世的到来和中华民族全面复兴的到来,中国史学将以全新的中国民族特色史学而傲视全球史学。

尽管当今中国历史学科的处境不尽如人意,但中国拥有世界上最大的喜史、爱史、读史、用史的个人群体,这是古代中国和当今世界绝无仅有的,中国的历史学犹如凤凰涅槃,总会在浴火重生中羽更丰、音更亮、力更强、神更髓。未来百年,中国民族特色史学有望诞生中国正史"二十八史",有望诞生更多、质量上乘的纪传体、编年体、纪事本末体、章节体、新综合体史学巨著,有望在"中国民族特色史学理论"上取得重大进展,有望在"夏商周三代史学"上获得重大突破,"家史"有望成为中国未来第一大史学,数位乃至数十位国际级史学大师有望诞生,图像史学、史表史学等各种新兴史学有望获得长足发展,人类史学、心理史学等边缘史学将遍地开花,地方史志继续突飞猛进。

2006 年 2 月,中国史学会向全国史学工作者发出号召:"殷切期待年轻的一代,要继承中国史学几千年来的优良传统,坚持'五四'以来的马克思主义史学方向,以唯物史观为指导,立足中华民族的伟大复兴历史实践,着眼世界和平与发展的浩荡潮流,建设具有中国特色、中国气派的马克思主义史学。"②

中国老一代史学家已为中国当代史学后俊擂响战鼓,江山代有才人出,中国民族特色史学的伟大复兴,任重道远;中国民族特色史学的未来发展,前途光明!

---

① 伏尔泰:《风俗论》(上册),梁守锵译,北京:商务印书馆,1995 年,第 75 页。
② 国家清史编纂委员会:《首都史学界举办迎春座谈会》,载《清史编纂通讯》,2006 年第 1 期,第 5 页。

参 考 文 献

档案类

[1]军机处录副奏折.北京:中国第一历史档案馆藏

[2]宫中朱批奏折.北京:中国第一历史档案馆藏

[3]台湾中央研究院历史语言研究所.明清史料.北京:中华书局,1987 年

[4]中国第一历史档案馆.清代档案史料丛编.北京:中华书局,1978 年

[5]中国第二历史档案馆.政府公报,第 1-50 册.上海:上海书店 1914 年影印本

[6]中国第一历史档案馆.嘉庆道光两朝上谕档,第 10-50 册.南宁:广西师范大学出版社,2000 年

[7]中国第一历史档案馆.清代军机处电报档汇编,第 35-40 册.北京:中国人民大学出版社,2005 年

[8]中国第一历史档案馆.庚子事变清宫档案汇编,第 5-12 册.北京:中国人民大学出版社,2003 年

[9]中国第一历史档案馆.清代中南海档案,第 25-30 册.北京:西苑出版

社,2004 年

[10]中国第一历史档案馆.鸦片战争档案史料,第 1 册.上海:上海人民出版社,1987 年

[11]中国第一历史档案馆.鸦片战争档案史料,第 2-5 册.天津:天津古籍出版社,1992 年

[12]沈云龙.袁大总统书牍汇编.上海:广益书局,1914 年

[13]齐思和.筹办夷务始末(道光朝),第 1-3 册.北京:中华书局,1964 年

[14](台北)故宫博物院.清代外交史料(嘉庆朝),第 1-2 册.台北:成文出版社,民国五十七年

著作类

[15]赵尔巽.清史稿.北京:中华书局,1977 年

[16]张其昀:清史(台湾版).台北:国防研究院与中国文化研究所出版,1961 年

[17]清太宗实录.北京:中华书局影印本,1986 年

[18]清圣祖实录.北京:中华书局影印本,1986 年

[19]清世宗实录.北京:中华书局影印本,1986 年

[20]清仁宗实录.北京:中华书局影印本,1986 年

[21]清宣宗实录.北京:中华书局影印本,1986 年

[22]清文宗实录.北京:中华书局影印本,1986 年

[23]清德宗实录.北京:中华书局影印本,1986 年

[24]朱师辙.清史述闻.北京:三联书店,1957 年

[25]中华民国史事纪要编辑委员会.中华民国史事纪要.台北:中华民国史料研究中心,1982 年

[26]朱重圣.清史稿校注.台北:(台湾)商务印书馆,1999 年

[27] 王鸣盛.十七史商榷.上海:上海书店,2005年

[28] 溥仪.我的前半生.北京:中华书局,1977年

[29] 金梁.瓜圃述异,民国排印本.中山大学图书馆藏

[30] 金梁.瓜圃丛刊叙录续编,民国排印本.中山大学图书馆藏

[31] 胡逢祥.中国近代史学家.北京:北京科学技术出版社,1995年

[32] 夏孙桐.观所尚斋文存,民国排印本.中山大学图书馆藏

[33] 王钟翰.清心集.北京:新世界出版社,2002年

[34] 刘知几撰,浦起龙注释.史通通释.上海:上海古籍出版社,1978年

[35] 张尔田.遁堪文集,民国排印本.中山大学图书馆藏

[36] 卞孝萱.民国人物碑传集.北京:团结出版社,1995年

[37] 王树枬.陶庐文集,民国排印本.中山大学图书馆藏

[38] 王树枬.陟冈集,民国排印本.中山大学图书馆藏

[39] 奭良.野棠轩文集,民国排印本.中山大学图书馆藏

[40] 杨钟义.散木居奏稿,民国排印本.中山大学图书馆藏

[41] 姚永朴.蜕私轩续集,民国排印本.中山大学图书馆藏

[42] 卞孝萱,唐文权.辛亥人物碑传集.北京:团结出版社,1995年

[43] 郭立志.桐城吴先生年谱.台北:艺文印书馆,1964年

[44] 桑成之.晚清政治与文化.北京:中国社会科学出版社,1996年

[45] 戴逸.涓水集.北京:北京出版社,2009年

[46] 戴逸.简明清史.北京:人民出版社,1984年

[47] 戴逸.繁露集.北京:中国社会科学出版社,1997年

[48] 罗振玉.天聪朝臣工奏议.武汉:武汉大学出版社,2001年

[49] 翦伯赞.中国史论集,第1辑.天津:天津古籍出版社,1994年

[50] 冯尔康.清史史料学初稿.天津:南开大学出版社,1986年

[51] 王思治.清史稿与赵尔巽.清史论稿,成都:巴蜀书社,1987年

[52] 尹达.中国史学发展史.济南:山东教育出版社,1990年

[53] 高国抗,杨燕起.中国近代史学史概要.广州:广东教育出版社,

1994 年

[54]刘勰.文心雕龙.南宁:漓江出版社,1982 年

[55]周书.北京:中华书局,1971 年

[56]史记.上海:上海辞书出版社,2001 年

[57]汉书.北京:中华书局,1990 年

[58]中国社会科学院历史研究所.清史论丛第 4 辑,北京:中华书局,
1982 年

[59]赵翼.廿二史札记.北京:中华书局,1963 年

[60]徐珂.清稗类钞.北京:中华书局,1984 年

[61]晋书.北京:中华书局,1974 年

[62]萧统.文选.上海:上海古籍出版社,1986 年

[63]宋书.上海:上海古籍出版社,1986 年

[64]明史.北京:中华书局,1977 年

[65]章学诚.文史通义.北京:中华书局,1961 年

[66]张廷玉.清朝文献通考.杭州:浙江古籍出版社影印本,1988 年

[67]归庄.归庄集.北京:中华书局,1962 年

[68]清史列传.北京:中华书局,1987 年

[69]蒋良骐.东华录.北京:中华书局,1980 年

[70]许国英.清鉴易知录.北京:北京古籍出版社,1987 年

[71]平定三逆方略.台北:台湾大通书社,1970 年

[72]昭梿.啸亭杂录.北京:中华书局,1980 年

[73]新五代史.北京:中华书局,1974 年

[74]元史.北京:中华书局,1974 年

[75]李桓.国朝耆献类征初编.长春:吉林教育出版社,1995 年

[76]陈寅恪.元白诗笺征稿.上海:上海古籍出版社,1982 年

[77]陈寅恪.寒柳堂集.上海:上海古籍出版社,1982 年

[78]冯明珠.清史论集.北京:人民出版社,2006 年

[79]张立斋.文心雕龙注订.北京:国家图书馆出版社,2010 年

[80]张其昀.张其昀文集.台北:国史馆出版社,1988 年

[81]郑逸梅.清娱漫笔.上海:上海书店出版社,1984 年

[82]瞿林东.中国史学史纲.北京:北京出版社,1999 年

[83]刘知几撰,浦起龙注释.史通通释.上海:上海古籍出版社,1978 年

[84]八旗满洲氏族通谱.沈阳:沈阳书社影印本,1989 年

[85]广饶县志.北京:中华书局,1995 年

[86]章丘县志.济南:济南出版社,1992 年

[87]新五代史.乌鲁木齐:新疆青少年出版社,1999 年

[88]光绪大清会典.全国图书馆文献缩微中心,2005 年

[89]刘锦藻.清朝续文献通考.上海:商务印书馆,1936 年

[90]郑樵撰,王树民点校.通志·二十略.北京:中华书局,1995 年

[91]沈云龙.近代中国史料丛刊.台北:文海出版社,1991 年

[92]陈怀.清史两种.上海:上海社会科学院出版社,2006 年

[93]瑞安县志稿,内部资料.1936 年,温州图书馆藏本

[94]陈怀.清史要略.上海:上海社会科学院出版社,2006 年

[94]郑天挺.清史探微.北京:北京大学出版社,2011 年

[96]孟森.清史讲义.北京:中华书局,2010 年

[97]殷梦霞,李强.外国人著清史八种.北京:国家图书馆出版社,2008 年

[98]稻叶君山.清朝全史.北京:中国社会科学出版社,2008 年

[99]萧一山.非宇馆文存.北京:经世学社,1936 年

[100]萧一山.清代通史.台北:台湾商务印书馆,1963 年

[101]郑天挺.清史.天津:天津人民出版社,2011 年

[102]南炳文.清史.天津:天津人民出版社,2011 年

[103] John K. Fairbank. *The Cambridge Late Ch'ing* (1800 – 1911). *General editors' preface.* Cambridge University Press, 1978.

[104] John K. Fairbank. *China's Response to the West*. Harvard University Press, 1954.

[105] John K. Fairbank. *The Ch'ing Empire to* 1800. Harvard University Press, 2002.

[106] 许师慎.有关清史稿编印经过及各方意见汇编,1-3 册.台北:中华民国史料研究中心,1979 年

[107] 戴逸,李文海.清通鉴.太原:山西人民出版社,2000 年

[108] 苏双碧.洪承畴研究.北京:中国社会科学出版社,1996 年

[109] 费正清.剑桥中国晚清史.北京:中国社会科学院出版社,1983 年

[110] 王戎笙.清代全史.沈阳:辽宁出版社,1995 年

[111] 李治亭.清史.上海:上海人民出版社,2003 年

[112] 刘承幹.清国史.北京:中华书局,1993 年

[113] 司马光.资治通鉴.北京:中华书局,1956 年

[114] 章开沅.清通鉴.长沙:岳麓书社,2000 年

[115] 李文海.清史编年.北京:中国人民大学出版社,2004 年

[116] 黄鸿寿.清史纪事本末.民国三年石印本

[117] 南炳文,白新良.清史纪事本末.上海:上海大学出版社,2006 年

[118] 蔡东藩.清史演义.郑州:中州古籍出版社,2009 年

[119] 蔡东藩.唐史演义.北京:中国文史出版社,2003 年

[120] 萧山文史资料第二辑,内部资料.1998 年

[121] 黎东方.细说清朝.上海:上海人民出版社,2003 年

[122] 张贻久.毛泽东读史.北京:中国友谊出版公司,1991 年

[123] 黄淳浩.郭沫若书信集.北京:中国社会科学出版社,1992 年

[124] 武在平.巨人的情怀——毛泽东与中国作家.北京:中共中央党校出版社,1995 年

[125] 郑天挺.关于编写清史、民国史之设想.及时学人谈丛.中华书局,2002 年

[126]国家清史编纂委员会体裁体例工作小组.清史编纂体裁体例讨论集.北京:中国人民大学出版社,2004年

[127]岳玉玺.傅斯年选集.天津:天津人民出版社,1996年

[128]国家清史编纂委员会秘书组.清史编纂通讯(内部资料).2004年

[129]国家清史编纂委员会秘书组.清史编纂通讯(内部资料).2005年

[130]国家清史编纂委员会秘书组.清史编纂通讯(内部资料).2006年

[131]国家清史编纂委员会秘书组.清史编纂通讯(内部资料).2007年

[132]国家清史编纂委员会秘书组.清史编纂通讯(内部资料).2008年

[133]国家清史编纂委员会秘书组.清史编纂通讯(内部资料).2009年

[134]国家清史编纂委员会秘书组.清史编纂通讯(内部资料).2010年

[135]国家清史编纂委员会秘书组.清史编纂通讯(内部资料).2011年

[136]国家清史编纂委员会秘书组.清史编纂通讯(内部资料).2012年

[137]国家清史编纂委员会.清史传记工作名单(内部资料).2006年

[138]国家清史编纂委员会.清史典志样稿(讨论稿)(内部资料).2006年

[139]国家清史编纂委员会.清史表表文选编(内部资料).2006年

[140]国家清史编纂委员会.清史史表编目与编纂则例(内部资料).2006年

[141]国家清史编纂委员会.清史通纪第二卷初稿(内部资料).2011年

[142]国家清史编纂委员会.清史通纪第三卷初稿(内部资料).2011年

[143]国家清史编纂委员会.清史通纪第四卷初稿(内部资料).2011年

[144]梁启超.历史研究法.上海:上海古籍出版社,1998年

[145]国家清史编纂委员会.关于清史纂修中重大学术问题表述的意见(内部资料).2009年

[146]国家清史编纂委员会.清史通纪第二卷一审清稿(内部资料).2011年

[147]国家清史编纂委员会.清史通纪第三卷一审清稿(内部资料).

2011 年

[148]国家清史编纂委员会.清史通纪第四卷一审清稿(内部资料).
2011 年

[149]国家清史编纂委员会.清史编纂手册(内部资料).2008 年

[150]姚永朴.史学研究法.上海:上海书店,1989 年

[151]郑樵.通志.北京:中华书局,1987 年影印本

[152]郑樵.二十略.北京:中华书局,1992 年

[153]陈垣.日知录校注.合肥:安徽大学出版社,2007 年

[154]赵翼著,王树民校证.廿二史札记校证.北京:中华书局,1984 年

[155]后汉书.北京:中华书局,1965 年

[156]钱大昕.廿二史考异.上海:上海古籍出版社,2004 年

[157]永瑢.四库全书总目.北京:中华书局,1965 年

[158]晋书.北京:中华书局,1974 年

[159]叶适.习学记言序目.北京:中华书局,1977 年

[160]新唐书.北京:汉语大词典出版社,2004 年

[161]吴缜.五代史纂谬.杭州:杭州出版社,2004 年

[162]梁启超.中国近三百年学术史.北京:东方出版社,2004 年

[163]钱穆.中国历史研究法.北京:三联书店,2001 年

[164]尹达.中国史学发展史.郑州:中州古籍出版社,1985 年

[165]郭绍虞,罗根泽.中国近代文论选.北京:人民文学出版社,1959 年

[166]吴松.饮冰室文集点校.昆明:云南教育出版社,2007 年

[167]胡逢祥.中国近代史学思潮与流派.上海:华东师范大学出版社,
1991 年

[168]李守常.史学要论.石家庄:河北教育出版社,2000 年

[169]柯文著,林同奇译.在中国发现历史——中国中心观在美国的兴
起.北京:中华书局,2002 年

[170]黎清德.朱子语类.北京:中华书局,1988 年

［171］黄侃.黄侃手批白文十三经.上海:上海古籍出版社,1983 年

［172］孟子.广州:广州出版社,2001 年

［173］荀子.贵阳:贵州人民出版社,1992 年

［174］钱茂伟.民族精神的华章:史学与传统文化.北京:北京图书出版社,2004 年

［175］白寿彝.史学遗产六讲.北京:北京出版社,2004 年

［176］尚书.广州:广州出版社,2001 年

［177］贞观政要.北京:时代文艺出版社,2001 年

［178］左传.贵阳:贵州人民出版社,1990 年

［179］俞旦初.爱国主义与中国近代史学.北京:中国社会科学出版社,1996 年

［180］欧阳哲生.傅斯年全集.长沙:湖南教育出版社,2003 年

［181］曾鲲化.中国历史.上海:东新译社本,1903 年

［182］陈寅恪.金明馆丛稿二编.北京:三联书店,2001 年

［183］中国文化研究集刊编辑部.中国文化研究集刊.上海:复旦大学出版社,1984 年

［184］柴德赓.史籍举要.北京:北京出版社,2002 年

［185］王阳明.传习录.贵阳:贵州人民出版社,1998 年

［186］张建业.李贽全集注.北京:社会科学文献出版社,2010 年

［187］王佩诤.龚自珍全集.上海:上海人民出版社,1975 年

［188］朱士嘉.中国地方志综录.上海:上海商务印书馆,1931 年

［189］欧阳宗书.中国家谱.北京:新华出版社,1993 年

［190］何兆武.历史理论与史学理论——近现代西方史学著作选.北京:商务印书馆,1999 年

［191］伏尔泰.风俗论.梁守锵译,北京:商务印书馆,1995 年

期刊报刊论文类

[192]金毓黻.清史稿札记.国史馆馆刊第 1 卷,第 3 号

[193]柳翼谋.清史刍议.史地学报第 1 卷,第 4 号

[194]王昌宜.夏孙桐对清史稿撰述经过的研究.江南大学学报.2009 年第 1 期

[195]张笑川.张尔田与《清史稿》纂修.清史研究.2007 年第 1 期

[196]姚墉.姚仲实行状.国史馆馆刊第 1 卷,第 3 号

[197]清史馆官制.申报.1914-02-09

[198]清廷编订清史.大公报.1914-02-01

[199]赵尔巽来京消息.盛京时报.1913-12-09

[200]清史馆物色人才之慎重.大公报.1914-07-03

[201]梁鼎芬之直言.顺天时报.1914-07-16

[202]赵次珊亦有去志.顺天时报.1914-07-31

[203]徐一士.清史稿与赵尔巽.逸经.第 2 期

[204]徐一士.关于清史稿补.逸经.第 7 期

[205]刘秀荣.金梁与清史稿.兰台世界.2009 年第 14 期

[206]马衡.请严禁清史稿发行文.华北日报.1929-12-24

[207]容庚.清史稿解禁议.大公报·史地周报.民国十八年一月

[208]孟森.清史稿应否禁锢之商榷.北京大学国学季刊第 3 卷,第 4 号

[209]金梁.清史稿回忆录.逸经.第 7 期

[210]吴宗慈.陈三立传略.国史馆馆刊.创刊号

[211]前人.清史稿回忆补录.逸经.第 10 期

[212]哀灵.读(清史稿回忆补录)书后.逸经.第 13 期

[213]金梁.答哀灵君论清史稿.逸经.第 15 期

[214]邹爱莲,韩永福,卢经.清史稿纂修始末研究.清史研究.2007 年第

1 期

[215]喻大华.论清史稿.辽宁师范大学学报.1992 年第 3 期

[216]戴逸.清史稿的纂修及其缺陷.清史研究.2002 年第 1 期

[217]孟森.清史传目通检.国立北平图书馆馆刊第 6 卷,第 2 期

[218]张玉兴.范文程归清考辨.清史论丛.第 6 辑

[219]方裕谨.崇祯七年后金对关内的入扰.历史档案.1982 年第 3 期

[220]赵尔巽.清史稿发刊缀词.逸经.第 5 期

[221]《清史稿》严禁出售.国民政府训令,第 96 号,民国十九年二月十九日

[222]彭国栋.清史纂修刍议.(台湾)中国一周.第 524 期,民国四十九年五月

[223]台湾中央社.《清史》第一册今日出版,一共八册按月印行.台湾联合报第 3 版,1961-01-01

[224]阚红柳.编修《清史》与国史馆"定本清史"评析.江淮学刊.2008 年第 1 期

[225]李伟.中体西用:论郭小庄"雅音小集"的京剧.中央戏剧学院学报.2011 年第 3 期

[226]高大鹏.西楼望月几回圆——纪念恩师熊公哲.(台湾)联合报.1993-09-30

[227]涛风.观念坐标,学术讲求证据.(台湾)民生报.1983-03-30

[228]金绍先.台湾骈文学者成惕轩.文史杂志.1989 年第 1 期

[229]张佛千.一灯小记——悼成惕轩先生.(台湾)联合报.1989-07-24

[230]成惕轩.学林二三事.(台湾)联合报.1985-04-17

[231]胡适.就清史与张君商榷.(台湾)中国一周.1962-03-05

[232]清史编纂委员会.答复立委刘振东先生质询案.(台湾)中国一周.第 630 期,1962-05-21

[233]张玉兴.评《清史稿校注》.清史研究.2003 年第 1 期

[234]钱穆等.编修"定本清史"工作纲要.(台湾)国史馆馆刊(复刊第10期),1991年

[235]朱重圣.民国以来国史馆之修史工作.(台湾)国史馆馆刊(复刊第23期),1997年

[236]叶高树.最近十年(1998—2008)台湾清史研究的动向.台湾师大历史学报.2008年第40期

[237]许曾重.国防研究院本《清史》小议.清史研究通讯.1982年第1期

[238]何龄修.清史研究的世纪回顾与展望.中国史研究动态.2002年第1期

[239]豫宛.清史研究的可喜收获——评《清史简编》与《简明清史》.历史研究.1982年第8期

[240]封铭.慎启学术大工程.中国社会科学报.2010-07-15

[241]庄吉发.《清代全史》与清史研究.中华民国史专题论文集第四届讨论会,台湾国史馆,1998年

[242]冯尔康.简述清史的研究及史料.台大历史系学报.2003年第31期

[243]张岂之.评荐清通鉴.历史教学问题.2001年第1期

[244]萧致治.通鉴体史书的完善与发展.华中师范大学学报.2001年第1期

[245]梁枢.关于清史编年.光明日报.2004-06-03

[246]李旭.溯本求源话清史.天津日报.2006-07-17

[247]姚铁军.一部全新的纪事本末体清史巨著.全国新书目.2006年第10期

[248]王戎笙.抛弃"正史",创新体裁.文汇报.2002-7-27

[249]许殿才.七十年心血铸就的丰碑.史学史研究.1999年第3期

[250]崔美明.黎东方和细说中国历史丛书.人民日报.2003-01-19

[251]虞云国.细说体:史书体裁的新尝试.中华读书报.2003-07-16

[252]于晓静.清史人生——戴逸先生访谈.北京文史.2011年第1期

[253]秦文.专访重修清史专家马大正：曹雪芹和努尔哈赤都重要.新京报.2004-11-09

[254]范文澜.从烦恼到快乐.中国青年.1940年第2期

[255]程龙,杨立琴.毛泽东的学术知音范文澜.党史博览.2004年第4期

[256]蔡美彪.在清史编纂座谈会上的讲话.清史研究.2001年第3期

[257]曾自.田家英的清史缘.清史参考(内部资料).2012年第11期

[258]安静.集文史专家共襄盛举为中华文明再续新功——点校本"二十四史"及《清史稿》修订工程正式启动.中华遗产.2006年第3期

[259]薛泽石.毛泽东话康熙.学习日报.2004-02-16

[260]戴逸,李文海.一代盛事旷世盛典——关于大型清史的编纂.人民日报.2001-04-14

[261]吴南星.论修清史.前线.1963年第2期

[262]郭影秋口述,王俊义整理.郭影秋临终口述：文革亲历记.炎黄春秋.2002年第11期

[263]王俊义.郭影秋与清史研究和清史编纂.社会科学战线.2009年第2期

[264]戴逸.我和清史.东吴学术.2010年第2期

[265]戴逸.把大型《清史》的编写任务提到日程上来.中国新闻.1982-11-15

[266]戴逸.世纪之交中国历史学的回顾与展望.历史研究.1998年第6期

[267]戴逸.清史编纂,是其时矣.瞭望新闻周刊.2001年第8期

[268]戴逸,李文海.一代盛世,旷世巨典.清史研究.2001年第3期

[269]杨剑利.清史纂修纪事(一).江海学刊.2006年3期

[270]王晓秋.群策群力,做好新世纪重大文化工程清史编纂工作.中国网 www.china.com.cn/2003-03-12

[271]李文海.我们今天要纂修一部什么样的清史.中国人民大学学报.

2001 年第 6 期

[272]陈其泰.清史体裁宜沿用纪传体而有所创新.中国人民大学学报.
2001 年第 6 期

[273]牛润珍.清史纂修与纪传体的改造.中国人民大学学报.2001 年第
6 期

[274]颜军.从我国的治史传统看清史纂修.中国人民大学学报.2001 年
第 6 期

[275]季羡林等.《清史》编纂座谈会上的讲话.清史研究.2001 年第 3 期

[276]戴逸.接续历史文化,打造传世之作——就《清史》纂修答河北学
刊主编提问.河北学刊.2008 年第 3 期

[277]施宣圆.编纂《清史》,此其时也——国家清史编纂委员会主任戴
逸先生访问记.学术界.2003 年第 3 期

[278]浦树柔.十年之功修《清史》.瞭望新闻周刊.2006-01-02

[279]清史编纂委员会."两岸学者清史纂修研讨会"在京召开.历史档
案.2003-12-30

[280]张永江.兰阳论清史——佛光大学第一届清史学术研讨会综述.清
史研究.2004 年第 2 期

[281]刘志琴.建立富有中国气派的历史学.光明日报.2003-05-20

[282]黄力民."官修正史"可以休矣.文汇报.2002-04-20

[283]黄力民.关于修清史的争辩.社会科学报.2003-09-27

[284]郭汉民.关于清史修纂的若干思考.湘潭大学社会科学学报.2003
年第 4 期

[285]杜泽逊.国家清史项目《清人著述总目》之由来.山东图书馆季刊.
2008 年第 2 期

[286]戴逸.编纂清史的缘起与编纂初想.社会科学战线.2003 年第 2 期

[287]教育部办公厅关于进一步加强高校清史纂修项目管理工作的通
知.www.moe.gov.cn,2008-02-29

[288]戴逸.在清史传记试写样稿研讨会上的讲话.中华文史网 www.his-torychina.net,2004-06-02

[289]马大正.国家清史纂修工程 2004 年度工作总结.清史编纂通讯.2005 年第 1 期

[290]邹爱莲.目前清史工程中档案的利用.清史研究.2010 年第 1 期

[291]国家清史编纂委员会发布项目招标启事.中华文史网,www.his-torychina.net,2004-06-23

[292]国家清史编纂委员会 2005 年度工作总结.清史编纂通讯.2006 年第 1 期

[293]编委会召开清史工程主体类项目阶段性成果评估工作座谈会.清史编纂通讯.2005 年第 2 期

[294]邢宏伟.光绪帝死于砒霜中毒.紫禁城.2008-12-01

[295]戴逸.关于解决项目超期的问题.清史编纂通讯.2007 年第 3 期

[296]戴逸.贯穿《清史》的一条主线.社会科学战线.2005 年第 5 期

[297]杨丽琼.熬夜写作已成常态——夏春涛研究员谈纂修《清史·通纪》艰辛之路.人民网 edu.china.com.cn,2013-05-06

[298]茅海建.在《通纪戊戌变法》学术研讨会上的讲话.清史编纂通讯.2006 年第 16 期

[299]国家清史编纂委员会典志组.清史典志总篇目(修订稿)(内部资料).2006 年

[300]华林甫.新修清史《地理志》的学术理论与编纂实践.清史研究.2008 年第 3 期

[301]郭成康.关于典志编纂情况的工作汇报.清史编纂通讯.2006 年第 16 期

[302]程歗.关于史表编纂情况的工作汇报.清史编纂通讯.2006 年第 16 期

[303]刘潞.关于《图录》研讨会缘起及编纂三原则.清史编纂通讯.2008

年第 12 期

[304]卞修跃.《清史·图录》编纂概述.清史研究.2009 年第 1 期

[305]朱诚如.历史的另外一种诠释.光明日报.2005-11-06

[306]吴利薇.清史纂修工程与清史图录数据库建设.图书馆学刊.2006
年第 4 期

[307]卞修跃.图录组 2011 年度工作总结.清史编纂通讯.2012 年第 1 期

[308]周苏琴.关于图片文字说明中存在的问题及改写实例.清史编纂通
讯.2008 年第 12 期

[309]国家清史编纂委员会.清史纂修不断取得新进展.清史研究.2010
年第 1 期

[310]国家清史编纂委员会.《清史》编纂项目和现任主持人、单位名单.
人民日报.2010-01-29

[311]国家清史编纂委员会.编委会召开清史纂修审改工作启动会议.清
史编纂通讯.2009 年第 7 期

[312]戴逸.清史编纂审改工作会议讲话.清史研究.2010 年第 1 期

[313]马大正.国家清史编纂工程审改启动工作会议报告.清史编纂通
讯.2009 年第 7 期

[314]朱诚如.国家清史编纂委员会 2011 年工作总结.清史编纂通讯.
2012 年第 1 期

[315]李文海.在国家清史编纂委员会第七次全体会议上的发言.清史编
纂通讯.2010 年第 10 期

[316]郭永康.典志组 2011 年度工作总结.清史编纂通讯.2012 年第 1 期

[317]戴逸.清史工程后期工作策划.清史编纂通讯.2011 年第 5 期

[318]杨倩.整合资源减人增效清史纂修工作进展顺利.文化部网,www.
ccnt.gov.cn,2013-01-09

[319]浦树柔.浮躁之世编纂传世《清史》.瞭望新闻周刊.2007-04-02

[320]杜泽逊.《清人著述总目》的现状与未来.山东图书馆季刊.2010 年

第 5 期

[321]陈昌凤.我的导师方汉奇先生.人民网 www.people.cn,2007-09-07

[322]白新良.清史传记纂修第二次会议上的发言.清史编纂通讯.2008
年第 5、6 期(合刊)

[323]祁龙威.修纂《清史朴学志》日记.清史研究.2012 年第 1 期

[324]李治亭.清史传记纂修第二次会议上的发言.清史编纂通讯.2008
年第 5、6 期(合刊)

[325]浦树柔,刘巍.戴逸:《清史》编纂六年间.瞭望新闻周刊.2009 年,
第 3 期

[326]席泽宗.自叙年谱.中国科技史杂志.2008 年第 2 期

[327]周波.清史未编完,"西南王"走了.成都日报.2007-01-16

[328]朱诚如.著名历史学家王思治:勇于创新的史家.中国社会科学报.
2012-06-11

[329]秦文.专访重修清史专家马大正:曹雪芹和努尔哈赤都重要.新京
报.2004-11-09

[330]王大庆.清史编纂暨编译工作座谈会综述.世界历史.2003 年第
6 期

[331]李岚清.在清史编纂工作座谈会上的讲话.清史编纂手册(内部资
料).2008 年

[332]李国荣.编纂清代档案,服务清史工程.历史档案.2004 年第 1 期

[333]刘若房.明清档案为清史纂修工程服务.历史档案.2006 年第 4 期

[334]成崇德.在国家清史编纂委员会第七次全体会议上的报告.清史编
纂通讯.2010 年第 10 期

[335]哈佛大学孔飞力教授来信.清史编纂通讯.2004 年第 2 期

[336]郝秉键.《清史·史表》编纂概要.清史研究.2008 年第 2 期

[337]郑明.清史纂修纪实(二).社会科学战线.2007 年第 5 期

[338]浦树柔.十年之功修《清史》.瞭望新闻周刊.2006-01-02

[339]清史纂修工程十年文献工作总结.清史编纂通讯.2012年第4期

[340]孙家正.在《清代诗文集汇编》出版座谈会上的讲话.清史编纂通讯.2010年第1期

[341]陈桦.文献整理与清史编纂.清史研究.2010年第1期

[342]国家清史编委会出版中心.国家清史编纂委员会已出版图书目录.中华文史网,2013-10-29

[343]李君惠.论"二十四史"中的书、史、记、志.文史杂志.2012年第5期

[344]商传.在清史纂修座谈会上的讲话.清史编纂通讯.2010年第12期

[345]庄建平.在清史纂修座谈会上的发言.清史编纂通讯.2010年第12期

[346]瞿林东.中国史学的遗产、传统和当前发展趋势.当代中国史研究.2004年第1期

[347]邓欢."中心观"的摒弃与多元化观点的树立.九江学院学报.2012年第3期

[348]瞿林东.世界眼光与中国特色.江淮学刊.2007年第1期

[349]章开沅.走自己的路——中国史学的前途.暨南学报.2005年第3期

[350]吴怀祺.历史思维与民族史学.史学史研究.2011年第1期

[351]瞿林东.二十四史——中国古代史学的主体.南开学报.2009年第6期

[352]曾志.田家英的收藏情结.中国政协.2009年第9期

[353]吕庙君.思想自由独立思考大胆质疑.南开学报.2009年第1期

[354]刘丽娜.20世纪初期中国史学的转型.中国社会科学院2003年博士论文

[355]陈黼宸.私史.新民丛报.1902-10-31

[356]刘师培.新史篇.警钟日报.1904-08-02

［357］张轶新.试论文革史学.传承.2010 年第 5 期

［358］祝晓风.用人生叩问历史——访历史学家刘泽华教授.人物.1996年第 6 期

［359］冯芳萍.论陈寅恪对史料的把握和运用.韶关学院学报.2006 年第11 期

［360］罗义.大众史学:检验和实现史学社会功能的一个重要方面.中国史研究动态.1989 年第 1 期

［361］瞿林东.前提与路径.北京师范大学学报.2006 年第 5 期

［362］S.A.M.艾兹赫德.中国史学界误区:关注帝王将相忽略世界.文汇读书周报.2009-09-26

［363］傅斯年.历史语言研究所工作的旨趣.中央研究院历史语言研究所集刊.1928 年第 1 期

［364］桑兵.傅斯年"史学只是史料学"再析.近代史研究.2007 年第 5 期

［365］杜维运.中国史学与西方史学之分歧.学术月刊.2008 年第 1 期

［366］国家清史编纂委员会.首都史学界举办迎春座谈会.清史编纂通讯.2006 年第 1 期

后　记

　　我撰写《百年清史纂修史》，目的在于作为局外人、第三方通过"史学比较、纂修过程"研究，对《清史稿》、台湾版《清史》、十九部私家《清史》、国家《清史》的纂修经过作一相对翔实的记载和相对客观的评论。

　　1994年至1997年，我在中山大学攻读硕士学位期间，研究方向是中国古代史学发展史，重点关注的是历朝历代史书纂修史，研究过《清史稿》，并在1997年曾公开作一预言："国人不会永远宁视《清史稿》之'稿'尾于不顾，必将承其续以完成之。"尽管此预言曾受人讥笑，但我对重修《清史》则坚信不疑。也正是这一"讥笑"，激发我在后来的岁月中格外关注"重修《清史》"。1998年至2004年，我围绕《清史稿》在《史学月刊》等学术刊物上发表若干篇论文，意在以一名小卒为重修《清史》摇旗呐喊。2003年，我因专注于考博而对国家《清史》工程启动一事懵然不知。2004年至2007年，我在厦门大学攻读博士学位期间，正好赶上导师杨国桢先生撰写《清史·道光朝人物传记》，我欣喜之余，主动请缨愿为《清史·道光朝人物传记》尽自己的最大努力。导师谨慎，开始只让我做一些文件传送、资料搜集、文字校对工作，最后偶尔也让我试写几个"丙""丁"级人物传记。写得好，不见导师表扬；写得差，被导师骂得晕头转向，尽管如此，我还是乐此不疲。毕竟，能为国家《清史》哪怕做一点点贡献也是一位史学工作者一生最大的荣耀！2011年底，出于研究需要，我第一次去北京希望拜见景仰已久的戴逸先生，没想到的是，戴先生不但在百忙之中同意接见我这位小人物，还和蔼可亲地给向我介绍了国家《清史》的纂修缘起及目前纂修概况。一年后,我希望再次当面向先生讨教,但从"清史办"得知他有病住院后,至今再也没敢打扰他老人家。2012 年,我因研究需要确实急需国家《清史》纂修内部资料,两次到神州数码大厦"编委办",戴先生委托张仲华老师给以热情接待并帮我寻找 24本《清史编纂通讯》。我也想到编委会秘书组讨些内部资料,但几无所获,我亦知道秘书组是出于保密的需要。无奈之余,我只好在北京的书店、旧书摊、旧书网上溜达盲寻。结果在旧书摊、孔夫子旧书网上真的意外搜求到《清史编纂通讯》82 本,《清史编纂手册》《清史通纪初稿》《清史通纪一审稿》《清史典志样稿》《清史史表文选编》《清史传记工作名单》《清史典志编纂工作通报》等 15 部国家《清史》纂修内部资料。正是基于以上内部资料,本书"国家《清史》纂修经过""国家《清史》刍议"才得以完成。以上即我与《清史》之缘。

我深知自己才疏学浅,井底之蛙只知地之厚而不知天之大,书中所载,言差语错在所难免,敬请海内大家见谅!读者倘若能通过《百年清史纂修史》对《清史》纂修经过了解一二,则于愿足矣!

拙著付梓之际,我首先要感谢恩师中山大学的曾庆鉴先生,正是他的"先搬掉三块砖"(即要求学生入学后先背诵 100 篇古文、标点 100 篇古文、翻译 100 篇古文)培养了我的读史态度;其次要感谢我的恩师厦门大学杨国桢先生,正是他的"学问是骂出来的,成绩是逼出来的"领我登堂入室于清史史苑;再次要感谢人民大学的戴逸先生和张仲华同志,他们给予我诸多资料上的帮助;第四要感谢我的同门师兄——台湾嘉南药理科技大学的陈明德博士,是他在海峡彼岸帮助我收集大量有关台湾版《清史》的纂修资料;最后还要感谢我的同事郭超副教授、余全有副教授、汤慧玲女士以及我的家人,没有他们的支持,完成此书是不可能的。

安徽人民出版社副总编李旭先生及责任编辑同志对书稿进行逐句逐字修改校对,甚至标点符号不肯轻易放过,其严谨态度和敬业精神,令人敬佩!我谨向他们表示深切的敬意和衷心的感谢!

黄淮学院天中历史文化研究所　刘海峰

2013 年 12 月 30 日